太原统计年鉴 2016

TAIYUAN STATISTICAL YEARBOOK

太原市统计局 编

图书在版编目(CIP)数据

太原统计年鉴. 2016 / 太原市统计局编. -- 北京：中国统计出版社, 2016.7
ISBN 978-7-5037-7812-4

Ⅰ. ①太… Ⅱ. ①太… Ⅲ. ①统计资料 – 太原市 – 2016 – 年鉴 Ⅳ. ①C832.251-54

中国版本图书馆 CIP 数据核字(2016)第 145374 号

太原统计年鉴－2016

作　者 / 太原市统计局
责任编辑 / 陈越月
装帧设计(或封面设计) / 崔　晰
出版发行 / 中国统计出版社
地　址 / 北京市丰台区西三环南路甲 6 号　邮政编码 / 100073
电　话 / 邮购(010)63376909　书店(010)68783171
网　址 / http://csp.stats.gov.cn
印　刷 / 太原市中远新印刷有限公司
经　销 / 新华书店
开　本 / 890mm×1240mm　1/16
字　数 / 1000 千字
印　张 / 21.5 印张
版　别 / 2016 年 7 月第 1 版
版　次 / 2016 年 7 月第 1 次印刷
定　价 / 400 元

如有印装差错，由本社发行部调换。

太原统计年鉴2016

编委会和编辑出版人员

Taiyuan Statistical Yearbook 2016

The Editorial Board And Staff

编 者 说 明

一、《太原统计年鉴》收录了全市和各县(市、区)经济、社会各方面的统计数据,是一部统计信息密集、综合性强、全面反映太原市国民经济和社会发展情况的资料性年刊。

二、全书内容共分14个篇章,即:1.综合;2.人口、计划生育和社会治安;3.从业人员和劳动报酬;4.固定资产投资、建筑业;5.能源消费与库存;6.物价指数;7.住户调查;8.公用事业;9.农业;10.工业、交通运输和邮电;11.国内外贸易和旅游;12.财政、金融、税务和保险;13.科教、文卫、体育和民政;14.县(市、区)经济概况。

三、本年鉴总量指标计算所采用的价格,除注明外均为当年价格。

四、本年鉴资料主要来自年度统计报表、抽样调查和业务部门统计年报。

五、本年鉴表中符号使用说明:

"空格"表示该项统计数据不详、不足计量单位或无。

"#"表示其中主要项。

六、读者在使用历史资料时,凡与本年鉴有出入的,均以本年鉴为准。

七、本年鉴中部分数据合计数由于单位取舍不同而产生的计算误差,均未作机械调整。

八、本年鉴出版发行,受到社会各界的关心和支持,对此深表谢意,并欢迎提出宝贵意见。

Compiler´s Notes

Ⅰ. *Taiyuan statistical yearbook* 2016 covers major statistic data of Taiyuan society and economic in 2015.It is a reference book with sufficient and comprehensive information.

Ⅱ. The yearbook contains 14 chapters: 1. General Survey; 2. Population, Family Planning and Social Security; 3. Emplyment and Wages; 4. Investment in Fixed Assets and Construction; 5. Energy Consumption and Inventory; 6. Price Indicators; 7. Household Survey; 8. Public Utilities; 9. Agriculture; 10.Industry,Transportation and Telecommunications; 11. Domestic and Foreign trade , Tourism; 12. Finance, Banking, Taxation and Insurance; 13. Science, Education, Culture, Public health, Sports and Civil Affairs; 14.Basic Economic Statistics of at County Level (districts, counties and cities).

Ⅲ. The gross items in this yearbook are calculated at current prices unless otherwise specified.

Ⅳ. The data and materials in this yearbook are mainly obtained from annual statistical reports,the sample survey and the annual statistical bulletion of related department.

Ⅴ.Notation used in this yearbook :the mark of "blank" indicates that the figure is not large enough to be measured with the smallest unit or the data are not available .The mark of "#" indicates the major items of the total.

Ⅵ.If there is any discrepancy, when using the historical data, please refer to the newly pubished version of the yearbook.

Ⅶ.Statistical discrepancies on totals and relative figures due to rounding are not adjuested in the Yearbook.

Ⅷ. The publishing yearbook gets lots of care and support from the society.We express deeply gratitude to the attentions, and welcome providing valuable suggestions.

太原市概况

太原，古称晋阳、并州，是山西省的省会和全省的政治、经济、文化、教育、科技和交通中心。

地形地貌：太原位于山西省境中央，太原盆地的北端，于华北地区黄河流域中部，黄河的第二大支流——汾河，自北向南横贯太原市全境。西、北、东三面环山，中、南部为汾河河谷平原。平原1240平方公里，占总面积的17.7%；山地3631平方公里，占52.0%；丘陵2117平方公里，占30.3%。

面积人口：太原国土面积6988平方公里，占全省的4.5%。建成区面积364.25平方公里，2015年常住人口431.87万。现辖小店、迎泽、杏花岭、尖草坪、万柏林、晋源城六区，清徐县、阳曲县、娄烦县、古交市3县1市和高新技术开发区、经济技术开发区2个国家级开发区，民营经济开发区、不锈钢园区、清徐技术开发区3个省级开发区。

气候条件：太原为四季分明的北温带大陆性季风气候。冬季，受西伯利亚冷空气的控制，夏季受东南海洋湿热气团影响。冬季干冷漫长，夏季湿热多雨，春季升温急剧，秋季降温迅速，春秋两季短暂多风，干湿季节分明的特点。

自然资源：太原矿产资源、物产丰富，已探明具有工业开采价值的矿石有20多种。金属矿产主要有铁矿、铝土矿、锰铁矿、铜矿、铅锌矿等；非金属矿产有煤、石膏、硫磺、硝石、耐火粘土、明矾、白云石、石灰石、云母、石英、大理石等。特别是煤炭、铁矿、石膏，被称为太原三大矿产。

文化历史：太原是国家历史文化名城，自古就有"锦绣太原城"之美誉，始建于公元前497年的春秋时期，具有2500多年建城史，素有"龙城"之美誉。悠久的历史孕育出太原深邃璀璨的晋阳文化，产生过李世民、武则天、狄仁杰等杰出的政治家和王之焕、元好问、罗贯中伟大的文学艺术家。

旅游资源：太原旅游资源丰富，悠久的历史给太原留下了众多的名胜古迹，较为著名的有晋祠、天龙山石窟、永祚寺、纯阳宫、崇善寺、窦大夫祠等国家级重点文物保护单位13处和省级重点文物保护单位32处，被称为中国的"地上文物宝库"。

经济建设：2015年，市委市政府深入贯彻中央和省的决策部署，认真落实习近平总书记系列重要讲话精神，坚持稳中求进工作总基调，积极适应经济发展新常态，统筹推进稳增长，促改革、调结构、惠民生、防风险，以"五个一批"为载体，推进"六大发展"，实施"三个突破"，努力在全省发挥"六个表率"作用，经济总体实现较快增长。2015年(全年完成地区生产总值2735.34亿元，增长8.9%，公共财政预算收入274.24亿元，增长5.9%)，人民生活水平稳步提高(城镇常住居民人均可支配收入27727元，增长7.6%，农村常住居民人均可支配收入13626元，增长8.0%)，城市建设持续推进，各项社会事业不断进步，为全面建成小康社会奠定坚实基础。

政府工作报告

——2016年2月24日在太原市第十三届人民代表大会第五次会议上

太原市市长　耿彦波

各位代表：

现在，我代表市人民政府向大会报告工作，请予审议，并请市政协委员和其他列席人员提出意见。

一、“十二五”时期及2015年经济社会发展回顾

“十二五”时期是我市发展很不平凡的五年。五年来，我们认真贯彻落实党的十八大、十八届三中、四中、五中全会精神和习近平总书记系列重要讲话精神，坚持稳中求进工作总基调，积极适应和引领经济发展新常态，全市经济社会发展取得新成就。特别是2014年9月以来，在以王儒林书记为班长的新的省委和市委的坚强领导下，全市上下按照“四个全面”战略布局，坚持“深入学习贯彻习近平总书记系列重要讲话精神，净化政治生态、实现弊革风清、重塑山西形象、促进富民强省”五句话的总要求和总思路，始终保持惩治腐败、狠刹四风、打黑除恶“三个高压态势”，以“五个一批”为载体，推动“六大发展”，实施“三个突破”，努力在全省发挥“六个表率”作用，开创了各项事业发展的新局面。全市地区生产总值由2010年的1781亿元增加到2015年的2735.34亿元，年均增长8.4%；固定资产投资由2010年的916.48亿元增加到2025.61亿元，年均增长18.2%；社会消费品零售总额由2010年的825.85亿元增加到1540.8亿元，年均增长13.3%；一般公共预算收入由2010年的138.48亿元增加到274.24亿元，年均增长14.6%；城镇常住居民人均可支配收入达到27727元，农村常住居民人均可支配收入达到13626元，两项收入增速均高于地区生产总值增速，为“十三五”发展奠定了坚实基础。

2015年，面对经济下行压力，全市上下积极作为、奋力拼搏，着力稳增长、促改革、调结构、惠民生、防风险，保持了经济社会平稳健康发展。地区生产总值增长8.9%，规模以上工业增加值增长5.7%，固定资产投资增长16%，社会消费品零售总额增长6.2%，一般公共预算收入增长5.9%，城镇常住居民人均可支配收入增长7.6%，农村常住居民人均可支配收入增长8%，综合实力进一步提升。

——大力推进产业结构调整，服务业对地区生产总值的贡献率明显提升。培育发展高端装备制造、新能源、新材料、节能环保、食品药品等新兴产业，推进开发区扩区拓展，招商引资力度进一步加大。阳煤化工、江铃重汽、华润万象城、欧亚锦绣城市综合体、宝迪屠宰加工、润恒冷链物流等重点项目进展顺利。新兴接替产业增加值占到规模以上工业的67.1%，装备制造业增加值占到规模以上工业的44.6%。服务业投资占到全市固定资产投资的75.8%，增加值占到地区生产总值的61.3%。

——持续推进城市基础设施建设，城市承载力和发展水平进一步提高。新改建主次干道31项，改造背街小巷32条，建设里程113.23公里。太榆路、学府街、南内环街、南沙河路等相继改造完工，城市快速路网体系日趋完善，逐步进入立体交通时代。地铁2号线一期全线招标开工，首开段车站主体工程封顶。新改建供水管网232公里、供气管网178公里。500千伏等9项供电工程竣工投运。加大历史文化名城保护力度，推进青龙古镇、明太原县城等农耕文明保护。开工建设晋阳湖、和平公园等13个公园，新建46个小游园，完成阳兴大道、建设路、南沙河路等主干道景观绿化，新增绿地3000亩，建成区绿化覆盖率、绿地率、人均公园绿地面积分别达到41%、36.07%、11.56平方米。

——举全市之力推进城中村改造，人民生活环境进一步改善。推动54个城中村改造，47个村基本完成整村拆除，完成总拆迁量的88%，46个村启动安置房建设。城中村改造取得重要突破，省委王儒林书记要求全省学习我市城中村改造所体现出的“积极作为、攻坚克难、依法办事、为民谋利”的精神。推进棚户区改造，新开工保障性住房57711套，基本建成45510套，完成投资118.65亿元。

——全面推进“五大工程”“五项整治”，省城环境质量进一步好转。市区空气质量综合指数下降7.76%，优良天数达到230天、比上年增加33天，优良率达到63%、比上年提高9个百分点，6项主要污染物排放量均好于省下达的减排要求。集中供热扩网3104万平方米，实施城边村气化改造16个，减少冬季燃煤100万吨。关停二电厂3×20万千瓦燃煤机组等污染企业34家，减少燃煤180万吨。城南污水处理厂新增日处理能力15万吨，晋阳污水处理厂通水调试。淘汰老旧机动车和黄标车3.35万辆。秸秆综合利用80.92万亩。完成营造林29.07万亩，森林覆盖率达到23%。

——不断加大民生保障和改善力度，人民群众幸福感、获得感进一步增强。提升托底保障能力，民生支出346.7亿元，占一般公共预算支出的82.5%。城镇新增就业10.5万人。实现脱贫1.67万人。扎实推进教育卫生事业，16所新续建学校、12所改扩建医院进展顺利，16所村办幼儿园主体完工。办好一批民生实事，完成既有建筑节能改造412万平方米，新建公共停车位8160个，解决2.28万农村人口饮水安全。采煤沉陷区治理取得阶段性成果。举办太原国际马拉松赛，推进汾河体育健身长廊建设，我市体育健儿在全运会、青运会、省运会等重大赛事取得优异成绩。高度重视安全生产，安全生产事故和死亡人数分别下降4.46%、3.25%。推进“平安省城”建设，严厉打击各类违法犯罪，社会保持和谐稳定。

——全面实施“三个突破”，发展动力和活力进一步提升。加大科技创新力度，全社会研究试验经费投入93.21亿元，新增国家重点实验室1个，新增高新技术企业107家、增长39.77%，市内技术合同成交额21.96亿元、增长162%，高新技术企业销售额占到规模以上工业企业的29%。加快金融改革创新，“新三板”挂牌企业达到20家，占到全省的三分之二。推进民营经济发展，获得全国首批小微企业创业创新基地城市示范，新增民营企业1.88万户、增长16.22%，实现民营经济增加值1571.53亿元、增长10.1%。

——深入推进“六权治本”，政府自身建设进一步加强。严格落实“两个责任”，狠刹“四风”，严肃问责不作为、慢作为。编制完成市级权力清单和责任清单，行政职权事项由6033项精简到2764项，精简率达到54%。取消、调整、下放行政审批事项119项，审批时限压缩21.6%。公务用车改革有序推进，涉改公车全部封停。全面实行政务公开、企务公开和村务公开，建立全方位、全过程、多层次的权力制约监督机制。自觉接受人大、政协监督，认真听取各民主党派、工商联、无党派人士建言献策。办理人大代表建议和政协提案851件，市人大常委会审议意见22件。深入开展“三严三实”专题教育，干部作风明显转变，干事创业氛围更加浓厚。

各位代表，五年的成绩来之不易。这是我们坚决贯彻落实党中央决策部署和省委一系列治晋兴晋强晋战略举措的结果，是省委、省政府和市委统揽全局、正确领导，市人大、市政协有效监督、全力支持，全市人民同心同德、团结奋斗的结果。在此，我代表市人民政府，向全市人民，向驻并解放军、武警官兵和中央、省驻并单位，向尽心履职的各位人大代表、政协委员、各民主党派、各人民团体，向所有关心、支持、参与太原改革发展的社会各界人士，表示崇高的敬意和衷心的感谢！

回顾过去的五年，我们也清醒地看到经济社会发展中仍然存在一些困难和问题。经济结构不优、效益不高的问题仍然突出，传统产业产能过剩、亏损严重；园区承载能力、引领作用仍然不强，好项目、大项目不多的老问题没有有效破解；基础设施、民生改善、环境治理、脱贫攻坚等短板仍然明显，兜底保障能力有待提升；管理创新仍然不够，社会治理还存在不少薄弱环节；安全生产形势仍然严峻，社会潜在风险较多；政府自身建设仍有差距，职能转变仍显滞后，“四风”问题尚未根除。对此，我们将积极面对、勇于担当、认真解决。

二、“十三五”时期经济社会发展的指导思想和目标任务

“十三五”时期是全面建成小康社会的决胜阶段。

根据市委十届七次全会精神及“十三五”规划《建议》，“十三五”时期我市经济社会发展的指导思想是：高举中国特色社会主义伟大旗帜，全面贯彻党的十八大和十八届三中、四中、五中全会精神，坚持以马克思列宁主义、毛泽东思想、邓小平理论、“三个代表”重要思想、科学发展观为指导，深入贯彻习近平总书记系列重要讲话精神，协调推进“四个全面”战略布局，坚持发展是第一要务，树立五大发展理念，落实省委“五句话”总要求，以实施“五个一批”为重要载体和抓手，积极推进创新发展、协调发展、绿色发展、开放发展、共享发展、廉洁和安全发展，着力提高发展质量和效益，着力保障和改善民生，统筹推进经济建设、政治建设、文化建设、社会建设、生态文明建设和党的建设，努力实现在全省全面建成小康社会进程中率先发展。

“十三五”时期经济社会发展的主要目标是：经济结构得到新优化。地区生产总值年均增长7.5%以上，力争提前一年实现翻番、到2020年经济总量突破4000亿元。民生改善达到新水平。居民人均收入提前一年比2010年翻一番，力争到2020年城镇常住居民人均可支配收入达到4万元、农村常住居民人均可支配收入达到2万元；力争提前两年实现贫困人口脱贫、贫困县摘帽。城市功能实现新提升。城市空间布局更加优化，基础设施不断完善；城中村和棚户区改造全部完成，省会城市功能和辐射引领作用不断增强。文化建设取得新进步。人民群众思想道德、文化素质、健康水平明显提高，力争进入全国文明城市行列；国家历史文化名城影响力进一步扩大。生态环境得到新改善。主要污染物排放量、PM2.5浓度逐年下降，重污染天气大幅减少，市区优良天气率力争达到80%左右，森林覆盖率力争达到30%，建成区绿化覆盖率达到42%以上，城乡人居环境全面改善。改革开放实现新突破。资源型经济转型综合配套改革试验区建设取得重要进展，重点领域和关键环节改革取得决定性成果，发展动力和活力显著增强，开放型经济和对外合作机制基本形成。民主法治取得新进展。人民民主不断扩大，法治政府基本建成，司法公信力明显提高，人民权益切实保障；法治太原建设全面推进，社会治理能力和水平不断提高，社会更加和谐稳定。

“十三五”规划《纲要（草案）》已印发各位代表，这里对主要任务作简要报告。

（一）推动创新发展，着力提高发展质量和效益。深化供给侧结构性改革，大力发展高端制造业和现代服务业，培育壮大都市现代农业。充分发挥科技创新的引领作用，推动民营经济做大做强，把太原建成具有较强影响力的金融聚集区。

（二）推动协调发展，着力形成均衡发展结构。围绕改善民生，促进经济社会协调发展、城乡协调发展、物质文明和精神文明协调发展。以迎接2019年第二届全国青年运动会为契机，推进“五城联创”。促进军民融合深度发展。

（三）推动绿色发展，着力改善生态环境质量。落实主体功能区规划。实行最严格的环境保护制度，实施大气、水、土壤污染防治行动计划，深入推进省城环境质量改善。实施城市周边百万亩森林围城工程和以汾河为重点的生态环境修复工程，促进人与自然和谐共生。

（四）推动开放发展，着力实现合作共赢。建立健全对外开放政策机制，加快开发区和开放平台建设，不断拓展对外交流合作新领域。积极参与国家“一带一路”建设，推进与京津冀、环渤海经济圈协同发展，深化太原城市群协作，努力形成全面对外开放新格局。

（五）推动共享发展，着力保障和改善民生。增加公共服务供给，推进城乡基本服务均等化。办好一批民生实事。全面打赢三年脱贫攻坚战。统筹人口均衡发展，提高教育医疗水平。促进就业创业，提高城乡居民收入，建立公平、可持续、全覆盖的社会保障制度。

（六）推动廉洁和安全发展，着力夯实发展基础。全面推进“六权治本”，严格落实“两个责任”，营造廉洁发展社会环境。强化安全红线意识，夯实安全生产基础。全面加强社会治安综合治理，深入推进“平安省城”建设。

三、2016年工作安排

2016年是“十三五”开局之年，也是推进供给侧结构性改革的攻坚之年。我们要主动适应经济发展新常态，认真落实省委提出的“六个表率”作用的要求，用好用足省政府出台的《关于支持太原率先发展的意见》，坚定信心、抢抓机遇、奋力拼搏，在全省全面建成小康社会进程中率先发展，努力实现“十三五”良好开局。

经济社会发展的主要预期目标是：地区生产总值增长8%左右，固定资产投资增长12%，一般公共预算收入增长3%，社会消费品零售总额增长6.5%，城镇和农村常住居民人均可支配收入分别增长8%和8%以上，居民消费价格涨幅控制在3%，城镇新增就业人数8.5万人，城镇登记失业率控制在4%以内。

约束性指标是：万元地区生产总值能耗、二氧化碳排放量、用水量，主要污染物减排，市区空气质量优良天数比例，劣V类水体比例，新增建设用地降幅，农村贫困人口脱贫人数，城市棚户区住房改造数量，均完成省下达任务。

围绕上述目标，在全面推进经济社会发展的同时，重点抓好以下八个方面的工作：

（一）深化供给侧结构性改革，推动产业转型升级。当前，我国经济发展进入速度换档、结构调整、动力转换节点，我们必须把发展基点放在创新上，把改善供给结构作为主攻方向，以培育战略性新兴产业和现代服务业为抓手，提高供给结构对需求变化的适应性和灵活性，提高供给体系质量和效率，提高投资有效性，加快培育形成新的增长动力。

做好供给侧结构性改革的“加法”，瞄准世界产业技术发展前沿，招商引资、招才引智，加大对人力资本的可持续投入，倾力支持创新型企业发展。抓好富士康手机制造和维保、太重风电装备、江铃重汽、比亚迪新能源汽车、太钢碳纤维T800、纳克润滑油、阳煤化工等一批高端制造业项目；抓好华润万象城、欧亚锦绣、万达综合体、苏宁电器、远大购物广场、传化物流等一批现代服务业项目；围绕低碳发展为主题的太原论坛等，打造国际化会展平台，大力发展会展经济，在更高水平上实现可持续发展。做好供给侧结构性改革的“减法”，开展“降低实体经济企业成本行动”，落实好中央和省出台的企业减负松绑政策措施，为企业降低税费、财务、物流、人工、制度性交易等成本，用新技术改造、提升、优化煤焦冶电等传统产业，促进经济持续增长。做好供给侧结构性改革的“乘法”，实施创新驱动战略，推动“双创”和“中国制造2025”“互联网+”行动计划，发挥企业在创新中的主体作用，以新供给创造新需求，以新技术带动新产业，以新空间发展新业态，培育经济增长的“乘数因子”，创造新产业“几何式增长”。做好供给侧结构性改革的“除法”，有效化解过剩产能，化解房地产库存，清理“僵尸企业”，促进产业优化重组，提升要素投入的综合效率，清除经济发展路上的“拦路虎”。不断破解制约发展的一切束缚，激发全社会的创造力，让新动能茁壮成长，传统动能焕发生机。

（二）继续推进城市基础设施建设，不断提升城市品质和服务功能。太原“三面环山、一水中分”，具有好山好水好风光自然之美。要尊重城市发展规律，紧紧围绕建设生态宜居城市的目标，更加注重城市基础设施功能完善，更加注重城市建设管理质量，更加注重地上地下统筹。

加快完善快速路、主次干路和支路级配合理的路网体系，提高道路通达性和出行便利性。新建滨河西路南延、卧虎山路，续建太行路南延、龙城大街东延、南内环西街、南沙河路东段等城市快速路；新改续建五一路、太茅路、东峰路、新旧晋祠路、马练营路、迎泽大街东延、摄乐汾河大桥等道桥项目；改造提升50余条背街小巷。高标准推进地铁2号线建设，积极做好1号、3号线前期工作；坚持地上地下一体规划，同步完成解放路快速化改造。积极创建国家公交都市，优化公交线网布局，新建300个公共自行车站点，努力构建轨道交通、公交车、出租车、公共自行车高效对接的城市公共交通体系。进一步推进太原、晋中同城化，实现规划建设无缝对接。积极拓展地下空间，大力发展静态交通体系，规划建设地下综合管廊，加快建设海绵城市。完成既有建筑节能改造500万平方米。着力提升水、电、气、暖等公共配套设施保障水平，开工建设阳曲、清徐5000吨垃圾焚烧电厂，加快建设餐厨垃圾和污泥处理厂，实现垃圾无害化处理。推进220千伏等24项供电工程建设。继续以城郊森林公园为重点，推进东西北山生态绿色屏障建设，完成造林面积30万亩以上。推进晋阳湖、植物园、汾河三期、迎泽公园等重大园林景观项目建设改造，建成区绿化覆盖率达到41.4%。

坚决打赢城中村改造这场硬仗。加快完成54个城中村拆迁建设安置任务，启动31个城中村拆迁。坚持规划引领，打破乡村界限，集中连片规划，高标准开发建设，做到拆迁与建设并举、安置与开发并重、政府主导与市场化运作有机结合。严控拆迁、成本、资金、市场风险，鼓励和吸引大集团、大企业参与城中村改造。加快推进棚户区改造，启动2万户改造任务，加快在建棚户区安置房建设，力争年内完成晋东、民政园、建材小区等在建工程，确保拆迁群众尽快回迁，加快推进小北关等棚户区改造工程。

以“五城联创”为抓手，全面加强城市管理。增强城市功能，改善人居环境，提升文明程度，为迎接青运会营造良好氛围。构建建管分开、重心下移、区街为主、职责明确、运转有序的城乡管理体制机制。推进智慧城市建设，完善城市公共信息平台，提升网格化、数字化、精细化管理水平。人是城市的主体，人的素质就是城市的素质。要弘扬正能量、培育新风尚，强化规范和文化教化，引导广大市民树立主人翁意识，践行社会主义核心价值观，不断提升文明素养，争当“五城联创”的参与者和推动者。

（三）继续引深“三个突破”，创造率先发展新路径。充分发挥科技创新的引领作用、民营经济的生力军作用、金融振兴的支撑性作用。

要把企业自主创新作为科技创新的基本抓手。坚持需求导向和产业化方向，以企业为主体，充分发挥省城科技资源优势，推进产学研用深度融合，增强科技进步对经济增长的贡献度。深化科技管理体制改革，全力支持山西科技创新城建设。充分发挥开发区和综合保税区的引擎作用，强化科技创新驱动，加快新兴产业发展。全市高新技术企业数量增长10%，高新技术企业销售额占规模以上工业企业的比重提高1个百分点，有效发明专利拥有量增长10%，建设1-3个国家技术创新中心，培育发展10个众创空间和科技企业孵化器，技术合同成交额增长13%。

要把国家小微企业创业创新基地城市示范作为民营经济发展的强大动力，推动“大众创业、万众创新”，打造我市“众创”发展的新形态，激发内生增长的新动力，形成内源发展的新方式。推广新型孵化模式，建设中小微企业创业基地，引导社会力量建设一批低成本、便利化、全要素、开放式创业社区和众创空间，优化创业创新生态，形成线上与线下协同创业创新格局。实行诚信激励政策，推进创业人员和小微企业社会信用体系建设，提高社会诚信度和行为规范性。大力弘扬晋商敢为人先、“无中生有”的创新精神，尊重企业家的社会地位和首创精神，厚植尊重创新、尊重人才的文化“土壤”，激励创新、包容失败，不断释放创业创新的动力和活力。

要把资本市场作为振兴金融的基本载体，加快金融改革创新，提升金融服务水平。大力发展多层次资本市场，力争“新三板”挂牌企业再突破20家，有效利用资本市场扩大直接融资规模。建立政府、银行和企业合作机制，广泛开展与工、农、中、建、交等商业银行的合作，提升金融支持地方经济发展的水平和能力。加强与国开行、农发行等政策性银行的合作，用好用足长周期、低利息的政策红利。完成农村信用社体制改革，增强地方金融发展实力。加快建设互联共享的公共信用信息系统，有效防范、依法处置各类金融风险，打击各类非法集资行为，营造良好金融生态环境。

（四）牢固树立绿色发展理念，持续改善省城环境质量。实行最严格的环境保护制度，全力实施控制燃煤、抑制扬尘、防治尾气、企业提标、整治面源、垃圾秸秆禁烧、治理污水、生态绿化、严格监管、改革创新十大举措，确保省城环境质量全面提升。

全面改善空气质量。完成太古长距离供热输送管网建设，新增供热能力5000万平方米。加快兴能2×66万千瓦、瑞光二期2×35万千瓦热电联供项目建设，为基本实现市区分散燃煤锅炉全替代创造热源条件。实施一电厂关停搬迁，大幅度削减燃煤总量。实施原煤禁烧，推广使用民用洁净焦炭。建立全方位扬尘控制管理系统，实施渣土密闭化清运，全面推行绿色工地标准化管理，重点整治城乡结合部扬尘污染，推进市区裸露地面绿化。淘汰老旧机动车和黄标车2万辆，全面供应国五标准车用汽、柴油，完成纯电动新能源出租车整体更新。调整物流布局，启动中心区各类市场和物流仓储搬迁。推进工业企业提标改造，实施太钢原料场全封闭工程、二电厂铁路运煤和周边环境综合整治工程，完成古交兴能电厂超低排放改造，对焦化等重点行业实施限期提标改造。取缔露天烧烤，中环以内餐饮摊点加装油烟净化装置，城六区内严禁销售燃放烟花爆竹和旺火；杜绝秸秆焚烧，实现全市农田秸秆综合利用全覆盖。全年PM2.5年均浓度值下降4%，二级以上优良天气力争增加20天以上，空气质量持续改善，在全国空气质量重点监控城市中排名稳定前移。

加大水环境治理力度。加强饮用水源地保护，建立水源地持续性生态补偿机制，开展汾河水库水源地生态环境治理，强化集中式饮用水源地环境监管，水质达标率稳定保持100%。完成32万吨晋阳污水处理厂一期工程，力争年底开工建设36万吨汾东污水处理厂一期工程，新增污水日处理能力10万吨以上。实施水环境综合整治，完成汾河小店桥上游河道截污等工程。加大

黑臭水体整治力度，加快编制建成区17条黑臭水体整治方案，推进城区9条河流治理，建成区黑臭水体比例下降30%。实施再生水利用工程。

（五）推进文化产业文化事业发展，提高国家历史文化名城的影响力。文化是城市的灵魂，是城市竞争力的核心，是城市创新发展的强大动力，影响并决定着城市未来发展的前景和方向。

要以历史文化名城丰富的历史遗存为基础，继续抓好晋祠景区完善提升、明太原县城保护性开发、晋阳古城大遗址保护、太山龙泉寺佛教文化园和青龙古镇保护修复、太化工业文明遗存展示，打造文化旅游大产业、大景区。推进府城文殊寺、普光寺、关帝庙等20余处历史文化遗存抢救保护工程。坚持点面结合，积少成多，久久为功，蔚成大观。以文化战略眼光，处理好历史与现代、继承与发展、保护与创新的关系，留住历史的记忆，彰显文化的神韵，标识名城的高度。

要优化文化产业结构，着力培育新型文化业态和特色文化产业，建设华夏文明主题公园，扩大万达影城的影响力，打造文化领军企业和知名文化品牌。加快文化改革发展步伐，推动文化繁荣，搞好选题策划和资源统筹，聚焦现实题材和重大主题，弘扬和传承晋剧等优秀传统剧种，充分运用多种艺术表现形式，努力打造有历史厚重感和思想感染力的精品佳作。坚持政府主导、社会参与、重心下移、共建共享，推动基本公共文化服务标准化、均等化发展，提高服务效能和普惠水平。加快市图书馆改扩建工程、博物馆布展陈列工程，力争上半年具备对外开放条件。积极开展“文化精品惠民基层行”“书香太原”全民阅读系列活动，不断满足群众精神文化需求。

（六）着力发展和改善民生，不断提升公共服务能力和水平。问题是时代的声音，民生是最大的政治。要把群众的呼声当方向、百姓的期盼当目标，坚持从群众最关切的问题抓起，从群众最希望的实事做起。

持续推进一批重大民生项目。加快幼师、五中、成成中学、一外、二外等新校区建设，积极推进职教园区建设，完善太原学院办学条件，提升教育基础设施建设水平和教育质量。大力支持山西大学东山校区建设，提升省城高等教育的影响力。推进市中心医院、市人民医院、市妇幼医院和省人民医院、省妇幼医院等新院建设，放大优质医疗卫生资源服务效应。加快推进儿童福利院和老年福利院建设，完善社会救助服务政策和体系。大力发展机构养老、社区养老、日间照料中心等多层次养老服务业，落实各项优惠政策，在全社会形成发展养老服务业的强大合力。新建市体育训练中心等一批群众性文化体育活动场馆，加快推进青运会赛事及配套工程，提前做好各项准备工作。

完善创业就业优惠政策，突出做好高校毕业生等重点群体的就业工作，多措并举对困难人员、市属国有破产改制拆迁企业人员实施就业援助。持续扩大社保覆盖面，推进城乡社会保险一体化。全面实施城乡居民大病保险制度，新农合人均筹资标准提高到500元，住院补偿最高支付限额提高到18万元，门诊慢性病补偿比例提高10个百分点。实施公办小学免费托管服务、为义务教育阶段学生办理综合保险等教育惠民事项。

牢固树立安全发展理念。进一步增强红线意识、忧患意识、责任意识，切实落实企业主体责任、部门监管责任、党委和政府领导责任。加强安全预防和隐患排查，重点开展煤矿、非煤矿山、危险化学品、道路交通、公共场所等领域的安全监管和专项整治，有效防范、坚决遏制重特大事故。落实“四个最严”要求，严格食品药品安全监管，规范食品药品生产流通秩序。加强社会治安综合治理，推进社会治安防控体系建设，严厉打击各类违法犯罪，从严整治治安突出问题，维护社会公平正义，保障社会和谐稳定。

（七）强力开展脱贫攻坚，协调推进小康社会目标实现。要树立科学治贫、精准扶贫、根本脱贫理念，坚决打赢三年脱贫攻坚战，今年要实现脱贫2万人。

实施精准扶贫。大力发展农产品加工、物流配送、休闲观光农业、光伏产业、食醋产业等特色产业，强化宝迪、润恒、九牛牧业、太原老陈醋和百企千村等龙头企业的辐射带动功能，激发内生动力，走产业化、市场化扶贫的路子。按照搬得出、稳得住、能致富原则，落实易地搬迁政策，促进移民脱贫。倾斜支持贫困地区发展基础教育、特别是职业教育，让贫困家庭的孩子接受良好教育，掌握一技之长，阻断贫困代际传递。对完全或部分丧失劳动能力的贫困人口，实行社会保障兜底脱贫。探索生态脱贫新路子，通过生态建设与修复实现脱贫。

开展对口帮扶。各城区、开发区及所属行政、企事业单位要对口精准帮扶娄烦、阳曲两县贫困村集中的15个贫困乡、157个贫困村。要立足当地资源优势，重点帮助发展管长远、有效益、能致富的产业，在改善交通、通讯、电力、农田水利等方面多下功夫。各部门要落实对口精准帮扶责任，制定有效推进措施。各行各业要肩负起行业帮扶责任，发挥行业优势，创新帮扶举措，提高扶贫实效。将脱贫攻坚列入年度目标责任考核体系，强化目标考核。

强化主体责任。娄烦、阳曲两县要把脱贫攻坚作为重大机遇，用好用足国家、省、市有关政策，统筹规划，整体推进，树立脱贫致富信心，增强“造血”功能，大力发展县域经济，形成县有龙头企业、乡有特色产业、村有合作组织、户有增收项目的扶贫格局。

深化“六权治本”，大力推进“两清单、两张图、两平台”建设，制度的“笼子”要扎得更密，执纪的“利剑”要始终高悬，守纪的“扣子”要扣得更紧，把政府各项工作纳入制度化轨道。自觉接受人大及其常委会的法律监督和工作监督，主动接受人民政协的民主监督，加强行政监察和审计监督，重视社会舆论和社会监督，全面接受人民监督。推进协商民主，加强与人大代表、政协委员以及各民主党派、工商联、无党派人士多渠道沟通协商，完善人大意见建议和政协提案的办理联系机制，提高办理质量和落实率，充分体现人民意愿。

（八）加强政府自身改革和建设，提升为民服务能力。认真落实“三严三实”，把忠诚干净担当铭刻在思想上，体现在责任上，落实在行动上。

持续推进简政放权、放管结合、优化服务，释放更多改革“红利”。不断深化行政审批制度改革，营造审批事项少、行政效率高、行政成本低、行政过程公开透明的政务环境。推行“多证合一”和“一证多用”，继续推进商事制度、城市管理体制、农村土地制度、国有企业、科技管理体制、金融服务创新等各类改革，以改革推动劳动力、土地和资本等要素资源优化配置，激发创造和发展活力。

认真履行“一岗双责”，落实全面从严治党责任。坚持党风廉政建设和经济社会发展统一部署、同步落实，严格控制“三公”经费，严肃财经纪律，严格公共资金、公共资源、国有资产监管，严厉查处违纪违法案件，始终保持惩治腐败、狠刹四风、打黑除恶“三个高压态势”。自觉遵守廉洁自律准则，严把廉洁从政关口。

深入开展“学党章党规、学系列讲话，做合格党员”学习教育，牢固树立政治意识、大局意识、核心意识、看齐意识。深入学习习近平总书记系列重要讲话精神，认真学习以习近平同志为总书记的党中央领导集体的优良作风，自觉、主动、经常向党中央和习近平总书记看齐。认真学习以王儒林书记为班长的新的省委治晋兴晋强晋的政治担当和工作作风。坚持把以上率下作为基本工作方法，以实际行动一级做给一级看，一级带动一级干，做到胸中有数、落实有策、行动有力，努力创造经得起实践、历史和群众检验的业绩。

各位代表，新起点开启新征程，新目标赋予新使命，新作为绘就新梦想。让我们紧密团结在以习近平同志为总书记的党中央周围，在省委、省政府和市委的坚强领导下，以敢于担当、积极作为的精神状态，抓铁有痕、踏石留印的务实作风，真抓实干、当好表率的拼搏意志，为实现“十三五”良好开局努力奋斗！

太原市2015年国民经济和社会发展统计公报

太原市统计局　国家统计局太原调查队

2016年3月16日

2015年，面对复杂多变的宏观经济环境和艰巨的转型发展任务，市委、市政府团结带领全市人民，认真贯彻落实党的十八大、十八届三中、四中、五中全会精神和习近平总书记系列重要讲话精神，坚持稳中求进工作总基调，积极适应和引领经济发展新常态，统筹推进稳增长、促改革、调结构、惠民生、防风险，以“五个一批”为载体，推动“六大发展”，实施“三个突破”，努力在全省发挥“六个表率”作用，经济总体实现较快增长，人民生活水平稳步提高，城市建设持续推进，各项社会事业不断进步，为全面建成小康社会奠定坚实基础。

一、综　合

人口：据2015年人口抽样调查，年末全市常住人口431.87万人，比上年末增加1.98万人。其中：城镇人口364.51万人，增加2.33万人；乡村人口67.36万人，减少0.35万人。城镇化率84.40%，比上年提高0.15个百分点。男性人口220.69万人，女性人口211.18万人，性别比为104.50:100。

全年出生人口3.88万人，人口出生率9.01‰；死亡人口1.90万人，死亡率4.42‰；自然增加人口1.98万人，自然增长率4.59‰。

经济增长：初步核算，全市实现地区生产总值（GDP）2735.34亿元，比上年增长8.9%。其中：第一产业增加值37.43亿元，增长1.3%；第二产业增加值1020.14亿元，增长6.0%；第三产业增加值1677.77亿元，增长11.4%。第三产业中，交通运输、仓储和邮政业增加值137.62亿元，增长8.6%；批发零售和住宿餐饮业增加值447.86亿元，增长1.7%；金融业增加值373.62亿元，增长15.9%；房地产业增加值143.44亿元，增长4.0%；营利性服务业增加值300.33亿元，增长11.5%；非营利性服务业增加值273.23亿元，增长33.3%。

人均地区生产总值63483元，比上年增长8.4%，按2015年平均汇率计算达到10195美元。

图1　2011-2015年地区生产总值

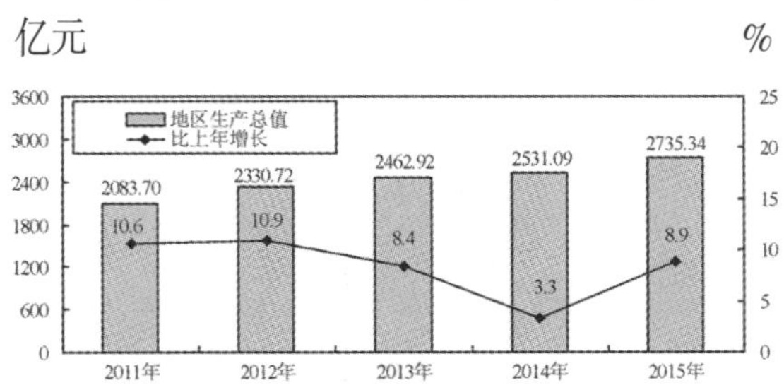

产业结构：三次产业比重为1.4%、37.3%、61.3%，分别拉动经济增长0.02、2.60和6.28个百分点。与上年相比，第一产业比重下降0.1个百分点，第二产业比重下降2.7个百分点，第三产业比重提高2.8个百分点。

财政：全市一般公共预算收入274.24亿元，增长5.9%。其中：税收收入221.35亿元，下降0.5%，国内增值税、营业税、企业所得税、个人所得税、资源税和城建税共计完成税收145.91亿元，下降8.2%。

图2　2011-2015年一般公共预算收入

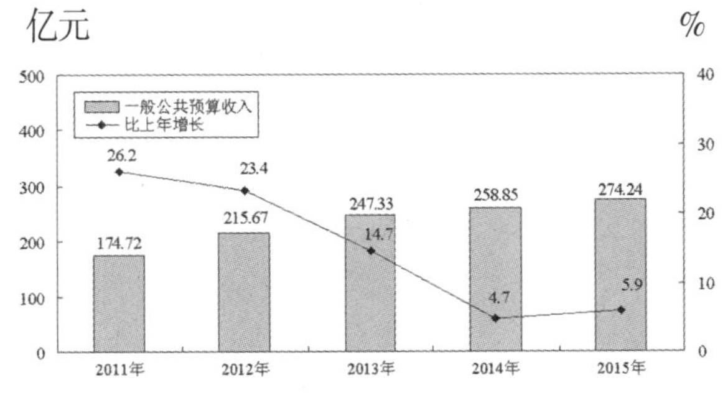

全年一般公共预算支出419.99亿元，比上年增长30.2%。其中教育、医疗卫生、社会保障和就业、住房保障、交通运输、节能环保、城乡社区事务等民生支出346.64亿元，增长28.1%，占全市一般公共预算支出的82.5%。

物价：居民消费价格总水平（CPI）比上年上涨0.4%。其中：食品价格上涨0.3%，非食品价格上涨0.4%；消费品价格上涨0.3%，服务项目价格上涨0.6%。

商品零售价格总水平下降 1.4%。工业生产者出厂价格（PPI）下降 10.6%。工业生产者购进价格下降 7.0%。

图 3　2011-2015 年价格比上年涨跌幅度

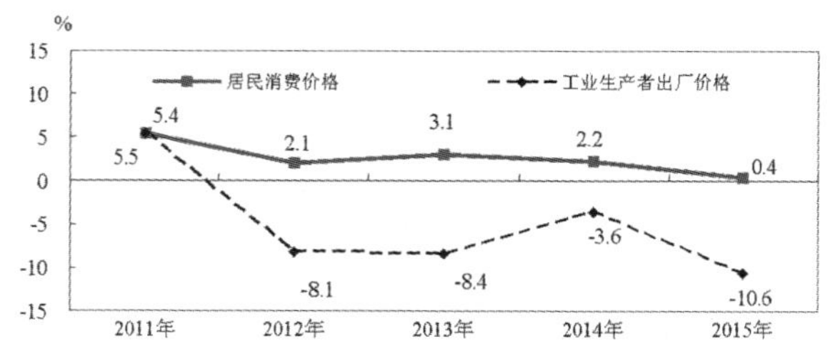

表 1　2015 年居民消费价格涨跌情况

指　标	比 2014 年涨（跌）（%）
居民消费价格总指数	0.4
食　品	0.3
烟　酒	2.3
衣　着	3.4
家庭设备用品及维修服务	0.0
医疗保健和个人用品	0.3
交通和通信	−1.3
娱乐教育文化用品及服务	0.4
居　住	−0.2

就业：年末全市从业人员 222.75 万人，其中：城镇从业人员 173.25 万人，农村从业人员 49.50 万人。城镇新增就业 10.50 万人，其中创业带动就业 2.29 万人。4.16 万名下岗失业人员实现再就业，其中就业困难人员再就业 1.10 万人。年末城镇登记失业率 3.43%。

二、农 业

种植面积：全年农作物种植面积 100.32 千公顷，比上年减少 1.62 千公顷。粮食种植面积 75.57 千公顷，比上年减少 0.55 千公顷。其中：夏粮种植面积 0.11 千公顷，秋粮种植面积 75.46 千公顷。蔬菜种植面积 21.12 千公顷，药材种植面积 0.63 千公顷。

表 2　2015 年主要农产品产量

产品名称	产量（吨）	比 2014 年增长（%）
粮　食	299327	−11.7
其中：夏　粮	669	−23.7
秋　粮	298658	−11.7
其中：小　麦	669	−23.7
玉　米	260059	−12.0
马铃薯	11146	−16.3
油　料	2995	−3.0
棉　花	14	−36.4
蔬　菜	1288304	0.5
水　果	88500	16.7

造林：全年造林面积 19.25 千公顷。零星植树 1200 万株。新增育苗面积 0.93 千公顷。

畜禽及水产品产量：年末大牲畜存栏 4.44 万头，猪出栏 46.02 万头。肉类产量 5.60 万吨，禽蛋产量 2.99 万吨，牛奶产量 10.18 万吨。水产品养殖面积 2.39 千公顷，水产品产量 2553 吨。

农机及化肥施用：年末全市农业机械总动力 140.02 万千瓦。全年农用化肥施用量（折纯）28967 吨。

三、工业和建筑业

工业：规模以上工业增加值 600.48 亿元，比上年增长 5.7%。其中：中央企业增加值 104.89 亿元，增长 9.1%；省属企业增加值 214.55 亿元，下降 4.3%；市属及以下企业增加值 281.04 亿元，增长 7.4%。

图 4　2011-2015 年规模以上工业增加值增速

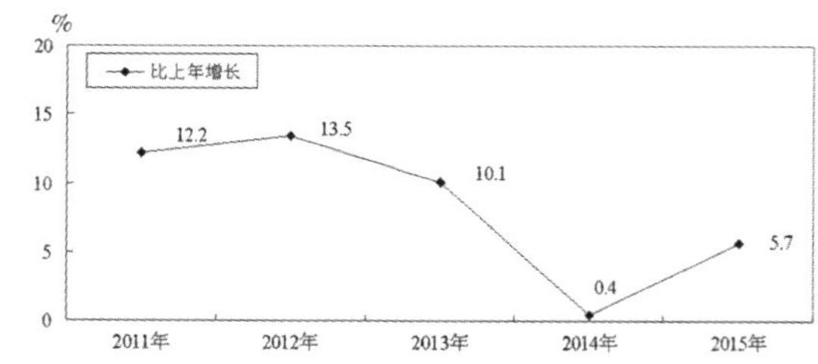

表 3　2015 年规模以上工业增加值分类

指　标	增加值（亿元）	比 2014 年增长（%）
规模以上工业	600.48	5.7
其中：轻工业	80.17	11.7
重工业	520.31	1.8
其中：国有控股企业	333.42	−0.7
其中：国有企业	18.88	−2.7
集体企业	1.91	−17.4
股份合作企业	0.11	−23.6
股份制企业	368.78	−2.3
外商及港澳台商投资企业	206.29	15.3
其他经济类型企业	4.51	3.7

占全市规模以上工业增加值 83.7%的十大行业中，增加值比上年增长的有 7 个。

表 4　2015 年规模以上工业十大行业增加值

行　业	增加值（亿元）	比 2014 年增长（%）
计算机、通信和其他电子设备制造业	185.75	15.0
黑色金属冶炼及压延加工业	88.93	-8.5
煤炭开采和洗选业	75.97	6.6
烟草制品业	37.31	2.8
燃气生产和供应业	28.73	12.3
电力、热力生产和供应业	21.50	6.4
交通运输设备制造业	20.30	11.5
通用设备制造业	16.14	−16.0
仪器仪表制造业	14.08	1.6
专用设备制造业	13.93	−19.8

新兴接替产业增加值402.64亿元，增长8.2%，占全市规模以上工业增加值的67.1%。其中：装备制造业增加值267.95亿元，增长9.2%，占全市规模以上工业增加值的44.5%。

表5 2015年规模以上工业装备制造业增加值

行业	增加值（亿元）	比2014年增长（%）
装备制造业	267.95	9.2
计算机、通信和其他电子设备制造业	185.75	15.0
交通运输设备制造业	20.30	11.5
通用设备制造业	16.14	-16.0
仪器仪表制造业	14.08	1.6
专用设备制造业	13.93	-19.8
金属制品业	13.12	31.6
电气机械和器材制造业	4.17	-15.9
汽车制造业	0.44	-33.0

传统行业增加值197.84亿元，下降5.2%，占全市规模以上工业增加值的32.9%。其中：煤炭开采和洗选业增加值增长6.6%，电力、热力生产和供应业增加值增长6.4%，黑色金属冶炼及压延加工业增加值下降8.5%，石油加工和炼焦业增加值下降29.1%。

表6 2015年规模以上工业企业主要产品产量

产品名称	单位	产量	比2014年增长（%）
原煤	万吨	3988.88	9.3
洗煤	万吨	2822.03	0.7
焦炭	万吨	1029.40	-4.6
发电量	亿千瓦小时	257.48	-1.8
生铁	万吨	777.37	-8.8
粗钢	万吨	1078.60	-5.8
不锈钢	万吨	401.84	5.6
钢材	万吨	1018.53	-6.2
水泥	万吨	478.07	-0.9
橡胶轮胎外胎	万条	154.98	-6.2
采矿设备	万吨	4.84	-40.5
金属轧制设备	万吨	3.02	-47.2
起重机	万吨	2.15	-46.7
金属切削机床	台	109	-33.9
移动通信手持机	万台	2038.36	-9.6
减速机	台	4605	141.2
铁路货车	辆	3322	479.8
车轴	万吨	8.88	14.4
车轮	万吨	14.00	-1.5
卷烟	亿支	163.50	0.0
食醋	万吨	47.01	36.3
白酒（折65度）	千升	4205	54.7
碳酸饮料	万吨	17.45	21.9

规模以上工业主营业务收入2594.65亿元，下降22.3%。利税总额48.59亿元，下降55.1%。规模以上工业利润盈亏相抵后净亏损42.50亿元。

建筑业：具有建筑业资质等级的总承包和专业承包建筑业企业总产值1985.01亿元，下降2.7%；利税总额116.41亿元，下降2.9%；利润总额55.40亿元，下降2.7%；上缴税金61.01亿元，下降3.1%。

建筑业企业房屋建筑施工面积9442.63万平方米，竣工面积1736.76万平方米。

四、能　源

能源生产：全市一次能源生产折标准煤2849.26万吨，比上年增长9.3%；二次能源生产折标准煤4143.87万吨，下降0.5%。

用电：全年全社会用电量240.36亿千瓦时，下降5.1%。其中：农业用电1.94亿千瓦时，增长7.9%；工业用电（含电厂自用电）158.89亿千瓦时，下降10.4%，其中：占工业用电量68.1%的煤炭、炼焦、化工、建材、冶金、电力等高耗能行业用电量108.13亿千瓦时，下降11.0%；建筑业用电3.63亿千瓦时，下降0.4%；第三产业用电39.50亿千瓦时，增长7.4%；城乡居民生活用电32.10亿千瓦时，增长6.0%。

五、固定资产投资

固定资产投资：全年固定资产投资2025.61亿元，比上年增长16.0%。其中：中央项目投资154.23亿元，下降16.4%；省属项目投资240.42亿元，增长2.3%；市属及以下项目投资1630.96亿元，增长22.9%。

图5 2011-2015年固定资产投资

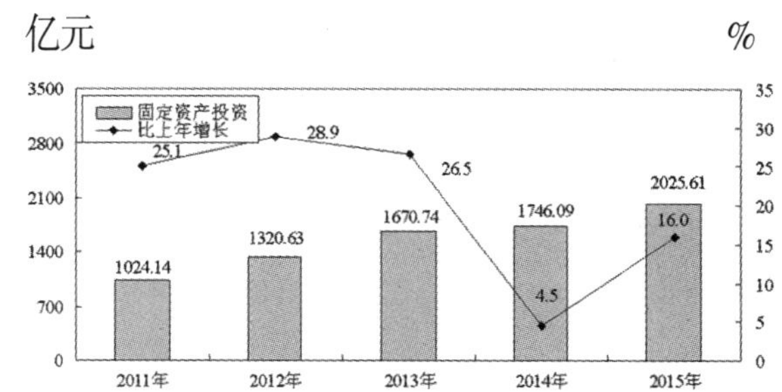

分产业看，第一产业投资35.55亿元，增长39.5%；第二产业投资455.35亿元，增长3.0%。其中：工业投资450.42亿元，增长2.8%；第三产业投资1534.71亿元，增长20.0%。城市基础设施建设投资341.03亿元。三次产业投资比重为1.8%、22.5%和75.7%。

工业投资中，非煤产业投资397.65亿元，增长11.5%，占工业投资的比重达到88.3%。新兴接替产业投资312.57亿元，增长25.9%，占工业投资的比重达到69.4%。

分经济类型看，国有投资1005.84亿元，增长14.4%；非国有投资1019.77亿元，增长17.6%，其中：民间投资1001.18亿元，增长21.7%。

表7 2015年分行业固定资产投资

指 标	投资额（万元）	比2014年增长（%）
总 计	20256080	16.0
农、林、牧、渔业	362105	35.0
采矿业	629737	-25.0
制造业	2032995	-16.0
电力、热力、燃气及水的生产和供应业	1841446	64.3
建筑业	56446	36.8
批发和零售业	337951	35.0
交通运输、仓储和邮政业	519577	3.3
住宿和餐饮业	57000	286.4
信息传输、软件和信息技术服务业	172919	-41.0
金融业	3770	—
房地产业	10012805	29.6
房地产开发	6042152	25.0
租赁和商务服务业	87147	45.8
科学研究和技术服务业	271110	186.4
水利、环境和公共设施管理业	3097737	-5.0
居民服务和其他服务业	12740	-87.8
教育	300003	62.4
卫生和社会工作	265790	175.2
文化、体育和娱乐业	110508	57.4
公共管理和社会组织	84294	-26.9

全年在建固定资产投资项目1256个。其中：5亿元以上项目177个，计划总投资3570.32亿元，完成投资836.03亿元，占全市固定资产投资的比重为41.3%；10亿元以上项目98个，计划总投资3019.25亿元，完成投资664.65亿元，占全市固定资产投资的比重为32.8%。

房地产开发：全年房地产开发投资604.22亿元，比上年增长25.0%。住宅投资443.02亿元，增长25.6%，其中：90平方米以下住房投资158.91亿元，占住宅投资的比重为35.9%；商业营业用房投资44.41亿元，增长0.8%。全年商品房竣工面积446.67万平方米，商品房销售额337.16亿元。

六、国内贸易

消费品零售：全年社会消费品零售总额1540.80亿元，比上年增长6.2%。其中：城镇消费品零售额1433.61亿元，增长6.4%；乡村消费品零售额107.19亿元，增长4.6%。

表8 2015年社会消费品零售总额

指 标	零售额（亿元）	比2014年增长（%）
社会消费品零售总额	1540.80	6.2
分地域：城 镇	1433.61	6.4
其中：城 区	1255.63	8.8
乡 村	107.19	4.6
分行业：批发业	159.14	24.1
零售业	1304.89	4.8
住宿业	8.89	-8.5
餐饮业	67.88	2.1

图6 2011-2015年社会消费品零售总额

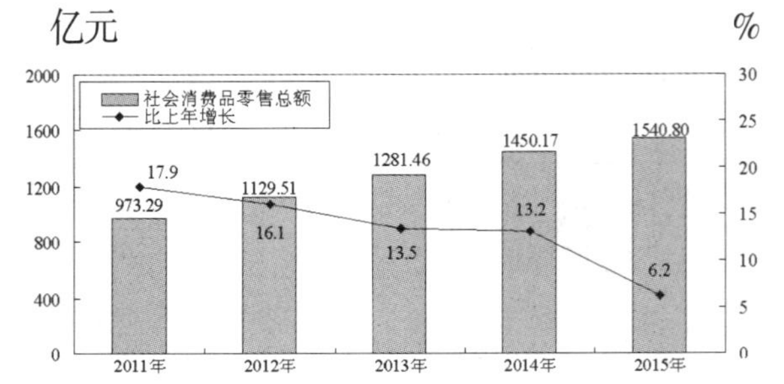

限额以上贸易企业零售额850.05亿元，比上年下降0.3%，占社会消费品零售总额的55.2%。限额以上批发零售业企业通过互联网实现商品零售额9.35亿元，增长77.9%。

表9 2015年限额以上批发零售业商品零售类值

指 标	零售额（万元）	比2014年增长（%）
汽车类	2841664	-6.3
石油及制品类	778286	-22.6
文化办公用品类	42973	-16.1
体育、娱乐用品类	38359	-2.4
书报杂志类	34812	11.2
通讯器材类	40074	-4.7
家用电器和音像器材类	436860	18.7
中西药品类	596658	-2.0
建筑及装潢材料类	5717	-30.9
日用品类	162795	7.4
五金电料类	16883	-2.4
家具类	20686	17.5
粮油、食品、饮料、烟酒类	1402707	15.1
服装类	1224019	25.0
化妆品类	123222	-7.4
金银珠宝类	162278	-19.7

七、对外经济

进出口贸易：全年外贸进出口总额106.77亿美元，

比上年增长 0.1%。其中：出口额 65.92 亿美元，增长 0.3%；进口额 40.85 亿美元，下降 0.4%。

图 7 2011-2015 年外贸进出口总额

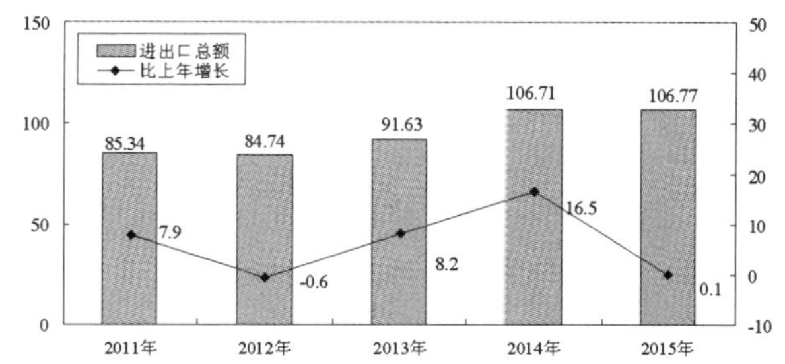

出口商品中，不锈钢材、机电产品分别为 13.38 亿美元、45.24 亿美元，占出口额的 88.9%。煤炭、焦炭、金属镁分别为 0.23 亿美元、0.85 亿美元、0.80 亿美元，占出口额的 2.9%。

表 10 2015 年外贸进出口总额

指　标	绝对数（亿美元）	比 2014 年增长（%）
进出口总额	106.77	0.1
出口额	65.92	0.3
其中：一般贸易	13.91	2.8
加工贸易	51.32	0.1
其中：机电产品	45.24	10.0
高新技术产品	37.77	7.4
其中：国有企业	21.53	-8.8
外商投资企业	38.04	6.8
进口额	40.85	-0.4
其中：一般贸易	8.47	-40.6
加工贸易	32.27	21.0
其中：机电产品	26.07	19.5
高新技术产品	20.66	32.3
其中：国有企业	14.69	-12.3
外商投资企业	23.68	27.0

注：高新技术产品和机电产品分类有交叉。

有贸易往来的国家和地区 151 个。年进出口额在千万美元以上的国家和地区 56 个，比上年增加 2 个。

招商引资：全年新设立外商投资企业 13 家。实际利用外商直接投资额 8.50 亿美元，下降 21.0%。

八、交通、邮电和旅游

交通运输：年末全市公路线路里程累计达到 7360 公里，其中高速公路 287 公里。公路密度 105.3 公里/百平方公里。太原地区铁路客运量 2597.55 万人次，下降 0.8%；铁路货运量 4414 万吨，增长 2.0%。公路客运量 1085 万人次，增长 5.6%；公路货运量 14286 万吨，增长 1.0%。航空客运量 884.30 万人次，增长 11.5%；航空货运量 4.55 万吨，增长 1.3%。

年末全市民用汽车保有量 112.29 万辆，比上年末增长 10.5%，其中私人汽车 99.24 万辆，增长 13.0%。本年新注册汽车 15.22 万辆，增长 6.5%。年末轿车保有量 70.28 万辆，增长 13.9%，其中私人轿车 65.14 万辆，增长 15.4%；本年新注册轿车 9.50 万辆，增长 5.7%。

邮电：全年邮电业务总量 107.21 亿元，比上年增长 18.4%，其中：邮政业务总量 5.86 亿元，增长 3.8%；电信业务总量 101.36 亿元，增长 19.3%。年末市话到达 98.63 万户。农话到达 3.60 万户。移动电话用户 741.30 万户，其中：3G、4G 移动电话用户分别为 154.64 万户和 278.51 万户。全市固定及移动电话用户总数达到 843.53 万户。每百人拥有电话 195 部，其中：固定电话和移动电话普及率分别达到 24 部/百人和 171 部/百人。计算机互联网用户 128.91 万户，其中：宽带网用户 123.59 万户。

旅游：全市接待海内外游客 4912.48 万人次，比上年增长 17.1%。其中：国内游客 4891.47 万人次，增长 17.1%；海外游客 21.01 万人次，增长 4.7%。海外游客中：外国人 14.80 万人次，香港同胞 3.48 万人次，澳门同胞 0.40 万人次，台湾同胞 2.33 万人次。全年旅游总收入 588.35 亿元，增长 17.7%。其中：国内旅游收入 583.34 亿元，增长 17.8%；旅游外汇收入 0.81 亿美元，增长 5.1%。

九、金融和保险

金融：年末全市金融机构本外币各项存款余额 10830.05 亿元，比年初增长 5.6%；本外币各项贷款余额 9121.35 亿元，增长 13.2%。人民币各项存款余额 10593.91 亿元，增长 4.7%，其中：个人储蓄存款余额 3432.12 亿元，增长 3.2%；人民币各项贷款余额 9027.59 亿元，增长 13.6%。人民币贷款中，中长期贷款余额 5524.47 亿元，增长 12.6%；短期贷款余额 2841.48 亿元，增长 14.8%。

年末上市公司达到 19 家，其中：主板 16 家，中小板 2 家，创业板 1 家。“新三板”挂牌企业达到 20 家。

保险：全年原保险保费收入 160.69 亿元，增长 41.0%。其中：寿险业务保费收入 103.60 亿元，增长 64.8%；健康险业务保费收入 10.95 亿元，增长 45.1%；意外伤害险业务保费收入 3.34 亿元，增长 21.3%；财产险业务保费收入 42.77 亿元，增长 4.9%。

支付各类赔款及给付 43.07 亿元，增长 5.9%。其中：寿险业务给付 17.86 亿元，增长 3.7%；健康险业务赔款及给付 2.54 亿元，增长 9.1%；意外伤害险业务赔款 0.93 亿元，增长 1.6%；财产险业务赔款 21.75 亿元，增长 7.7%。

十、城市建设

基础设施建设：新建改建主次干道 31 项，改造背街小巷 32 条，总计建设里程 113.23 公里。太榆路、学府街、南内环街、南沙河路等相继改造完工。地铁 2 号线一期工程全线招标开工，首开段车站主体工程封顶。城市配套项目推进了太古、太交长输供热管线、华能东山热电联产、大温差供热等供热管网工程，市给水管网扩建、西山城市供水、南部区域核心区供水、呼延水厂二期工程等供水管网工程，结合道路新建改建同步铺设供气管网 120 公里、改造管网 50 公里。推动 54 个城中村改造，47 个村基本完成整村拆除。

年末全市天然气供气总量 6.77 亿立方米。集中供热扩网 4830 万平方米。年末城市公交运营车辆 2501 辆，其中：公共汽车 2380 辆，电车 121 辆。公交运营线路网长度 3174 公里，年客运量 5.41 亿人次。公共自行车服务点增加到 1285 个，累计投放自行车 4.1 万辆。

城市绿化：开工建设晋阳湖、和平公园等 13 个公园，建成 46 个游园，完成阳兴大道、建设路、南沙河路等主干道景观绿化。创建省级园林单位 2 个，省级园林小区 2 个。全市共有综合性公园 37 个，专类公园 11 个，带状公园 5 个，街头游园 209 个，社区游园 43 个，街旁绿地 146 块。建成区绿化覆盖面积达到 13940 公顷，园林绿地面积 12264 公顷，公园绿地面积 3930 公顷。建成区绿化覆盖率 41.00%，绿地率 36.07%，人均公园绿地面积 11.56 平方米。

十一、教育和科学技术

教育：年末共有普通高等院校 43 所（其中高职院校 22 所），成人高等院校 9 所，中等职业教育学校 58 所，普通高中 94 所，普通初中 130 所，小学 416 所，幼儿园 640 所。

表 11　2015 年各类教育学生数

指　标	招生（人）	在校生（人）	毕业生（人）
研究生	8143	23781	7255
普通高等教育	126551	421429	103530
成人高等教育	27561	101371	40798
中等职业教育	23973	84959	38674
普通高中	27501	84524	29209
普通初中	35405	122033	44699
普通小学	50111	275621	36073
特殊教育	186	1202	137
学前教育	43721	114031	36790

全市学前三年毛入园率 95.5%。小学学龄儿童入学率、初中生入学率、巩固率均达到国家标准。2015 年我市高考一本、二本达线率和录取率在全省继续名列前茅。

科学技术：全年技术市场共登记技术合同 1422 项，成交金额 52.99 亿元。研究与试验发展（R&D）经费支出 93.21 亿元，占地区生产总值的比重为 3.4%。国家认定企业技术中心 11 家，省级企业技术中心 90 家。年末累计建成 7 个国家级重点实验室，4 个国家级工程实验室，1 个国家级工程研究中心，8 个国家级科技企业孵化器，35 个“院士工作站”。年末累计认定高新技术企业 376 家。全年获得国家科技奖励 5 项。全市发明专利申请量 2890 件、授权量 1533 件，有效发明专利拥有量 5157 件。规模以上工业高新技术产业增加值 248.05 亿元，占地区生产总值的比重为 9.1%。获得全国首批小微企业创业创新基地城市示范。

年末高新区、经济区、民营区共有入区企业 5544 家。全年实现科工贸总收入 2865 亿元，增长 11.5%。

十二、文化、卫生和体育

文化：年末全市共有专业、具备规模的民营艺术表演团体 18 个。群艺文化馆 12 个，博物馆 11 个。公共图书馆馆藏图书 670.52 万册。国家综合档案馆 12 个，馆藏档案资料 147.64 万卷（件、册）。广播节目 11 套，电视节目 16 套。有线广播电视用户 107.08 万户（其中数字电视用户 103.29 万户），有线电视入户率 94.0%。广播人口覆盖率 99.9%，电视人口覆盖率 100%。开展以“中国梦”为主题的艺术创作，推出晋剧《于成龙》、《续范亭》、《紫穗槐》，话剧《谍杀》，承办纪念抗战胜利 70 周年“烽火战歌”专场音乐朗诵。全年荣获国际奖 3 项、国家奖 4 项、省级奖 2 项。其中，戏曲电影《傅山进京》获中美国际电影节“最佳戏曲片”奖，晋剧《上马街》获第十六届上海白玉兰戏剧表演“主角奖”、“配角奖”。年末共列入国家级非物质文化遗产保护项目 17 项、省级保护项目 67 项、市级保护项目 115 项。

卫生：年末共有卫生机构 2791 个（不含村卫生室），医疗床位 36760 张。每千人拥有医疗床位 8.5 张。各类卫生技术人员 52952 人，其中：执业（助理）医师 20045 人，注册护士 24245 人。每千人拥有医生 4.6 人。实际参加新型农村合作医疗的农民 105.82 万人，参合率 99.7%。“先住院、后付费”服务模式惠及农民 16.2 万人次。在全国首创“千医千村牵手”帮扶模式。创建 2 个国家级、163 个省级群众满意的基层医疗卫生机构，2 个慢性病综合防控示范区。

体育：全年太原运动员在国内外大赛中，获得 12 枚金牌、11 枚银牌、3 枚铜牌，24 个第四至第八名。在第一届全国青运会中，获得 11 枚金牌、9 枚银牌、7

枚铜牌的好成绩。太原国际马拉松赛蝉联“金牌赛事”，继续打造“龙城赛龙舟”、“全国篮球城市”、“汾河体育健身长廊”等体育名片，获得2015中国体育文化·体育旅游博览会“最佳组织奖”。

十三、人民生活和社会保障

人民生活：全年居民人均可支配收入25408元，比上年增长7.8%。按常住地分，城镇居民人均可支配收入27727元，增长7.6%，城镇居民人均消费支出15455元，增长7.1%；农村居民人均可支配收入13626元，增长8.0%，农村居民人均消费支出10124元，增长7.2%。城乡居民收入比为2.03:1，比上年缩小0.01个百分点。

社会保障：城镇社会保险参保率97.7%。全市企业职工参加养老保险82.98万人，参加城镇基本医疗保险242.18万人，参加失业保险86.75万人，参加工伤保险95.13万人，参加生育保险96.88万人。年末城市低保覆盖人口3.32万人，农村低保覆盖人口3.98万人，4238人纳入农村五保供养，全年发放最低保障资金3.09亿元。

全市各类收养类单位50个，床位6624张，收养5238人。救济农村五保户4219户、城市临时救助8404户次，农村临时救助5003户次。年内新建城乡日间照料中心109个。

十四、环境保护和安全生产

环境质量：全年市区空气质量二级以上天数230天，达标比率为63.0%。空气污染综合指数7.13%。集中式饮用水源地水质达标率保持100%，地表水环境功能区水质达标率75%，市区区域环境噪声年均值52.9分贝、交通噪声年均值68.3分贝。全年PM2.5达标253天，达标比率为69.3%。

气温降水：全年平均气温8.7~11.4℃，降水量318.4~403.6mm。地下水水位平均上升0.3米。全社会用水量7.46亿立方米，其中：生活用水2.03亿立方米，生产用水4.26亿立方米，生态用水0.25亿立方米。

安全生产：全年各类安全生产事故发生数比上年下降4.5%。其中：工矿商贸企业事故、道路交通事故起数分别下降21.4%、14.7%。煤炭百万吨死亡率为0。

注：

1.本公报数据为统计部门和其它相关部门初步统计数据。

2.地区生产总值、各产业（行业）增加值绝对数按现价计算，增长速度按不变价格计算；根据第三次全国经济普查结果和国家统计局2012年制定的《三次产业划分规定》对相关数据进行了修订。

3.规模以上工业企业是指年主营业务收入在2000万元及以上的法人工业企业；固定资产投资统计起点为项目计划总投资500万元及以上；限额以上批发零售企业是指年销售额2000万元及以上的批发企业和年销售额500万元及以上的零售企业。

4.邮电业务总量按2010年不变价格计算。

5.依据城乡住户一体化改革制度，原有指标“农村居民人均纯收入”和“城镇居民人均可支配收入”变更为“居民人均可支配收入”、“城镇居民人均可支配收入”和“农村居民人均可支配收入”。

6.环境空气优良天数按照国家环保部发布的《环境空气质量评价技术规范》（试行）HJ663-2013的标准进行评价。

7.根据国家统计局规定，各省市节能降耗指标单独发布。

目 录

CONTENTS

一、综合

General Survey

二、人口、计划生育和社会治安

Population, Family Planning and Social Security

三、从业人员和劳动报酬

Emplyment and Wages

四、固定资产投资、建筑业

Investment in Fixed Assets and Construction

五、能源消费与库存

Energy Consumption and Inventory

六、物价指数

Price Indicators

七、住户调查

Household Survey

八、公用事业

Public Utilities

九、农业

Agriculture

十、工业、交通运输和邮电

Industry, Transportation and Telecommunications

十一、国内外贸易和旅游

Domestic and Foreign trade , Tourism

十三、科教、文卫、体育和民政

Science, Education, Culture, Public health, Sports and Civil Affairs

十四、县(市、区)经济概况

Basic Economic Statistics of at County Levell (districts, counties and cities)

第 1 篇

综合

General Survey

资料整理、审核

陆建云	任永刚	崔　晰	张　琳
常　铁	王晋伟	刘建程	刘　星
李　江	许丽娟		

1-1 太原市县(市、区)及乡镇、办事处名称

Names of districts, counties, towns and subdistrict offices in taiyuan

县 级	乡 级
小店区	北格镇、刘家堡乡、西温庄乡、坞城街办、营盘街办、北营街办、平阳路街办、黄陵街办、小店街办、龙城街办
迎泽区	郝庄镇、迎泽街办、桥东街办、文庙街办、柳巷街办、老军营街办、庙前街办
杏花岭区	中涧河乡、小返乡、三桥街办、敦化坊街办、巨轮街办、涧河街办、鼓楼街办、杏花岭街办、坝陵桥街办、大东关街办、职工新街街办、杨家峪街办
尖草坪区	向阳镇、阳曲镇、马头水乡、柏板乡、西墕乡、汇丰街办、古城街办、柴村街办、迎新街街办、南寨街办、上兰街办、新城街办、光社街办、尖草坪街办
万柏林区	王封乡、化客头街办、东社街办、千峰街办、下元街办、和平街办、万柏林街办、兴华街办、南寒街办、杜儿坪街办、白家庄街办、长风西街街办、小井峪街办、西铭街办、神堂沟街办
晋源区	金胜镇、晋祠镇、姚村镇、义井街办、罗城街办、晋源街办
古交市	河口镇、马兰镇、镇城底镇、阁上乡、嘉乐泉乡、梭峪乡、岔口乡、常安乡、原相乡、邢家社乡、东曲街办、西曲街办、桃园街办、屯兰街办
清徐县	清源镇、东于镇、徐沟镇、孟封镇、马峪乡、柳杜乡、西谷乡、王答乡、集义乡
阳曲县	黄寨镇、东黄水镇、大盂镇、泥屯镇、侯村乡、凌井店乡、高村乡、杨兴乡、西凌井乡、北小店乡
娄烦县	娄烦镇、杜交曲镇、静游镇、庙湾乡、马家主乡、盖家庄乡、米峪镇乡、天池店乡

1-2 行政区划

Administrative division

单位：个

指 标	街道办事处	社区居委会	乡政府	镇政府	村民委员会	自然村
总 计	**53**	**626**	**31**	**21**	**896**	**1492**
小店区	7	117	2	1	39	44
迎泽区	6	95		1	19	33
杏花岭区	10	115	2		32	40
尖草坪区	9	63	3	2	84	94
万柏林区	14	113	1		44	59
晋源区	3	36		3	78	99
清徐县		24	5	4	188	203
阳曲县		10	6	4	117	344
娄烦县		6	5	3	142	217
古交市	4	37	7	3	146	343
高新区		1				
经济区		10				
民营区					7	16

1-3 自然资源
Natural resources

指 标	单 位	数 量
一、人口、土地		
全市户籍总人口	人	3673857
人口密度（按户籍人口计算）	人/平方公里	526
土地面积	平方公里	6988
二、气候		
平均气温	摄氏度	8.7—11.4
极端最低气温	摄氏度	-20.1—-14.2
极端最高气温	摄氏度	35.1—36.9
日照时间	小时	2119.4—2710.3
无霜期	天	167
降水量	毫米	318.4—403.6
三、林地		
当年造林面积	千公顷	17.9
森林覆盖率	%	23.0
四、水利		
采用水量总计	万立方米	65366.51
地下水采用总量	万立方米	27825.36
地表水采用总量	万立方米	37541.15
五、矿产（保有量）		
煤矿	亿吨	146
铁矿	万吨	47240
溶剂灰岩	万吨	12334
水泥灰岩	万吨	14645
石膏	万吨	6285

注：矿产为2013年底数。

1-4 土地状况
Land status

单位：平方公里

指 标	面 积	占总面积（%）
总面积	**6988**	**100.0**
按地形分		
平原	1240	17.7
丘陵	2117	30.3
山地	3631	52.0
按特征分		
农用地	**5748**	**82.3**
耕地	1163	16.6
园地	172	2.5
林地	2762	39.5
草地	1651	23.6
建设用地	**1006**	**14.4**
城镇村及工矿用地	695	9.9
交通运输用地	149	2.2
水域及水利设施用地	162	2.3
其他土地	**234**	**3.3**

注：土地状况为2014年底数。

1-5 取水情况
Usage of water

单位：万立方米

指　标	2015	2014
总取水量	**74658.61**	**72895.85**
按取水用途分	**65366.51**	**64538.92**
生活	20314.03	19422.85
生产	42561.52	38822.42
生态	2490.96	6293.65
按水源分		
河川径流	37541.15	34680.68
河水	37541.15	34680.68
地下水	27825.36	29858.24
#深层水	21950.40	22242.69
另：污水利用量	9292.10	8356.93

1-6 按行政区划分土地面积及人口密度
Land area and population density by administrative division

指　标	土地面积（平方公里）	常住人口（人）	人口密度（人/平方公里）
总　计	**6988**	**4318675**	**618**
市辖区合计	**1460**	**3525339**	**2415**
小 店 区	295	829179	2811
迎 泽 区	117	606360	5183
杏花岭区	170	659493	3879
尖草坪区	285	427984	1502
万柏林区	305	773828	2537
晋 源 区	288	228495	793
县（市）合计	**5528**	**793336**	**144**
清 徐 县	609	350783	576
阳 曲 县	2059	122389	59
娄 烦 县	1276	108329	85
古 交 市	1584	211835	134

注：常住人口为抽样调查数。

1-7 社会经济主要指标人均水平
Major Per capita Indicators economy

指 标	单位	1985	1990	1995	2000	2005	2009	2013	2014	2015
一、地区生产总值	**元**	**1905**	**3648**	**8331**	**13021**	**26294**	**44322**	**57720**	**59023**	**63483**
二、主要产品产量										
原煤	吨	9.92	11.03	11.20	8.36	13.17	10.05	8.70	8.50	9.26
发电量	千瓦小时	1075.96	1428.63	3122.47	3731.02	4671.15	5937.88	6544.41	5983.37	5975.68
粗钢	公斤	659.31	738.01	854.64	821.45	1037.05	2414.30	2291.63	2669.13	2503.25
成品钢材	公斤	361.98	384.54	575.72	841.16	1277.96	2371.05	2203.42	2529.96	2363.84
水泥	公斤	327.50	287.43	532.81	558.59	925.42	1304.97	1586.17	1254.41	1109.52
粮食	公斤	131.23	150.63	119.50	96.79	85.75	91.36	76.82	79.05	69.47
蔬菜	公斤	198.43	229.97	244.44	411.00	420.76	366.54	298.18	298.90	298.99
猪牛羊肉	公斤	5.17	6.65	12.02	15.64	17.25	11.76	9.98	10.60	11.13
奶	公斤	8.67	13.61	13.19	15.12	27.25	27.95	22.39	23.23	23.68
三、社会消费品零售总额	**元**	**771**	**1381**	**3111**	**6224**	**11282**	**20699**	**30032**	**33817**	**35759**
四、人民生活										
城镇常住居民人均可支配收入	元	646	1573	3939	6019	10476	15607	24000	25768	27727
城镇居民消费性支出	元	585	1357	3409	5341	7806	11708	14338	14430	15455
#食品	元	308	653	1588	1750	2412	3764	4600	3558	3585
衣着	元	112	241	514	564	1050	1313	1507	1584	1589
居住	元		36	194	388	856	1390	1481	3237	3355
农村常住居民人均可支配收入	元	526	763	1444	2643	4402	6828	11288	12616	13626
城乡居民储蓄存款年末余额	元	486	1894	7064	13788	30110	59800	77525	77555	79654

注:2014年以前农村常住居民人均可支配收入为农民人均的收入。

1-8 国民经济主要比例关系
The main proportion of the national economy

单位：%

指 标	1985	1990	1995	2000	2005	2010	2013	2014	2015
一、地区生产总值三次产业增加值比例									
第一产业	6.5	6.3	5.1	3.9	2.3	1.6	1.5	1.5	1.4
第二产业	66.9	55.5	47.1	41.8	47.1	44.1	41.7	40.0	37.3
第三产业	26.6	38.2	47.8	54.3	50.6	54.3	56.8	58.5	61.3
二、工业总产值轻重比例（不变价）									
轻工业	25.8	25.0	20.7	18.7	7.6	7.9	6.0	6.1	6.8
重工业	74.2	75.0	79.3	81.3	92.4	92.1	94.0	93.9	93.2
三、农林牧渔总产值内部比例（不变价）									
农业产值	74.3	69.1	56.9	57.9	51.9	59.4	60.1	59.3	58.0
林业产值	6.2	2.7	3.6	2.2	1.5	8.9	10.0	10.1	9.4
牧业产值	19.3	27.5	38.7	39.2	39.8	27.7	25.5	25.8	27.4
渔业产值	0.2	0.7	0.8	0.7	0.8	0.7	0.5	0.4	0.4
农林牧渔服务业					6.0	3.3	4.2	4.4	4.8
四、固定资产投资三次产业比例									
第一产业	0.3	0.7	0.1	0.7	0.7	1.5	1.5	1.5	1.8
第二产业	61.9	74.2	52.9	48.9	72.5	28.4	31.8	25.3	22.5
第三产业	37.8	25.1	47.0	50.4	26.8	70.1	66.7	73.2	75.7
五、固定资产投资额占地区生产总值比例	**44.0**	**28.0**	**30.1**	**26.4**	**49.1**	**51.4**	**67.8**	**69.0**	**74.1**
六、地方财政收入占地区生产总值比例	**11.5**	**9.8**	**5.8**	**5.4**	**6.4**	**7.8**	**10.0**	**10.2**	**10.0**

注：1.2005年起工业总产值轻重比例为规模以上工业按当年价格计算。

2.2009年起农林牧渔总产值内部比例按当年价格计算。

1-9 人民物质文化生活提高情况

Conditions of People´s material and cultural life

指　　标	单位	1985	1990	1995	2000	2005	2010	2014	2015
一、城乡居民收入									
农村常住居民人均可支配收入	元	526	763	1444	2643	4402	7611	12616	13626
城镇常住居民人均可支配收入	元	646	1573	3939	6019	10476	17258	25768	27727
城镇非私营单位在岗职工平均工资(含铁路驻并单位)	元	1199	2351	5538	8394	18547	38838	56885	60515
二、平均每人居住面积									
城镇居民	平方米	5.63	7.07	8.15	10.13	11.94	13.65	35.00	39.00
农村居民	平方米				26.00	28.60	35.14		
三、每百户居民拥有耐用消费品(抽样)									
电冰箱									
城镇居民	台	2	52	68	90	96	98	88	93
农民	台		2	12	27	34	53	63	68
彩色电视机									
城镇居民	台	17	84	98	115	119	110	104	104
农民	台	3	9	36	65	85	105	103	105
洗衣机									
城镇居民	台	64	95	88	94	99	97	95	97
农民	台	12	33	50	59	64	89	88	91
四、每千人拥有卫生技术人员和医疗卫生床位数									
每千人拥有卫生技术人员	人	10.4	10.6	10.6	9.6	9.0	10.9	11.4	12.2
每千人拥有医疗卫生床位数	张	7.8	8.8	8.5	8.0	7.0	7.6	9.2	8.5
五、储蓄									
城乡居民储蓄存款年末余额	亿元	11.29	48.76	197.54	419.63	1183.95	2386.79	3325.78	3432.12
平均每人储蓄存款余额	元	486	1894	7064	13788	30110	61943	77555	79654

注：1.2014 年以前农村常住居民人均可支配收入为农民人均纯收入。

2.2013 年起城镇居民每人居住面积为建筑面积。

1-10 主要年份地区生产总值(按当年价格计算)

Gross Domestic Product in Major years(At Constant Prices calculation)

年 份	地区生产总值(万元)	第一产业	第二产业		第三产业	人均 GDP(元/人)
				# 工业		
1952	23254	5462	8478	6693	9314	281
1957	56180	6503	31848	22952	17829	418
1962	57561	5693	32500	30383	19368	389
1965	90129	9243	63524	59517	17362	573
1970	112489	10879	83496	80874	18114	654
1975	143898	15360	102906	99874	25632	752
1978	186758	11036	140152	123482	35570	937
1980	222998	13961	156965	138361	52072	1075
1985	442126	28885	295782	239985	117459	1905
1990	939154	58755	520827	453958	359572	3648
1995	2330302	118405	1098481	916245	1113416	8331
1996	2816550	155484	1297001	1036916	1364065	9879
1997	3270713	155584	1464366	1123811	1650763	11265
1998	3507880	162090	1540109	1185511	1805681	11912
1999	3645620	145302	1558760	1218172	1941558	12242
2000	3962652	154936	1656880	1298969	2150836	13021
2001	4512131	143440	1919746	1486525	2448945	13452
2002	5031377	175155	2080977	1579489	2775245	14915
2003	6136637	179952	2677365	2041164	3279320	18099
2004	7637621	209264	3534977	2697006	3893380	22423
2005	8995771	201903	4240499	3223916	4553369	26294
2006	10418835	194405	4761286	3702587	5463144	30326
2007	12917719	196389	6360520	5192419	6360810	37444
2008	15261555	229807	7367734	5941734	7664014	44054
2009	15453488	285603	6705966	4929369	8461919	44322
2010	17813546	302806	7846278	5756569	9664462	46230
2011	20837040	338486	9261621	6721243	11236933	49377
2012	23307210	360209	10055429	7355478	12891572	54894
2013	24629174	371617	10270599	7209830	13986958	57720
2014	25310917	388627	10123118	7028126	14799172	59023
2015	27353442	373954	10201765	6921129	16777723	63483

注：1.2001 年起人均 GDP 为按抽样调查总人口计算，其余年份为按公安户籍人口计算。

2.2009 年至 2013 年为第三次经普调整后数据。

3.2013-2015 年地区生产总值数据执行《国民经济行业分类》（GB/T4754-2011）和《三次产业划分规定》国统字［2012］108。

1-11 主要年份地区生产总值构成
Composition of GDP in Major Years

单位：%

年 份	地区生产总值	第一产业	第二产业	# 工业	第三产业
1952	100.0	23.5	36.5	28.8	40.0
1957	100.0	11.6	56.7	40.9	31.7
1962	100.0	9.9	56.5	52.8	33.6
1965	100.0	10.3	70.5	66.0	19.2
1970	100.0	9.7	74.2	71.9	16.1
1975	100.0	10.7	71.5	69.4	17.8
1978	100.0	5.9	75.0	66.1	19.1
1980	100.0	6.3	70.4	62.0	23.3
1985	100.0	6.5	66.9	54.3	26.6
1990	100.0	6.3	55.5	48.3	38.2
1995	100.0	5.1	47.1	39.3	47.8
1996	100.0	5.5	46.0	36.8	48.5
1997	100.0	4.8	44.8	34.4	50.4
1998	100.0	4.6	43.9	33.8	51.5
1999	100.0	4.0	42.8	33.4	53.2
2000	100.0	3.9	41.8	32.8	54.3
2001	100.0	3.2	42.5	32.9	54.3
2002	100.0	3.5	41.4	31.4	55.1
2003	100.0	2.9	43.7	33.3	53.4
2004	100.0	2.7	46.3	35.3	51.0
2005	100.0	2.3	47.1	35.8	50.6
2006	100.0	1.9	45.7	35.5	52.4
2007	100.0	1.5	49.2	40.2	49.3
2008	100.0	1.5	48.3	38.9	50.2
2009	100.0	1.9	43.4	31.9	54.7
2010	100.0	1.7	44.1	32.4	54.2
2011	100.0	1.7	44.4	32.2	53.9
2012	100.0	1.6	43.1	31.5	55.3
2013	100.0	1.5	41.7	29.3	56.8
2014	100.0	1.5	40.0	27.8	58.5
2015	100.0	1.4	37.3	25.3	61.3

1-12 主要年份地区生产总值指数
Indices of Gross Domestic Product in Major Years

单位：%

年 份	地区生产总值	第一产业	第二产业	#工业	第三产业
1957	106.7	98.1	111.1	119.0	102.7
1962	92.5	86.6	90.3	94.2	98.8
1965	120.4	97.9	132.6	134.9	98.8
1970	164.3	110.0	198.0	202.1	109.9
1975	116.5	105.5	121.3	120.6	106.0
1978	128.9	89.7	134.2	124.0	126.7
1980	106.5	112.1	102.7	100.3	118.9
1985	105.4	91.7	105.5	106.4	108.2
1990	109.1	126.8	107.9	102.0	109.3
1995	113.0	102.6	113.3	116.0	113.3
1996	112.6	115.9	112.5	108.7	112.6
1997	110.5	103.3	110.0	107.7	112.2
1998	108.8	105.0	110.1	109.7	106.5
1999	107.7	96.9	106.5	108.2	111.2
2000	109.0	106.8	108.1	108.7	111.1
2001	111.8	90.9	110.5	108.2	114.2
2002	112.0	121.0	112.2	111.3	111.3
2003	115.6	104.1	118.8	117.8	113.9
2004	115.9	102.7	119.6	117.7	113.8
2005	115.6	101.1	116.2	117.6	115.8
2006	112.1	93.8	110.5	111.4	114.4
2007	116.8	100.5	120.9	125.6	113.7
2008	108.5	101.4	103.0	101.3	114.0
2009	102.6	104.1	93.1	87.1	110.8
2010	111.3	104.9	111.4	111.0	111.4
2011	110.6	103.5	111.0	110.4	110.5
2012	110.9	105.5	109.3	111.2	112.4
2013	108.4	102.8	110.3	109.0	107.1
2014	103.3	104.3	101.0	100.8	105.1
2015	108.9	101.3	106.0	105.7	111.4

1-13 地区生产总值及构成

Gross Domestic Product and composition

指　标	绝对额(万元)		构成(%)	
	2015	2014	2015	2014
地区生产总值	**27353442**	**25310917**	**100.0**	**100.0**
农林牧渔业	390897	404466	1.4	1.6
工业	6921129	7028126	25.3	27.8
建筑业	3280636	3094992	12.0	12.2
批发和零售业	3368198	3375684	12.3	13.4
交通运输、仓储和邮政业	1376216	1270083	5.0	5.0
住宿和餐饮业	1110378	1037329	4.1	4.1
金融业	3735965	3070496	13.7	12.1
房地产业	1434383	1399135	5.2	5.5
其他服务业	5735640	4630606	21.0	18.3
第一产业	**373954**	**388627**	**1.4**	**1.5**
第二产业	**10201765**	**10123118**	**37.3**	**40.0**
第三产业	**16777723**	**14799172**	**61.3**	**58.5**

注：按照国家统计局2012年制定的《三次产业划分规定》，第一产业为农业牧渔业，不含农林牧渔服务业；农林牧渔服务业属于第三产业。

1-14 总产出(按当年价格计算)

Total output(At Constant Prices calculation)

单位：万元

指　标	2015	2014
总产出	**87704885**	**79135522**
#工业	26522925	24646480
建筑业	25506852	22993245
批发和零售业	6389766	6545536
交通运输、仓储和邮政业	3519754	3163031
第一产业	**703090**	**726667**
第二产业	**52029777**	**47639725**
第三产业	**34972018**	**30769130**

1-15 支出法地区生产总值(按当年价格计算)

Gross Domestic Product by expenditure approach(At Constant Prices calculation)

单位：万元

指 标	2015	2014	为 2014 年%
总 计	**27353442**	**25310917**	**108.9**
一、最终消费	**12416384**	**11313826**	**109.4**
居民消费	9727731	8874793	108.9
农村居民	704945	635336	110.2
城镇居民	9022786	8239457	108.9
政府消费	2688653	2439033	111.0
二、资本形成总额	**15621496**	**14096721**	**110.8**
固定资本形成总额	14528208	13089619	110.8
存货增加	1093288	1007102	110.7
三、货物和服务净出口	**-684438**	**-99630**	

1-16 支出法地区生产总值构成(按当年价格计算)

Components of GDP by Expenditure Approach(At Constant Prices calculation)

单位：%

指 标	2015	2014
总 计	**100.0**	**100.0**
一、最终消费	**45.4**	**44.7**
居民消费	35.6	35.1
农村居民	2.6	2.5
城镇居民	33.0	32.6
政府消费	9.8	9.6
二、资本形成总额	**57.1**	**55.7**
固定资本形成总额	53.1	51.7
存货增加	4.0	4.0
三、货物和服务净出口	**-2.5**	**-0.4**

1-17 资本形成总额

Gross capital formation

单位：万元

指 标	2015	2014
总 计	**15621496**	**14096721**
固定资本形成总额	**14528208**	**13089619**
# 住宅	4245011	3766113
非住宅建筑物	5068633	4591241
机器和设备	2486611	2352956
存货增加	**1093288**	**1007102**
# 农林牧渔业	-9871	4610
工业	225198	209329
建筑业	-1158	-98017
批发零售业	101369	95062

1-18 太原市主要年份国民经济主要指标
Main indicators of national economy in Major Year of Taiyuan

指　　标	1985	1990	1995	2000	2005	2010	2013	2014	2015
年末户籍常住人口(人)	2344452	2612087	2827710	3087491	3403874	3654990	3679451	3697425	3673857
按性别分									
男性	1258322	1384876	1490281	1607655	1766902	1867963	1871142	1875995	1858619
女性	1086130	1227211	1337429	1479836	1636972	1787027	1808309	1821430	1815238
按农业、非农业分									
农业人口	919217	975743	995113	1048251	1014606	1024831	1034634	1050703	
非农业人口	1425235	1636344	1832597	2039240	2389268	2630159	2644817	2646722	
社会从业人员(人)	1377500	1592200	1773000	1611200	1616195	1760476	2009600	2174700	2227500
按三次产业分									
第一产业	235500	248400	258000	276800	271587	242519	242600	246400	251700
第二产业	770000	853400	872000	611500	530983	569339	679600	676600	649200
第三产业	372000	490400	643000	722900	813625	948618	1087400	1251700	1326700
按职工、非职工分									
城镇非私营单位职工	989000	1111000	1124000	884117	757996	846286	967484	1078240	1050453
#国有	756000	892000	919000	533148	458206	460685	373448	482200	462583
集体	233000	219000	205000	119411	62939	47730	38541	35641	34621
城镇私营企业和个体从业人员	8000	61000	127000	217056	355324	422952	551188	603189	682044
农村从业人员	351000	385000	434000	503753	502875	491238	490928	493271	495003
城镇非私营单位在岗职工工资总额(万元)	115920	257007	609421	724376	1378220	3147504	4809134	6013680	6229561
#国有单位职工	94900	220674	529353	441159	828598	1705528	1785456	2885596	3204005
城镇集体单位职工	21020	35909	67586	60029	54590	83962	113919	118093	122401
城镇非私营单位在岗职工年平均工资(元)	1199	2351	5538	8394	18547	38838	51035	56885	60515
#国有单位职工	1279	2510	5788	8460	18375	37684	50913	62022	71070
城镇集体单位职工	938	1696	3371	5285	9192	18255	31155	34756	37637
城镇常住居民人均可支配收入(元)	646	1573	3939	6019	10476	17258	24000	25768	27727
城镇居民人均消费性支出(元)	585	1357	3409	5341	7806	12106	14338	14430	15455
#食品	308	653	1588	1750	2412	3710	4600	3558	3585
衣着	112	241	514	564	1050	1234	1507	1584	1589
居住		36	194	388	857	1172	1481	3237	3355
农村常住居民人均可支配收入(元)	526	763	1444	2643	4402	7611	11288	12616	13626
农民人均生活消费支出(元)				1634	2601	3879	7407	9444	10124
#食品				696	909	1312	2518	2450	2578
衣着				204	350	493	837	852	893
居住				225	334	642	1141	2543	2787
地区生产总值(万元)	442126	939154	2330302	3962652	8995771	17813546	24629174	25310917	27353442
第一产业	28885	58755	118405	154936	201903	302806	371617	388627	373954
第二产业	295782	520827	1098481	1656880	4240499	7846278	10270599	10123118	10201765
工业	239985	453958	916245	1298969	3223916	5756569	7209830	7028126	6921129
建筑业	55797	66869	182236	357911	1016583	2089709	3060769	3094992	3280636
第三产业	117459	359572	1113416	2150836	4553369	9664462	13986958	14799172	16777723

1-18 续表1

指 标	1985	1990	1995	2000	2005	2010	2013	2014	2015
人均生产总值(元/人)	1905	3648	8331	13021	26294	46230	57720	59023	63483
地区生产总值指数(%)	105.4	109.1	113.0	109.0	115.6	111.3	108.4	103.3	108.9
第一产业	91.7	126.8	102.6	106.8	101.1	104.9	102.8	104.3	101.3
第二产业	105.5	107.9	113.3	108.1	116.2	111.4	110.3	101.0	106.0
工业	106.4	102.0	116.0	108.7	117.6	111.0	109.0	100.8	105.7
建筑业	99.5	150.1	99.9	105.0	112.1	112.4	114.3	101.7	106.8
第三产业	108.2	109.3	113.3	111.1	115.8	111.4	107.1	105.1	111.4
全社会固定资产投资额(万元)	194510	262924	701894	1047702	4385077	9164811	16707390	17460868	20256080
全社会竣工房屋面积(平方米)	3585900	2870100	2848000	4420700	6064048	7795531	7877194	9435193	9597538
全社会新增固定资产(万元)	126292	212335	517719	876782	1193234	4114718	5991585	11325373	7002156
商品零售价格总指数(以上年价格为100)	112.0	100.7	114.5	96.0	100.2	102.6	101.3	100.7	98.6
食品类		99.7	124.2	93.8	103.7	108.2	105.6	103.3	100.3
服装鞋帽类		106.9	119.1	100.6	96.3	96.9	100.8	102.5	103.3
纺织品类		106.9	120.1	94.9	98.0	109.6	107.6	102.2	98.4
中西药品及医疗保健用品类		99.1	114.3	101.3	98.7	105.8	102.1	100.6	101.0
文化和体育用品类		93.3	104.0	99.3					
文化办公用品类					99.4	97.6	95.3	98.0	97.4
体育娱乐用品类					99.1	97.9	100.0	101.2	99.1
日用品类		99.8	109.0	98.0	100.7	99.0	100.0	99.8	99.4
家用电器类		93.1	102.2	95.6	97.3	92.6	94.4	96.3	97.6
燃料类		119.9	105.9	107.6	112.8	117.0	98.2	98.2	88.1
建筑装璜材料类	112.0	100.4	102.8	99.4	102.1	97.7	99.3	98.6	98.0
居民消费品价格总指数(以上年价格为100)		101.7	116.8	103.6	101.1	103.0	103.1	102.2	100.4
食品类		99.7	123.4	93.2	103.8	108.4	105.5	103.2	100.3
衣着类		106.9	116.8	99.6	96.2	97.2	100.9	102.5	103.4
家庭设备用品及维修服务类		99.8	106.5	98.6	100.0	100.8	103.8	104.4	100.0
医疗保健和个人用品类		99.1	113.7	101.1	101.6	102.6	101.4	100.7	100.3
交通和通讯类		147.7	94.9	97.8	96.3	97.7	99.2	100.5	98.7
娱乐教育文化用品及服务类		93.3	112.3	96.4	101.9	101.8	103.9	102.2	100.4
居住类		105.9	111.9	107.0	102.4	101.2	102.7	101.4	99.8
服务项目类价格总指数(以上年价格为100)		110.2	107.3	162.1	102.9	102.4	103.7	103.2	100.6
农林牧渔业总产值(万元,按当年价格计算)	38744	73925	193432	246156	344060	560634	722383	760400	739124
农业产值	28489	47608	120504	163107	199305	336794	434021	451781	428567
林业产值	2266	1877	4382	4020	12088	49426	71993	76362	69117
牧业产值	7942	22069	66859	77344	114172	154140	182375	196441	202345
渔业产值	47	662	1687	1685	2689	3063	3261	3083	3060
农林牧渔服务业产值					15806	17210	30733	33733	36035
农林牧渔业总产值指数(以上年价格为100)	99.6	108.3	102.2	106.9	101.3	104.9	103.3	104.9	101.8
农业产值		107.9	95.9	110.1	99.6	102.6	102.4	103.5	100.2
林业产值		93.0	106.8	102.4	74.7	105.5	115.3	105.9	103.4

1-18 续表2

指　标	1985	1990	1995	2000	2005	2010	2013	2014	2015
牧业产值		110.8	112.8	102.8	104.9	106.9	100.8	107.4	103.9
渔业产值		116.5	103.6	103.7	107.6	119.7	76.0	94.5	-0.7
农林牧渔服务业产值					100.8	127.0	111.6	108.7	106.5
主要农作物播种面积(千公顷)	145.34	145.72	139.23	136.82	118.56	113.55	107.18	101.94	100.33
粮食	107.61	116.25	107.93	100.35	83.48	84.78	80.48	76.12	75.57
棉花	0.23	0.12	0.86	0.83	0.22	0.08	0.04	0.02	0.01
油料	22.70	13.52	13.90	11.05	5.05	3.11	2.50	2.50	2.31
主要农产品产量									
粮食(吨)	304534	387806	334171	294557	291865	321585	327786	338981	299327
棉花(吨)	133	96	849	998	276	105	52	22	14
油料(吨)	16756	13882	6636	10557	3845	2721	3056	3087	2995
肉类(吨)	12001	17109	33603	47606	65135	49975	50159	53466	56011
禽蛋(吨)	7428	20003	35272	44361	43165	36412	27345	29011	29920
工业企业单位数(个)	1560	1981	2033	383	489	480	440	406	408
按经济类型分									
国有经济	289	331	335	178	95	37	23	18	19
集体经济	1270	1638	1601	89	60	40	21	19	16
其他	1	12	97	116	334	403	396	369	373
按轻重工业分									
轻工业	713	877	727	128	111	107	86	79	81
重工业	847	1104	1306	255	378	373	354	327	327
工业企业总产值(万元,按1990不变价格计算)	620037	1276457	2588265	3105189	9213954	20003397	26488396	24310044	21592702
按经济类型分									
国有经济	536776	1063635	2008511	697609	715540	662004	835756	557915	1215862
集体经济	81674	204830	443982	197970	164977	147631	124931	108972	60132
其他	1587	7992	135772	2209610	8333437	19193762	25527709	23643157	20316708
按轻重工业分									
轻工业	150649	334579	449580	528811	703205	1400948	1578127	1490784	1470754
重工业	469388	941878	2138685	2576378	8510749	18602449	24910269	22819260	20121948
主要工业产品产量									
原煤(万吨)	2140	2840	3133	2544	4482	3775	3711.47	3645.12	3988.88
发电量(万千瓦时)	347800	367800	873200	1135500	1594000	2038000	2792500	2566000	2574800
粗钢(万吨)	152.73	190.24	238.82	249.90	353.34	850.00	977.84	1144.60	1078.60
生铁(万吨)	110.97	160.00	241.00	292.00	394.22	696.90	698.58	852.67	777.37
焦炭(万吨)	152.56	386.33	893.24	836.00	1201.00	1268.00	1136.15	1078.64	1029.40
水泥(万吨)	76.20	73.94	148.70	170.00	272.65	582.50	594.74	484.87	478.07
太原地区铁路货运量(万吨)	2398	3295	3735	4278	6113	5064	4239	4330	4414
太原地区铁路客运量(万人次)	814	878	992	864	1074	2210	2523	2620	2598
公路货运量(万吨)	1852	4458	9249	8600	11593	8783	11099	14206	14286
邮电业务总量(万元)	1470	3890	36723	238105	540873	1452903	796122	905857	1072137

1-18 续表3

指　　标	1985	1990	1995	2000	2005	2010	2013	2014	2015
社会消费品零售总额(万元)	229781	456637	1116123	1894200	3840302	8258458	12814594	14501658	15407962
外商直接投资(万美元)	43	141	4500	7280	16490	58501	94426	107673	85049
接待海外旅游人数(人次)	9695	13519	23594	47886	100859	283194	465965	200679	210065
接待国内旅游人数(万人次)	173	277	462	860	1408	1995	3645	4196	4912
地方财政收入(万元)	50872	92130	134263	214828	569525	1384809	2473261	2588527	2742403
地方财政支出(万元)	32519	61055	146653	245873	718390	1896358	3191090	3226934	4199913
#基本建设支出	4657	4674	11529	5392	25197				
文教科卫支出	7645	15259	35510	53994	141640	532802	892479	952291	1086343
#教育事业费支出				35688	92774	359491	547273	527157	620878
学校数(所)	2057	2009	1967	1890	1400	1003	918	804	792
#普通高等学校	9	12	13	12	32	42	44	43	43
中等专业学校	41	46	48	47	28	30	32	32	32
普通中学	278	223	235	237	251	230	226	228	224
小学	1664	1646	1575	1503	1003	607	543	423	416
在校学生数(人)	451732	442897	518546	649236	980584	1154723	1166770	1162875	1158152
#普通高等学校	26976	32463	44480	72689	265535	329712	526279	540233	546581
中等专业学校	17711	29323	43323	83107	53475	76540	70332	65021	56392
普通中学	151704	126591	131401	173635	222462	239953	222821	217920	206557
小学	241219	232653	269039	295062	317752	267325	254414	261282	275621
专任教师数(人)	31419	36427	39028	43109	55733	63377	65698	65661	65596
#普通高等学校	4910	6031	6056	6669	16223	20912	23988	23791	23771
中等专业学校	2369	3221	3543	3373	1623	2266	2787	2713	2689
普通中学	10159	11203	11663	13775	16005	17134	18392	18477	18792
小学	12526	13415	14747	16637	17388	17079	16608	16691	16379
毕业生数(人)	96239	102370	111805	131606	223103	323154	326913	322795	313479
#普通高等学校	4997	8088	12421	12572	53735	97398	140587	147659	151583
中等专业学校	4956	10037	11635	15027	16252	26875	24041	23795	24587
普通中学	36732	40519	32638	44537	64141	71310	79795	75429	73908
小学	45648	37058	45576	48260	49201	52792	46477	42558	36073
卫生机构数(个)	932	998	972	1002	1954	2527	2638	2662	2791
#医院	194	220	221	131	194	191	182	178	185
卫生机构床位数(张)	18332	22944	24082	24817	23652	27771	35247	36022	36760
#医院	16721	21248	22174	19317	21736	24703	32584	33917	34828
卫生技术人员(人)	24328	27780	30101	28418	29549	39930	47194	48820	52662
#医院	15732	19429	21594	21855	22728	28529	34846	36307	39463

注：1.本表地区生产总值、社会消费品零售总额2005年至2008年为第二次经济普查调整后口径。
2.2014年以前农村常住居民人均可支配收入为农民人均纯收入。
3.工业企业单位数、工业企业总产值2000年以前为乡及乡以上口径，以后为规模以上工业口径，2005年起为当年价。
4.2011年起固定资产投资起点由计划总投资50万元以上的项目提高到500万元以上，且没有全社会固定资产统计指标。
5.2011年邮电业务总量采用新口径计算。
6.2005年起社会消费品总额不含未通过市场直接向消费者出售的产品。
7.2005年以前外商直接投资包括间接投资。
8.教育指标中不包括幼儿园。
9.卫生指标中不含村卫生室数。

第2篇

人口、计划生育和社会治安

Population, Family Planning and Social Security

资料整理、审核

刘利祯　　王翠莲　　翟秀东　　刘红芳

刘俊欢　　张　炜

2-1 人口
Population

指　标	年末人口（人）	为上年（%）
户籍常住人口	**3673857**	**99.36**
按性别分		
男	1858619	99.07
女	1815238	99.66
按城镇和乡村分		
城镇人口	2919276	
乡村人口	754581	
按地区分		
市辖区	2850789	99.39
县(市)	823068	99.26
暂住人口	**1216492**	**109.77**

注：本表为公安数据。

2-2 户籍常住人口
Permanent resident population

单位：人、户

指　标	合　计	按城镇、乡村分		按性别分		性别比例(女=100)	总户数
		城镇人口	乡村人口	男性人口	女性人口		
总　计	**3673857**	**2919276**	**754581**	**1858619**	**1815238**	**102.39**	**1152969**
市辖区合计	**2850789**	**2632996**	**217793**	**1438369**	**1412420**	**101.84**	**836094**
小 店 区	623332	541854	81478	311336	311996	99.79	172102
迎 泽 区	531355	520743	10612	260475	270880	96.16	153588
杏花岭区	595853	579378	16475	301118	294735	102.17	177229
尖草坪区	335506	302131	33375	172612	162894	105.97	108413
万柏林区	564744	532992	31752	294432	270312	108.92	160453
晋 源 区	199999	155898	44101	98396	101603	96.84	64309
县(市)合计	**823068**	**286280**	**536788**	**420250**	**402818**	**104.33**	**316875**
清 徐 县	328541	85494	243047	163230	165311	98.74	121846
阳 曲 县	150927	39139	111788	77424	73503	105.33	64159
娄 烦 县	125584	31132	94452	65279	60305	108.25	51224
古 交 市	218016	130515	87501	114317	103699	110.24	79646

注：本表为公安数据。

2-3　人口自然变动情况
Natural change of population

单位：人、‰

指　标	年平均人数	出生人口合计	性别		出生婴儿性别比(女=100)	出生率	死亡人口合计	性别		死亡率	自然增加人数	自然增长率
			男	女				男	女			
总　计	**3685641**	**37143**	**19157**	**17986**	**106.51**	**10.08**	**24613**	**13760**	**10853**	**6.68**	**12530**	**3.40**
市辖区合计	**2859507**	**28219**	**14505**	**13714**	**105.77**	**9.87**	**18638**	**10288**	**8350**	**6.52**	**9581**	**3.35**
小 店 区	625658	7604	3958	3646	108.56	12.15	2389	1344	1045	3.82	5215	8.34
迎 泽 区	529349	4821	2462	2359	104.37	9.11	3691	1983	1708	6.97	1130	2.13
杏花岭区	597642	5519	2841	2678	106.09	9.23	5174	2786	2388	8.66	345	0.58
尖草坪区	339963	2588	1278	1310	97.56	7.61	3121	1753	1368	9.18	-533	-1.57
万柏林区	566849	5497	2836	2661	106.58	9.70	3059	1787	1272	5.40	2438	4.30
晋 源 区	200046	2190	1130	1060	106.60	10.95	1204	635	569	6.02	986	4.93
县(市)合计	**826134**	**8924**	**4652**	**4272**	**108.90**	**10.80**	**5975**	**3472**	**2503**	**7.23**	**2949**	**3.57**
清 徐 县	328429	3608	1870	1738	107.59	10.99	2525	1446	1079	7.69	1083	3.30
阳 曲 县	151588	1426	731	695	105.18	9.41	1824	991	833	12.03	-398	-2.63
娄 烦 县	125852	1535	816	719	113.49	12.20	589	394	195	4.68	946	7.52
古 交 市	220265	2355	1235	1120	110.27	10.69	1037	641	396	4.71	1318	5.98

注：本表为公安数据。

2-4　人口机械变动情况
Demographic changes of population

单位：人

指　标	迁入人口合计	迁　入		迁出人口合计	迁　出		净增(+)净减(-)
		省内迁入	省外迁入		迁往省内	迁往省外	
总　计	**39746**	**28322**	**11424**	**55867**	**35790**	**20077**	**-16121**
市辖区合计	**33958**	**23569**	**10389**	**49467**	**30556**	**18911**	**-15509**
小 店 区	11191	8501	2690	17497	12753	4744	-6306
迎 泽 区	6979	4089	2890	6306	3026	3280	673
杏花岭区	4866	3089	1777	5780	3174	2606	-914
尖草坪区	3047	2246	801	7814	4725	3089	-4767
万柏林区	6584	4630	1954	10090	5436	4654	-3506
晋 源 区	1291	1014	277	1980	1442	538	-689
县(市)合计	**5788**	**4753**	**1035**	**6400**	**5234**	**1166**	**-612**
清 徐 县	2463	2088	375	2425	2113	312	38
阳 曲 县	885	713	172	798	643	155	87
娄 烦 县	928	771	157	884	701	183	44
古 交 市	1512	1181	331	2293	1777	516	-781

注：本表为公安数据。

2-5 人口抽样调查

Population sampling survey

单位：人、‰

指 标	常住人口	出生人口	死亡人口	平均人口	出生率	死亡率	自增率	城镇人口	乡村人口	城镇化率(%)	男性人口	女性人口	性别比(女=100)
太原市	**4318675**	**38818**	**19043**	**4308788**	**9.01**	**4.42**	**4.59**	**3645134**	**673541**	**84.40**	**2206890**	**2111785**	**104.50**
小 店 区	829179	7360	2907	826952.5	8.90	3.52	5.38	758916	70263	91.53	423847	405332	104.57
迎 泽 区	606360	5297	2878	605150.5	8.75	4.76	4.00	589155	17205	97.16	295787	310573	95.24
杏花岭区	659493	5310	2779	658227.5	8.07	4.22	3.85	634998	24495	96.29	332797	326696	101.87
尖草坪区	427984	3892	1995	427035.5	9.11	4.67	4.44	401833	26151	93.89	220962	207022	106.73
万柏林区	773828	6964	3025	771858.5	9.02	3.92	5.10	754908	18920	97.56	404539	369289	109.55
晋 源 区	228495	2365	1159	227892	10.33	5.09	5.29	149473	79022	65.42	116875	111620	104.71
清 徐 县	350783	3315	2152	350201.5	9.47	6.15	3.32	114241	236542	32.57	179707	171076	105.05
阳 曲 县	122389	1303	795	122135.5	10.67	6.52	4.15	42521	79868	34.74	64100	58289	109.97
娄 烦 县	108329	1026	600	108116	9.49	5.55	3.94	43141	65188	39.82	56950	51379	110.84
古 交 市	211835	1986	752	211218	9.40	3.56	5.84	155948	55887	73.62	111326	100509	110.76

2-6 计划生育综合情况

Integrated of family planning

单位：人、%

指 标	育龄妇女人数(15-49)周岁	已婚育龄妇女人数					女性初婚			领取独生子女证	
		合 计	已婚未育	现有一孩	现有二孩	现有三孩以上	合 计	#23岁以上	晚婚率	人数	领证率
总 计	**1066747**	**742891**	**50828**	**485188**	**181652**	**25223**	**13249**	**10897**	**82.3**	**510979**	**42.1**
小 店 区	183141	130626	10204	88859	29019	2544	2371	1911	80.6	98377	50.5
迎 泽 区	162157	118599	12931	86510	17940	1218	4021	3753	93.3	87112	38.2
杏花岭区	152245	102977	6867	82274	12939	897	1084	956	88.2	115679	48.9
尖草坪区	97101	70601	3105	49163	17077	1256	770	652	84.7	50109	40.0
万柏林区	173757	123288	8790	88896	23708	1894	1416	1171	82.7	89902	38.3
晋 源 区	54739	38298	2085	19739	14798	1676	701	467	66.6	22235	45.2
古 交 市	69319	46027	2150	23388	15874	4615	850	681	80.1	16327	31.9
清 徐 县	89786	59629	2165	23349	29150	4965	1170	701	59.9	15959	31.3
阳 曲 县	36084	22765	841	10718	9815	1391	328	237	72.3	7984	36.3
娄 烦 县	39611	23507	1165	8552	9175	4615	404	265	65.6	4833	27.4
经 济 区	5498	4160	434	2173	1468	85	105	82	78.1	1288	31.2
高 新 区	1494	1246	50	1087	100	9	7	7	100.0	841	36.6
民 营 区	1815	1168	41	480	589	58	22	14	63.64	333	33.5

2-7 节育情况

Birth control

单位：例、人、%

指 标	采取各种节育手术例数						采取各种节育措施人数									综合节育率
	小计	男性绝育	女性绝育	宫内节育器	人流	取环	小计	男性绝育	女性绝育	宫内节育器	皮下埋植	口服及注射避孕药	避孕套	外用药	其他	
总 计	**32484**	**4**	**475**	**31423**	**40**	**542**	**685169**	**1976**	**97915**	**555355**	**99**	**1434**	**24952**	**4**	**3434**	**92.23**
小店区	7478	1	98	7279	7	93	120841	215	15626	101340	10	61	3159		430	92.51
迎泽区	3572		15	3391	7	159	104627	82	5324	88587	30	151	9446	1	1006	88.22
杏花岭区	3146	1	21	3095	1	28	96468	95	3476	84469	16	332	6857		1223	93.68
尖草坪区	3046		93	2938	1	14	66060	78	9896	55033	4	82	925	1	41	93.57
万柏林区	6222	2	192	6015	1	12	112131	125	12314	98174	12	39	1445	2	20	90.95
晋源区	2361		22	2230		109	35938	10	7766	26916	16	320	710		200	93.84
古交市	1889		3	1826	6	54	43484	1069	9878	31631	7	134	442		323	94.47
清徐县	3093		5	3011	16	61	56852	18	18018	37985	3	38	786		4	95.34
阳曲县	978		16	955		7	21256	27	6993	14056		40	87		53	93.37
娄烦县	498		1	495		2	21355	248	7182	13288	1	235	279		122	90.84
经济区	98		6	89	1	2	3876	7	1000	2093		1	766		9	93.17
高新区	19		1	17		1	1179		34	1096			49			94.62
民营区	84		2	82			1102	2	408	687		1	1		3	94.35

2-8 生育情况
Fertility status

单位：人、%

指标	合计	年内出生人数								
		政策内出生人数				计划生育率	政策外出生人数			
		小计	一孩	二孩	三孩		小计	一孩	二孩	多孩
总计	**27457**	**25410**	**20100**	**5226**	**84**	**92.54**	**2047**	**131**	**1833**	**83**
小店区	5257	4937	3878	1041	18	93.91	320	27	278	15
迎泽区	4550	4158	3238	906	14	91.38	392	20	348	24
杏花岭区	3597	3432	2774	648	10	95.41	165	17	144	4
尖草坪区	2245	2119	1671	444	4	94.39	126	8	118	
万柏林区	4817	4502	3676	815	11	93.46	315	20	295	
晋源区	1705	1610	1185	417	8	94.43	95	14	79	2
古交市	1184	1032	940	90	2	87.16	152	2	141	9
清徐县	2430	2143	1583	550	10	88.19	287	15	260	12
阳曲县	759	667	522	142	3	87.88	92	2	90	
娄烦县	633	560	436	123	1	88.47	73	3	53	17
经济区	212	185	145	39	1	87.26	27	3	24	
高新区	27	26	21	4	1	96.30	1		1	
民营区	41	39	31	7	1	95.12	2		2	

2-9　社会治安及安全生产情况
Social security and safety production

指　　标	单 位	2015	2014
刑事案件立案数	起	40188	33865
刑事案件综合破案数	起	12064	11172
治安案件发现受理数	起	114139	78976
治安案件查处数	起	102055	69763
火灾发生数	起	1986	1950
火灾受伤人数	人	11	17
火灾死亡人数	人	7	7
火灾损失折款	万元	633.80	628.20
交通事故发生数	起	938	1093
交通事故受伤人数	人	1076	1279
交通事故死亡人数	人	219	220
交通事故损失折款	万元	238.00	245.20
安全生产事故发生数	起	2916	3046
#工矿商贸企业	起	11	14
#煤矿	起	0	0
安全生产事故死亡人数	人	238	246
#工矿商贸企业	人	11	19
#煤矿	人	0	0

第3篇

从业人员和劳动报酬

Emplyment and Wages

资料整理、审核

刘利祯　　卫　洁　　耿　洁　　张劭鹏

3-1 全社会从业人员
Total society employees

单位：万人

指　　标	2005	2007	2008	2009	2010	2013	2014	2015
总　计	**161.62**	**167.94**	**170.54**	**167.33**	**176.05**	**200.96**	**217.47**	**222.75**
按三次产业分								
第一产业	27.16	25.72	25.22	24.75	24.25	24.26	24.64	25.17
第二产业	53.10	56.93	55.70	52.75	56.94	67.96	67.66	64.92
第三产业	81.36	85.29	89.62	89.83	94.86	108.74	125.17	132.66
按城乡分								
城镇	111.33	117.67	121.76	118.06	126.92	151.87	168.14	173.25
农村	50.29	50.27	48.78	49.27	49.13	49.09	49.33	49.50
按行业分								
农、林、牧、渔业	27.15	25.72	25.22	24.75	24.25	24.26	24.64	25.17
采矿业	7.93	8.37	8.36	7.92	8.63	10.49	10.41	9.94
制造业	32.71	36.11	34.78	32.00	35.22	31.97	31.44	30.00
电力、燃气及水的生产和供应业	1.89	1.64	1.76	1.67	1.66	2.55	2.87	2.85
建筑业	10.57	10.81	10.80	11.14	11.42	22.95	22.93	22.13
交通运输、仓储和邮政业	11.08	13.34	12.78	12.72	13.26	11.79	16.85	16.01
信息传输、计算机服务和软件业	1.44	2.08	2.15	1.89	2.33	6.11	6.78	6.58
批发和零售业	28.83	25.28	27.04	28.47	31.34	34.93	40.95	45.43
住宿和餐饮业	3.45	6.22	6.59	6.31	6.48	7.60	8.53	9.72
金融业	2.08	2.20	2.24	2.30	2.66	3.22	3.34	3.40
房地产业	0.78	0.90	0.99	0.96	1.05	1.82	2.20	2.30
租赁和商务服务业	2.51	2.77	3.25	2.97	3.33	5.42	6.41	7.78
科学研究、技术服务和地质勘查业	3.01	3.17	3.15	3.55	3.69	4.88	5.52	5.94
水利、环境和公共设施管理业	1.27	1.48	1.67	1.67	1.71	3.15	3.03	2.98
居民服务和其他服务业	3.13	3.76	4.87	4.61	4.89	4.53	4.89	5.59
教育	6.77	7.06	7.60	7.61	7.55	7.90	8.19	8.22

3-1　续表　　单位：万人

指　　标	2005	2007	2008	2009	2010	2013	2014	2015
卫生、社会保障和社会福利业	2.59	2.93	3.12	3.20	3.31	4.01	4.49	4.68
文化、体育和娱乐业	1.51	1.95	2.08	2.05	1.99	2.08	2.64	2.69
公共管理和社会组织	4.97	5.22	5.42	5.53	5.72	6.42	6.36	6.35
其他	7.95	6.93	6.68	5.98	5.54	4.88	4.99	5.00

3-2　城镇非私营单位按国民经济行业分组的单位从业人员

Urban Non private units in the unit of the national economy

指　　标	总　计	单位从业人员年末人数（人）		
		国有	城镇集体	其他经济类型
总　计	**1050453**	**462583**	**34621**	**553249**
按企事业机关分组				
企业	804067	223597	29458	551012
事业	193023	186723	5111	1189
机关	51936	51725	52	159
民间非营利组织	240			240
其他	1187	538		649
按国民经济行业分组				
农、林、牧、渔业	1807	1805	2	
采矿业	94251	3475	17	90759
制造业	194381	9942	10444	173995
电力、热力、燃气及水生产和供应业	27134	16969	47	10118
建筑业	169895	21434	5677	142784
批发和零售业	48934	10990	3394	34550
交通运输、仓储和邮政业	134007	115383	1930	16694
住宿和餐饮业	17268	6875	408	9985
信息传输、软件和信息技术服务业	20244	3708	14	16522
金融业	30588	13626	4461	12501
房地产业	12402	2393	212	9797
租赁和商务服务业	33663	15095	1529	17039
科学研究、技术服务业	41274	30332	72	10870

3-2 续表

指 标	总 计	单位从业人员年末人数（人）		
		国有	城镇集体	其他经济类型
水利、环境和公共设施管理业	18837	15770	2975	92
居民服务、修理和其他服务业	2725	1324	519	882
教育	81590	78974	614	2002
卫生和社会工作	41923	37918	2082	1923
文化、体育和娱乐业	16012	13210	210	2592
公共管理、社会保障和社会组织	63518	63360	14	144

注：根据国家统计局企业“一套表”制度，本表数据包含了铁路系统驻并单位。

3-3 城镇非私营单位按国民经济行业分组的单位从业人员劳动报酬

Urban Non private units in the unit of the national economy by the unit of labor remuneration

指 标	合 计	单位从业人员劳动报酬（万元）		
		国有	城镇集体	其他经济类型
总 计	**6344923.1**	**3235832.5**	**128882.0**	**2980208.6**
按企事业机关分组				
企业	4756827.4	1678144.0	107923.5	2970759.9
事业	1241486.8	1214284.4	20841.3	6361.1
机关	341478.6	341001.8	117.2	359.6
民间非营利组织	577.3			577.3
其他	4553.0	2402.3		2150.7
按国民经济行业分组				
农、林、牧、渔业	10008.8	9994.3	14.5	
采矿业	518465.5	16791.5	36.7	501637.3
制造业	917652.5	32278.4	28518.2	856855.9
电力、热力、燃气及水生产和供应业	198128.1	130025.7	157.9	67944.5
建筑业	854217.4	88997.6	15953.7	749266.1
批发和零售业	222119.5	56349.3	7741.0	158029.2
交通运输、仓储和邮政业	1149537.8	1056149.2	7726.0	85662.6
住宿和餐饮业	48631.3	22555.7	1109.7	24965.9
信息传输、软件和信息技术服务业	131149.3	29168.8	35.5	101945.0
金融业	360141.7	151248.3	39806.0	169087.4
房地产业	68706.7	10269.5	432.1	58005.1

3-3　续表

指　标	合　计	单位从业人员劳动报酬（万元）		
		国有	城镇集体	其他经济类型
租赁和商务服务业	154963.4	58070.2	6005.2	90888.0
科学研究、技术服务业	270981.2	187675.9	260.0	83045.3
水利、环境和公共设施管理业	67608.1	60256.9	7191.8	159.4
居民服务、修理和其他服务业	13095.9	6847.4	1248.5	5000.0
教育	609269.4	597277.9	2833.3	9158.2
卫生和社会工作	245912.1	229044.8	9145.6	7721.7
文化、体育和娱乐业	94759.3	85278.0	570.6	8910.7
公共管理、社会保障和社会组织	409575.1	407553.1	95.7	1926.3

注：根据国家统计局企业"一套表"制度，本表数据包含了铁路系统驻并单位。

3-4　城镇非私营单位按国民经济行业分组的在岗职工（含劳务派遣人员）人数

Workers in the urban non private units grouped according to national industry (including dispatch personnel) number

指　标	合　计	在岗职工年末人数（人）		
		国有	城镇集体	其他经济类型
总　计	**1015037**	**450654**	**32510**	**531873**
按企事业机关分组				
企业	777082	219206	27896	529980
事业	185154	179644	4563	947
机关	51569	51359	51	159
民间非营利组织	240			240
其他	992	445		547
按国民经济行业分组				
农、林、牧、渔业	1805	1803	2	
采 矿 业	94090	3323	17	90750
制 造 业	192609	9687	9999	172923
电力、热力、燃气及水生产和供应业	27027	16876	47	10104
建筑业	157524	20927	4841	131756
批发和零售业	48186	10672	3315	34199
交通运输、仓储和邮政业	132759	114941	1388	16430
住宿和餐饮业	12575	5819	388	6368

3-4 续表

指　　标	合　计	在岗职工年末人数（人）		
		国有	城镇集体	其他经济类型
信息传输、软件和信息技术服务业	19981	3590	10	16381
金融业	30404	13567	4461	12376
房地产业	10613	2348	212	8053
租赁和商务服务业	32241	14210	1395	16636
科学研究、技术服务业	38841	29994	63	8784
水利、环境和公共设施管理业	15507	12456	2970	81
居民服务、修理和其他服务业	2714	1315	518	881
教育	80746	78372	614	1760
卫生和社会工作	40157	36187	2047	1923
文化、体育和娱乐业	14476	11943	209	2324
公共管理、社会保障和社会组织	62782	62624	14	144

注：根据国家统计局企业"一套表"制度，本表数据包含了铁路系统驻并单位。

3-5 城镇非私营单位按国民经济行业分组的在岗职工(含劳务派遣人员)工资总额
Workers in the urban non private units grouped according to national industry (including dispatch personnel) total wages

指　　标	总　计	在岗职工工资总额(万元)		
		国有	城镇集体	其他经济类型
总　计	**6229561.2**	**3204005.0**	**122400.6**	**2903155.6**
按企事业机关分组				
企业	4661058.1	1662853.3	103353.1	2894851.7
事业	1222644.2	1198251.0	18932.1	5461.1
机关	341035.6	340560.6	115.4	359.6
民间非营利组织	577.3			577.3
其他	4246.0	2340.1		1905.9
按国民经济行业分组				
农、林、牧、渔业	10003.1	9988.6	14.5	
采 矿 业	518151.0	16498.6	36.7	501615.7
制 造 业	911709.5	31793.8	27194.2	852721.5
电力、热力、燃气及水生产和供应业	198020.9	129953.1	157.9	67909.9
建筑业	800673.6	86360.8	13423.4	700889.4

3-5　续表

指　标	总　计	在岗职工工资总额(万元)		
		国有	城镇集体	其他经济类型
批发和零售业	220200.2	55781.8	7523.7	156894.7
交通运输、仓储和邮政业	1143071.2	1053003.0	5700.4	84367.8
住宿和餐饮业	42255.7	20201.2	1037.7	21016.8
信息传输、软件和信息技术服务业	130623.3	28879.6	32.0	101711.7
金融业	359603.4	150985.9	39806.0	168811.5
房地产业	63741.7	10208.8	432.1	53100.8
租赁和商务服务业	150839.1	55388.5	5832.0	89618.6
科学研究、技术服务业	259362.4	186120.2	247.6	72994.6
水利、环境和公共设施管理业	62278.7	54975.0	7173.9	129.8
居民服务、修理和其他服务业	13047.1	6824.2	1228.1	4994.8
教育	606496.2	595404.7	2833.3	8258.2
卫生和社会工作	241107.7	224323.4	9062.6	7721.7
文化、体育和娱乐业	90211.6	81171.0	568.8	8471.8
公共管理、社会保障和社会组织	408164.8	406142.8	95.7	1926.3

注：根据国家统计局企业“一套表”制度，本表数据包含了铁路系统驻并单位。

3-6　城镇非私营单位按国民经济行业分组的其他从业人员人数

The number of other employees in the urban non private units by the national economic sectors

指　标	总　计	年末人数(人)		
		国有	城镇集体	其他经济类型
总　计	**35416**	**11929**	**2111**	**21376**
按企事业机关分组				
企业	26985	4391	1562	21032
事业	7869	7079	548	242
机关	367	366	1	
民间非营利组织				
其他	195	93		102
按国民经济行业分组				
农、林、牧、渔业	2	2		
采矿业	161	152		9
制造业	1772	255	445	1072

3-6 续表

指 标	总 计	年末人数(人)		
		国有	城镇集体	其他经济类型
电力、热力、燃气及水生产和供应业	107	93		14
建筑业	12371	507	836	11028
批发和零售业	748	318	79	351
交通运输、仓储和邮政业	1248	442	542	264
住宿和餐饮业	4693	1056	20	3617
信息传输、软件和信息技术服务业	263	118	4	141
金融业	184	59		125
房地产业	1789	45		1744
租赁和商务服务业	1422	885	134	403
科学研究、技术服务业	2433	338	9	2086
水利、环境和公共设施管理业	3330	3314	5	11
居民服务、修理和其他服务业	11	9	1	1
教育	844	602		242
卫生和社会工作	1766	1731	35	
文化、体育和娱乐业	1536	1267	1	268
公共管理、社会保障和社会组织	736	736		

注：根据国家统计局企业“一套表”制度，本表数据包含了铁路系统驻并单位。

3-7 城镇非私营单位按国民经济行业分组的其他从业人员工资总额
The total wages of other employees in the urban non private units in the national economy

指 标	总 计	其他从业人员工资总额(万元)		
		国有	城镇集体	其他经济类型
总 计	**115361.9**	**31827.5**	**6481.4**	**77053.0**
按企事业机关分组				
企业	95769.3	15290.7	4570.4	75908.2
事业	18842.6	16033.4	1909.2	900.0
机关	443.0	441.2	1.8	
民间非营利组织				
其他	307.0	62.2		244.8
按国民经济行业分组				
农、林、牧、渔业	5.7	5.7		

3-7 续表

指 标	总 计	其他从业人员工资总额(万元)		
		国有	城镇集体	其他经济类型
采矿业	314.5	292.9		21.6
制造业	5943.0	484.6	1324.0	4134.4
电力、热力、燃气及水生产和供应业	107.2	72.6		34.6
建筑业	53543.8	2636.8	2530.3	48376.7
批发和零售业	1919.3	567.5	217.3	1134.5
交通运输、仓储和邮政业	6466.6	3146.2	2025.6	1294.8
住宿和餐饮业	6375.6	2354.5	72.0	3949.1
信息传输、软件和信息技术服务业	526.0	289.2	3.5	233.3
金融业	538.3	262.4		275.9
房地产业	4965.0	60.7		4904.3
租赁和商务服务业	4124.3	2681.7	173.2	1269.4
科学研究、技术服务业	11618.8	1555.7	12.4	10050.7
水利、环境和公共设施管理业	5329.4	5281.9	17.9	29.6
居民服务、修理和其他服务业	48.8	23.2	20.4	5.2
教育	2773.2	1873.2		900.0
卫生和社会工作	4804.4	4721.4	83.0	
文化、体育和娱乐业	4547.7	4107.0	1.8	438.9
公共管理、社会保障和社会组织	1410.3	1410.3		

注：根据国家统计局企业“一套表”制度，本表数据包含了铁路系统驻并单位。

3-8 城镇非私营单位按国民经济行业分组的在岗职工(含劳务派遣人员)年平均工资

Workers in the urban non private units grouped according to national industry (including dispatch personnel) the average annual wage

指 标	总 计	在岗职工年平均工资(元)		
		国有单位	城镇集体单位	其他单位
总 计	**60515**	**71070**	**37637**	**53163**
按企事业机关分组				
企业	58873	75725	37031	53193

3-8 续表

指　　标	总　计	在岗职工年平均工资(元)		
		国有单位	城镇集体单位	其他单位
事业	66127	66791	41518	58785
机关	66101	66279	22627	22616
民间非营利组织	24256			24256
其他	42802	52587		34843
按国民经济行业分组				
农、林、牧、渔业	55205	55186	72500	
采矿业	54075	49427	21588	54249
制造业	47062	32413	26843	49067
电力、热力、燃气及水生产和供应业	75500	83743	33596	63687
建筑业	46467	41142	28652	47798
批发和零售业	47857	51992	22614	49097
交通运输、仓储和邮政业	85966	90259	41069	56566
住宿和餐饮业	33173	34621	26008	32314
信息传输、软件和信息技术服务业	65716	80266	32000	62519
金融业	119664	111248	89231	140466
房地产业	60585	43258	20005	66835
租赁和商务服务业	46138	39825	41128	51603
科学研究、技术服务业	67467	62500	39302	84868
水利、环境和公共设施管理业	40040	43959	24285	13809
居民服务、修理和其他服务业	48305	51974	24223	56695
教育	75001	75836	46145	47488
卫生和社会工作	60543	62458	44015	41761
文化、体育和娱乐业	62361	67626	27215	37586
公共管理、社会保障和社会组织	64975	64816	68357	133771

注：1. 根据国家统计局企业“一套表”制度，本表数据包含了铁路系统驻并单位。
2. 2015 年城镇私营单位年平均工资为 33508 元。

3-9 基本养老保险情况

Basic endowment insurance

单位：人

指 标	参保职工	缴费人员	离休、退休、退职人员	实发养老金金额(万元)
总 计	**829804**	**756118**	**380995**	**1217663**
企业	691095	638732	356883	1155753
1.国有企业	331085	306752	260201	882485
2.集体企业	66343	54036	75940	205408
3.其他企业	224025	212713	18944	61517
4.港澳台及外资企业	69642	65231	1798	6343
其他	138709	117386	24112	61910

注：数据来源于市社保中心。

3-10 城镇失业人员情况

Urban unemployment

单位：人

指 标	2015	2014
期末失业人数	48459	48116
上期结转的失业人数	48116	46725
本期新登记的失业人数	27759	45225
# 本期由就业转失业人数	5348	8338
本期失业人员就业人数	27416	43834

注：数据来源于市人社局。

第4篇

固定资产投资、建筑业

Investment in Fixed Assets and Construction

资料整理、审核

苏人龙　　米俊峰　　王　敏　　陆慧敏

苏雯婷　　刘巧俊

4-1 固定资产投资规模
Scale of Fixed asset investment

单位：万元

指　标	2015	比上年增长(%)
总　计	**20256080**	**16.0**
按投资类型分		
投资项目完成投资	14213928	12.6
房地产开发项目完成投资	6042152	25.0
按隶属关系分		
中央项目	1542269	-16.4
省属项目	2404177	2.3
市属项目	4406303	13.8
县(市、区)项目	3072030	47.0
其他	8831301	20.9

4-2 施工及竣工房屋建筑面积
Floor area of the buildings Construction and completed

单位：平方米

指　标	全年施工房屋面积	#住宅	全年竣工房屋面积	#住宅
总　计	**75336817**	**47994659**	**7002156**	**4860692**
按投资类型分				
投资项目	25338730	11572877	2535469	1461262
房地产开发项目	49998087	36421782	4466687	3399430

4-3 固定资产投资额

Investment in fixed asset

单位：万元

指 标	本年完成投资	本年新增固定资产
总 计	**20256080**	**9597538**
#住宅	5926347	
按登记注册类型分		
内资	19869129	9361323
国有	6619490	4267326
集体	1649550	863880
国有独资	434156	460417
其他有限责任公司	3700414	810007
股份有限公司	274072	158416
其他	1558481	317958
港澳台商投资	270271	130710
合资经营	241959	111426
独资经营	27151	17919
外商投资	59459	31840
合资经营	9352	20665
外资企业	39146	
个体经营	57221	73665
按隶属关系分		
中央项目	1542269	422703
地方项目	18713811	9174835
省属	2404177	1714944
市属	4406303	2147879
县（市、区）属	3072030	1340667
其他	8831301	3971345
按建设性质分		
#新建	10165073	5274464
扩建（改建）	918376	347430
改建和技术改造	1969531	1369230
按构成分		
建筑工程	12421167	
安装工程	1801966	
设备工器具购置	1549504	
其他费用	4483443	
按国民经济部门（行业）分		
农、林、牧、渔业	362105	248500
采矿业	629737	286592
制造业	2032995	1458135
电力、热力、燃气及水的生产和供应业	1841446	511551
建筑业	56446	40198
批发和零售业	337951	100368
交通运输、仓储和邮政业	519577	225627
住宿和餐饮业	57000	44400
信息传输、软件和信息技术服务业	172919	143960
金融业	3770	3770
房地产业	10012805	3409679
租赁和商务服务业	87147	25287
科学研究和技术服务业	271110	353777
水利、环境和公共设施管理业	3097737	2270234
居民服务和其他服务业	12740	2300
教育	300003	135360
卫生和社会工作	265790	105603
文化、体育和娱乐业	110508	71793
公共管理和社会组织	84294	160404

4-4 固定资产投资资金来源情况

Source of funds for fixed asset investment

单位：万元

指 标	投资项目	房地产开发项目
一、本年资金来源合计	**11217715**	**7997001**
1.上年末结余资金	630836	1921870
2.本年资金来源小计	10586879	6075131
国内贷款	377814	718664
自筹资金	8509358	3076013
#企、事业单位自筹	1467383	2096496
其他资金	267839	2280454
二、本年各项应付款合计	**3938464**	**1651223**
#工程款	877903	794433

4-5 房地产开发投资完成情况

Investment in real estate development

单位：万元

指 标	单 位	合 计		按经济类型分		
			#住宅	国有	集体	其他
房地产开发投资	万元	6042152	4430249	1687383	43995	4310774
本年新增固定资产	万元	1525967		74323		1451644
施工面积	平方米	49998087	36421782	9700572	450324	39847191
竣工面积	平方米	4466687	3399430	253507		4213180
商品房屋销售面积	平方米	4504245	4237896	858860	73799	3571586
商品房销售额	万元	3371558	3085382	689301	55828	2626429

4-6 房地产开发资金来源情况

The source of funds for Real estate development

单位：万元

指 标	合 计	按经济类型分		
		国有	集体	其他
一、本年资金来源合计	**7997001**	**1947981**	**101940**	**5947080**
1.年末结余资金	1921870	531124	54051	1336695
2.本年资金来源小计	6075131	1416857	47889	4610385
国内贷款	718664	222600		496064
自筹资金	3076013	906727		2169286
#自有资金	2096496	469886		1626610
其他资金来源	2280454	287530	47889	1945035
#定金及预收款	1437286	211332	30780	1195174
个人按揭贷款	566885	39733	17109	510043
二、本年各项应付款	**1651223**	**651327**		**999896**
#工程款	794433	457596		336837

4-7 房地产开发单位生产和经营情况

Production and management of real estate development unit

单位：万元

指标	总计	按经济类型分		
		国有	集体	其他
一、实收资本合计	**3538366**	**856276**	**13210**	**2668880**
二、年末资产负债情况				
资产总计	33056391	6658700	307245	26090446
固定资产累计折旧	200332	10579	6005	183748
#本年折旧	31854	837	203	30814
负债总计	28722510	5657840	238483	22826187
所有者权益合计	4333881	1000860	68762	3264259
三、损益及分配				
1.营业收入总计	3582900	552229	80347	2950324
#主营业务收入	3558523	533604	80347	2944572
(1)土地转让收入	18674	562		18112
(2)商品房屋销售收入	3048119	386578	79963	2581578
(3)房屋出租收入	37746	4249	346	33151
(4)其他收入	453984	142214	38	311732
2.营业成本	2650221	439861	51926	2158434
#主营业务成本	2621637	423926	51445	2146266
3.营业税金及附加	308454	40037	6740	261677
#主营业务税金及附加	297461	39030	6740	251691
4.其他业务利润	-2977	1261	133	-4371
5.销售费用	126605	18420	341	107844
6.管理费及财务费用	267011	30760	1546	234705
7.投资收益及营业外收入	11411	3588	4056	3767
8.营业外支出	15968	1674	299	13995
9.利润总额	259180	54867	21883	182430

4-8 房地产开发商品房销售与出租情况

Real estate development of commercial housing sales and rental

单位：平方米

指标	实际销售	预售	待售	出租	实际销售额(万元)
房屋面积	**4504245**	**663427**	**1437983**	**22040**	**3371558**
1.住宅	4237896	567214	1050716		3085382
#别墅、高档公寓	169780	17762	37164		175435
2.办公楼	112361	20668	91532		126796
3.商业营业用房	117910	68269	257155	20931	150361
4.其他	36078	7276	38580	1109	9019

4-9 房地产开发施工、竣工面积及竣工价值
Floor space and value of buildings under construction and completed in real estate development

单位：平方米

指 标	施工面积	# 新开工	竣工面积	竣工房屋价值(万元)
房屋建筑面积	**49998087**	**10546655**	**4466687**	**1504089**
按用途分				
1.住宅	36421782	6977198	3399430	1232068
# 别墅、高档公寓	919420	305752	6137	1590
2.办公楼	2869481	553749	120779	53172
3.商业营业用房	4871884	1382337	329154	127022
4.其它	5834940	1633371	617324	91827

4-10 建筑业主要经济指标
Major economic indicators of construction enterprises

指 标	单 位	2015	2014
施工单位	个数	1122	1135
施工产值	万元	19970688	20524948
# 建筑工程	万元	17329872	17540209
安装工程	万元	2052598	2347643
竣工产值	万元	9603712	7892518
房屋建筑施工面积	平方米	94426345	86730287
房屋建筑竣工面积	平方米	17367601	17933634
计算建筑业劳动生产率平均人数	人	603491	638958
从业人员期末人数	人	273855	289908
工资总额	万元	1204316	1275142
劳动生产率			
按施工产值计算	元/人	330919	321225
按房屋建筑竣工面积计算	平方米/人	28.8	28.1
资产合计	万元	26579455	24844885
负债合计	万元	20786106	19585014
所有者权益	万元	5793349	5235667
实收资本合计	万元	3492848	3240813
# 国家资本	万元	1183603	1013444
利润总额	万元	643688	570421
亏损企业个数	个	324	292
亏损企业亏损额	万元	47551	38778
利税总额	万元	1183269	1201049

4-11 建筑施工企业生产完成情况

Completed production of construction enterprises

指 标	单位	总计	按经济类型分			按隶属关系分		
			国有	集体	其他	中央	省属	市属
企业个数	个	1056	123	25	908	34	62	960
建筑业总产值	万元	19850085	13938889	83498	5827698	9238616	4286622	6324847
1.建筑工程	万元	17209268	12560082	53384	4595802	8454637	3720153	5034478
2.安装工程	万元	2052598	1042861	18779	990958	641492	373616	1037490
3.其它	万元	588218	335945	11335	240938	142488	192852	252878
竣工产值	万元	9483108	6340639	53679	3088790	4106492	1879872	3496744
房屋建筑施工面积	平方米	94426345	72160960	69352	22196033	33319077	38357275	22749993
#本年新开工面积	平方米	23009679	15184429	65671	7759579	8765754	6136965	8106960
投标承包面积	平方米	85746520	69413958	14520	16318042	31822893	37213488	16710139
房屋建筑竣工面积	平方米	17367601	10049019	55163	7263419	2029632	7720436	7617533
自有机械设备净值	万元	765213	465815	1643	297755	371927	79983	313303
自有机械设备年末总台数	台	87974	50867	1768	35339	30973	17643	39358
自有机械设备年末总功率	千瓦	4259217	3457785	23344	778088	2985760	397938	875519

4-12 建筑业财务状况

Financial situation of construction Enterprises

指 标	单位	总计	按经济类型分			按隶属关系分		
			国有	集体	其他	中央	省属	市属
一、年末资产负债								
流动资产合计	万元	21701366	17056867	116273	4528226	11299992	5352843	5048531
#应收工程款	万元	7123204	5205823	26662	1890719	2562944	2444974	2115286
#存货	万元	2674066	2081506	22143	570417	1609589	444129	620348
固定资产合计	万元	1346985	770414	18372	558199	490431	225206	631348
固定资产减值准备	万元	2251	1748		503	709	1039	503
固定资产原价	万元	2406489	1572692	26996	806801	1146801	346405	913283
累计折旧	万元	1229849	874898	10695	344256	679229	165148	385472
#本年折旧	万元	192348	139018	951	52379	114641	21124	56583
在建工程	万元	113319	50314	2042	60963	12814	35589	64916
资产合计	万元	26520870	21024819	147648	5348403	13433343	7114058	5973469
流动负债合计	万元	18573970	15580517	119396	2874057	10312093	4912366	3349511

4-12 续表

指 标	单位	总计	按经济类型分			按隶属关系分		
			国有	集体	其他	中央	省属	市属
#应付账款	万元	9044944	7515746	27055	1502143	5104864	2157727	1782353
非流动负债合计	万元	1520394	1390595	70	129729	485359	900409	134626
负债合计	万元	20753731	17561327	120335	3072069	11344565	5844862	3564304
所有者权益合计	万元	5767139	3463492	27313	2276334	2088778	1269196	2409165
实收资本	万元	3472397	1714438	25272	1732687	927777	706281	1838339
国家资本	万元	1183603	1100606		82997	547082	487366	149155
集体资本	万元	77492	7444	21557	48491		8920	68572
法人资本	万元	1139943	541683	2706	595554	380695	149470	609778
个人资本	万元	1071259	64606	1009	1005644		60524	1010735
外商资本	万元	100	100					100
二、损益及分配								
营业收入	万元	19664982	14037989	90927	5536066	9629287	3955890	6079805
#主营业务收入	万元	19421664	13945592	82909	5393163	9613420	3899589	5908655
营业成本	万元	17452706	12387237	76670	4988799	8409513	3559651	5483542
#主营业务成本	万元	17213148	12315249	70024	4827875	8398039	3507407	5307702
营业税金及附加	万元	543318	364708	2950	175660	221799	128098	193421
#主营业务税金及附加	万元	522296	347832	2444	172020	211175	122886	188235
其他业务利润	万元	36261	29803	1178	5280	3725	19973	12563
销售费用	万元	42616	3550	793	38273	2559	350	39707
管理费用	万元	934981	722963	8498	203520	502876	207633	224472
#税金	万元	15741	7988	464	7289	3834	3001	8906
财务费用	万元	111659	92749	248	18662	64438	26154	21067
#利息收入	万元	87864	83417	1492	2955	70551	12643	4670
#利息支出	万元	176272	163172	195	12905	126895	36233	13144
营业利润	万元	632058	521729	1846	108483	473227	43397	115434
营业外收入	万元	26310	19201	182	6927	10720	8366	7224
补贴收入	万元	9646	7112	53	2481	403	6647	2596
营业外支出	万元	14438	11117	38	3283	8510	2492	3436
利润总额	万元	643931	529813	1991	112127	475437	49271	119223
应交所得税	万元	69757	40774	447	28536	27551	12233	29973
三、人工成本								
应付职工薪酬	万元	1178063	730311	15481	432271	480259	228985	468819
四、亏损企业个数	**个**	**295**	**24**	**8**	**263**	**1**	**17**	**277**
五、亏损额	**万元**	**46650**	**20172**	**280**	**26198**	**874**	**18513**	**27263**

4-13 劳务分包建筑企业生产经营情况
The production and operation situation of labor subcontracting construction enterprises

单位：万元

指 标	总 计	按经济类型分			按隶属关系分		
		国有	集体	其他	中央	省属	市属
一、产值完成情况							
建筑业总产值	120604	2610	360	117634	360	16372	103872
二、年末资产负债							
固定资产原价	5612	2439	65	3108	65	2964	2583
本年折旧	569	230	30	309	30	310	229
资产总计	58585	5972	214	52399	214	10718	47653
负债合计	32375	4872	147	27356	147	4507	27721
实收资本	20451	706	46	19699	46	2386	18019
三、损益及分配							
营业收入	119315	4861	360	114094	360	18623	100332
# 主营业务收入	116218	1764	360	114094	360	15526	100332
营业成本	115172	5046	246	109880	246	18135	96791
# 主营业务成本	111597	1693	246	109658	246	14645	96706
营业税金及附加	1845	65	12	1768	12	602	1231
# 主营业务税金及附加	1346	65	12	1269	12	103	1231
销售费用	185			185			185
管理费用	2699	99	103	2497	103	299	2297
# 税金	198	1		197		15	183
财务费用	25			25		20	5
营业利润	72	-346		418		-292	364
利润总额	-243	-357		114		-305	62

第5篇

能源消费与库存

Energy Consumption and Inventory

资料整理、审核

郭　波　　李　晶　　侯媛媛

5-1 一、二次能源生产量及构成
Production and composition of primary and secondary energy

指　标	2015	2014
一次能源产量（万吨标准煤）	**2849.26**	**2603.71**
主要能源品种占一次能源产量(%)		
原煤	100.0	100.0
二次能源产量（万吨标准煤）	**4143.87**	**4165.95**
主要能源品种占二次能源产量(%)		
火电	7.6	7.6
洗精煤	46.0	46.2
焦炭	24.1	25.2

5-2 煤炭、石油制品及焦碳消费量
Coal, petroleum products and coke consumption

单位：万吨

指　标	2015	2014
煤炭	**6305.85**	**6407.67**
#工业生产消费	6302.39	6345.72
#发电	807.19	902.15
炼焦	1350.05	1391.76
#非工业生产消费	3.09	3.96
工业石油制品（标准煤）	**11.14**	**14.11**
焦炭	**348.71**	**373.75**
工业生产	348.71	373.75

5-3　全社会用电量

Total social electricity consumption

单位：万千瓦时

指　标	2015	2014
全社会用电量总计（包含省返线损、省调厂用电）	**2403597.00**	**2532793.00**
省返线损	48621.00	55343.00
省调厂用电	242062.78	274769.04
全社会实用电总计	**2118490.65**	**2223068.16**
A.全行业用电合计	1797532.55	1920204.13
第一产业	19385.42	17965.99
第二产业	1383103.62	1534456.09
第三产业	395043.50	367782.05
B.城乡居民用电合计	320958.09	302864.02
城镇居民	286127.01	269388.71
乡村居民	34831.05	33475.31
全行业用电分类	**1797532.55**	**1920204.13**
一、农、林、牧、渔业	**19385.42**	**17965.99**
1.农业	4896.02	4359.55
2.林业	935.90	864.68
3.畜牧业	1890.05	1855.24
4.渔业	114.28	152.28
5.农、林、牧、渔服务业	11549.11	10734.22
#排灌	11315.37	10538.95
二、工业	**1346795.24**	**1498016.62**
轻工业	39996.83	39302.46
重工业	1306798.41	1458714.17
(一)采矿业	192580.22	213285.89
1.煤炭开采和洗选业	150542.50	158408.66
2.石油和天然气开采业	269.72	297.19
3.黑色金属矿采选业	39066.43	51194.86
4.有色金属矿采选业	159.05	591.35
5.非金属矿采选业	1852.29	2234.37
6.其他采矿业	690.20	559.44
(二)制造业	1013495.31	1144212.16
1.食品、饮料和烟草制造业	16434.49	16094.45
#农副食品加工业	4254.72	4312.43
2.纺织业	2388.20	2082.63
3.服装鞋帽、皮革羽绒及其制品业	134.38	207.05
4.木材加工及制品和家具制品业	1704.72	1582.57
#轻工业	854.40	765.68
5.造纸及纸制品业	3034.00	2736.24
6.印刷业和记录媒介的复制	1709.72	1798.64
7.文教体育用品制造业	70.36	73.59
8.石油加工炼焦及核燃料	42658.63	44766.71
9.化学原料及化学制品制造	10183.74	9373.02
#轻工业	962.69	890.53
#氯　碱	2.57	3.23
肥　料	79.55	98.93
10.医药制造业	2036.90	2073.97
11.化学纤维制造业	595.33	998.87
12.橡胶和塑料制品业	9796.87	11121.96
#轻工业	853.75	764.22

5-3 续表

单位：万千瓦时

指　标	2015	2014
13.非金属矿物制品业	45626.90	57620.47
#轻工业	412.30	452.30
#水泥制造	31440.98	40768.76
14.黑色金属冶炼及压延	706796.23	715869.83
#铁合金冶炼	6123.91	18111.11
15.有色金属冶炼及压延	21034.55	123262.52
#铝冶炼	4742.96	104041.49
16.金属制品业	25600.46	29451.01
#轻工业	513.47	714.89
17.通用及专用设备制造业	51677.52	55769.73
#轻工业	7.52	64.16
18.交通运输、电气、电子设备制造业	64446.54	60710.31
#轻工业	64.73	92.83
#交通运输设备制造业	9521.74	7005.13
19.工艺品及其他制造业	2275.08	2116.17
20.废弃资源和废旧材料回收	5290.69	6502.39
(三)电力、煤气及水的生产及供应业	140719.72	140518.57
1.电力、热力的生产和供应	104447.80	105622.28
#电厂生产全部耗用电量	16588.93	17906.89
线路损失电量	77325.99	78947.33
抽水蓄能抽水耗用电量	6.72	1087.44
2.燃气生产和供应业	13115.36	13445.38
3.水的生产和供应业	23156.54	21450.91
#轻工业	7649.47	7376.27
三、建筑业	**36308.37**	**36439.47**
四、交通运输、仓储和邮政业	**97226.35**	**92860.51**
1.交通运输业	67867.22	59214.02
#城市公共交通	1135.42	1008.22
管道运输业	42599.93	33471.61
电气化铁路	1523.67	773.46
2.仓储业	27432.55	31790.90
3.邮政业	1926.57	1855.60
五、信息传输、计算机服务和软件业	**21427.61**	**18339.20**
1.电信和其他信息传输服务业	20378.39	17715.49
2.计算机服务和软件业	1049.24	623.71
六、商业、住宿和餐饮业	**92590.50**	**80498.93**
1.批发和零售业	68189.88	58952.24
2.住宿和餐饮业	24400.64	21546.68
七、金融、房地产、商务及居民服务业	**73786.23**	**70707.85**
1.金融业	4584.08	4069.24
2.房地产业	24413.41	23832.69
3.租赁和商务服务业、居名服务和其他服务业	44788.74	42805.92
八、公共事业及管理组织	**110012.83**	**105375.66**
1.科学研究、技术服务和地质勘察业	7785.70	7302.36
#地质勘察业	343.33	386.65
2.水利、环境和公共设施管理业	18533.06	17326.55
#水利管理业	3126.04	3179.83
公共照明业	6086.34	4639.48
3.教育、文化、体育和娱乐业	38417.67	36173.91
#教育	26906.94	25604.93
4.卫生、社会保障和社会福利业	17796.74	16726.66
5.公共管理和社会组织、国际组织	27479.66	27846.08

5-4 规模以上工业企业

Energy purchasing, consumption and inventory

指 标	单 位	年初库存量	购进量	
			实物量	金额（万元）
原煤	吨	1574926.47	16185461.88	3762094.57
#1.无烟煤	吨	1197.60	59502.52	39260.79
2.炼焦烟煤	吨	245977.25	3921706.68	123799.12
3.一般烟煤	吨	1327751.62	12183911.76	3599034.66
4.褐煤	吨		20340.92	
洗精煤	吨	813994.31	11007245.46	112754.37
其他洗煤	吨	30065.27	77505.38	
煤制品	吨	3.00	6879.84	
焦炭	吨	233447.19	284109.17	
其他焦化产品	吨	17192.81	257028.21	5040.00
焦炉煤气	万立方米		28721.92	
高炉煤气	万立方米		43634.73	
转炉煤气	万立方米		5203.13	
天然气（气态）	万立方米	31.01	70174.80	
液化天然气（液态）	吨		84.93	
煤层气（煤田）	万立方米		0.11	
汽油	吨	169.24	9377.30	241.40
煤油	吨	827.74	3209.32	
柴油	吨	4635.17	53517.97	631.63
燃料油	吨	1445.18	2006.37	
液化石油气	吨		265.35	
润滑油	吨	1.87	9.13	
石蜡	吨	15.89	1184.59	
石油焦	吨			
其他石油制品	吨	510.44	8079.93	
热力	百万千焦		2676457.56	
电力	万千瓦时		576002.27	1236.70
煤矸石用于燃料	吨			
余热余压	百万千焦			
能源合计	吨标准煤			

能源购进、消费与库存情况
of Industrial Enterprises above Designated Size

合 计	消费量				期末库存量
	1.工业生产消费	用于原材料	2.非工业生产消费	合计中：运输工具消费	
47743413.96	47715829.11	64815.72	27584.85		1700756.73
58894.42	58699.42	55266.42	195.00		1818.50
35311798.76	35287351.36		24447.40		543616.15
12352529.86	12349633.30	9549.30	2896.56		1155322.08
20190.92	20145.03		45.89		
13566946.47	13564932.87		2013.60		1153021.97
1741264.88	1739981.88		1283.00		26355.05
6859.84	3121.84		3738.00		20.00
3487123.43	3487100.68		22.75		259942.93
249907.02	249907.02	6770.00			24314.00
214603.42	214468.25		135.17		
1353796.73	1353796.73				
80003.13	80003.13				
70661.75	68896.58	62.81	1765.14		237.74
84.93	79.25		5.68	7.44	
6731.05	6731.05				
9497.71	4952.91	223.61	4544.80	2285.95	134.09
3311.79	3311.79	0.24			715.66
53502.45	45590.63	2111.88	7911.82	6309.13	4692.48
2018.60	2018.60				1432.95
265.35	264.95		0.40		
7.67	7.67				3.33
1178.35	1178.35				22.13
6908.04	6907.92	6904.89	0.12		1684.42
30090425.30	27773762.07		2316663.23		
1359818.76	1344248.82		15569.93	936.32	
530499.87	530499.87				
14319263.48	14319263.48				
60700080.65	60535198.30		164882.07		

5-5 规模以上工业企业能源加工转换投入产出情况
Energy conversion and output of Industrial Enterprises above Designated Size

指 标	单 位	工业生产消费量	加工转换投入合计	火力发电	供热	原煤入洗	炼焦	能源加工转换产出	回收利用
原煤	吨	47284400.96	45386968.00	6465160.26	2316506.20	36605301.54			
#1.无烟煤	吨								
2.炼焦烟煤	吨	35287351.36	35139557.70	466331.35	197854.57	34475371.78			
3.一般烟煤	吨	11997049.60	10247410.30	5998828.91	2118651.63	2129929.76			
4.褐煤	吨								
洗精煤	吨	13563066.47	13500540.14				13500540.14	21167324.68	
其它洗煤	吨	1731118.88	1677841.18	1606771.58	71069.60			5802630.17	
焦炭	吨	3465022.82						10293986.62	
其它焦化产品	吨	243137.02						403785.07	
焦炉煤气	万立方米	200132.28	22979.00	18686.00	4293.00			245538.93	
高炉煤气	万立方米	1353796.73	258733.00	117582.00	141151.00				1395836.41
转炉煤气	万立方米	80003.13	8122.00	4041.00	4081.00				80003.13
天然气（气态）	万立方米	63706.77	51101.05	41011.00	10090.05				
煤层气（煤田）	万立方米	6730.94	6730.94	6730.94					
汽油	吨	2277.01							
煤油	吨	3264.95							
柴油	吨	33669.40							
燃料油	吨	1990.00							
石油焦	吨								
热力	百万千焦	25390105.40						43720275.02	
电力	万千瓦时	1158738.20						2567816.68	
煤矸石用于燃料	吨	530499.87	530499.87	486125.26	44374.61			530499.87	
余热余压	百万千焦	14319263.48	14319263.48	14319263.48					32668362.09
能源合计	吨标准煤	59674643.91	49601899.14	7484588.72	2007456.18	27417633.90	12692220.34	41438681.89	2908951.51

5-6 规模以上工业企业主要能源按工业行业分组消费量(一)
Above scale industrial enterprises, the main energy consumption in the industrial sectors(1)

指　　标	原煤(吨)	无烟煤(吨)	炼焦烟煤(吨)	一般烟煤(吨)
全部工业企业	**47743413.96**	**58894.42**	**35311798.76**	**12352529.86**
一、按工业行业门类分				
(一)轻工业	36999.07	1613.00		35386.07
(二)重工业	47706414.89	57281.42	35311798.76	12317143.79
(三)采矿业	33906795.86		32543301.19	1363494.67
煤炭开采和洗选业	33906595.86		32543301.19	1363294.67
黑色金属矿采选业	200.00			200.00
(四)制造业	7850057.86	58894.42	2768497.57	5002474.95
农副食品加工业	15094.73	190.00		14904.73
食品制造业	9424.92	923.00		8501.92
酒、饮料和精制茶制造业	507.00			507.00
烟草制品业				
纺织业				
纺织服装、服饰业				
木材加工和木、竹、藤、棕、草制品业	250.56			250.56
家具制造业				
造纸和纸制品业	525.86	500.00		25.86
印刷和记录媒介复制业				
文教、工美、体育和娱乐用品制造业				
石油加工、炼焦和核燃料加工业	3535158.66		2768497.57	766661.09
化学原料和化学制品制造业	2809.85			2809.85
医药制造业	2198.00			2198.00
橡胶和塑料制品业				
非金属矿物制品业	455121.60	95.00		434835.68
黑色金属冶炼和压延加工业	3746787.89	1920.00		3744867.89
有色金属冶炼和压延加工业				
金属制品业	66883.72	55266.42		11617.30
通用设备制造业	1640.47			1640.47
专用设备制造业	7309.60			7309.60
汽车制造业				
铁路、船舶、航空航天和其他运输设备制造业				
电气机械和器材制造业				
计算机、通信和其他电子设备制造业	6345.00			6345.00
仪器仪表制造业				
(五)电力、热力、燃气及水生产和供应业	5986560.24			5986560.24
电力、热力生产和供应业	5986560.24			5986560.24
燃气生产和供应业				
水的生产和供应业				

5-6 规模以上工业企业主要能源按工业行业分组消费量(二)

Above scale industrial enterprises, the main energy consumption in the industrial sectors(2)

指　　标	洗精煤（吨）	其它洗煤(吨)	煤制品(吨)	焦炭(吨)	其它焦化产品(吨)
全部工业企业	**13566946.47**	**1741264.88**	**6859.84**	**3487123.43**	**249907.02**
一、按工业行业门类分					
(一)轻工业	2380.00	9481.00	533.50		
(二)重工业	13564566.47	1731783.88	6326.34	3487123.43	249907.02
(三)采矿业	1032064.00	1660049.28	3708.00		
煤炭开采和洗选业	1032064.00	1660049.28	3708.00		
黑色金属矿采选业					
(四)制造业	12534882.47	81215.60	3151.84	3487123.43	249907.02
农副食品加工业					
食品制造业		3930.00	59.00		
酒、饮料和精制茶制造业		1283.00			
烟草制品业	1496.00				
纺织业			337.50		
纺织服装、服饰业					
木材加工和木、竹、藤、棕、草制品业					
家具制造业			137.00		
造纸和纸制品业		4268.00			
印刷和记录媒介复制业					
文教、工美、体育和娱乐用品制造业					
石油加工、炼焦和核燃料加工业	8421525.81				
化学原料和化学制品制造业			165.34		249907.02
医药制造业	884.00				
橡胶和塑料制品业					
非金属矿物制品业				4906.56	
黑色金属冶炼和压延加工业	4109476.66			3477165.90	
有色金属冶炼和压延加工业					
金属制品业			330.00	5001.00	
通用设备制造业			2123.00		
专用设备制造业		71069.60		12.22	
汽车制造业					
铁路、船舶、航空航天和其他运输设备制造业		665.00		37.75	
电气机械和器材制造业					
计算机、通信和其他电子设备制造业	1500.00				
仪器仪表制造业					
(五)电力、热力、燃气及水生产和供应业					
电力、热力生产和供应业					
燃气生产和供应业					
水的生产和供应业					

5-6 规模以上工业企业主要能源按工业行业分组消费量(三)
Above scale industrial enterprises, the main energy consumption in the industrial sectors(3)

指　标	焦炉煤气（万立方米）	高炉煤气（万立方米）	转炉煤气（万立方米）	天然气（气态）（万立方米）
全部工业企业	**214603.42**	**1353796.73**	**80003.13**	**70661.75**
一、按工业行业门类分				
(一)轻工业	82.90			1727.03
(二)重工业	214520.52	1353796.73	80003.13	68934.72
(三)采矿业	141.00			824.28
煤炭开采和洗选业	141.00			824.28
黑色金属矿采选业				
(四)制造业	214462.42	1353796.73	80003.13	18719.97
农副食品加工业				548.75
食品制造业	82.90			911.27
酒、饮料和精制茶制造业				84.14
烟草制品业				152.56
纺织业				
纺织服装、服饰业				
木材加工和木、竹、藤、棕、草制品业				
家具制造业				
造纸和纸制品业				7.72
印刷和记录媒介复制业				1.19
文教、工美、体育和娱乐用品制造业				
石油加工、炼焦和核燃料加工业	65459.50			
化学原料和化学制品制造业	6084.00			21.40
医药制造业				
橡胶和塑料制品业	2398.11			348.99
非金属矿物制品业	1961.80			24.40
黑色金属冶炼和压延加工业	123011.52	1353796.73	80003.13	13333.37
有色金属冶炼和压延加工业	6933.00			286.54
金属制品业				333.16
通用设备制造业				257.16
专用设备制造业	5631.05			251.95
汽车制造业	30.70			
铁路、船舶、航空航天和其他运输设备制造业	2677.84			1834.99
电气机械和器材制造业				44.08
计算机、通信和其他电子设备制造业	192.00			257.70
仪器仪表制造业				14.01
(五)电力、热力、燃气及水生产和供应业				51117.50
电力、热力生产和供应业				51101.05
燃气生产和供应业				16.45
水的生产和供应业				

5-6 规模以上工业企业主要能源按工业行业分组消费量(四)

Above scale industrial enterprises, the main energy consumption in the industrial sectors(4)

指 标	液化天然气(液态)(吨)	煤层气(煤田)(万立方米)	汽油(吨)	煤油(吨)	柴油(吨)
全部工业企业	**84.93**	**6731.05**	**9497.71**	**3311.79**	**53502.45**
一、按工业行业门类分					
(一)轻工业	13.80		2359.15		1419.32
(二)重工业	71.13	6731.05	7138.56	3311.79	52083.13
(三)采矿业		6730.94	2730.33	3022.81	11824.88
煤炭开采和洗选业		6730.94	2729.33	3022.81	10611.88
黑色金属矿采选业			1.00		1213.00
(四)制造业	84.93	0.11	5893.96	288.98	40207.69
农副食品加工业	13.80		1181.96		139.30
食品制造业			237.99		70.86
酒、饮料和精制茶制造业			99.11		321.80
烟草制品业			14.39		29.88
纺织业			17.07		0.29
纺织服装、服饰业					
木材加工和木、竹、藤、棕、草制品业					
家具制造业			51.85		6.29
造纸和纸制品业			51.04		37.58
印刷和记录媒介复制业			190.22		503.26
文教、工美、体育和娱乐用品制造业			20.49		40.32
石油加工、炼焦和核燃料加工业			159.42	233.03	2528.72
化学原料和化学制品制造业			284.54		1349.05
医药制造业			49.96		6.56
橡胶和塑料制品业			108.49	3.89	99.75
非金属矿物制品业	55.00		314.20		7028.62
黑色金属冶炼和压延加工业			596.75		26339.06
有色金属冶炼和压延加工业			53.75		106.23
金属制品业			455.71	1.79	318.74
通用设备制造业	7.43		381.19	0.81	237.54
专用设备制造业	5.05		454.16	10.81	477.93
汽车制造业	0.35	0.11	5.70		92.75
铁路、船舶、航空航天和其他运输设备制造业			183.65	37.50	280.27
电气机械和器材制造业	3.30		144.61	0.24	41.09
计算机、通信和其他电子设备制造业			270.19	0.91	139.80
仪器仪表制造业			384.47		12.00
(五)电力、热力、燃气及水生产和供应业			873.42		1469.88
电力、热力生产和供应业			170.21		1312.88
燃气生产和供应业			439.55		
水的生产和供应业			263.66		157.00

5-6 规模以上工业企业主要能源按工业行业分组消费量(五)

Above scale industrial enterprises, the main energy consumption in the industrial sectors(5)

指　标	燃料油（吨）	液化石油气（吨）	润滑油（吨）	石油焦（吨）
全部工业企业	**2018.60**	**265.35**	**7.67**	
一、按工业行业门类分				
(一)轻工业		0.40		
(二)重工业	2018.60	264.95	7.67	
(三)采矿业				
煤炭开采和洗选业				
黑色金属矿采选业				
(四)制造业	28.60	265.35	7.67	
农副食品加工业				
食品制造业				
酒、饮料和精制茶制造业				
烟草制品业				
纺织业				
纺织服装、服饰业				
木材加工和木、竹、藤、棕、草制品业				
家具制造业				
造纸和纸制品业				
印刷和记录媒介复制业				
文教、工美、体育和娱乐用品制造业				
石油加工、炼焦和核燃料加工业				
化学原料和化学制品制造业		0.40		
医药制造业				
橡胶和塑料制品业				
非金属矿物制品业				
黑色金属冶炼和压延加工业		1.35		
有色金属冶炼和压延加工业				
金属制品业				
通用设备制造业	28.60		7.67	
专用设备制造业				
汽车制造业				
铁路、船舶、航空航天和其他运输设备制造业		7.60		
电气机械和器材制造业				
计算机、通信和其他电子设备制造业		256.00		
仪器仪表制造业				
(五)电力、热力、燃气及水生产和供应业	1990.00			
电力、热力生产和供应业	1990.00			
燃气生产和供应业				
水的生产和供应业				

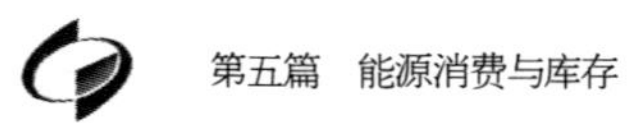

5-6　规模以上工业企业主要能源按工业行业分组消费量(六)

Above scale industrial enterprises, the main energy consumption in the industrial sectors(6)

指　标	其它石油制品（吨）	热力（百万千焦）	电力（万千瓦时）	煤矸石用于燃料（吨）	余热余压（百万千焦）
全部工业企业	**6908.04**	**30090425.30**	**1359818.76**	**530499.87**	**14319263.48**
一、按工业行业门类分					
(一)轻工业		244955.13	22964.92		
(二)重工业	6908.04	29845470.17	1336853.84	530499.87	14319263.48
(三)采矿业		3982103.82	233393.27	530499.87	
煤炭开采和洗选业		3982103.82	227632.97	530499.87	
黑色金属矿采选业			4302.30		
(四)制造业	6908.04	26108321.48	985869.25		14319263.48
农副食品加工业			3043.87		
食品制造业		73706.62	2838.17		
酒、饮料和精制茶制造业		68765.88	1929.11		
烟草制品业			1220.55		
纺织业			1657.61		
纺织服装、服饰业			17.20		
木材加工和木、竹、藤、棕、草制品业			1.69		
家具制造业			42.99		
造纸和纸制品业			672.27		
印刷和记录媒介复制业		46872.17	1550.89		
文教、工美、体育和娱乐用品制造业			50.64		
石油加工、炼焦和核燃料加工业		869567.63	37250.89		502646.47
化学原料和化学制品制造业		997109.56	6194.79		1051097.01
医药制造业		43894.90	1209.00		
橡胶和塑料制品业		7078.00	8054.41		
非金属矿物制品业		1143.94	42983.79		348277.00
黑色金属冶炼和压延加工业		21777643.00	769514.07		12417243.00
有色金属冶炼和压延加工业		2220.09	6060.43		
金属制品业	6904.89	377592.00	4876.47		
通用设备制造业		3718.39	2352.30		
专用设备制造业		937806.34	23953.36		
汽车制造业	2.15	15985.00	844.40		
铁路、船舶、航空航天和其他运输设备制造业		82448.50	10721.31		
电气机械和器材制造业		1723.46	3541.28		
计算机、通信和其他电子设备制造业	1.00	801046.00	51814.38		
仪器仪表制造业			1182.54		
(五)电力、热力、燃气及水生产和供应业			140556.24		
电力、热力生产和供应业			132439.30		
燃气生产和供应业			407.20		
水的生产和供应业			7709.74		

5-7 2006年以来节能减排情况

Energy saving and emission reduction since 2006

年 份	单位GDP能耗(吨标准煤/万元)	当年单位GDP能耗下降幅度(%)	完成目标进度(%)	累计下降幅度(%)
2006	2.29	2.62	8.44	2.62
2007	2.15	6.02	28.17	8.48
2008	1.96	8.93	57.89	16.65
2009	1.83	6.73	80.03	22.26
2010	1.71	6.28	100.64	27.15
2011	1.18	3.52	20.53	3.52
2012	1.13	5.01	49.99	8.35
2013	1.08	4.21	74.63	12.21
2014	1.05	2.71	90.38	14.59
2015	0.99	6.02	125.96	19.73

注：1.2011-2015年单位GDP能耗中GDP以2010年价格计算，2006-2010年GDP以2005年价格计算。
2.2011-2015年完成目标进度以“十二五”节能降耗目标单位GDP能耗累计下降16%计算。
3.由于第三次经济普查，对2011-2014年的数据进行了调整。

5-8 1949年以来能源工业固定资产投资及构成

Energy industry fixed assets investment and composition since 1949

年 份	全社会固定资产投资(万元)	能源工业投资				能源工业投资构成(%)		
		合 计	#煤炭	电力	焦炭	煤炭	电力	焦炭
1949	43							
1950	1278	14	13		1	92.86		7.14
1951	2662	128	49	79		38.28	61.72	
1952	6335	215	129	69	17	60.00	32.09	7.91
1953	13861	1383	115	1258	10	8.32	90.96	0.72
1954	19852	5296	857	4421	18	16.18	83.48	0.34
1955	13878	3203	768	2264	171	23.98	70.68	5.34
1956	32901	4928	1810	3118		36.73	63.27	
1957	37299	5612	1891	3721		33.70	66.30	
1958	62552	7116	5177	1870	69	72.75	26.28	0.97
1959	62839	6369	5283	932	154	82.95	14.63	2.42
1960	55929	8253	4884	3358	11	59.18	40.69	
1961	16865	4380	3305	1075		75.46	24.54	
1962	7854	2190	1883	307		85.98	14.02	
1963	10807	2368	1673	695		70.65	29.35	
1964	14095	2504	1706	797	1	68.13	31.83	
1965	18622	1348	666	682		49.41	50.59	
1966	28255	2140	358	1780	1	16.73	83.18	
1967	10855	1140	80	1049	11	7.02	92.02	0.96
1968	17788	1870	88	1776	6	4.71	94.97	0.32
1969	11546	384	123	253	8	32.03	65.89	2.08
1970	20218	1009	52	957		5.15	94.85	
1971	25293	2291	1174	1117		51.24	48.76	
1972	23480	2212	927	1285		41.91	58.09	
1973	26636	2532	1276	1256		50.39	49.61	
1974	19757	2260	1604	656		70.97	29.03	
1975	16884	1820	1018	802		55.93	44.07	

5-8 续表

年 份	全社会固定资产投资(万元)	能源工业投资				能源工业投资构成(%)		
		合 计	#煤炭	电力	焦炭	煤炭	电力	焦炭
1976	15310	1417	1034	383		72.97	27.03	
1977	20398	2622	1889	723	10	72.04	27.57	0.38
1978	38930	4759	3794	965		79.72	20.28	
1979	49443	8264	7657	504	81	92.65	6.10	0.98
1980	61316	10609	9942	604	51	93.71	5.69	0.48
1981	66329	15640	13867	1710	52	88.66	10.93	0.33
1982	88769	18878	17746	1088		94.00	5.76	
1983	108722	32438	27433	1420	3492	84.57	4.38	10.77
1984	147907	50138	41994	2796	5331	83.76	5.58	10.63
1985	194510	52750	46010	3086	3617	87.22	5.85	6.86
1986	212774	64087	58409	3180	2422	91.14	4.96	3.78
1987	228535	47454	40854	4065	2535	86.09	8.57	5.34
1988	250602	63606	42294	19768	1489	66.49	31.08	2.34
1989	242409	84093	55145	26041	2771	65.58	30.97	3.30
1990	262924	98809	61195	35944	1566	61.93	36.38	1.58
1991	309434	104534	70720	32012	1402	67.65	30.62	1.34
1992	460913	139321	71679	57846	8336	51.45	41.52	5.98
1993	672115	182333	80821	88639		44.33	48.61	
1994	731619	143252	66561	67258	1305	46.46	46.95	0.91
1995	701894	139667	98796	23911	5076	70.74	17.12	3.63
1996	823902	193105	132367	33933	5587	68.55	17.57	2.89
1997	977429	270884	137407	120027	7477	50.73	44.31	2.76
1998	1093638	261055	95856	147601	4215	36.72	56.54	1.61
1999	917167	150674	35082	87721	1659	23.28	58.22	1.10
2000	1047702	140866	48973	87320	2315	34.77	61.99	1.64
2001	1227804	247617	57132	112246	45836	23.07	45.33	18.51
2002	1475955	249245	46749	120320	50786	18.76	48.27	20.38
2003	2044542	362697	112859	78596	95343	31.12	21.67	26.29
2004	3476681	687685	126505	216218	293877	18.40	31.44	42.73
2005	4385077	713589	267156	280121	123924	37.44	39.26	17.37
2006	5011273	787176	355268	298134	98559	45.13	37.87	12.52
2007	5767355	1064025	437367	289922	146505	41.10	27.25	13.77
2008	7022072	1320743	493574	656202	21776	37.20	49.70	1.70
2009	7820157	853252	312664	394037	41184	36.60	46.20	4.80
2010	9164811	871847	462297	274024	135526	53.03	31.43	15.54
2011	10241444	937383	671330	185035	81018	71.62	19.74	8.64
2012	13206257	1573142	896885	195623	48085	57.01	12.44	3.06
2013	16707390	1728739	975403	211450	16974	56.42	12.23	0.98
2014	17460868	1774826	812348	639702	9653	45.77	36.04	0.54
2015	20256080	1971010	527717	622754	6169	26.77	31.60	0.31

注：2011年起，投资统计制度进行改革，用"固定资产投资额"代替了"全社会固定资产投资"统计口径。

第6篇

物价指数

Price Indicators

资料整理、审核

李玉琴　　焦昱红　　张锦龙

6-1 城镇居民消费价格指数(以上年同期为 100)

Consumer price index for urban residents (100) in the same period last year

指　　标	2015	2014
居民消费价格总指数	**100.4**	**102.2**
一、食品	**100.3**	**103.2**
1.粮食	102.0	105.7
2.淀粉及制品	104.3	100.2
3.干豆类及豆制品	101.2	104.0
4.油脂	94.3	95.4
5.肉禽及其制品	105.6	98.3
6.蛋	89.6	114.3
7.水产品	102.6	108.6
8.菜	104.5	91.7
9.调味品	104.3	107.7
10.糖	101.0	102.1
11.茶及饮料	101.2	100.8
12.干鲜瓜果	91.3	116.9
13.糕点饼干面包	100.0	105.2
14.液体乳及乳制品	97.9	113.6
15.在外用膳食品	100.1	101.6
16.其他食品	101.9	100.9
二、烟酒	**102.3**	**100.4**
1.烟草	103.3	100.1
2.酒	100.3	101.1
三、衣着	**103.4**	**102.5**
1.服装	102.8	102.5
2.衣着材料	100.1	100.0

6-1 续表

指　　标	2015	2014
3.鞋袜帽	105.2	102.5
4.衣着加工服务费	109.4	102.5
四、家庭设备用品及维修服务	**100.0**	**104.4**
1.耐用消费品	99.3	102.6
2.室内装饰品	100.1	99.9
3.床上用品	99.2	100.8
4.家庭日用杂品	99.6	99.9
5.家庭服务及加工维修服务	102.0	116.1
五、医疗保健和个人用品	**100.3**	**100.7**
1.医疗保健	100.6	100.4
2.个人用品及服务	99.2	101.9
六、交通和通信	**98.7**	**100.5**
1.交通	97.8	101.3
2.通信	99.8	99.5
七、娱乐教育文化用品及服务	**100.4**	**102.2**
1.文娱用耐用消费品及服务	93.9	92.9
2.教育	103.9	104.1
3.文化娱乐类	102.0	99.7
4.旅游	93.0	102.8
八、居住	**99.8**	**101.4**
1.建房及装修材料	98.3	98.6
2.住房租金	100.1	108.6
3.自有住房	100.4	102.9
4.水、电、燃料	99.6	99.8

6-2 商品零售价格指数(以上年同期为100)

Commodity retail price index (100) in the same period last year

指标	2015	2014
商品零售价格总指数	**98.6**	**100.7**
一、食品	**100.3**	**103.3**
1.粮食	102.0	105.7
2.淀粉及制品	104.3	100.2
3.干豆类及豆制品	101.2	104.0
4.油脂	94.3	95.4
5.肉禽及其制品	105.6	98.3
6.蛋	89.6	114.3
7.水产品	102.6	108.6
8.菜	104.5	91.7
9.调味品	104.3	107.7
10.糖	101.0	102.1
11.干鲜瓜果	91.3	116.9
12.糕点饼干面包	100.0	105.2
13.液体乳及乳制品	97.9	113.6
14.在外用膳食品	100.1	101.6
15.其他食品	101.9	100.9
二、饮料、烟酒	**102.1**	**100.5**
1.茶及饮料	101.2	100.8
2.烟草	103.3	100.1
3.酒	100.3	101.1
三、服装、鞋帽	**103.3**	**102.5**
1.服装	102.8	102.5
2.鞋袜帽	105.2	102.5
3.其他	100.8	98.2
四、纺织品	**98.4**	**102.2**
1.衣着材料	100.1	100.0
2.床上用品	97.8	102.9
五、家用电器及音像器材	**97.6**	**96.3**
1.家庭设备	99.5	101.4
2.文娱用耐用消费品	94.8	90.0
3.专业音像器材	98.7	97.5

6-2　续表

指　标	2015	2014
六、文化办公用品	**97.4**	**98.0**
七、日用品	**99.4**	**99.8**
1.日用百货	100.2	100.0
2.日用杂品	100.1	100.5
3.洗涤用品	96.8	98.2
4.其他日用品	100.4	100.9
八、体育娱乐用品	**99.1**	**101.2**
1.体育用品	100.7	100.2
2.娱乐用品	97.9	101.9
九、交通、通信用品	**95.8**	**98.6**
1.交通运输机械	95.6	99.7
2.通信器材	97.6	90.9
十、家具	**99.0**	**104.1**
十一、化妆品	**100.2**	**101.2**
十二、金银珠宝	**92.8**	**87.8**
十三、中西药品及医疗保健用品	**101.0**	**100.6**
1.医疗器具及用品	100.0	100.0
2.中药材及中成药	102.8	101.4
3.西药	100.4	100.4
4.保健器具及用品	100.0	100.0
十四、书报杂志及电子出版物	**104.4**	**103.9**
1.教材及参考书	104.5	104.6
2.书报杂志	104.6	102.2
3.电子音像制品	101.1	100.0
十五、燃料	**88.1**	**98.2**
1.煤炭及制品	89.3	84.7
2.石油及制品	88.0	99.1
十六、建筑材料及五金电料	**98.0**	**98.6**
1.建筑装璜材料	96.7	97.8
2.五金电料	99.6	99.8

6-3 工业生产者出厂价格指数(以上年价格为 100)
Industrial producer price index (with a price of 100 last year)

指　标	2015	2014
全部工业品	**89.4**	**96.4**
#轻工业	99.9	100.1
以农产品为原料	99.2	100.4
以非农产品为原料	100.7	99.7
#重工业	88.5	96.1
采掘	80.4	83.6
原料	84.7	88.3
加工	90.6	100.3
按行业分		
煤碳开采和洗选业	78.8	83.9
农副食品加工业	100.8	97.9
食品制造业	94.1	102.0
饮料制造业	104.2	97.5
烟草制造业	100.9	101.9
纺织业	100.0	100.4
纺织服装、鞋帽制造业	100.0	100.0
家具制造业	98.8	101.8
造纸及纸制品业	98.8	97.0
印刷业和记录媒介的复制	100.0	100.0
石油加工、炼焦及核燃料加工业	77.4	81.2
化学原料及化学制品制造业	98.2	98.1
医药制造业	100.3	102.1
化学纤维制造业	100.0	100.1
橡胶制品业	94.5	94.4
塑料制品业	99.3	101.4
非金属矿物制品业	91.9	100.5
黑色金属冶冻及压延加工业	86.3	101.4
有色金属冶冻及压延加工业	95.0	101.5
金属制品业	97.5	94.9
通用设备制造业	98.8	100.3
专用设备制造业	96.4	99.5
交通运输设备制造业	98.1	96.8
电器机械及器材制造业	98.5	96.8
通信设备、计算机及其它电子设备制造业	95.3	98.1
仪器仪表及文化、办公用机械制造业	102.0	98.6
工艺品及其他制造业	92.3	91.1
电力、热力的生产和供应业	96.8	99.2
燃气生产和供应业	104.6	103.8
水的生产和供应业	101.7	106.5

6-4 工业生产者购进价格指数(以上年价格为100)

Industrial producer price index (the price of the previous year was 100)

指　　标	2015	2014
全部原材料	**93.0**	**97.4**
(一)燃料、动力类	92.8	95.7
(二)黑色金属材料类	92.8	96.4
# 钢材	91.0	95.3
其他	98.6	99.8
(三)有色金属材料和电线类	85.5	103.3
(四)化工原料类	91.3	97.7
(五)木材及纸浆类	97.8	96.2
(六)建筑材料及非金属矿类	96.8	98.9
(七)其他工业原材料及半成品类	101.1	101.2
(八)农副产品类	96.0	102.8
(九)纺织原料类	87.4	98.4
按行业分		
煤炭开采和洗选业	90.4	88.8
农副食品加工业	96.3	91.3
饮料制造业	92.5	107.9
烟草制造业	115.6	104.7
纺织业	87.4	98.4
造纸及纸制品业	96.1	95.4
石油加工、炼焦及核燃料加工业	82.2	96.7
化学原料及化学制品制造业	91.3	97.7
医药制造业	101.6	106.5
塑料制品业	88.0	97.8
非金属矿物制品业	95.6	97.5
黑色金属冶炼及压延加工业	91.2	95.4
有色金属冶炼及压延加工业	85.5	103.4
金属制品业	92.2	94.5
通用设备制造业	98.7	100.7
专用设备制造业	100.0	100.0
交通运输设备制造业	96.4	101.6
电气机械及器材制造业	99.6	98.2
通信设备、计算机及其它电子设备制造业	99.9	99.9
仪器仪表及文化、办公用机械制造业	86.5	103.4
电力、热力的生产和供应业	100.3	100.1
燃气生产和供应业	109.2	113.6
水的生产和供应业	100.0	100.0

第7篇

住户调查

Household Survey

资料整理、审核

李 琰　杜 鹃　祁 静　李 鹏

7-1 城镇居民家庭生活基本情况
Basic conditions of the urban residents

项　目	单 位	2015	2014
调查户数	户	645	634
平均每户家庭人口	人	2.81	2.79
平均每户就业人口数	人	1.41	1.47
平均每一个就业者负担人数	人	2.00	1.90
平均每人全年可支配收入	元	27727	25768
人均月可支配收入	元	2311	2147
平均每人全年消费性支出	元	15455	14430
人均月消费性支出	元	1288	1203

注：2014年城乡一体化住户调查改革，主要变化为城乡分类口径变化，城中村统一归入城镇范围；统计内容也发生变化。因此，2014、2013年数据均为新口径数据。

7-2 城镇住户基本情况
Basic situation of Urban Households

项　目	单 位	2015	2014
调查户数	**户**	**645**	**634**
家庭人口数	**人**	**1810**	**1767**
(一)有收入者人数	**人**	**1120**	**1113**
1.就业人口数	人	911	930
国有经济单位职工人数	人	347	362
个体经营者人数	人	109	124
离退休再就业者人数	人	29	37
其他就业者人数	人	426	407
2.离退休者人数	人	238	220
(二)无收入者人数	**人**	**690**	**654**

7-3 城镇居民家庭年末居住情况
Urban residents living in the end of the year

项 目	单 位	2015	2014
一、现住房房屋来源			
租赁公房	%	2.49	3.30
租赁私房	%	8.70	13.83
自建住房	%	21.12	21.90
购买商品房	%	27.79	28.63
购买房改住房	%	25.62	20.19
购买保障性住房	%	5.75	4.42
拆迁安置房	%	2.94	2.52
继承或获赠住房	%	0.93	1.42
免费借用房	%	1.09	1.42
其他来源	%	2.95	2.38
雇主提供免费住房	%	0.62	
二、住户居住空间样式			
1.单栋楼房	%	7.92	11.99
2.单栋平房	%	12.58	12.59
3.四居室及以上单元房	%	2.95	2.68
4.三居室单元房	%	28.12	26.58
5.二居室单元房	%	38.02	35.42
6.一居室单元房	%	2.95	4.10
7.筒子楼或连片平房	%	6.68	5.84
8.其他	%	0.78	0.79
三、住户主要饮用水来源情况			
1.经过净化处理的自来水	%	82.45	81.63
2.受保护的井水和泉水	%	14.45	15.38
3.不受保护的井水和泉水	%	3.10	2.84
4.江河湖泊水	%		0.16
四、住宅有管道供水情况			
1.管道供水入户	%	99.38	99.84
2.管道供水至公共取水点	%	0.62	0.16
五、住户厕所类型			
1.水冲式卫生厕所	%	84.47	83.28
2.水冲式非卫生厕所	%		0.16
3.卫生旱厕	%	1.40	1.10
4.普通旱厕	%	12.27	12.62
5.无厕所	%	1.86	2.84
六、住户厕所使用情况			
1.本住户独用	%	91.61	91.48

7-3 续表

项 目	单 位	2015	2014
2.几户合用	%	6.68	5.20
3.公用厕所	%	1.71	3.31
七、住户洗澡设施情况			
1.统一供热水	%	5.44	5.52
2.家庭自装热水器	%	65.67	58.36
3.其他	%	2.17	2.52
4.无洗澡设施	%	26.72	33.60
八、住户主要取暖设备状况			
1.由市政或小区集中供暖	%	82.91	80.76
2.自行供暖	%	16.00	18.77
3.无取暖设备	%	1.09	0.47
九、主要炊用能源状况			
1.柴草	%	1.09	1.10
2.煤炭	%	6.21	5.84
3.罐装液化石油气	%	6.21	8.52
4.管道液化石油气	%	0.47	
5.管道煤气	%	14.59	17.67
6.管道天然气	%	48.60	46.69
7.电	%	16.31	18.61
8.其他	%	1.08	1.58
9.无炊用行为	%	5.44	
十、信息化调查			
(1)接入互联网的移动电话	部/百户	131	111
(2)接入有线电视网络的电视机	部/百户	76	81
(3)接入互联网的计算机	台/百户	68	61

7-4 城镇住户家庭年人均现金收入情况
Annual per capita cash income of Urban Households

单位：元

项 目	2015	2014
家庭总收入		
# 可支配收入	27727	25768
(一)工薪收入	16911	15909
(二)经营净收入	3090	2971
(三)财产性收入	3154	3010
(四)转移性收入	4572	3878

7-5 城镇居民家庭年人均消费性支出情况

Annual per capita consumption expenditure of urban residents

单位：元

项 目	2015	2014
消费性支出	**15455**	**14430**
一、食品	3585	3558
二、衣着	1589	1584
三、家庭设备用品及服务	998	816
四、医疗保健	1498	1215
五、交通和通讯	1785	1705
六、教育文化娱乐服务	2212	1913
七、居住	3355	3237
八、其它商品和服务	433	402

7-6 城镇住户每百户期末主要消费品拥有量

Urban households per household consumption of major consumer goods

项 目	单 位	2015	2014
调查户数	**户**	**645**	**634**
摩托车	辆	5.0	4.1
助力车	辆	25	25
家用汽车	辆	29	27
洗衣机	台	97	95
电冰箱	台	93	88
彩色电视机	台	104	104
家用电脑	台	79	74
摄像机	架	11	11
照相机	架	36	37
其他中高档乐器	件	4.5	3.6
微波炉	台	53	50
空调器	台	31	29
淋浴热水器	台	68	62
消毒碗柜	台	2.2	2.5
洗碗机	台	1.1	0.8
健身器材	套	6	3
固定电话	部	50.0	54.6
移动电话	部	207	202

7-7 农村住户人口与就业情况

Population and employment of rural household

指　标	单 位	2015	2014
一、调查户数	**户**	**404**	**407**
二、家庭常住人口	**人**	**1307**	**1291**
三、整半劳动力数	**人**	**927**	**918**
#整劳动力	人	505	524
四、劳动力文化程度			
1.不识字或识字很少	人	40	42
2.小学程度	人	170	182
3.初中程度	人	495	474
4.高中程度	人	152	157
5.大专及以上	人	70	63
五、劳动力就业情况			
1.第一产业	人	237	229
2.第二产业	人	131	137
(1) 采矿业	人	41	38
(2) 制造业	人	47	53
(3) 电力、势力、燃气及水生产和供应业	人	9	10
(4) 建筑业	人	34	36
3.第三产业	人	348	352
# (1) 交通运输、仓储和邮政业	人	76	90
(2) 批发和零售业	人	58	60

7-8 农村住户人均总收支

The total income and expenditure of rural households

单位：元

指　标	2015	2014
总收入	**15185**	**14192**
#期内现金收入	14433	13414
总支出	**13161**	**12175**
#期内现金支出	11229	10349
农民人均可支配收入	**13626**	**12616**
工资性收入	8182	7433
经营净收入	2967	2897
财产净收入	505	468
转移净收入	1973	1818

7-9 农村住户人均消费支出
Per capita consumption expenditure of rural households

单位：元

指 标	2015	2014
生活消费支出	**10124**	**9444**
食品消费	2578	2450
衣着消费	893	852
居住消费	2787	2543
生活用品及服务消费	462	420
交通和通讯消费	1324	1242
文化教育、娱乐消费	1073	1005
医疗保健消费	875	801
其他商品和服务消费	132	131

7-10 农民家庭平均每人主要粮食消费品消费量
Per capita consumption of major consumer goods of rural households

单位：公斤

指 标	单位	2015	2014
粮食（原粮）	公斤	125.6	133
蔬菜	公斤	70.8	72.0
食油	公斤	6.5	7.1
肉禽及其制品	公斤	12.5	12.1
#家禽	公斤	1.0	1.2
蛋类	公斤	8.1	7.3
水产品	公斤	2.0	1.5
食糖	公斤	0.8	0.9
酒	公斤	4.6	4.8

7-11 每百户农民主要耐用消费品拥有量
Mainly consumer goods per 100 rural households

指 标	单 位	2015	2014
家用轿车	辆	27	21
摩托车	辆	23	20
助力车	辆	38	34
电脑	台	43	37
彩电	台	105	103
摄像机	台	1	1
照相机	架	10	7
空调	台	5	4
电冰箱	台	68	63
固定电话	部	29	36
手机	部	194	176
洗衣机	台	91	88

第8篇

公用事业

Public Utilities

资料整理、审核

苏人龙

8-1 城市设施水平
Level of urban facilities

指　标	单 位	2015	2014
用水普及率	%	100	100.0
燃气普及率	%	99.9	99.5
每万人拥有公共交通车辆	标台	9.8	10.2
人均城市道路面积	平方米	11.5	11.26
污水处理率	%	86.0	85.9
人均公园绿地面积	平方米	11.56	11.26
建成区绿地率	%	36.1	35.6
建成区绿化覆盖率	%	41.0	40.5
生活垃圾无害化处理率	%	100.0	100.0

8-2 城市用地
Urban land

指　标	单 位	2015	2014
建成区面积	平方公里	374.25	364.25
城市建设用地面积	平方公里	364.81	337.56
# 居住用地	平方公里	79.76	74.69
工业用地	平方公里	86.71	83.51
仓储用地	平方公里	12.08	9.08
绿地	平方公里	38.13	32.61
本年征用土地面积	平方公里	13.00	11.00
# 耕地	平方公里	12.00	6.00

8-3 城市公共汽车、电车、出租汽车
Urban buses, cars, taxis

指　标	单 位	2015	2014
公共汽车、电车			
营运车辆	辆	2871	3071
天然气燃料车	辆	1160	1174
双燃料车	辆	1158	1163
无轨电车	辆	121	121
标准运营车辆	标台	3535	3766
运营线路网长度	公里	4616	4080
客运总量	万人次	51071	51414
公共汽车	万人次	47524	48894
无轨电车	万人次	2170	1770
运营收入	万元	29401	32988
出租汽车			
出租车运营车辆	辆	8719	8719
客运总量	万人次	19305	21741

8-4 城市公共供水

Urban public water supply

指　标	单 位	2015	2014
水厂个数	个	15	15
#地下水	个	15	15
综合生产能力	万立方米/日	125	120
供水管道长度	公里	2190	2048
供水总量	万立方米	22948	22373
最高日供水量	万立方米	72	71
售水量	万立方米	21562	21087
#生产运营用水	万立方米	7244	7092
居民家庭用水	万立方米	12544	12252
漏损水量	万立方米	1382	1286
用水户数	户	374563	351374
#生产运营	户	11470	11342
公共服务	户	3272	3109
居民家庭	户	358849	336008
用水人口	万人	343	335

8-5 城市自建设施供水

Urban self built facilities water supply

指　标	单 位	2015	2014
自备水源单位个数	个	106	103
综合生产能力	万立方米/日	84.5	82.1
#地下水	万立方米/日	3.7	3.5
供水总量	万立方米	11839	11695
#生产运营用水	万立方米	8540	8437
居民家庭用水	万立方米	3006	2971
供水管道长度	公里	350	336
用水户数	户	34219	32880
#居民家庭	户	30698	29551
用水人口	万人	50.22	47.40

8-6 城市人工煤气
Urban artificial gas

指　　标	单 位	2015	2014
供气管道长度	公里	404	404
储气能力	万立方米	5.5	5.5
供气总量	万立方米	26274	25591
销售气量	万立方米	25351	25351
#居民家庭	万立方米	3095	2889
用气户数	户	90968	86751
#居民家庭	户	88763	84456
用气人口	万人	32.86	30.27

8-7 城市液化石油气
Urban liquefied petroleum gas

指　　标	单 位	2015	2014
供气管道长度	公里	141	130
储气能力	吨	1442	1590
供气总量	吨	30317	30336
销售气量	吨	30264	30280
#居民家庭	吨	30223	25490
燃气损失量	吨	53	56
用气户数	户	169987	175693
#居民家庭	户	160053	160493

8-8 城市天然气
Urban natural gas

指　　标	单 位	2015	2014
供气管道长度	公里	3054	3054
供气总量	万立方米	56753	51423
最高日供气量	万立方米	342	342
销售气量	万立方米	51417	46173
#居民家庭	万立方米	10818	9900
用气户数	户	937001	863334
#居民家庭	户	932983	859576
用气人口	万人	301.50	299.00
汽车加气站座数	座	3	3

8-9　城市集中供热
Urban Central Heating

指　标	计量单位	2015	2014
供热能力	兆瓦	12334	6581
#热电厂	兆瓦	9776	4127
锅炉房	兆瓦	2558	2453
供热总量	万吉焦	6625	5687
#热电厂	万吉焦	4371	3918
锅炉房	万吉焦	2254	1769
供热管道长度	公里	3207	1957
供热面积	万平方米	21217	12606
#住宅	万平方米	18404	10406

8-10　全社会用电量
Total social electricity consumption

单位：万千瓦时

指　标	2015	2014
总　计	**2403597**	**2532793**
1.全行业用电	2039595	2194973
第一产业	19385	17966
第二产业	1625166	1809225
第三产业	395044	367782
2.城乡居民生活用电	320958	302864
城镇居民	286127	269389
乡村居民	34831	33475
全行业用电分类	2039595	2194973
农、林、牧、渔业	19385	17966
工业	1588858	1772786
建筑业	36308	36439
交通运输、仓储和邮政业	97226	92861
信息传输、计算机服务和软件业	21428	18339
商业、住宿和餐饮业	92591	80499
金融、房地产、商务及居民服务业	73786	70708
公共事业及管理机构	110013	105376
每一居民平均生活用电(千瓦时)	874	819

8-11 城市道路桥梁
City Road Bridge

指 标	单 位	2015	2014
道路长度	公里	2088	2015
道路面积	万平方米	4140	3941
# 车行道面积	万平方米	3200	3038
人行道面积	万平方米	940	903
桥梁座数	座	179	179
# 大桥及特大桥	座	15	15
立交桥	座	36	36
人行过街天桥	座	28	28
人行地下通道	座	16	16
道路照明灯盏数	盏	97731	96837

8-12 城市排水
Urban drainage

指 标	单 位	2015	2014
污水排放总量	万立方米	28415	28414
排水管道长度	公里	2321	2162
污水处理能力	万立方米/日	84.3	78.3
污水处理量	万立方米	26494	24431
全年 COD 削减量	万吨	0.20	0.23

8-13 城市园林绿化
City Garden Virescens

指 标	单 位	2015	2014
绿化覆盖面积	公顷	15177.7	14773.0
绿地面积	公顷	13574.5	12804.0
# 公园绿地	公顷	4227.0	4093.0
生产绿地	公顷	989.1	844.0
附属绿地	公顷	4102.5	4043.0
公园个数	个	52	51
# 门票免费公园	个	50	47
公园面积	公顷	3557.8	3464.0
# 水域面积	公顷	481	481

8-14　城市市容环境卫生

Appearance environment and sanitation of the city

指　　标	单 位	2015	2014
道路清扫保洁面积	万平方米	5331	5331
#机械化	万平方米	3858	3125
生活垃圾清运量	万吨	183	184
#密闭车(箱)清运量	万吨	180	178
粪便清运量	万吨	0.83	0.91
生活垃圾转运站座数	座	84	84
公共厕所数量	座	713	701
#三类以上	座	643	543
市容环卫专用车辆设备数	辆	2439	2948
生活垃圾(粪便)处理场处理能力	吨/日	4757	3152
生活垃圾(粪便)处理场处理量	万吨	181	182
本年运行天数	天	365	365
本年运行费用	万元	10086	12598

注：本表为市环卫局数字。

8-15　城市环境保护

Urban environmental protection

指　　标	单 位	2015	2014
二氧化硫排放量	万吨	11.10	11.93
氮氧化物排放量	万吨	11.15	12.84
烟尘排放量	万吨	4.90	5.17
工业粉尘排放量	万吨	1.47	1.53
化学需氧量排放量	万吨	2.05	2.25
氨氮排放量	万吨	0.40	0.43
市区环境空气综合污染指数		7.13	7.73
市区环境空气二级以上天数	天	230	197
集中式饮用水源地水质达标率	%	100	100
市区水环境功能区水质达标率	%	75	75

第9篇

农业

Agriculture

资料整理、审核

纪知明　　李建华　　姜　颖　　张妙莲

杨　雷　　丁永仙　　冀晓洁　　武卫东

9-1 农村基本情况
Basic situation of rural

指　标	单位	1995	2000	2005	2009	2010	2013	2014	2015
农村基层组织									
乡镇政府	个	83	83	79	52	52	52	52	52
#镇政府	个	22	24	21	21	21	21	21	21
村民委员会	个	1285	1287	1017	973	965	940	932	931
乡村户数、人口、劳动力									
乡村户数	户	267535	289188	305763	326636	337761	367211	365223	374352
乡村人口	人	1004788	1056552	1060881	1026448	1037667	1053843	1045172	1050038
乡村从业人员数(实有劳动力)	人	454648	481186	502875	492658	491238	490928	493271	495003
男劳动力	人	250465	266935	278965	272197	269930	274567	274275	273189
女劳动力	人	204183	214251	223910	220461	221308	216361	218996	221814
按行业分									
农林牧渔业	人	251582	271173	260224	239212	233253	232375	234729	239151
工业	人	92130	78455	82464	80951	78812	82521	78886	75069
建筑业	人	12394	15903	20951	22627	23708	24622	24262	25657
交通运输、仓储、邮电通信、信息传输、计算机业	人	39266	42795	52039	50415	55320	57949	58656	58618
批发和零售贸易业、住宿及餐饮业	人	18125	29092	40666	40792	44792	44828	46939	46642
其他行业	人	41151	43768	46531	58661	55353	48633	49799	49866

注：2009年以后乡镇政府口径与此前不同，不包括农业街办。

9-2 农业
Conditions of

指 标	单位	合计	小店区	迎泽区	杏花岭区
一、农村基层组织情况					
乡镇个数	个	76	6	1	3
1.镇	个	21	1	1	
#城关镇	个	3			
2.乡	个	31	2		2
3.涉农街办	个	24	3		1
村委会个数	个	931	64	26	32
二、农村基础设施					
自来水受益村数	个	901	64	26	32
通汽车村数	个	931	64	26	32
通电话村数	个	931	64	26	32
三、乡村人口与从业人员					
乡村户数	户	374352	45657	8239	9396
乡村人口数	人	1050038	128627	22233	26305
1.男	人	538956	64499	11268	13329
2.女	人	511082	64128	10965	12976
乡村劳动力资源数	人	579322	79233	13441	15794
1.男	人	315281	42396	7285	8096
2.女	人	264041	36837	6156	7698
乡村从业人员数	人	495003	67735	11004	13873
1.男	人	273189	36740	6051	7813
2.女	人	221814	30995	4953	6060
#1.农业从业人员	人	239151	34933	1169	2513
2.工业从业人员	人	75069	7481	1180	3830
3.建筑业从业人员	人	25657	4194	548	1035
4.交运仓储和邮政业从业人员	人	49542	7393	1023	1683
5.信息传输、计算机服务和软件业	人	9076	1080	164	203
6.批发与零售业从业人员	人	29834	5582	2172	2469
7.住宿和餐饮业从业人员	人	16808	3122	731	755
8.其他行业从业人员	人	49866	3950	4017	1385
四、农业主要能源及物耗					
1.农村用电量	万千瓦时	53607.79	5500.00	2687.00	4389.40
2.农用化肥施用量(实物量)	吨	91351.45	9190.00	8.00	93.10
#(1)氮肥	吨	36997.90	3220.00	3.00	48.00
(2)磷肥	吨	21457.94	1880.00	2.00	7.00
(3)钾肥	吨	3531.09	350.00		
(4)复合肥	吨	29364.52	3740.00	3.00	38.10
3.农用化肥施用量(折纯量)	吨	28966.73	3421.00	2.73	33.74
#(1)氮肥	吨	8555.96	916.00	0.72	11.52
(2)磷肥	吨	3549.01	355.00	0.36	1.26
(3)钾肥	吨	1608.82	160.00		
(4)复合肥	吨	15252.94	1990.00	1.65	20.96
4.农用塑料薄膜使用量	吨	3860.71	180.00		4.97
#地膜使用量	吨	2324.99	50.00		4.97
地膜覆盖面积	公顷	23987.43	750.00		36.90
5.农用柴油使用量	吨	14966.21	3085.00	18.56	91.80
6.农药使用量	吨	872.59	70.00	1.06	12.60

生产条件
agricultural production

尖草坪区	万柏林区	晋源区	清徐县	阳曲县	娄烦县	古交市
12	7	6	9	10	8	14
2		3	4	4	3	3
			1	1	1	
3	1		5	6	5	7
7	6	3				4
85	44	87	188	117	142	146
85	43	87	188	112	136	128
85	44	87	188	117	142	146
85	44	87	188	117	142	146
35854	13637	43888	98509	46086	33655	39421
109933	37080	138756	265091	111214	103649	107150
56834	18113	69805	133186	58720	55362	57840
53099	18967	68951	131905	52494	48287	49310
62915	21443	83593	142601	58078	59364	42860
34308	10915	44171	74232	32906	34567	26405
28607	10528	39422	68369	25172	24797	16455
52762	16483	69059	126202	53912	49142	34831
29992	8826	38111	65729	30415	27633	21879
22770	7657	30948	60473	23497	21509	12952
17271	3183	28055	69473	31940	31693	18921
7275	1384	11516	23285	6544	4823	7751
2969	934	5199	4829	2914	2321	714
7037	2293	9396	10992	3555	3120	3050
1239	730	1906	1306	468	1595	385
3261	1607	4592	5118	2286	1480	1267
2383	1126	2576	2341	1646	1270	858
11327	5226	5819	8858	4559	2840	1885
7311.00	2127.40	4162.00	19494.99	3990.00	655.00	3291.00
2937.00	101.95	3322.20	41990.50	28624.00	2530.00	2554.70
1552.00	16.60	1714.72	16557.58	10961.00	1179.00	1746.00
346.00	0.52	791.30	11689.12	5939.00	355.00	448.00
78.00	0.03	102.45	1134.91	1524.00	146.00	195.70
961.00	84.80	713.73	12608.89	10200.00	850.00	165.00
1000.80	50.71	916.75	13145.00	8744.00	901.00	751.00
372.00	4.00	385.72	3873.00	2231.00	282.00	480.00
62.00	0.09	132.30	1870.00	978.00	75.00	75.00
38.80	0.02	46.00	567.00	632.00	59.00	106.00
528.00	46.60	352.73	6835.00	4903.00	485.00	90.00
411.00	2.20	156.47	1577.07	1304.00	75.00	150.00
148.00	2.01	67.01	643.00	1204.00	75.00	131.00
801.00	8.50	497.33	6068.70	14315.00	560.00	950.00
610.00	19.00	266.85	6860.00	2658.00	142.00	1215.00
105.00	1.66	67.50	475.77	98.00	10.00	31.00

9-3 主要农业

Main agricultural

指 标	单 位	太原市	小店区	迎泽区	杏花岭区
一、农业机械总动力	**千瓦**	**1400161**	**194368**	**10158**	**15490**
柴油发动机	千瓦	1023826	168133	4048	10990
汽油发动机	千瓦	230172	13815	2951	3700
电动机	千瓦	146163	12420	3159	800
二、耕作机械					
大中型拖拉机	台	4639	629	17	72
动力	千瓦	188214	30389	493	1501
小型拖拉机	台	5553	401	3	94
动力	千瓦	49440	3656	31	223
三、拖拉机配套农具					
大中型	部	9173	1650	21	55
小型	部	12363	775	38	126
四、收获机械					
联合收获机	台	904	150		1
机动割晒机	台	118			
脱粒机	台	946	145		
五、运输机械					
农用运输车	台	25686	5120	101	390
#三轮汽车	台	14403	3520	83	163
六、农田基本建设机械	**台**	**1045**	**130**	**18**	**1**

机械拥有量
machinery

尖草坪区	万柏林区	晋源区	清徐县	阳曲县	娄烦县	古交市
42328	**35051**	**175967**	**380540**	**215054**	**109691**	**221514**
30751	33465	153518	194003	192047	73791	163080
29	12	1899	137454	6551	26150	37611
11548	1574	20550	49083	16456	9750	20823
232	91	177	1202	1035	801	383
7601	2655	6759	55663	38063	33525	11564
246		186	785	2651	728	459
2070		1759	7670	22592	6935	4503
273	27	242	2998	2608	515	784
538	45	175	2040	7051	633	942
9		11	450	264	2	17
			12	5	11	90
97		54	246	382	22	
1130	1320	1795	5518	6237	1274	2801
642	860	565	1464	5006	800	1300
	58	**165**	**170**	**98**	**229**	**176**

9-4 农作物

Sown Areas of

指 标	合计	小店区	迎泽区	杏花岭区
农作物总播种面积	**100325.0**	**12817.2**	**181.5**	**664.9**
一、粮食作物	**75571.0**	**7799.7**	**170.0**	**596.9**
(一)夏收粮食	**114.0**	**72.0**		
#冬小麦	114.0	72.0		
(二)秋收粮食	**75457.0**	**7727.7**	**170.0**	**596.9**
(一)谷物	63690.0	7771.4	128.0	407.1
1.稻谷	140.0			
2.玉米	52010.2	7694.0	87.8	277.9
3.谷子	6601.1		24.2	51.1
4.高粱	1041.1	5.4	6.0	11.5
5.秋杂谷物	3783.6		10.0	66.6
#燕麦	771.1			0.1
荞麦	1602.6		10.0	49.8
6.冬小麦	114.0	72.0		
(二)豆类合计	5583.7	17.0	10.0	141.9
1.大豆	4158.5	16.6	1.1	129.9
2.秋杂豆	1425.2	0.4	8.9	12.0
#绿豆	173.5			2.0
红小豆	298.9			2.4
(三)薯类(折粮)	6297.3	11.3	32.0	47.9
1.马铃薯	6104.9	11.3	25.5	35.5
2.红薯	192.4		6.5	12.4
二、油料作物	**2312.4**		**3.3**	**4.6**
1.花生	18.3			
2.油菜籽	1.0			
3.胡麻籽	1210.1			
4.向日葵籽	819.6		3.3	3.9
5.其他油料	263.4			0.7
三、棉花	**7.7**			
四、药材类合计	**627.2**			
五、蔬菜及食用菌	**21124.9**	**5006.7**	**7.7**	**63.4**
六、瓜果类	**191.6**	**10.8**	**0.5**	
#西瓜	92.4	10.0		
甜瓜	92.0			
七、其他农作物	**490.2**			
#青饲料	244.1			

播种面积
Farm Grops

单位：公顷

尖草坪区	万柏林区	晋源区	清徐县	阳曲县	娄烦县	古交市
5589.0	**612.7**	**4901.2**	**30454.9**	**24395.3**	**11592.8**	**9115.5**
4473.9	**526.5**	**2592.0**	**20524.0**	**21338.0**	**10086.5**	**7463.5**
			42.0			
			42.0			
4473.9	**526.5**	**2592.0**	**20482.0**	**21338.0**	**10086.5**	**7463.5**
4047.2	391.4	2527.0	20360.7	19620.0	4828.5	3608.7
		140.0				
3246.0	330.0	2318.0	19827.4	15019.0	1650.1	1560.0
646.0	51.3	2.0	3.5	3494.0	1512.0	817.0
58.0	9.1	67.0	487.8	150.0	214.6	31.7
97.2	1.0			957.0	1451.8	1200.0
				4.0	155.0	612.0
3.7				411.1	540.0	588.0
			42.0			
300.1	29.0	34.0	37.9	1258.0	1916.0	1839.8
271.4	5.3	15.5	24.7	1044.0	1348.5	1301.5
28.7	23.7	18.5	13.2	214.0	567.5	538.3
0.5			13.2	12.5	130.0	15.3
28.2				13.6	242.0	12.7
126.6	106.1	31.0	125.4	460.0	3342.0	2015.0
98.3	106.1	25.0	5.2	443.0	3342.0	2013.0
28.3		6.0	120.2	17.0		2.0
42.0			**25.2**	**314.0**	**1176.1**	**747.2**
			16.3	2.0		
				1.0		
				132.0	772.1	306.0
42.0			8.9	158.0	308.6	294.9
				21.0	95.4	146.3
			7.7			
2.3	**5.0**		**24.7**	**318.0**	**7.2**	**270.0**
1026.7	**41.2**	**2309.2**	**9631.5**	**2229.9**	**265.0**	**543.6**
34.9			**59.6**	**23.4**	**58.0**	**4.4**
14.3			25.6	12.0	30.0	0.5
20.6			33.7	6.9	28.0	2.8
9.2	**40.0**		**182.2**	**172.0**		**86.8**
	40.0		33.3	84.0		86.8

9-5 农作物

Output of

指 标	合计	小店区	迎泽区	杏花岭区
一、粮食作物	**299327**	**66632**	**375**	**895**
(一)夏收粮食	**669**	**414**		
#冬小麦	669	414		
(二)秋收粮食	**298658**	**66218**	**375**	**895**
(一)谷物	280412	66473	295	636
1.稻谷	899			
2.玉米	260059	66014	223	472
3.谷子	10063		43	65
4.高粱	4636	45	15	22
5.秋杂谷物	4086		14	77
#燕麦	638			0.1
荞麦	1587		14	47
6.小麦	669	414		
(二)豆类合计	7106	81	16	140
1.大豆	5281	80	2	116
2.秋杂豆	1825	1	14	24
#绿豆	222			3
红小豆	388			3
(三)薯类(折粮)	59044	390	320	599
1.马铃薯	55731	390	236	500
2.红薯	3313		84	98
二、油料作物	**2995**		**6**	**5**
1.花生	31			
2.油菜籽	1.5			
3.胡麻籽	1389			
4.葵花籽	1295		6	4
5.其他油料	279			1
三、棉花	**14**			
四、药材类合计	**2975**			
五、蔬菜及食用菌	**1288304**	**274817**	**284**	**2737**
六、瓜果类	**4508**	**70**	**6**	
#西瓜	2579	61		
甜瓜	1780			

总产量
farm crops

单位：吨

尖草坪区	万柏林区	晋源区	清徐县	阳曲县	娄烦县	古交市
13418	**1179**	**21464**	**107896**	**61659**	**15212**	**10597**
			255			
			255			
13418	**1179**	**21464**	**107641**	**61659**	**15212**	**10597**
12964	901	21151	107323	58393	6879	5397
		899				
12333	782	19532	104031	50867	3416	2388
443	99	10	8	5954	1752	1689
122	18	710	3029	365	191	120
67	1			1207	1520	1200
				4	135	500
5				398	423	700
			255			
316	49	117	65	1964	2759	1600
290	4	56	43	1648	1942	1100
25	45	61	22	316	817	500
1			22	10	156	30
24				11	334	15
690	1150	976	2540	6507	27872	18000
423	1150	777	70	6333	27872	17980
267		199	2470	174		20
44			**48**	**573**	**1487**	**832**
			28	3		
				1.5		
				233	791	365
44			21	297	536	387
				38	160	80
			14			
	2		**249**	**2390**		**334**
66900	**1040**	**161102**	**640472**	**90650**	**9971**	**40333**
974			**1327**	**452**	**1600**	**80**
625			700	225	947	21
348			614	130	653	35

9-6 农作物

Single output

指 标	太原市	小店区	迎泽区	杏花岭区
一、粮食作物	**3960.9**	**8542.9**	**2205.3**	**1500.1**
(一)夏收粮食	**5868.4**	**5750.0**		
#冬小麦	5868.4	5750.0		
(二)秋收粮食	**3958.0**	**8568.9**	**2205.3**	**1500.1**
(一)谷物	4402.8	8553.5	2307.0	1562.8
1.稻谷	6423.6			
2.玉米	5000.1	8579.9	2543.3	1699.5
3.谷子	1524.5		1789.3	1277.9
4.高粱	4453.0	8333.3	2450.0	1869.6
5.秋杂谷物	1080.0		1400.0	1157.7
#燕麦	825.0			1005.0
荞麦	990.4		1400.0	951.8
(二)豆类合计	1272.6	318.0	105.0	66.0
1.大豆	1269.9	19.2	0.4	27.9
2.秋杂豆	1280.6	2500.0	1573.0	1958.3
#绿豆	1279.0			1450.0
红小豆	1297.1			1375.0
(三)薯类(折粮)	9376.1	34513.3	9990.6	12494.8
1.马铃薯	9128.9	34513.3	9235.3	14090.1
2.红薯	17217.3		12953.8	7927.4
二、油料作物	**1295.2**		**1909.1**	**1021.7**
1.花生	1688.5			
2.油菜籽	1500.0			
3.胡麻籽	1147.8			
4.葵花籽	1579.8		1909.1	1025.6
5.其他油料	1058.8			1000.0
三、棉花	**1857.1**			
四、药材类合计	**4743.1**			
五、蔬菜及食用菌	**60985.1**	**54889.8**	**36909.1**	**43162.5**
六、瓜果类	**23526.1**	**6481.5**	**11200.0**	
#西瓜	27911.3	6100.0		
甜瓜	19348.9			

单产量
of farm crops

单位：公斤/公顷

尖草坪区	万柏林区	晋源区	清徐县	阳曲县	娄烦县	古交市
2999.2	**2239.3**	**8280.7**	**5257.0**	**2889.6**	**1508.2**	**1419.9**
			6071.4			
			6071.4			
2999.2	**2239.3**	**8280.7**	**5255.4**	**2889.6**	**1508.2**	**1419.9**
3203.3	2300.7	8370.0	5271.1	2976.2	1424.6	1495.7
		6423.6				
3799.4	2370.9	8426.1	5246.8	3386.8	2070.0	1531.0
685.1	1929.8	5100.0	2200.0	1704.1	1158.7	2067.3
2100.0	1967.0	10594.0	6209.3	2434.7	891.0	3785.5
690.3	1200.0			1261.2	1047.0	1000.0
				870.0	870.0	810.0
1351.4				967.6	783.3	1190.5
70.0	111.0	230.0	114.0	104.0	96.0	58.0
69.8	0.9	13.5	10.4	396.4	466.9	264.5
885.0	1894.5	3318.9	1659.1	1475.7	1440.0	928.9
2000.0			1659.1	808.0	1200.0	1960.8
865.2				808.8	1380.2	1181.1
5450.2	10838.8	31493.5	20255.2	14145.7	8340.0	8933.0
4303.2	10838.8	31088.0	13461.5	14295.7	8340.0	8931.9
9434.6		33183.3	20549.1	10235.3		10000.0
1047.6			**1916.7**	**1823.6**	**1264.3**	**1113.8**
			1705.5	1550.0		
				1500.0		
				1765.2	1024.5	1192.8
1047.6			2303.4	1879.7	1736.9	1312.3
				1809.5	1677.1	548.2
			1857.0			
	400.0		**10097.2**	**7515.7**		**1235.2**
65160.0	**25242.7**	**69765.2**	**66497.6**	**40652.0**	**37627.5**	**74195.4**
27899.7			**22260.1**	**19316.2**	**27579.3**	**18181.8**
43727.3			27347.7	18725.0	31563.3	42000.0
16912.6			18222.6	18826.1	23310.7	12500.0

9-7 水果
Fruit

指 标	太原市		小店区	
	果园面积	产量	果园面积	产量
一、茶叶	**1.3**	**2**		
二、园林水果	**9710.3**	**88500**	**399.4**	**780**
1.苹果	3637.8	13140	58	230
其中：红富士苹果	1858.8	9077	12.8	10
国光苹果	1194.6	1920	3.3	2
2.梨	1324.5	21014	55	80
其中：雪花梨	598.2	9652	1.9	20
鸭梨	111.4	696	1	10
3.桃	638.3	4630	43.5	120
4.杏	562.2	2746	14.7	20
5.葡萄	2062.8	42817	71.4	150
6.红枣	896.7	2323	156.8	180
7.柿子	10.8	157		
8.沙果	24.6	101		
9.其他园林水果	552.6	1572		
三、食用坚果	**838.8**	**1557**	**4**	**2**
核桃	838.8	1547	4	2
仁用杏		10		

9-7 水果
Fruit

指 标	晋源区		清徐县	
	果园面积	产量	果园面积	产量
一、茶叶				
二、园林水果	**492.2**	**3692**	**2716.7**	**52117**
1.苹果	123.9	1090	132.8	1619
其中：红富士苹果	79.1	763	78.3	986
国光苹果	21.2	104	8.9	163
2.梨	26.8	96	663.1	18605
其中：雪花梨	16.1	28	300.3	8559
鸭梨	10.7	68	8.2	228
3.桃	62	1063	323.7	2326
4.杏	72.7	919	81.4	462
5.葡萄	55.9	366	1204.1	27329
6.红枣	117.6	151	163	963
7.柿子			4.1	70
8.沙果				
9.其他园林水果	33.3	7	144.5	743
三、食用坚果	**13.3**	**19**	**40.5**	**149**
核桃	13.3	19	40.5	149
仁用杏				

生产情况(一)
production(1)

单位：公顷、吨

迎泽区		杏花岭区		尖草坪区		万柏林区	
果园面积	产量	果园面积	产量	果园面积	产量	果园面积	产量
76	**214**	**684.6**	**1128**	**1367.6**	**23776**	**72.5**	496
7	62	464.5	562	556.7	6723	2.7	20
7	62	127.1	231	390.3	5494	2.7	20
		336.8	327	85.4	406		
53.3	85	38.7	108	86.2	1210	15.3	72
		14.5	52	35.8	576		
		9.9	42	24	215		
		26.7	119	26.4	431	1.3	12
2	31	17.3	63	28.2	246	20	34
		60.7	104	492.8	14217	19.8	228
13.3	35	13.3	97	118.5	345	4.9	35
						6.7	87
		5	26	14.7	20		
0.4	1	58.4	49	44.1	584	1.8	8
36.7	**61**			**9.5**	**6**	**13.3**	**3**
36.7	61			9.5	6	13.3	3

生产情况(二)
production(2)

单位：公顷、吨

阳曲县		娄烦县		古交市	
果园面积	产量	果园面积	产量	果园面积	产量
				1.3	**2**
2877	**4174**	**259**	**1540**	**765.3**	**583**
2023.5	2286	93.9	440	174.8	108
1130.1	1405	7.5	26	23.9	80
639.9	857	44.1	45	55	16
292.9	492	33.9	210	59.3	56
206.5	312	16.4	57	6.7	48
56.6	115	1	18		
91.3	392	21.6	142	41.8	25
20	253	60.5	426	245.4	292
131.9	292	12.2	63	14	68
240.1	312	31.5	202	37.7	3
4.9	55				
72.4	92	5.4	57	192.3	31
526	**322**	**192.2**	**992**	**3.3**	**3**
526	312	192.2	992	3.3	3
	10				

9-8 畜牧业
Livestock

指标			单位	太原市	小店区	迎泽区	杏花岭区
畜禽存栏		猪	头	283798	18650	2230	14929
		能繁母猪	头	30482	1840	148	1365
		牛	头	39741	7780	20	46
		1.肉 牛	头	15007	210	10	29
		2.奶 牛	头	24726	7570	10	17
		羊	只	457297	18940	2678	8358
		1.山羊	只	110150	360	40	78
		2.绵羊	只	347147	18580	2638	8280
		家禽	万只	349.6	60.5	0.7	8.5
		蛋鸡	万只	248.9	24.0	0.7	8.4
畜禽出栏		猪	头	460223	26222	3736	19810
		牛	头	17644	2210	13	13
		羊	只	365534	11243	2544	6979
		家禽	万只	546.5	130.5	1.9	3.6
畜禽产品产量		猪肉	吨	38507	2200	296	1487
		牛肉	吨	2528	309	2	2
		羊肉	吨	6924	167	49	118
		禽肉	吨	7863	1830	27	51
		禽蛋	吨	29920	4050	111	406
		牛奶	吨	101809	42100	36	63
大牲畜（除牛外）		年末存栏	头	4665	35		34
		当年出栏	头	1184			22
		肉产量	吨	145.02			2.78
	#1.马	年末存栏	头	344	15		4
		当年出栏	头	20			
		肉产量	吨	2.95			
	2.驴	年末存栏	头	2432			13
		当年出栏	头	698			6
		肉产量	吨	82.96			0.72
	3.骡	年末存栏	头	1886	20		17
		当年出栏	头	466			16
		肉产量	吨	59.11			2.06
	4.骆驼	年末存栏	头	3			
兔		年末存栏	万只	1.66			
		当年出栏	万只	3.05			
		肉产量	吨	44.25			
其他奶产量			吨	227.67			
山羊毛产量			吨	100.15		0.10	
绵羊毛产量			吨	379.95	15.00	5.63	5.30
		细羊毛	吨	47.37			
		半细羊毛	吨	77.95		5.63	5.30
羊绒产量			吨	50.53			
蜂蜜产量			吨	89.15			
肉类总产量			吨	56011.53	4506	374.44	1660.15

生产情况
production

尖草坪区	万柏林区	晋源区	清徐县	阳曲县	娄烦县	古交市
29908	8679	27140	115384	33623	11240	22015
2790	728	3774	12389	4053	1155	2240
8929	82	2535	8506	6681	2950	2212
193	16	30	5217	4238	2950	2114
8736	66	2497	3289	2443		98
20353	324	14424	101441	152258	69788	68733
108	230	43	2537	27628	37615	41511
20245	94	14381	98904	124630	32173	27222
17.5	6.3	54.4	87.9	55.7	10.5	47.5
14.3	6.2	47.8	54.3	55.5	8.9	29.0
47566	9244	39367	215205	56648	13375	29050
348	56	934	8225	3176	1490	1179
15698	347	8864	103250	119733	48532	48344
19.1	4.5	68.0	208.7	34.6	12.9	62.7
3823	794	3146	17862	5099	1135	2665
50	8	135	1176	466	226	154
274	6	147	1755	2793	830	786
267	63	1003	3039	543	167	872
1980	500	5468	6973	6310	801	3321
16092	325	11301	15042	16610		240
48		83	103	1351	1824	1187
26			43	507	561	25
3.35			5.34	60.62	69.93	3.00
7		77	29	194	18	
				13	7	
				1.93	1.02	
34		2	23	655	1208	497
10			4	337	331	10
1.20			0.40	40.13	39.51	1.00
7		1	51	502	598	690
16			39	157	223	15
2.15			4.94	18.56	29.40	2.00
		3				
			0.11	0.55	1.00	
			0.49	1.56	1.00	
			7.72	23.68	12.85	
10.90			212.97	3.80		
	0.11		0.26	31.00	64.10	4.58
12.37	0.10		106.73	188.60	41.20	5.02
				13.50	33.60	0.27
10.07				46.30	7.60	3.05
	0.02		0.01	3.10	45.10	2.30
1.10	0.65		30.92	35.88	20.60	
4417.35	870.24	4431.37	23845.37	8985.95	2440.66	4480

9-9 农林牧渔业

Gross output value of agriculture,

指 标	太原市		小店区		迎泽区		杏花岭区	
	按现行价格	按可比价格	按现行价格	按可比价格	按现行价格	按可比价格	按现行价格	按可比价格
农林牧渔业总产值	**739123.8**	**773690.6**	**149541.8**	**148480.5**	**8245.9**	**8809.6**	**12340.8**	**12340.8**
一、农业产值	**428566.7**	**451653.0**	**98548.2**	**97386.0**	**287.5**	**263.9**	**2457.2**	**2457.2**
(一)谷物及其他作物	86727.3	92855.8	19641.8	19256.7	133.1	115.7	305.4	305.4
1.谷物	65548.7	72119.1	18264.3	17604.1	69.9	69.5	142.5	147.2
其中：小麦	147.2	160.6	101.4	101.4				
稻谷	215.8	224.8						
玉米	58513.2	65014.6	18153.9	17493.7	47.3	46.9	94.5	99.2
2.薯类	8906.3	9463.6	31.2	31.2	48.6	41.5	79.7	79.7
其中：马铃薯	8359.7	8917.0	31.2	31.2	28.3	21.2	60.0	60.0
3.油料	1731.9	1676.4			3.0	3.2	2.0	2.0
其中：花生	22.6	22.6						
油菜籽	0.9	0.9						
4.豆类	4166.3	4113.5	48.8	48.8	7.5	7.4	63.9	63.9
其中：大豆	2825.2	2772.4	48.0	48.0	0.8	0.7	51.0	51.0
5.棉花	38.6	34.3						
6.其他农作物	6335.6	6506.0	1297.5	1297.5	4.1	4.0	17.4	17.4
其中：青饲料	268.5	268.5						
(二)蔬菜、食用菌及花卉盆景园艺产品	301466.9	317667.9	78559.7	77781.9	58.0	53.7	1910.7	1910.7
1.蔬菜(含菜用瓜)	291436.0	301888.6	77551.2	75864.6	41.2	40.0	505.0	447.5
2.食用菌	2441.1	2259.1	158.5	158.5	16.8	16.8	249.9	249.9
3.花卉	6586.8	8511.8	850.0	850.0			1155.8	1152.9
4.盆景园艺	1003.0	1003.0						
(三)水果、坚果、饮料和香料作物	37080.9	37837.7	346.7	347.4	96.4	94.5	241.1	241.1
1.园林水果	33025.0	33025.0	342.7	342.7	57.1	81.1	241.1	231.8
其中：苹果	3350.7	3350.7	69.0	69.0	15.5	15.5	84.3	78.7
梨	5568.7	5568.7	28.0	28.0	19.1	20.4	21.6	19.4
红枣	1289.3	1289.3	93.6	93.6	12.3	35.0	48.5	48.5
2.坚果	3100.0	3100.0	4.0	4.0	39.3	39.3		
其中：核桃	3094.0	3094.0	4.0	4.0	39.3	39.3		
3.茶及其他饮料	900.0	900.0						
其中：茶	900.0	900.0						
4.香料原料	55.9	55.9						
其中：花椒	55.9	55.9						

总产值
forestry, animal husbandry and fishery

单位：万元

尖草坪区		万柏林区		晋源区		清徐县		阳曲县		娄烦县		古交市	
按现行价格	按可比价格	按现行价格	按可比价格	按现行价格	按可比价格	按现行价格	按可比价格	按现行价格	按可比价格	按现行价格	按可比价格	按现行价格	按可比价格
61712.4	**60441.7**	**13924.1**	**15077.8**	**75926.8**	**74925.9**	**258095.0**	**267722.3**	**93604.4**	**94802.0**	**35300.7**	**37918.3**	**39370.4**	**40733.4**
32887.8	**32063.2**	**929.1**	**907.7**	**49485.0**	**47612.6**	**171200.9**	**179895.6**	**44008.6**	**43970.5**	**15817.9**	**17692.4**	**12497.1**	**13503.0**
4262.2	4220.0	462.2	454.6	6113.6	5608.8	27134.0	29170.1	21180.2	21394.2	10759.8	11092.6	3410.7	3628.5
3308.0	3040.9	212.0	246.2	5312.4	4732.9	22612.1	24753.4	14951.3	15140.9	2555.1	2603.9	1445.6	1549.8
						66.3	66.3						
				216.7	215.8								
3083.2	2836.5	156.5	191.7	4882.9	4297.0	21846.5	23927.1	11190.7	11190.7	717.2	733.9	537.4	537.4
122.6	126.9	172.5	138.0	232.9	232.9	481.9	507.3	917.9	521.4	5853.2	4598.9	710.0	720.8
71.9	76.1	172.5	138.0	163.2	163.2	12.6	13.3	886.6	506.6	5853.2	4598.9	708.4	719.2
22.2	22.0					24.2	26.9	331.7	293.6	728.7	728.7	459.6	473.1
						13.9	16.7	2.8	2.0				
								1.2	1.2				
194.7	194.5	21.7	19.5	29.4	30.8	43.5	43.5	1518.9	916.2	1316.5	1316.5	580.8	580.8
174.2	174.2	1.5	1.5	29.4	30.8	21.6	21.6	1236.2	733.5	821.4	821.4	550.0	550.0
						11.4	11.4						
614.7	609.6	55.9	50.9	538.9	490.7	3961.0	3827.9	3460.4	3518.3	306.4	308.6	214.7	216.2
		36.0	32.0			30.0	30.0	84.0	109.2			92.0	92.0
17473.3	16801.3	231.4	226.0	42238.3	40892.9	122193.8	123055.2	17921.4	18102.4	2186.8	2231.4	7602.2	8387.2
15317.3	13544.4	218.9	213.7	34890.5	34636.1	121865.5	116805.8	17579.5	16448.6	2149.6	2049.5	7595.5	8380.8
1289.0	1289.0	12.5	12.5	472.8	472.8	121.8	146.1	310.2	311.6	37.2	101.4	6.7	6.7
67.0	46.1			6875.0	5782.6	3.0	3.0	31.7	21.6				
800.0	800.0					203.6	203.6						
11152.3	11041.9	231.5	222.6	1133.0	1110.8	21573.8	27371.0	2004.6	2004.6	2871.4	4368.5	1094.6	1097.6
11140.3	11065.9	223.7	215.1	1129.9	1257.0	21164.2	26564.7	1564.6	1597.2	887.4	891.0	236.6	239.7
2622.0	2622.0	8.6	8.3	295.9	327.0	485.7	518.1	868.7	868.7	103.4	103.4	41.0	41.0
425.0	425.0	33.1	32.4	24.1	27.8	4837.3	7442.0	172.2	177.1	52.5	52.5	17.9	17.9
310.5	310.5	21.7	21.0	64.9	75.5	481.5	481.5	99.8	99.8	135.5	135.5	1.4	1.4
12.0	156.0	7.8	7.5	3.1	3.3	357.6	417.2	440.0	660.0	1984.0	3372.8	8.0	8.0
12.0	156.0	7.8	7.5	3.1	3.3	357.6	417.2	440.0	660.0	1984.0	3372.8	8.0	8.0
												850.0	850.0
												850.0	850.0
						52.0	46.8						
						52.0	46.8						

9-9 续表

指 标	太原市		小店区		迎泽区		杏花岭区	
	按现行价格	按可比价格	按现行价格	按可比价格	按现行价格	按可比价格	按现行价格	按可比价格
(四)中草药材	3291.6	3291.6						
二、林业产值	**69117.6**	**78980.0**	**9038.2**	**9407.9**	**6806.8**	**7431.0**	**5489.5**	**5489.5**
(一)林木的培育和种植	67565.8	77350.7	9038.2	9407.9	6806.8	7431.0	5489.5	5489.5
1.育种育苗	21008.0	21877.6	2612.2	4242.1	131.8	81.0	360.0	480.0
2.造林	3937.7	4291.2					540.0	900.0
3.未成林、成林抚育管理面积	260.1	277.4			60.0	60.0		
(一)木材采运	1551.8	1629.4						
其中:村及村以下	1551.8	358.5						
三、牧业产值	**202344.7**	**204040.3**	**37600.2**	**37340.0**	**1092.1**	**1055.2**	**4394.0**	**4394.0**
(一)牲畜饲养	81390.5	83051.5	26275.8	26015.6	282.3	282.3	603.5	603.5
1.牛的饲养	14115.2	15015.0	1989.0	1989.0	10.4	10.4	9.4	9.4
2.羊的饲养	30613.5	30754.2	1124.3	1124.3	229.0	229.0	558.3	558.3
3.其他牲畜饲养	473.6	479.7			29.0	29.0	11.0	11.0
4.奶产品	34827.0	34827.0	23155.0	21050.0	11.0	11.0	22.1	22.1
其中:生牛奶	34767.8	34767.8	23155.0	21050.0	11.0	11.0	22.1	22.1
5.毛绒产品	1361.2	1384.3	7.5	7.5	3.0	3.0	2.7	2.7
其中:羊毛	300.7	302.7	7.5	7.5	3.0	3.0	2.7	2.7
山羊绒	1060.5	1081.7						
6.其他牲畜副产品								
(二)猪的饲养	86521.9	86556.5	5244.4	5244.4	672.5	642.6	3367.7	3367.7
(三)家禽饲养	33369.8	33369.8	6080.0	6080.0	137.3	130.3	422.9	422.9
1.肉禽	10929.8	11476.3	3002.0	3002.0	41.8	37.1	81.7	81.7
2.禽蛋	22440.0	23313.7	3078.0	3078.0	95.5	93.2	341.2	341.2
(四)狩猎和捕捉动物								
(五)其他畜牧业	1062.5	1062.5						
其中:蚕茧								
家兔	73.2	74.9						
四、渔业产值(淡水产品)	**3059.8**	**3082.9**	**55.2**	**55.2**	**59.5**	**59.5**		
其中:养殖	3059.8	3082.9			59.5	59.5		
鱼类	3059.8	3063.6	55.2	59.8	59.5	55.7		
五、农林牧渔服务业	**36035.0**	**35934.4**	**4300.0**	**4291.4**				

单位：万元

尖草坪区		万柏林区		晋源区		清徐县		阳曲县		娄烦县		古交市	
按现行价格	按可比价格	按现行价格	按可比价格	按现行价格	按可比价格	按现行价格	按可比价格	按现行价格	按可比价格	按现行价格	按可比价格	按现行价格	按可比价格
		4.0	4.4			299.3	299.3	2902.4	2469.3			389.6	389.6
9394.5	**9394.5**	**8918.8**	**9801.9**	**5347.6**	**5752.4**	**5406.6**	**5430.5**	**8641.7**	**7699.1**	**6853.1**	**7379.5**	**9326.9**	**10086.4**
9377.7	9377.7	8918.8	9801.9	5344.9	5749.6	5290.8	5290.8	8625.3	7682.7	6828.5	7356.0	9326.9	10086.4
8724.0	1962.9	900.0	1500.0	1817.5	1853.9	1635.8	1635.8	6643.5	1672.1	1635.8	1635.8	3053.4	3053.4
23.7	23.7	66.8	65.4	167.4	66.5	2295.0	2295.0	693.9	694.3	931.4	931.4	1503.5	1202.8
								16.0	16.0	21.4	18.6		
16.8	16.8			2.7	2.7	115.8	139.8	16.4	16.4	24.5	23.5		
16.8	16.8			2.7	5.9	115.8	139.8	16.4	16.4	24.5	28.0		
18512.1	**18071.0**	**2696.2**	**2838.2**	**19672.3**	**20116.4**	**70425.9**	**71515.0**	**38295.2**	**40474.0**	**10467.9**	**10684.6**	**13478.4**	**13076.1**
7493.1	7493.1	153.5	161.6	6983.8	7591.1	22913.3	24905.8	19748.0	20496.1	6776.8	6776.8	3237.6	3083.4
296.2	261.7	39.2	33.6	910.7	915.3	8883.0	9294.3	1588.0	1588.0	1341.0	1341.0	886.6	886.6
1320.2	1070.6	26.4	25.3	1772.8	2659.2	8260.0	9292.5	9578.6	14368.0	4464.9	4125.2	2047.4	1551.5
10.5	10.5					30.1	30.1	81.1	81.1	269.3	269.3	10.1	10.1
5797.5	5797.5	87.8	81.3	4294.4	4520.4	5500.3	5628.2	8307.1	6646.1			86.4	86.4
5793.1	5793.1	87.8	81.3	4294.4	4520.4	5415.1	5543.0	8305.0	6644.0			86.4	86.4
8.7	7.3	0.2	0.1	5.9	6.2	74.9	74.9	193.2	208.0	701.6	701.6	207.1	199.4
8.7	7.3	0.2	0.1	5.9	6.2	74.9	74.9	112.6	121.2	25.1	25.1	62.2	5.8
								80.6	86.8	676.5	676.5	1.8	50.6
60.0	60.0					165.0	165.0						
8942.4	8799.9	2033.7	2140.7	7086.1	7086.1	36154.4	34972.4	12462.6	13595.0	2501.1	2584.1	6100.5	6040.1
1943.3	1647.4	507.5	534.2	5602.4	5439.2	10567.5	10846.3	5636.2	5601.5	956.4	956.4	4140.3	3952.5
400.5	381.6	67.5	67.5	1359.8	1563.8	4989.1	4989.1	588.2	553.6	295.6	295.6	1377.2	1189.4
1542.8	1647.4	440.0	415.0	4242.6	4921.2	5578.4	5857.3	5048.0	5111.1	660.8	660.8	2763.1	2763.1
						60.0	60.0			99.9	99.9		
133.3	130.6	1.5	1.7			730.6	730.6	448.4	781.4	133.7	267.4		
						12.3	12.3	31.2	28.9	30.0	30.0		
198.0	**193.1**	**30.0**	**30.0**	**312.0**	**312.0**	**2161.6**	**1891.3**	**58.8**	**58.5**	**481.8**	**481.8**	**168.0**	**168.0**
										481.8	481.8	168.0	168.0
198.0	181.5	30.0	24.0	312.0	429.0	2161.6	1891.4	58.8	58.5	481.8	481.8	168.0	168.0
720.0	**720.0**	**1350.0**	**1500.0**	**1110.0**	**1132.7**	**8900.0**	**8989.9**	**2600.0**	**2600.0**	**1680.0**	**1680.0**	**3900.0**	**3900.0**

9-10 农林牧渔业

Intermediate consumption of agriculture,

指　标	太原市	小店区	迎泽区	杏花岭区
农林牧渔业中间消耗总计	**348228.2**	**67493.9**	**4383.2**	**6588.0**
一、农业中间消耗合计	**166993.0**	**39200.0**	**127.0**	**987.0**
（一）物质消耗	148528.0	29200.0	124.0	943.0
（1）用种量	50566.7	92.5	19.2	303.8
（2）役畜用饲料、饲草	1097.4	1.8		0.8
（3）肥料	34039.0	1564.1	2.6	10.3
（4）燃料	12713.2	2300.0	9.4	90.0
（5）农药	2725.4	100.0	3.3	9.0
（6）农用塑料薄膜	2802.9	198.0		2.5
（7）用电量	10000.9	1550.0	82.5	500.5
（8）小农具购置	9200.0	5400.0	1.0	4.3
（9）办公用品购置	6309.4	7455.1		10.0
（10）其他	19073.1	10538.5	6.0	11.8
（二）生产服务支出	18465.0	10000.0	3.0	44.0
二、林业中间消耗合计	**34455.0**	**4910.0**	**3500.0**	**2801.0**
（一）物质消耗	29575.0	2116.0	2555.9	2260.0
1.用种量	19577.5	1543.7	1246.1	938.4
2.肥料	764.6	72.6		4.7
3.燃料	1094.5	191.7	1.3	32.8
4.农药	143.7	40.0		7.2
5.用电量	3180.1	22.0	676.5	1046.5
6.小农机具购置	1691.5	100.0	230.0	170.0
7.办公用品购置	1315.8		252.0	
8.其他	1807.3	146.0	150.0	60.4
（二）生产服务支出	4880.0	2794.0	944.1	541.0
三、牧业中间消耗合计	**126262.0**	**21255.0**	**725.0**	**2800.0**
（一）物质消耗	118430.5	17755.0	711.7	2500.0
1.用种量	5320.0	149.0	1.4	5.1
2.饲料、饲草	96157.3	10200.1	436.7	2283.2
3.燃料	1337.1	466.0	11.7	67.5
4.用电量	5411.2	1010.0	260.7	
5.畜牧用药品	3617.0	2000.0		
6.其他	6587.9	3929.9	1.2	144.2
（二）生产服务支出	7831.5	3500.0	13.3	300.0
四、渔业中间消耗合计	**1425.7**	**28.9**	**31.2**	
（一）物质消耗	1190.9	25.9	31.2	
1.饲料	368.0	8.4	2.2	
2.燃料	101.0	4.5	0.6	
3.用电量	493.8	5.0	28.4	
4.办公用品购置	66.1	6.0		
5.其他	162.0	2.0		
（二）生产服务支出	234.8	3.0		
五、农林牧渔服务业中间消耗合计	**19092.5**	**2100.0**		
（一）物质消耗	8651.0	1300.0		
（二）生产服务支出	10441.5	800.0		

中间消耗

forestry, animal husbandry and fishery

单位：万元

尖草坪区	万柏林区	晋源区	清徐县	阳曲县	娄烦县	古交市
29408.0	**6686.0**	**35425.0**	**118679.0**	**42722.9**	**17330.0**	**20312.2**
13100.0	**290.0**	**19600.0**	**69500.0**	**15000.0**	**6020.0**	**5000.0**
7458.6	286.0	15600.0	50510.0	14679.0	4820.0	4448.1
1270.8	62.3	2547.0	4740.6	1880.8	1506.8	2189.5
4.9		4.2	108.7	109.2	113.6	71.5
449.5	10.2	6572.3	19126.2	6366.4	203.4	426.3
574.3	5.0	1050.1	6089.8	1835.8	1278.5	492.3
210.0	3.4	111.0	2343.0	137.6	33.2	21.0
308.3	1.8	78.3	2207.9	1056.2	67.5	75.0
1128.0	117.5	1200.0	3471.7	1320.0	275.0	847.5
600.0	4.1	850.0	1600.0	400.0	411.8	120.0
783.0	1.5	580.1	2100.0	300.0	400.0	105.0
2129.8	80.2	2607.0	8722.1	1273.0	530.2	100.0
5641.4	4.0	4000.0	18990.0	321.0	1200.0	551.9
4880.0	**4021.0**	**2705.0**	**3018.0**	**4110.0**	**3401.0**	**4570.0**
3704.0	2051.5	2086.6	2835.8	3832.1	2979.6	4428.3
2015.5	764.1	828.1	2066.4	2501.6	2153.3	3629.9
31.0	6.6	113.1	27.0	386.2	269.9	12.5
35.0	2.8	225.0	10.8	550.1	12.6	171.4
		67.4	36.0	19.2	4.1	17.0
51.7	94.0	105.0	535.6	20.0	39.7	427.5
740.0	268.0	300.0	40.0	100.0	100.0	50.0
503.0	450.0	220.0	100.0	180.0	50.0	70.0
327.8	466.0	228.0	20.0	75.0	350.0	50.0
1176.0	1969.5	618.4	182.2	277.9	421.4	141.7
10950.0	**1620.0**	**12382.0**	**40100.0**	**22320.0**	**6780.0**	**8520.0**
10559.8	1470.0	12382.0	38448.6	21360.0	5512.5	8406.4
15.0	5.4	80.0	4906.2	43.5	21.8	105.0
9338.8	867.2	11107.8	32383.7	19030.1	4583.2	7558.9
73.1	7.8	58.2	82.0	365.6	150.0	142.0
395.2	249.1	540.0	943.6	645.0	157.5	390.5
242.1	120.0	244.2	50.0	518.5	350.0	40.0
495.6	220.5	351.8	83.1	757.3	250.0	170.0
390.2	150.0		1651.4	960.0	1267.5	113.6
107.0	**15.0**	**170.0**	**1171.0**	**31.9**	**257.5**	**92.2**
76.2	13.0	170.0	1029.5	31.9	182.3	85.4
	5.0	140.5	234.3	9.5	102.1	30.0
20.2	1.1	16.8		7.2	19.2	24.6
	4.2	9.6	655.2	15.0	6.0	19.3
11.0	0.7	1.1	20.0	0.2	15.0	5.5
45.0	2.0	2.0	120.0		40.0	6.0
30.8	2.0		141.5		75.2	6.8
371.0	**740.0**	**568.0**	**4890.0**	**1261.0**	**871.5**	**2130.0**
371.0	558.0			620.0	550.0	2130.0
	182.0	568.0	4890.0	641.0	321.5	

9-11 林业渔业生产情况

Conditions of Forestry and fishery production

指 标	单位	合计	小店区	迎泽区	杏花岭区	尖草坪区	万柏林区	晋源区	清徐县	阳曲县	娄烦县	古交市	太原市直
林业生产情况													
一、当年造林面积	公顷	17880			180	93	267	133	1000	2777	6653	6014	763
1.人工造林	公顷	13714			180	93		133	533	2111	5287	4947	430
2.无林地和疏林地新封	公顷	4166					267		467	666	1366	1067	333
二、零星植树	万株	1200	126	135	137	126	142	80	136	106	106	106	
三、育苗面积	公顷	5336	727	27	120	727	100	727	727	727	727	727	
#本年新育	公顷	931	133	13	33	133	20	133	133	133	93	107	
四、村及村以下木材采伐量	立方米	7759.0				335.0		59.0	1997.0	360.0	583.7		4424.3
渔业生产情况													
1.养殖面积	公顷	2391	22	167		220	11	587	396	37	936	15	…
2.水产品产量	吨	2553	46	50		165	20	260	1351	42	438	140	41

第10篇

工业、交通运输和邮电

Industry, Transportation and Telecommunications

资料整理、审核

李春宝　　亢会明　　高　宏　　郭　瑞

张　越　　张明敏

10-1 全市规模以上工业企业单位数
The number of industrial enterprises above Designated Size in the city

单位：个

指 标	2015	2014
规模以上工业企业数	**408**	**404**
在总计中：国有及国有控股	91	88
(一)按隶属关系分		
中央企业	31	30
省属企业	31	31
市属企业	32	30
县及县以下	314	313
(二)按轻重工业分		
轻工业	81	79
重工业	327	325
(三)按登记注册类型分组:		
国有企业	19	18
集体企业	16	19
股份合作企业	1	1
联营企业		
有限责任公司	104	97
股份有限公司	14	13
私营企业	230	232
其他企业		
港、澳、台商投资企业	3	4
外商投资企业	21	20
(四)按企业规模分		
大型企业	24	26
中型企业	69	76
小型企业	279	283
微型企业	36	19

10-2 全社会主要工业产品产量
Output of major industrial products

指 标	单 位	2015	2014
原煤	万吨	3988.88	3645.12
洗煤	万吨	2822.03	2844.67
#洗精煤	万吨	2116.73	2139.62
生铁	万吨	777.37	852.67
粗钢	万吨	1078.60	1144.60
钢材	万吨	1018.53	1084.92
焦炭	万吨	1029.40	1078.64
水泥	万吨	520.12	537.93
机制纸及纸板	万吨	2.60	5.05
白酒(折65度,商品量)	千升	4205	2719.00
饮料酒	千升	110663.4	135691.48
精制食用植物油	万吨	8.53	8.39
食醋	万吨	47.01	34.76
乳制品	万吨	11.53	11.87
软饮料	万吨	29.23	27.57

10-3　规模以上工业企业主要产品产量
The main product output of Industrial Enterprises above Designated Size

指　标	单　位	2015	2014
原煤	万吨	3988.88	3645.12
洗煤	万吨	2822.03	2844.67
#洗精煤	万吨	2116.73	2139.62
发电量	亿千瓦小时	257.48	256.60
小麦粉	万吨	1.62	1.57
配混合饲料	万吨	21.29	23.37
精制食用植物油	万吨	8.53	8.39
白酒（折65度，商品量）	千升	4205.00	2719
啤酒	千升	105825.4	132104
软饮料	万吨	29.23	27.57
卷烟	亿支	163.50	163.5
家具	万件	1.59	2.17
机制纸及纸板	万吨	2.60	5.05
焦炭	万吨	1029.40	1078.64
饮料酒	万吨	11.07	13.57
单色印刷品	令	1657841	1659005
多色印刷品	对开色令	6768914	7300176
涂料（油漆）	万吨	1.31	1.59
橡胶轮胎外胎	万条	154.98	165.20
水泥	万吨	478.07	484.87
商品混凝土	万立方米	287.23	328.36
镁合金	吨	3999	4835
生铁	万吨	777.27	852.67
粗钢	万吨	1078.60	1144.60
钢材	万吨	1018.53	1084.92
铁合金	万吨	1.44	4.39
原铝（电解铝）	万吨	0.40	8.53
金属镁	万吨	0.98	1.82
钕铁硼	吨	1353.72	1664.85
工业锅炉	蒸发量吨	172	330
金属切削机床	台	109	165
起重机	吨	21527	40354
采矿专用设备	吨	48376	81258
交流电动机	万千瓦	98.28	94.38
乳制品	万吨	11.53	11.87
食醋	万吨	47.00	34.76
粗苯	万吨	6.16	6.50
车轮	万吨	14.00	14.21
车轴	万吨	8.89	7.78
汽车	辆	65	46
煤气生产量	亿立方米	163.69	167.00
自来水生产量	亿立方米	3.13	3.04

10-4 规模以上工业主要产品生产能力
Above scale industrial production capacity

指　　标	单 位	生产能力
原煤	吨	46700000
发电设备总装机容量	万千瓦	773.18
卷烟	万支	2754000
移动通信手持机（手机）	台	20000000
焦炭	吨	13360000
棉纺锭纺纱量	吨	24.48
水泥	吨	11360000
硅酸盐水泥熟料	吨	6390000
初级形态塑料	吨	10000
生铁	吨	8470000
粗钢	吨	13730000
钢材	吨	14077638
铁合金	吨	5000
挖掘机	台	24
金属切削机床	台	612
汽车	辆	15000

10-5 规模以上工业企业

Major economic indicators of Industrial

指　标	企业单位数(个)	亏损企业	工业总产值(当年价格)	工业销售产值(当年价格)	出口交货值	年初存货
总　计	**408**	**165**	**21592702.4**	**20993586.8**	**5102857.6**	**4159102.1**
一、按登记注册类型分组:						
内资企业	384	152	15671064.1	15239921.8	1336414.2	3667516.5
国有企业	19	9	1215861.7	1215901.8	4273.9	132875.5
中央企业	7	1	292753.4	293102.7	1623.5	49667.3
地方企业	12	8	923108.3	922799.1	2650.4	83208.2
集体企业	16	2	60132.0	59428.0		6618.6
股份合作企业	1		3502.0	3222.0		1035.2
有限责任公司	104	47	11987031.2	11672533.3	1317326.4	3057800.0
国有独资公司	17	10	6764350.1	6677631.7	1139703.0	1825257.9
其他有限责任公司	87	37	5222681.1	4994901.6	177623.4	1232542.1
股份有限公司	14	7	349570.0	337460.2	4236.0	77859.8
私营企业	230	87	2054967.2	1951376.5	10577.9	391327.4
私营独资企业	13	7	129026.1	113934.6		23794.6
私营有限责任公司	205	76	1795255.6	1708772.6	9759.9	342463.0
私营股份有限公司	12	4	130685.5	128669.3	818.0	25069.8
港、澳、台商投资企业	3	1	4197850.3	4040637.9	3641882.3	294551.6
合资经营企业(港或澳、台资)	3	1	4197850.3	4040637.9	3641882.3	294551.6
外商投资企业	21	12	1723788.0	1713027.1	124561.1	197034.0
中外合资经营企业	14	10	646312.4	611580.2		128592.1
外资企业	6	2	1073242.5	1101446.9	124561.1	66248.0
外商投资股份有限公司	1		4233.1			2193.9
二、按经济组织类型分组						
独资企业	54	20	2478262.3	2490711.3	128835.0	229536.7
国有企业	19	9	1215861.7	1215901.8	4273.9	132875.5
集体企业	16	2	60132.0	59428.0		6618.6
私营独资企业	13	7	129026.1	113934.6		23794.6
外资企业	6	2	1073242.5	1101446.9	124561.1	66248.0
合作、合伙企业	1		3502.0	3222.0		1035.2
股份合作企业	1		3502.0	3222.0		1035.2
股份有限公司	27	11	484488.6	466129.5	5054.0	105123.5
股份有限公司(内资)	14	7	349570.0	337460.2	4236.0	77859.8
私营股份有限公司	12	4	130685.5	128669.3	818.0	25069.8
外商投资股份有限公司	1		4233.1			2193.9
有限责任公司	326	134	18626449.5	18033524.0	4968968.6	3823406.7
国有独资公司	17	10	6764350.1	6677631.7	1139703.0	1825257.9
私营有限责任公司	205	76	1795255.6	1708772.6	9759.9	342463.0
合资经营企业(港或澳、台资)	3	1	4197850.3	4040637.9	3641882.3	294551.6
中外合资经营企业	14	10	646312.4	611580.2		128592.1
其他有限责任公司	87	37	5222681.1	4994901.6	177623.4	1232542.1

主要经济指标(一)
Enterprises above Designated Size(1)

单位：万元

产成品	资产总计	流动资产合计	应收账款	存货	产成品	固定资产合计	固定资产原价
1598827.6	**46365980.6**	**19599144.0**	**5010833.7**	**4638608.2**	**1669261.1**	**17099872.1**	**27942936.1**
1313427.5	40733660.1	15192337.3	3726523.3	3877187.5	1221491.6	16122091.7	25251140.0
54521.2	3661060.0	1077591.4	112742.4	132845.9	50753.5	1611415.3	2639405.0
9164.8	870175.7	243163.8	41084.3	51313.2	10314.8	547528.6	1156664.0
45356.4	2790884.3	834427.6	71658.1	81532.7	40438.7	1063886.7	1482741.0
3237.3	57795.3	50002.3	21086.0	7147.3	2611.8	5650.6	12588.4
	4754.9	4067.0	2536.7	1251.0		687.9	2439.0
1096299.4	31775938.8	10947233.3	2731099.8	3242193.4	968787.2	13201831.2	21025899.2
679047.3	17009831.8	5407174.0	1263017.9	1792158.5	485959.5	6994609.3	12032094.6
417252.1	14766107.0	5540059.3	1468081.9	1450034.9	482827.7	6207221.9	8993804.6
32766.7	1025332.3	489939.5	212769.4	80839.8	38972.4	379351.2	205849.1
126603.0	4208778.8	2623503.8	646289.0	412910.1	160366.7	923155.5	1364959.3
12565.4	185204.4	168863.2	41147.1	20688.1	8671.6	13927.2	26309.9
112333.9	3721395.6	2321320.0	559357.8	362438.0	146847.6	819579.7	1234365.3
1703.7	302178.8	133320.6	45784.1	29784.0	4847.5	89648.6	104284.1
232231.1	3738390.8	3152946.5	849960.5	541356.4	392260.0	482176.7	1400504.0
232231.1	3738390.8	3152946.5	849960.5	541356.4	392260.0	482176.7	1400504.0
53168.9	1893929.7	1253860.2	434349.9	220064.3	55509.5	495603.7	1291292.1
38198.2	684539.5	399090.3	106247.6	135618.2	42525.0	178335.6	364300.6
14114.7	1201450.9	850713.0	326355.5	82693.2	12128.5	314696.2	921387.7
856.0	7939.3	4056.9	1746.8	1752.9	856.0	2571.9	5603.8
84438.6	5105510.6	2147169.9	501331.0	243374.5	74165.4	1945689.3	3599691.0
54521.2	3661060.0	1077591.4	112742.4	132845.9	50753.5	1611415.3	2639405.0
3237.3	57795.3	50002.3	21086.0	7147.3	2611.8	5650.6	12588.4
12565.4	185204.4	168863.2	41147.1	20688.1	8671.6	13927.2	26309.9
14114.7	1201450.9	850713.0	326355.5	82693.2	12128.5	314696.2	921387.7
	4754.9	4067.0	2536.7	1251.0		687.9	2439.0
	4754.9	4067.0	2536.7	1251.0		687.9	2439.0
35326.4	1335450.4	627317.0	260300.3	112376.7	44675.9	471571.7	315737.0
32766.7	1025332.3	489939.5	212769.4	80839.8	38972.4	379351.2	205849.1
1703.7	302178.8	133320.6	45784.1	29784.0	4847.5	89648.6	104284.1
856.0	7939.3	4056.9	1746.8	1752.9	856.0	2571.9	5603.8
1479062.6	39920264.7	16820590.1	4246665.7	4281606.0	1550419.8	14681923.2	24025069.1
679047.3	17009831.8	5407174.0	1263017.9	1792158.5	485959.5	6994609.3	12032094.6
112333.9	3721395.6	2321320.0	559357.8	362438.0	146847.6	819579.7	1234365.3
232231.1	3738390.8	3152946.5	849960.5	541356.4	392260.0	482176.7	1400504.0
38198.2	684539.5	399090.3	106247.6	135618.2	42525.0	178335.6	364300.6
417252.1	14766107.0	5540059.3	1468081.9	1450034.9	482827.7	6207221.9	8993804.6

10-5 续表 1-1

指标	企业单位数（个）	亏损企业	工业总产值（当年价格）	工业销售产值（当年价格）	出口交货值	年初存货
三、在总计中:亏损企业	**165**	**165**	**10775663.0**	**10481041.3**	**1142398.4**	**2934534.2**
在总计中:国有控股企业	91	41	12597721.9	12393291.2	1325686.5	3039526.8
在总计中:农村工业	2	2	5715.9	5437.8		2735.3
在总计中:轻工业	81	22	1470754.1	1445021.9	10052.7	199179.3
重工业	327	143	20121948.3	19548564.9	5092804.9	3959922.8
在总计中:大型企业	24	14	16186599.8	15741315.1	4946000.8	3076101.0
中型企业	69	26	2871778.0	2836992.0	132030.6	537689.3
小型企业	315	125	2534324.6	2415279.7	24826.2	545311.8
纯小型企业	279	103	2390273.9	2321423.9	23463.9	489262.4
微型企业	36	22	144050.7	93855.8	1362.3	56049.4
四、按行业大类分组						
煤炭开采和洗选业	30	24	2171046.3	2119012.8		603443.6
石油和天然气开采业	1		9489.7	9489.7		175.5
黑色金属矿采选业	5	3	82180.0	56785.0		3951.1
农副食品加工业	16	2	340721.7	324395.9	4948.5	31473.7
食品制造业	15	3	224957.4	212387.7	129.9	36216.8
酒、饮料和精制茶制造业	6	3	80550.7	77137.8		17853.2
烟草制品业	1		461742.8	476067.9		31784.6
纺织业	3	2	15350.5	15021.5	2406.2	9681.0
纺织服装、服饰业	1		2335.6	2646.3		2213.1
木材加工和木、竹、藤、棕、草制品业	1		62.0	67.1		
家具制造业	2		7291.5	7291.5		1555.1
造纸和纸制品业	4	1	17628.9	16800.8		3065.1
印刷和记录媒介复制业	12	6	49842.2	54579.1		14489.5
文教、工美、体育和娱乐用品制造业	1		23044.6	23044.6		
石油加工、炼焦和核燃料加工业	14	13	854755.4	719655.6		163627.9
化学原料和化学制品制造业	13	3	254958.1	249112.1	4075.9	120718.5
医药制造业	8	2	58864.9	59420.3	2568.1	34473.7
橡胶和塑料制品业	7		323948.3	258187.1	52684.3	87212.0
非金属矿物制品业	49	26	338010.1	308222.6		58958.2
黑色金属冶炼和压延加工业	26	16	5979652.5	5945380.1	1091328.9	1102163.1
有色金属冶炼和压延加工业	12	7	385505.2	372947.9	4232.6	44327.6
金属制品业	29	9	257850.6	218990.4	15578.2	71214.4
通用设备制造业	22	6	249827.6	249981.3	5114.9	157593.1
专用设备制造业	42	12	977088.1	954464.5	35223.5	885847.4
汽车制造业	4	3	25692.4	20139.0		22245.7
铁路、船舶、航空航天和其他运输设备制造业	12	4	720283.0	705258.0	123448.2	147971.1
电气机械和器材制造业	18	7	99714.3	96442.9	294.9	27414.3
计算机、通信和其他电子设备制造业	17	4	5357572.0	5221664.5	3756607.4	380255.7
仪器仪表制造业	15	2	234533.5	230554.7	4216.1	61307.3
废弃资源综合利用业	1		19213.0	19213.0		1477.1
金属制品、机械和设备修理业	2	1	39991.2	39991.2		1405.3
电力、热力生产和供应业	11	3	890851.6	891087.3		28222.1
燃气生产和供应业	5	1	949990.2	949990.2		6237.0
水的生产和供应业	3	2	88156.5	88156.4		528.3

单位：万元

产成品	资产总计	流动资产合计	应收账款	存货	产成品	固定资产合计	固定资产原价
1036448.1	**31529196.2**	**11032490.9**	**2465417.1**	**3082691.6**	**906893.2**	**12708578.8**	**20342351.0**
1062818.4	34544103.0	11615637.7	2782694.4	3228145.1	947428.9	14710437.7	23129019.5
955.5	4898.5	3352.1	113.5	1987.8	788.0	1546.3	2021.9
72934.8	2153375.9	1046336.6	167900.8	204673.3	74302.2	794179.8	981195.8
1525892.8	44212604.7	13552807.4	4842932.9	4433934.9	1594958.9	16305692.3	26961740.3
1176739.9	34285922.1	13701097.2	3338689.5	3494570.3	1211780.7	13370390.1	22953933.2
229715.6	6945517.4	3083824.5	785148.6	561525.5	232962.3	2033380.1	2823501.0
192372.1	5134541.1	2814222.3	886995.6	582512.4	224518.1	1696101.9	2165501.9
178570.0	4503124.0	2370955.1	804513.7	529127.2	197816.0	1638928.0	2085894.2
13802.1	631417.1	443267.2	82481.9	53385.2	26702.1	57173.9	79607.7
143829.9	9457435.4	3083139.8	619862.6	825105.7	238982.6	4072119.0	5802920.8
	130782.9	18266.1	14332.9	175.5		66658.0	83205.7
220.3	94535.2	36140.3	17054.3	16591.2	13986.7	27694.5	45776.0
9508.6	324194.2	155585.6	23455.4	35701.2	14004.4	99704.3	123354.3
12202.9	345481.9	159213.9	28778.0	39757.9	13471.0	151783.1	143924.8
7974.2	91823.8	39881.4	3405.4	17709.3	8870.0	46278.8	81430.1
10183.2	388800.5	270378.3	25968.6	42588.3	10183.2	115207.6	144579.3
6274.0	97199.7	57688.4	9005.3	9467.0	6846.1	5634.7	10323.8
1878.9	9371.8	5950.6	1627.4	2270.2	1918.5	2450.5	2450.5
	13345.0	6507.3	153.1	225.6	121.1		
	13012.4	6973.4	1239.2	1556.0		5801.5	8047.6
979.3	23237.7	12213.0	6626.7	3440.8	936.4	6857.7	11094.3
5183.5	135592.0	60736.0	13982.4	12982.7	2008.1	48155.5	84463.5
	12181.1	11778.7	5785.2	3.3		402.3	1067.3
82358.9	1971256.6	1137687.9	182877.6	143156.3	51229.8	381010.2	753222.7
24291.2	1492497.5	851485.3	213781.7	225819.4	17753.6	333108.3	430260.7
12838.5	115428.6	65750.4	5065.1	28948.6	13427.4	34235.4	49834.5
55860.5	399780.9	186095.2	46820.6	67421.5	50426.9	201524.7	262508.0
23045.5	746035.0	333350.7	175118.1	54526.5	14873.5	334969.5	488757.2
503455.8	12608088.2	2614535.6	267584.1	881299.4	395869.1	5898683.7	10938615.7
14761.2	315521.7	131721.4	26663.4	51388.5	15689.3	114451.0	143422.4
30356.3	329478.5	235857.4	56254.0	66359.4	26288.9	83461.2	122028.1
60234.9	533746.1	367097.2	95218.2	156428.8	58011.9	95342.2	133123.9
269118.2	3742817.9	2856255.3	1163141.1	957229.9	191829.2	567187.1	631256.9
13553.8	171353.4	48157.8	8980.6	19127.0	12163.9	38839.8	67784.3
29114.5	1260571.1	822564.1	375760.8	156935.3	47497.2	431908.0	329676.9
13166.2	265645.5	155962.9	70935.8	35545.4	20657.8	82557.2	47095.0
246125.1	5360406.7	4238781.1	1222395.2	659277.9	403528.8	822549.0	2338171.3
19031.0	433298.7	313333.4	114768.5	85391.1	34643.7	36341.5	49911.1
1064.1	46798.8	6425.7	1840.3	1909.8	1528.6	38349.0	43334.1
	28676.1	25698.1	15256.1	1354.2		2734.4	9357.0
2.6	3000238.9	749689.6	144979.9	30059.4	120.7	2086351.1	3588351.6
2214.5	1913241.9	410920.4	41129.7	8584.1	2392.7	630322.0	729202.2
	494104.9	123321.7	10986.4	271.0		237199.3	244384.5

10-5 规模以上工业企业

Major economic indicators of Industrial

指 标	累计折旧	本年折旧	负债合计	流动负债合计	应付账款
总 计	**12934180.9**	**1488410.1**	**34576455.2**	**23654546.3**	**5897476.7**
一、按登记注册类型分组:					
内资企业	11014542.2	1194251.4	30392097.7	19521529.0	3901507.2
国有企业	1064769.7	99669.8	2905684.7	1075039.5	237746.0
中央企业	628409.8	43973.2	791246.7	228023.3	141181.1
地方企业	436359.9	55696.6	2114438.0	847016.2	96564.9
集体企业	8690.5	691.9	38886.0	38678.3	22311.7
股份合作企业	1751.1	167.9	1823.6	1756.6	360.3
有限责任公司	9377203.1	1007109.0	23325806.8	15457241.5	2895614.9
国有独资公司	5366956.9	500995.5	11622967.4	8255573.4	1288710.8
其他有限责任公司	4010246.2	506113.5	11702839.4	7201668.1	1606904.1
股份有限公司	47844.1	9201.3	659390.5	375900.1	162500.9
私营企业	514283.7	77411.5	3460506.1	2572913.0	582973.4
私营独资企业	12382.7	2380.6	189246.2	177130.3	33020.6
私营有限责任公司	484283.6	70881.8	3085275.6	2306858.9	522264.6
私营股份有限公司	17617.4	4149.1	185984.3	88923.8	27688.2
港、澳、台商投资企业	918426.9	164628.3	3097453.7	3084453.7	1576890.2
合资经营企业(港或澳、台资)	918426.9	164628.3	3097453.7	3084453.7	1576890.2
外商投资企业	1001211.8	129530.4	1086903.8	1048563.6	419079.3
中外合资经营企业	185986.9	29602.0	504566.0	467227.9	131215.3
外资企业	812193.0	99618.1	580554.4	579582.3	287733.1
外商投资股份有限公司	3031.9	310.3	1783.4	1753.4	130.9
二、按经济组织类型分组					
独资企业	1898035.9	202360.4	3714371.3	1870430.4	580811.4
国有企业	1064769.7	99669.8	2905684.7	1075039.5	237746.0
集体企业	8690.5	691.9	38886.0	38678.3	22311.7
私营独资企业	12382.7	2380.6	189246.2	177130.3	33020.6
外资企业	812193.0	99618.1	580554.4	579582.3	287733.1
合作、合伙企业	1751.1	167.9	1823.6	1756.6	360.3
股份合作企业	1751.1	167.9	1823.6	1756.6	360.3
股份有限公司	68493.4	13660.7	847158.2	466577.3	190320.0
股份有限公司(内资)	47844.1	9201.3	659390.5	375900.1	162500.9
私营股份有限公司	17617.4	4149.1	185984.3	88923.8	27688.2
外商投资股份有限公司	3031.9	310.3	1783.4	1753.4	130.9
有限责任公司	10965900.5	1272221.1	30013102.1	21315782.0	5125985.0
国有独资公司	5366956.9	500995.5	11622967.4	8255573.4	1288710.8
私营有限责任公司	484283.6	70881.8	3085275.6	2306858.9	522264.6
合资经营企业(港或澳、台资)	918426.9	164628.3	3097453.7	3084453.7	1576890.2
中外合资经营企业	185986.9	29602.0	504566.0	467227.9	131215.3
其他有限责任公司	4010246.2	506113.5	11702839.4	7201668.1	1606904.1

主要经济指标(二)
Enterprises above Designated Size(2)

单位：万元

非流动负债合计	所有者权益合计	实收资本	国家资本	集本资本	法人资本	个人资本	港澳台资本	外商资本	营业收入
10475987.4	**11793723.7**	**5751033.2**	**3271750.3**	**48201.7**	**1221635.1**	**499985.1**	**29998.1**	**679462.0**	**27192455.7**
10424647.3	10345760.8	4926717.7	3269238.7	48201.7	1120892.5	483055.1	1145.0	4184.5	21116269.1
1810181.5	755375.1	296329.5	267381.4		28948.0				1249619.8
545040.8	78929.0	34406.3	19846.2		14560.0				320282.4
1265140.7	676446.1	261923.2	247535.2		14388.0				929337.4
	18909.2	11997.8		11399.8	500.0	98.0			69297.1
67.0	2931.3	2000.0				2000.0			3222.0
7842132.5	8449202.1	3850118.1	2995923.7	29039.8	678528.7	142509.9		4116.0	17333822.6
3367393.9	5386864.1	1183745.2	1165845.2		17900.0				10267128.0
4474738.6	3062338.0	2666372.9	1830078.5	29039.8	660628.7	142509.9		4116.0	7066694.6
283392.9	365941.7	176893.6	5701.6		143344.6	26747.4	1100.0		412256.4
488873.4	753401.4	589378.7	232.0	7762.1	269571.2	311699.8	45.0	68.5	2048051.2
8.0	-4042.1	7048.4			1180.0	5868.4			121361.1
477116.4	624944.5	547241.7	232.0	7762.1	250823.8	288310.2	45.0	68.5	1806658.4
11749.0	132499.0	35088.6			17567.4	17521.2			120031.7
13000.0	640937.1	349481.5				11930.0	25000.0	312551.5	4275614.3
13000.0	640937.1	349481.5				11930.0	25000.0	312551.5	4275614.3
38340.1	807025.8	474834.0	2511.6		100742.6	5000.0	3853.1	362726.0	1800572.3
37338.0	179973.5	139971.9	2511.6		97738.6	5000.0	1950.0	32771.0	658224.3
972.1	620896.4	331858.1					1903.1	329955.0	1136857.8
30.0	6155.9	3004.0			3004.0				5490.2
1811161.6	1391138.6	647233.8	267381.4	11399.8	30628.0	5966.4	1903.1	329955.0	2577135.8
1810181.5	755375.1	296329.5	267381.4		28948.0				1249619.8
	18909.2	11997.8		11399.8	500.0	98.0			69297.1
8.0	-4042.1	7048.4			1180.0	5868.4			121361.1
972.1	620896.4	331858.1					1903.1	329955.0	1136857.8
67.0	2931.3	2000.0				2000.0			3222.0
67.0	2931.3	2000.0				2000.0			3222.0
295171.9	504596.6	214986.2	5701.6		163916.0	44268.6	1100.0		537778.3
283392.9	365941.7	176893.6	5701.6		143344.6	26747.4	1100.0		412256.4
11749.0	132499.0	35088.5			17567.4	17521.2			120031.7
30.0	6155.9	3004.0			3004.0				5490.2
8369586.9	9895057.2	4886813.2	2998667.3	36801.9	1027091.1	447750.1	26995.0	349507.0	24074319.6
3367393.9	5386864.1	1183745.2	1165845.2		17900.0				10267128.0
477116.4	624944.5	547241.7	232.0	7762.1	250823.8	288310.2	45.0	68.5	1806658.4
13000.0	640937.1	349481.5				11930.0	25000.0	312551.5	4275614.3
37338.0	179973.5	139971.9	2511.6		97738.6	5000.0	1950.0	32771.0	658224.3
4474738.6	3062338.0	2666372.9	1830078.5	29039.8	660628.7	142509.9		4116.0	7066694.6

10-5　续表 2-1

指　标	累计折旧		负债合计	流动负债合计	
		本年折旧			应付账款
三、在总计中:亏损企业	**9252913.1**	**930577.8**	**24105060.9**	**15865446.1**	**2823089.1**
在总计中:国有控股企业	10187664.5	1063943.7	25677570.5	15854918.8	2947377.8
在总计中:农村工业	545.7		4926.8	4926.8	3035.0
在总计中:轻工业	359868.4	60653.1	991282.4	796611.7	240931.4
重工业	12574312.5	1427757.0	33585172.8	22857934.6	5656545.3
在总计中:大型企业	11337079.7	1224078.6	25842814.3	17183290.4	4208715.8
中型企业	1007945.2	159669.2	5105902.7	3722379.7	881853.7
小型企业	589156.0	104662.3	3627738.2	2748876.2	806907.2
纯小型企业	562558.4	99538.5	3018858.6	2388498.0	744911.3
微型企业	26597.6	5123.8	608879.6	360378.2	61995.9
四、按行业大类分组					
煤炭开采和洗选业	2821918.8	304157.8	8157394.2	4422936.5	677172.8
石油和天然气开采业	16547.7	71.3	114671.7	114671.7	85565.3
黑色金属矿采选业	18081.5	2091.0	91728.4	87007.1	34155.3
农副食品加工业	32264.1	8731.9	161257.9	123978.3	19223.7
食品制造业	46000.5	8120.8	215130.3	157506.2	18653.2
酒、饮料和精制茶制造业	37640.1	4489.5	46235.2	45393.2	10641.0
烟草制品业	64305.3	6894.7	61895.9	61895.9	38445.5
纺织业	4941.1	880.2	55669.3	55467.5	13273.5
纺织服装、服饰业	1752.5	96.9	3911.2	3911.2	2000.0
木材加工和木、竹、藤、棕、草制品业			9560.0		
家具制造业	2246.1	464.6	2559.8	2439.8	554.1
造纸和纸制品业	4494.4	2116.2	15253.5	13541.4	668.1
印刷和记录媒介复制业	45367.8	4454.4	69601.3	64351.2	15880.1
文教、工美、体育和娱乐用品制造业	665.0	152.0	10464.4	10464.4	10434.7
石油加工、炼焦和核燃料加工业	377901.5	49265.1	1647075.0	1434380.9	333536.5
化学原料和化学制品制造业	107001.9	9245.9	1183425.2	896469.8	202289.1
医药制造业	17656.5	6009.3	92573.9	86443.9	18070.5
橡胶和塑料制品业	61431.0	10351.5	288400.7	172917.4	25498.7
非金属矿物制品业	155381.3	23959.0	463422.8	375950.4	192354.6
黑色金属冶炼和压延加工业	5044885.3	483655.9	8486059.4	5701282.7	393089.0
有色金属冶炼和压延加工业	36202.7	6306.6	249719.4	75058.5	9052.5
金属制品业	50093.6	5109.3	184203.6	176924.7	44716.9
通用设备制造业	39251.9	11855.6	426366.5	362378.8	95835.5
专用设备制造业	316106.0	27551.5	2741980.3	2356557.3	866129.1
汽车制造业	28944.5	3111.4	161079.1	159936.0	9347.4
铁路、船舶、航空航天和其他运输设备制造业	86760.2	30598.6	921002.6	666502.8	226196.2
电气机械和器材制造业	16617.6	4284.2	134922.4	87259.5	49632.8
计算机、通信和其他电子设备制造业	1741309.3	260620.4	3951639.5	3943123.2	1946507.2
仪器仪表制造业	19999.8	3430.8	216601.8	190922.6	89490.5
废弃资源综合利用业	4985.1	2042.7	17694.4	4694.4	855.7
金属制品、机械和设备修理业	6622.6	672.1	12170.7	12170.7	6365.6
电力、热力生产和供应业	1545116.9	166767.2	2735359.1	1122113.8	323069.5
燃气生产和供应业	116248.4	28631.2	1432458.4	535822.3	55854.0
水的生产和供应业	65439.9	12220.5	214967.3	130072.2	82918.1

单位：万元

非流动负债合计	所有者权益合计	实收资本							营业收入
			国家资本	集体资本	法人资本	个人资本	港澳台资本	外商资本	
8038350.3	**7433511.7**	**3405872.3**	**2568413.0**	**4013.1**	**569857.4**	**227195.2**	**3003.1**	**33390.5**	**16082115.8**
9797040.3	8866531.6	3896532.0	3255037.9	18319.2	546596.7	71362.1	1100.0	4116.0	18121311.7
	-28.3	3000.0		2500.0	500.0				6132.9
156597.8	1153583.7	436344.5	148894.7	12750.0	122904.1	119612.3		32183.4	1523719.7
10319389.6	10640140.0	5314688.7	3122855.6	35451.7	1098731.0	380372.8	29998.1	647278.6	25668736.0
8641341.4	8443107.7	3101368.9	2209566.5		266164.8	9000.0		616637.5	21662672.0
1212244.5	1839614.2	1508947.8	868335.2	32590.2	470787.7	127149.8	3050.0	7034.9	2923061.2
622401.5	1511001.8	1140716.5	193848.6	15611.5	484682.6	363835.3	26948.1	55789.6	2606722.5
603480.7	1484260.8	1090551.4	193848.6	15611.5	461890.6	338365.3	25045.0	55789.6	2502533.8
18920.8	26741.0	50165.1			22792.0	25470.0	1903.1		104188.7
3552161.3	1299579.8	1503314.2	1436579.9		34029.0	32705.3			4053266.0
	16111.1	20000.0			20000.0				9489.7
	-1751.0	18310.0			17810.0	500.0			31807.9
32875.0	162935.4	41210.1	14094.0	3667.0	3072.0	20377.1			361906.1
42470.7	125628.3	51922.6	138.0	5166.7	23960.7	22657.2			215814.4
842.0	45588.4	36952.8	2539.9		2076.8	26100.0		6236.1	102412.2
	326904.6	61319.6			61319.6				477421.0
201.8	41530.4	22020.0			9000.0	12430.0		590.0	12982.3
	5460.6	2089.3		2089.3					2880.0
									1533.0
120.0	10452.6	2700.0				2700.0			7311.9
1712.1	7984.1	8318.4			1162.0	7156.4			17095.0
3709.5	65990.6	31960.8	16394.3	1827.0	7744.0	5995.5			62432.6
	1716.7	500.0				500.0			16954.4
212693.8	324181.7	240321.0			175840.0	64481.0			733408.6
238480.4	303361.9	169642.4	134596.6	15005.8	5319.0	12507.5		2213.5	775587.1
6024.9	22854.7	27236.1	6400.0		7260.0	13576.1			59431.3
114270.0	111380.2	95571.7			67290.9	5137.0		23143.8	338016.5
59974.9	281683.1	161997.1	21850.6	665.3	51894.8	82486.4		5100.0	318716.1
2751598.2	4130093.1	845352.4	687886.9	2602.0	118588.0	33872.3	1903.1	500.0	8919139.7
77444.1	82107.0	105515.2	1724.0	130.0	97761.2	5900.0			372665.0
6941.1	145274.6	50333.1	13017.3	5182.5	2660.0	29473.3			231240.2
63967.7	107379.5	74402.0	34066.9	5145.0	22766.0	5408.0		7016.1	255100.7
385422.6	1000837.2	421529.2	169030.4		171707.8	61419.2		19371.1	1131382.5
1143.1	10274.3	42776.3	9593.0		33083.3	100.0			40467.1
254499.6	339568.3	167783.4	112072.8	4845.0	44520.0	1524.2		4821.4	736806.4
45731.5	130722.6	96316.0	43422.0	57.5	28062.0	24661.0	45.0	68.5	108467.1
8516.1	1408766.9	705379.8	4931.8		74327.5	15719.0		610401.5	5515348.6
25593.2	216696.7	67376.2	7921.6		48948.0	7456.6	3050.0		234041.3
13000.0	29104.4	25000.0					25000.0		17294.0
	16505.3	13100.0			13018.0	82.0			40317.2
1595062.6	264879.8	249288.5	243288.4		5000.0	1000.0			903658.0
896636.1	480783.3	275200.0	205000.0		66140.0	4060.0			998943.5
84895.1	279137.5	116295.0	107201.9	1818.6	7274.5				89118.3

10-5 规模以上工业企业

Major economic indicators of Industrial

指　标	主营业务收入	营业成本	主营业务成本	营业税金及附加	主营业务税金及附加
总　计	**26639391.5**	**24012925.4**	**23564168.4**	**397836.8**	**388930.3**
一、按登记注册类型分组:					
内资企业	20597974.2	18723111.2	18331333.2	378423.2	369638.3
国有企业	1213193.4	1004129.9	992229.9	7184.1	5948.8
中央企业	308839.2	256011.4	255382.2	964.0	928.7
地方企业	904354.2	748118.5	736847.7	6220.1	5020.1
集体企业	66159.4	61747.5	59143.3	663.0	610.2
股份合作企业	3222.0	2594.4	2594.4	15.1	15.1
有限责任公司	16912665.2	15524733.4	15201293.9	348582.3	341157.5
国有独资公司	10112299.4	9546769.7	9422400.2	34428.4	34428.4
其他有限责任公司	6800365.8	5977963.7	5778893.7	314153.9	306729.1
股份有限公司	395468.1	352438.3	340339.8	1148.1	1148.1
私营企业	2007266.1	1777467.7	1735731.9	20830.6	20758.6
私营独资企业	121361.1	117537.2	117537.2	221.7	221.7
私营有限责任公司	1766647.4	1570112.1	1528380.8	20209.9	20157.3
私营股份有限公司	119257.6	89818.4	89813.9	399.0	379.6
港、澳、台商投资企业	4272788.0	3793931.2	3762107.8	3409.0	3409.0
合资经营企业(港或澳、台资)	4272788.0	3793931.2	3762107.8	3409.0	3409.0
外商投资企业	1768629.3	1495883.0	1470727.4	16004.6	15883.0
中外合资经营企业	650730.0	544369.9	538924.5	2466.6	2373.6
外资企业	1112459.8	947587.1	927896.7	13480.4	13480.4
外商投资股份有限公司	5439.5	3926.0	3906.2	57.6	29.0
二、按经济组织类型分组					
独资企业	2513173.7	2131001.7	2096807.1	21549.2	20261.1
国有企业	1213193.4	1004129.9	992229.9	7184.1	5948.8
集体企业	66159.4	61747.5	59143.3	663.0	610.2
私营独资企业	121361.1	117537.2	117537.2	221.7	221.7
外资企业	1112459.8	947587.1	927896.7	13480.4	13480.4
合作、合伙企业	3222.0	2594.4	2594.4	15.1	15.1
股份合作企业	3222.0	2594.4	2594.4	15.1	15.1
股份有限公司	520165.2	446182.7	434059.9	1604.7	1556.7
股份有限公司(内资)	395468.1	352438.3	340339.8	1148.1	1148.1
私营股份有限公司	119257.6	89818.4	89813.9	399.0	379.6
外商投资股份有限公司	5439.5	3926.0	3906.2	57.6	29.0
有限责任公司	23602830.6	21433146.6	21030707.0	374667.8	367097.4
国有独资公司	10112299.4	9546769.7	9422400.2	34428.4	34428.4
私营有限责任公司	1766647.4	1570112.1	1528380.8	20209.9	20157.3
合资经营企业(港或澳、台资)	4272788.0	3793931.2	3762107.8	3409.0	3409.0
中外合资经营企业	650730.0	544369.9	538924.5	2466.6	2373.6
其他有限责任公司	6800365.8	5977963.7	5778893.7	314153.9	306729.1

主要经济指标(三)
Enterprises above Designated Size(3)

单位：万元

其他业务收入	其他业务利润	销售费用	管理费用	税金	财务费用	利息收入	利息支出	营业利润
553064.2	**95792.6**	**566426.3**	**1482110.9**	**65935.3**	**900431.4**	**41784.2**	**878451.2**	**-555678.9**
518294.9	87321.4	521388.7	1358260.4	56266.2	860370.7	57399.6	848873.9	-809421.6
36426.4	1342.4	44123.9	46741.6	2120.3	88919.5	3379.0	90509.9	53150.6
11443.2	968.2	1753.4	7844.1	179.5	35804.2	713.6	36133.1	14990.2
24983.2	374.2	42370.5	38897.5	1940.8	53115.3	2665.4	54376.8	38160.4
3137.7	-3.2	59.0	7967.8	40.5	-112.2	-8.7	-25.0	-1028.3
		29.1	510.0	12.0	8.5	0.1	8.0	64.8
421157.4	80800.0	377206.6	1147206.0	48353.0	702263.3	52687.8	697847.0	-841495.1
154828.6	29903.4	207425.0	568056.4	24330.3	369772.9	38590.4	344783.9	-505889.9
266328.8	50896.6	169781.6	579149.6	24022.7	332490.4	14097.4	353063.1	-335605.2
16788.3	2039.4	17379.4	45489.0	1609.9	4657.6	279.9	8245.1	-15753.6
40785.1	3142.8	82590.7	110346.0	4130.5	64634.0	1061.5	52288.9	-4360.0
		2791.2	1496.6	260.2	3014.9	6.3	1670.9	-3700.7
40011.0	2373.2	72055.3	98088.9	3348.7	58714.4	838.7	48057.0	-8359.8
774.1	769.6	7744.2	10760.5	521.6	2904.7	216.5	2561.0	7700.5
2826.3	2826.2	1030.1	37381.3	4212.2	18527.7	-19900.8	15751.9	112411.9
2826.3	2826.2	1030.1	37381.3	4212.2	18527.7	-19900.8	15751.9	112411.9
31943.0	5645.0	44007.5	86469.2	5456.9	21533.0	4285.4	13825.4	141330.8
7494.3	968.8	40154.0	32767.6	1353.6	13332.5	-262.4	10118.7	24590.7
24398.0	4676.2	3734.4	52731.4	3477.8	8086.6	4547.1	3641.1	116438.4
50.7		119.1	970.2	625.5	113.9	0.7	65.6	301.7
63962.1	6015.4	50708.5	108937.4	5898.8	99908.8	7923.7	95796.9	164860.0
36426.4	1342.4	44123.9	46741.6	2120.3	88919.5	3379.0	90509.9	53150.6
3137.7	-3.2	59.0	7967.8	40.5	-112.2	-8.7	-25.0	-1028.3
		2791.2	1496.6	260.2	3014.9	6.3	1670.9	-3700.7
24398.0	4676.2	3734.4	52731.4	3477.8	8086.6	4547.1	3641.1	116438.4
		29.1	510.0	12.0	8.5	0.1	8.0	64.8
		29.1	510.0	12.0	8.5	0.1	8.0	64.8
17613.1	2809.0	25242.7	57219.7	2757.0	7676.2	497.1	10871.7	-7751.4
16788.3	2039.4	17379.4	45489.0	1609.9	4657.6	279.9	8245.1	-15753.6
774.1	769.6	7744.2	10760.5	521.6	2904.7	216.5	2561.0	7700.5
50.7		119.1	970.2	625.5	113.9	0.7	65.6	301.7
471489.0	86968.2	490446.0	1315443.8	57267.5	792837.9	33363.3	771774.6	-712852.3
154828.6	29903.4	207425.0	568056.4	24330.3	369772.9	38590.4	344783.9	-505889.9
40011.0	2373.2	72055.3	98088.9	3348.7	58714.4	838.7	48057.0	-8359.8
2826.3	2826.2	1030.1	37381.3	4212.2	18527.7	-19900.8	15751.9	112411.9
7494.3	968.8	40154.0	32767.6	1353.6	13332.5	-262.4	10118.7	24590.7
266328.8	50896.6	169781.6	579149.6	24022.7	332490.4	14097.4	353063.1	-335605.2

10-5 续表 3-1

指 标	主营业务收入	营业成本	主营业务成本	营业税金及附加	主营业务税金及附加
三、在总计中:亏损企业	**15651231.0**	**14902799.0**	**14555699.9**	**137210.6**	**130186.6**
在总计中:国有控股企业	17676583.9	16099487.1	15761417.8	354565.8	345913.3
在总计中:农村工业	6132.9	5861.4	5861.4	17.9	14.3
在总计中:轻工业	1509775.9	1039614.5	1030265.8	220297.7	220297.7
重工业	25129615.6	22973310.9	22533902.6	177539.1	168632.6
在总计中:大型企业	21215631.2	19569331.1	19200556.4	142750.5	134887.0
中型企业	2867506.2	2141214.8	2101847.3	238875.0	238580.4
小型企业	2556254.1	2302379.5	2261764.7	16211.3	15462.9
纯小型企业	2455506.7	2208631.9	2168654.1	9693.4	8964.4
微型企业	100747.4	93747.6	93110.6	6517.9	6498.5
四、按行业大类分组					
煤炭开采和洗选业	3875190.8	3594254.9	3440329.9	96149.1	89519.0
石油和天然气开采业	9105.5	9207.3	7501.2	113.4	113.4
黑色金属矿采选业	31807.9	21265.3	21265.3	2809.6	2809.6
农副食品加工业	361111.8	316410.6	316410.6	579.1	579.1
食品制造业	211708.3	160971.2	157456.9	617.6	617.6
酒、饮料和精制茶制造业	101760.5	78717.7	78336.5	4081.3	4081.3
烟草制品业	475287.0	162755.4	160695.4	213061.8	213061.8
纺织业	12405.9	12693.6	12686.2	32.3	32.3
纺织服装、服饰业	2880.0	2532.0	2532.0	29.7	29.7
木材加工和木、竹、藤、棕、草制品业	1533.0	1228.0	1228.0	3.0	3.0
家具制造业	7311.9	4717.4	4717.4	18.2	18.2
造纸和纸制品业	17015.8	15821.7	15814.8	38.1	38.1
印刷和记录媒介复制业	59576.0	51059.8	48640.0	437.3	437.3
文教、工美、体育和娱乐用品制造业	16954.4	13065.1	13065.1	8.8	8.8
石油加工、炼焦和核燃料加工业	704536.2	664847.2	656412.1	8596.2	8583.4
化学原料和化学制品制造业	706282.4	707506.1	667600.0	6230.8	6230.8
医药制造业	58569.1	47893.4	47819.1	389.4	389.4
橡胶和塑料制品业	335844.1	291439.0	290119.5	378.0	378.0
非金属矿物制品业	311261.1	285415.1	278826.1	1496.6	1484.8
黑色金属冶炼和压延加工业	8814088.3	8432974.9	8326017.3	26072.7	26072.7
有色金属冶炼和压延加工业	357302.1	353844.5	340176.5	171.7	152.3
金属制品业	228462.6	186194.1	184657.9	1281.5	1238.5
通用设备制造业	253030.3	198819.8	197923.6	1047.2	1026.2
专用设备制造业	1122010.8	913754.9	909262.2	4554.0	4463.7
汽车制造业	29401.5	33608.3	23172.4	301.6	34.0
铁路、船舶、航空航天和其他运输设备制造业	715695.3	589599.4	573047.0	2221.4	2221.4
电气机械和器材制造业	107861.4	96282.6	95945.7	278.0	267.9
计算机、通信和其他电子设备制造业	5485597.9	4830963.8	4779022.4	16943.9	16904.5
仪器仪表制造业	229955.0	179738.2	178475.8	1430.7	1421.8
废弃资源综合利用业	17279.6	7095.5	7095.5	259.0	259.0
金属制品、机械和设备修理业	40317.2	37359.9	37359.9	820.2	820.2
电力、热力生产和供应业	881822.0	799687.0	796161.1	4167.2	4057.4
燃气生产和供应业	968184.7	820849.7	804043.0	2947.2	1304.9
水的生产和供应业	88241.1	90352.0	90352.0	270.2	270.2

单位：万元

其他业务收入	其他业务利润	销售费用	管理费用		财务费用			营业利润
				税金		利息收入	利息支出	
430884.8	**78433.0**	**380796.2**	**1085266.4**	**49332.9**	**725643.2**	**50165.9**	**703901.2**	**−1226899.7**
444727.8	63412.0	378063.4	1170912.8	49352.7	766926.9	54286.7	770113.1	−724983.6
		446.9	7.8		−1.7			−199.4
13943.8	3995.7	67680.0	95776.4	3627.3	15339.5	5586.2	18993.2	89068.5
539120.4	91796.9	498746.3	1386334.5	62308.0	885091.9	36198.0	859458.0	−644747.4
447040.8	83573.5	377483.4	1055639.9	53704.8	753231.3	36626.7	741770.1	−624393.7
55555.0	6529.5	117095.7	269437.9	7043.7	83756.1	5372.9	86859.5	73516.1
50468.4	5689.6	71847.2	157033.1	5186.8	63444.0	−215.4	49821.6	−4801.3
47027.1	5102.5	68834.8	147058.7	4679.3	60517.6	−217.7	47669.1	2889.3
3441.3	587.1	3012.4	9974.4	507.5	2926.4	2.3	2152.5	−7690.6
178075.2	26597.1	64902.1	396929.1	17490.6	244570.2	9287.9	257489.2	−360071.7
384.2			1700.8		−6.5			−1525.3
		1598.5	5053.6	13.2	1635.1	−69.8	47.6	−361.0
794.3		11535.1	8950.4	210.1	4153.6	307.4	4223.8	20226.9
4106.1	410.0	20344.1	15764.2	471.2	5167.0	269.9	4998.4	12987.9
651.7		11813.4	5161.0	482.7	304.1	−88.7	401.1	2317.9
2134.0	74.0	3848.8	28314.6	941.3	−4520.4	4525.2		73960.8
576.4	576.4	428.6	1403.2	189.5	1394.9	−1.9	1407.8	−2962.0
		11.8	873.1		−0.2	0.6		−566.4
		22.6	85.6	4.3	47.8	0.1		146.0
		1283.9	1014.4	7.2	−12.4	12.8		292.9
79.2	79.2	248.2	562.3	36.1	318.2	3.6	338.7	106.5
2856.6	1100.4	3481.3	7441.0	319.3	1711.2	88.4	2404.7	−1765.5
		472.4	194.9		99.0			3114.0
28872.4	18965.5	71098.6	28162.4	2012.0	47346.7	1690.3	38457.3	−91376.6
69304.7	28762.8	14702.9	55435.7	1392.2	19401.8	784.1	19544.6	−9128.9
862.2	787.9	3412.2	6222.9	322.7	2078.4	81.3	2085.5	−581.1
2172.4	821.5	6788.3	6507.9	479.3	16233.8	−1223.1	13733.4	16774.8
7455.0	1168.5	11486.7	33002.3	1005.2	9758.7	234.6	7602.8	−23418.6
105051.4	94.6	173958.8	426504.7	23127.9	305677.7	36633.5	277335.5	−510089.0
15362.9	447.3	2903.4	12499.0	492.5	5732.3	182.8	5173.1	−2593.4
2777.6	176.7	7235.8	27471.9	644.6	841.5	325.4	1527.2	5161.1
2070.4	534.8	10075.9	29192.7	422.7	8091.9	689.2	6343.0	6184.5
9371.7	662.6	44369.2	112296.1	1354.4	57128.6	140.4	62275.7	−7668.7
11065.6		2026.5	19038.5	1488.8	3193.8	19.7	3065.4	−20088.5
21111.1		23616.6	51784.7	1742.0	5740.6	289.3	9088.2	61255.9
605.7	268.9	2302.6	10145.3	327.1	988.4	214.7	732.6	−1242.3
29750.7	7995.2	6140.9	102279.3	8065.0	24502.9	−14659.6	19427.0	233211.5
4086.3	2123.1	12057.3	24680.9	469.6	1547.7	56.7	1564.0	11430.1
14.4	14.3	291.2	5582.2	44.8	909.8	−17.3	298.2	3549.8
		1.1	1280.5	1.9	−20.1	−32.7	0.1	839.5
21836.0	3254.6	4856.3	23281.4	487.6	103050.6	1574.3	103952.8	−33658.3
30758.8		44349.8	18573.7	1247.9	29397.0	152.3	31281.6	80878.9
877.2	877.2	4711.4	14720.6	641.6	3967.7	312.8	3651.9	−21020.6

10-5 规模以上工业企业
Major economic indicators of Industrial

指　　标	资产减值损失	公允价值变动收益	投资收益	营业外收入	政府补助
总　计	**245232.2**	**-2402.1**	**-140863.6**	**252569.0**	**107028.6**
一、按登记注册类型分组:					
内资企业	245005.8	-2667.7	163443.0	212918.3	106083.1
国有企业	4447.5		-922.9	26633.6	22281.4
中央企业	2506.5		-408.5	3249.9	3007.3
地方企业	1941.0		-514.4	23383.7	19274.1
集体企业				1253.9	803.3
股份合作企业				96.1	95.1
有限责任公司	232586.7	-2359.3	159620.9	160918.0	77633.0
国有独资公司	190590.7	2177.8	141847.6	71696.0	40321.2
其他有限责任公司	41996.0	-4537.1	17773.3	89222.0	37311.8
股份有限公司	7033.3	-308.4	444.5	8619.9	1946.6
私营企业	938.3		4300.5	15396.8	3323.7
私营独资企业					
私营有限责任公司	233.3		4299.6	13437.7	2948.9
私营股份有限公司	705.0		0.9	1959.1	374.8
港、澳、台商投资企业	-393.9	265.6	-309582.3	31196.3	
合资经营企业(港或澳、台资)	-393.9	265.6	-309582.3	31196.3	
外商投资企业	620.3		5275.7	8454.4	945.5
中外合资经营企业	618.8		75.5	6881.6	925.5
外资企业			5200.2	1572.8	20.0
外商投资股份有限公司	1.5				
二、按经济组织类型分组					
独资企业	4447.5		4277.3	29460.3	23104.7
国有企业	4447.5		-922.9	26633.6	22281.4
集体企业				1253.9	803.3
私营独资企业					
外资企业			5200.2	1572.8	20.0
合作、合伙企业				96.1	95.1
股份合作企业				96.1	95.1
股份有限公司	7739.8	-308.4	445.4	10579.0	2321.4
股份有限公司(内资)	7033.3	-308.4	444.5	8619.9	1946.6
私营股份有限公司	705.0		0.9	1959.1	374.8
外商投资股份有限公司	1.5				
有限责任公司	233044.9	-2093.7	-145586.3	212433.6	81507.4
国有独资公司	190590.7	2177.8	141847.6	71696.0	40321.2
私营有限责任公司	233.3		4299.6	13437.7	2948.9
合资经营企业(港或澳、台资)	-393.9	265.6	-309582.3	31196.3	
中外合资经营企业	618.8		75.5	6881.6	925.5
其他有限责任公司	41996.0	-4537.1	17773.3	89222.0	37311.8

主要经济指标(四)
Enterprises above Designated Size(4)

单位：万元

营业外支出	利润总额	所得税费用	亏损企业亏损总额	利税总额	应交税金及附加	本年应付职工薪酬	本年应交增值税	总资产贡献率（%）
84992.8	**-388202.5**	**122101.8**	**1115602.6**	**612508.5**	**1188748.1**	**2221730.9**	**602874.2**	**3.13**
76300.7	-672903.6	75277.0	1092774.4	109837.3	914284.1	1777024.3	404317.7	2.21
2344.9	77439.1	20440.0	18096.8	110090.5	55211.7	139171.6	25467.3	5.39
1452.0	16788.2	251.1	1320.4	33392.5	17034.9	53912.1	15640.3	7.91
892.9	60650.9	20188.9	16776.4	76698.0	38176.8	85259.5	9827.0	4.60
51.6	174.0	75.4	272.5	5252.8	5194.7	15332.5	4415.8	9.06
0.4	160.6	24.1		300.0	175.5	205.0	124.3	6.48
66529.2	-747105.2	44323.3	940668.6	-75851.4	763930.1	1462277.8	322671.5	1.79
32336.7	-466529.8	8677.2	485063.8	-353952.2	145585.1	598788.8	78149.2	-0.28
34192.5	-280575.4	35646.1	455604.8	278100.8	618345.0	863489.0	244522.3	4.18
3389.3	-10523.2	-961.7	30405.6	-4680.1	6491.3	48821.3	4695.0	0.32
3985.3	6951.1	11375.9	103330.9	74725.5	83280.8	111216.1	46943.8	2.99
20.8	-3721.5	4.2	4020.4	-727.1	3258.8	3512.5	2772.7	0.51
3893.5	1084.1	9744.7	96312.9	61302.5	73311.8	100465.8	40008.5	2.92
71.0	9588.5	1627.0	2997.6	14150.1	6710.2	7237.8	4162.6	5.46
129.7	143478.5	17246.9	1036.9	242588.6	120569.2	228656.8	95701.1	7.44
129.7	143478.5	17246.9	1036.9	242588.6	120569.2	228656.8	95701.1	7.44
8562.4	141222.6	29577.9	21791.3	260082.6	153894.8	216049.8	102855.4	14.24
4382.3	27089.9	7372.3	21352.6	51353.3	32989.3	32561.9	21796.8	9.02
4078.1	113933.1	22144.0	438.7	208034.0	119722.7	182393.2	80620.5	17.24
102.0	199.6	61.6		695.3	1182.8	1094.7	438.1	9.58
6495.4	187824.7	42563.6	22828.4	322650.2	183387.9	340409.8	113276.3	8.04
2344.9	77439.1	20440.0	18096.8	110090.5	55211.7	139171.6	25467.3	5.39
51.6	174.0	75.4	272.5	5252.8	5194.7	15332.5	4415.8	9.06
20.8	-3721.5	4.2	4020.4	-727.1	3258.8	3512.5	2772.7	0.51
4078.1	113933.1	22144.0	438.7	208034.0	119722.7	182393.2	80620.5	17.24
0.4	160.6	24.1		300.0	175.5	205.0	124.3	6.48
0.4	160.6	24.1		300.0	175.5	205.0	124.3	6.48
3562.3	-735.1	726.9	33403.2	10165.3	14384.3	57153.8	9295.7	1.54
3389.3	-10523.2	-961.7	30405.6	-4680.1	6491.3	48821.3	4695.0	0.32
71.0	9588.5	1627.0	2997.6	14150.1	6710.2	7237.8	4162.6	5.46
102.0	199.6	61.6		695.3	1182.8	1094.7	438.1	9.58
74934.7	-575452.7	78687.2	1059371.0	279393.0	990800.4	1823962.3	480177.9	2.55
32336.7	-466529.8	8677.2	485063.8	-353952.2	145585.1	598788.8	78149.2	-0.28
3893.5	1084.1	9744.7	96312.9	61302.5	73311.8	100465.8	40008.5	2.92
129.7	143478.5	17246.9	1036.9	242588.6	120569.2	228656.8	95701.1	7.44
4382.3	27089.9	7372.3	21352.6	51353.3	32989.3	32561.9	21796.8	9.02
34192.5	-280575.4	35646.1	455604.8	278100.8	618345.0	863489.0	244522.3	4.18

10–5 续表 4–1

指 标	资产减值损失	公允价值变动收益	投资收益	营业外收入	政府补助
三、在总计中:亏损企业	**232482.2**	**–2359.3**	**157444.0**	**181756.0**	**89521.3**
在总计中:国有控股企业	237089.1	2240.7	158509.2	172579.4	87741.4
在总计中:农村工业					
在总计中:轻工业	–46.4		4011.0	8748.3	4175.4
重工业	245278.6	–2402.1	–144874.6	243820.7	102853.2
在总计中:大型企业	230411.8	2506.3	–160723.6	167110.7	79803.7
中型企业	8877.7	–4600.0	14312.4	41342.1	18093.6
小型企业	5942.7	–308.4	5547.6	44116.2	9131.3
纯小型企业	5942.7	–308.4	1247.6	43897.6	9131.3
微型企业			4300.0	218.6	
四、按行业大类分组					
煤炭开采和洗选业	32714.6	62.9	16119.2	39071.0	14185.7
石油和天然气开采业	0.8			1605.9	
黑色金属矿采选业	–193.2			5.0	
农副食品加工业				895.7	191.0
食品制造业	–36.9		0.9	1193.6	385.0
酒、饮料和精制茶制造业	17.3			211.4	15.0
烟草制品业				206.7	
纺织业	–8.3			162.6	
纺织服装、服饰业				586.5	198.6
木材加工和木、竹、藤、棕、草制品业					
家具制造业			2.5	29.0	
造纸和纸制品业				40.0	
印刷和记录媒介复制业	12.0		–55.3	1581.2	1505.2
文教、工美、体育和娱乐用品制造业				6.9	
石油加工、炼焦和核燃料加工业	–134.8	–4600.0	–269.1	1873.3	155.5
化学原料和化学制品制造业	4451.5		23013.0	13498.9	17737.8
医药制造业	16.5			1317.7	374.8
橡胶和塑料制品业			105.2	493.6	19.6
非金属矿物制品业	1227.2	–308.4	461.8	13871.1	961.6
黑色金属冶炼和压延加工业	181473.5	2177.8	115256.7	38814.8	21127.9
有色金属冶炼和压延加工业	107.7			2345.7	1183.2
金属制品业	3109.1		55.1	2313.1	792.1
通用设备制造业	1295.3		–393.6	1833.7	688.1
专用设备制造业	8255.8		1310.1	17864.4	2000.0
汽车制造业	2413.1		27.1	12244.4	12000.0
铁路、船舶、航空航天和其他运输设备制造业	2650.2		62.1	2335.7	1359.5
电气机械和器材制造业	57.6		345.5	190.3	136.0
计算机、通信和其他电子设备制造业	1385.4	265.6	–300186.2	35043.5	142.9
仪器仪表制造业	3154.0		–2.7	7487.6	2114.5
废弃资源综合利用业	–393.9			0.4	
金属制品、机械和设备修理业	36.0			2.6	
电力、热力生产和供应业	2134.0		–139.6	50686.2	26497.9
燃气生产和供应业	1488.4		–458.5	1981.0	1443.6
水的生产和供应业	–0.7		3882.2	2775.5	1813.1

单位：万元

营业外支出	利润总额	所得税费用	亏损企业亏损总额	利税总额	应交税金及附加	本年应付职工薪酬	本年应交增值税	总资产贡献率（%）
70359.5	**−1115602.6**	**6707.0**	**1115602.6**	**−724569.1**	**447073.4**	**1438109.9**	**253822.9**	**−0.22**
67021.3	−619424.7	63223.2	911518.5	67601.4	799602.0	1597996.8	332460.3	2.27
	−199.4		199.4	−181.5	17.9	353.2		−3.71
4074.9	93741.0	24058.2	30463.8	391327.1	325281.6	101897.7	77288.4	18.80
80917.9	−481943.5	98033.6	1085138.8	221181.4	863466.5	2119833.2	525585.8	2.36
58613.7	−515896.7	71696.2	878079.1	68348.0	709645.7	1826886.2	441494.2	2.26
12477.1	102381.1	38802.8	147858.5	468162.7	411628.1	251131.9	126906.6	7.91
13902.0	25313.1	11602.8	89665.0	75997.8	67474.3	143712.8	34473.4	2.45
12818.2	33869.0	11505.8	75007.2	75768.1	58084.2	138909.0	32205.7	2.75
1083.8	−8555.9	97.0	14657.8	229.7	9390.1	4803.8	2267.7	0.38
21147.9	−342148.6	12756.1	369368.6	−112011.3	260384.0	686156.7	133988.2	1.44
	80.6			284.5	203.9	1125.8	90.5	0.22
150.2	−506.2	−32.0	2039.5	4279.8	4767.2	1918.4	1976.4	4.65
731.3	20391.1	448.6	323.4	22514.9	2782.5	8634.1	1544.7	8.15
736.1	13445.4	2533.1	2718.1	20024.1	9583.0	14215.8	5961.1	7.16
341.9	2187.4	905.5	1498.0	11642.0	10842.8	9700.7	5373.3	13.21
956.1	73211.4	18973.8		340261.9	286965.6	23320.5	53988.7	86.35
5.0	−2804.4	25.5	2974.6	−2532.4	487.0	1561.5	239.7	−1.16
12.8	7.1			264.4	257.3	1091.8	227.6	2.81
	146.0			149.0	7.3			1.12
0.2	321.6	2.9		489.5	178.0	1093.1	149.7	3.66
	146.5	18.7	6.9	335.6	243.9	991.7	151.0	2.89
1085.5	−1269.8	112.7	2578.2	557.2	2259.0	10951.1	1389.7	2.12
	3120.9	30.2		3310.2	219.5	650.0	180.5	27.17
1108.0	−90611.2	−1958.2	90646.7	−67802.9	22862.1	22638.3	14212.1	−1.57
19814.1	−15444.0	372.0	18345.0	−1574.8	15633.4	50056.8	7638.4	1.15
12.5	723.8	392.1	1871.2	4214.0	4205.0	4336.3	3100.8	5.39
119.5	17148.8	218.3		20616.9	4165.7	10600.2	3090.1	8.90
5908.9	−15556.0	1137.9	21385.8	−3611.6	14087.5	28970.7	10447.8	0.50
16205.8	−487479.7	7394.8	489920.7	−384997.5	133004.9	454094.9	76409.5	−1.14
27.3	−275.1	326.1	3768.9	−1157.6	−63.9	8268.3	−1054.2	1.21
1520.3	5953.8	1480.6	2804.8	15914.9	12086.3	30161.9	8679.6	5.20
352.2	7665.9	−2104.9	5924.4	15361.7	6013.6	31546.0	6648.6	3.94
797.9	9397.4	3232.6	20844.5	47745.8	42935.4	116922.0	33794.4	2.94
520.4	−8364.6	77.5	8564.2	−7040.8	2890.1	12400.9	1022.2	−2.33
275.9	63315.7	9068.6	16594.4	86128.3	33623.2	63159.5	20591.2	7.53
20.9	−1072.4	38.9	1563.0	−676.6	761.8	5128.0	117.8	−0.06
7047.4	261207.7	38530.8	11235.1	456394.4	241782.5	431781.6	178242.8	9.15
431.1	18486.4	1944.4	1536.8	25052.6	8980.2	16343.7	5135.5	6.13
13.1	3537.1	963.4		3963.2	1434.3	2214.1	167.1	9.14
5.8	836.3	377.6	266.7	6847.7	6390.9	16153.6	5191.2	23.99
3663.6	13365.2	3771.8	19105.2	33078.5	23972.7	98969.0	15546.1	4.51
1825.7	81034.1	21053.2	1263.3	90676.3	31943.3	36923.9	6695.0	6.37
155.4	−18400.7	9.2	18454.6	−16193.4	2858.1	19650.0	1937.1	−2.60

10-5 规模以上工业企业

Major economic indicators of Industrial

指 标	资产负债率 (%)	流动资产周转率（次/年）	成本费用利润率（%）	产品销售率（%）	从业人员平均人数（人）
总 计	**74.57**	**1.39**	**-1.44**	**97.23**	**305777**
一、按登记注册类型分组:					
内资企业	74.61	1.39	-3.14	97.25	243373
国有企业	79.37	1.16	6.54	100.00	17796
中央企业	90.93	1.32	5.57	100.12	5205
地方企业	75.76	1.11	6.87	99.97	12591
集体企业	67.28	1.39	0.25	98.83	4325
股份合作企业	38.35	0.79	5.11	92.00	74
有限责任公司	73.41	1.58	-4.21	97.38	184572
国有独资公司	68.33	1.90	-4.36	98.72	58689
其他有限责任公司	79.25	1.28	-3.97	95.64	125883
股份有限公司	64.31	0.84	-2.51	96.54	7591
私营企业	82.22	0.78	0.34	94.96	29015
私营独资企业	102.18	0.72	-2.98	88.30	1137
私营有限责任公司	82.91	0.78	0.06	95.18	26358
私营股份有限公司	61.55	0.90	8.62	98.46	1520
港、澳、台商投资企业	82.86	1.36	3.73	96.25	36973
合资经营企业(港或澳、台资)	82.86	1.36	3.73	96.25	36973
外商投资企业	57.39	1.44	8.57	99.38	25431
中外合资经营企业	73.71	1.65	4.30	94.63	5125
外资企业	48.32	1.34	11.26	102.63	20086
外商投资股份有限公司	22.46	1.35	3.89		220
二、按经济组织类型分组					
独资企业	72.75	1.20	7.86	100.50	43344
国有企业	79.37	1.16	6.54	100.00	17796
集体企业	67.28	1.39	0.25	98.83	4325
私营独资企业	102.18	0.72	-2.98	88.30	1137
外资企业	48.32	1.34	11.26	102.63	20086
合作、合伙企业	38.35	0.79	5.11	92.00	74
股份合作企业	38.35	0.79	5.11	92.00	74
股份有限公司	63.44	0.86	-0.14	96.21	9331
股份有限公司(内资)	64.31	0.84	-2.51	96.54	7591
私营股份有限公司	61.55	0.90	8.62	98.46	1520
外商投资股份有限公司	22.46	1.35	3.89		220
有限责任公司	75.18	1.43	-2.39	96.82	253028
国有独资公司	68.33	1.90	-4.36	98.72	58689
私营有限责任公司	82.91	0.78	0.06	95.18	26358
合资经营企业(港或澳、台资)	82.86	1.36	3.73	96.25	36973
中外合资经营企业	73.71	1.65	4.30	94.63	5125
其他有限责任公司	79.25	1.28	-3.97	95.64	125883

主要经济指标(五)
Enterprises above Designated Size(5)

单位：万元

从业人员期末人数（人）	平均用工人数（人）	期末用工人数（人）	主营业务收入利润率（%）	人均主营业务收入（万元/人）	每百元资产实现的主营业务收入（元）	产成品存货周转天数（天）	应收账款平均回收期（天）
303687	**305206**	**299350**	**-1.46**	**87.28**	**57.45**	**24.43**	**67.72**
241618	240222	240954	-3.27	85.75	50.57	25.79	65.13
18845	18201	19251	6.38	66.66	33.14	19.78	33.45
5096	5206	5096	5.44	59.32	35.49	12.92	47.89
13749	12995	14155	6.71	69.59	32.40	22.16	28.53
4309	4207	7228	0.26	15.73	114.47	19.71	114.74
69	74	69	4.98	43.54	67.76		283.43
182246	180669	178596	-4.42	93.61	53.22	25.96	58.13
58179	56732	56674	-4.61	178.25	59.45	25.94	44.96
124067	123937	121922	-4.13	54.87	46.05	25.99	77.72
7491	7482	7457	-2.66	52.86	38.57	34.66	193.69
28658	29589	28353	0.35	67.84	47.69	26.26	115.91
930	1181	885	-3.07	102.76	65.53	38.49	122.06
26173	26575	25907	0.06	66.48	47.47	26.46	113.98
1555	1833	1561	8.04	65.06	39.47	6.83	138.21
40599	40597	36974	3.36	105.25	114.29	22.22	71.61
40599	40597	36974	3.36	105.25	114.29	22.22	71.61
21470	24387	21422	7.98	72.52	93.38	13.01	88.41
5065	5093	4938	4.16	127.77	95.06	25.52	58.78
16185	19074	16264	10.24	58.32	92.59	5.48	105.61
220	220	220	3.67	24.73	68.51	78.89	115.61
40269	42663	43628	7.47	58.91	49.22	14.50	71.81
18845	18201	19251	6.38	66.66	33.14	19.78	33.45
4309	4207	7228	0.26	15.73	114.47	19.71	114.74
930	1181	885	-3.07	102.76	65.53	38.49	122.06
16185	19074	16264	10.24	58.32	92.59	5.48	105.61
69	74	69	4.98	43.54	67.76		283.43
69	74	69	4.98	43.54	67.76		283.43
9266	9535	9238	-0.14	54.55	38.95	29.30	180.15
7491	7482	7457	-2.66	52.86	38.57	34.66	193.69
1555	1833	1561	8.04	65.06	39.47	6.83	138.21
220	220	220	3.67	24.73	68.51	78.89	115.61
254083	252934	246415	-2.44	93.32	59.12	25.32	64.77
58179	56732	56674	-4.61	178.25	59.45	25.94	44.96
26173	26575	25907	0.06	66.48	47.47	26.46	113.98
40599	40597	36974	3.36	105.25	114.29	22.22	71.61
5065	5093	4938	4.16	127.77	95.06	25.52	58.78
124067	123937	121922	-4.13	54.87	46.05	25.99	77.72

10-5 续表 5-1

指 标	资产负债率（%）	流动资产周转率（次/年）	成本费用利润率（%）	产品销售率（%）	从业人员平均人数（人）
三、在总计中:亏损企业	**76.45**	**1.46**	**-6.53**	**97.27**	**189670**
在总计中:国有控股企业	74.33	1.56	-3.36	98.38	197300
在总计中:农村工业	100.58	1.83	-3.16	95.13	128
在总计中:轻工业	46.03	1.46	7.69	98.25	18852
重工业	75.96	1.38	-1.87	97.15	286925
在总计中:大型企业	75.37	1.58	-2.37	97.25	229276
中型企业	73.51	0.95	3.92	98.79	43532
小型企业	70.65	0.93	0.98	95.30	32969
纯小型企业	67.04	1.06	1.36	97.12	31259
微型企业	96.43	0.24	-7.80	65.15	1710
四、按行业大类分组					
煤炭开采和洗选业	86.25	1.31	-7.96	97.60	98439
石油和天然气开采业	87.68	0.52	0.74	100.00	199
黑色金属矿采选业	97.03	0.88	-1.71	69.10	439
农副食品加工业	49.74	2.33	5.98	95.21	2275
食品制造业	62.27	1.36	6.65	94.41	3577
酒、饮料和精制茶制造业	50.35	2.57	2.28	95.76	1883
烟草制品业	15.92	1.77	38.45	103.10	960
纺织业	57.27	0.23	-17.62	97.86	458
纺织服装、服饰业	41.73	0.48	0.21	113.30	355
木材加工和木、竹、藤、棕、草制品业	71.64	0.24	10.55	108.23	
家具制造业	19.67	1.05	4.59	100.00	234
造纸和纸制品业	65.64	1.40	0.86	95.30	327
印刷和记录媒介复制业	51.33	1.03	-1.99	109.50	2997
文教、工美、体育和娱乐用品制造业	85.91	1.44	22.56	100.00	42
石油加工、炼焦和核燃料加工业	83.55	0.64	-11.17	84.19	8547
化学原料和化学制品制造业	79.29	0.91	-1.94	97.71	8932
医药制造业	80.20	0.90	1.21	100.94	1290
橡胶和塑料制品业	72.14	1.82	5.34	79.70	2650
非金属矿物制品业	62.12	0.96	-4.58	91.19	6805
黑色金属冶炼和压延加工业	67.31	3.41	-5.22	99.43	36329
有色金属冶炼和压延加工业	79.14	2.83	-0.07	96.74	1665
金属制品业	55.91	0.98	2.68	84.93	8227
通用设备制造业	79.88	0.69	3.11	100.06	6246
专用设备制造业	73.26	0.40	0.83	97.68	20049
汽车制造业	94.00	0.84	-14.45	78.39	1909
铁路、船舶、航空航天和其他运输设备制造业	73.06	0.90	9.44	97.91	6631
电气机械和器材制造业	50.79	0.70	-0.98	96.72	1788
计算机、通信和其他电子设备制造业	73.72	1.30	5.26	97.46	60317
仪器仪表制造业	49.99	0.75	8.48	98.30	2765
废弃资源综合利用业	37.81	2.69	25.49	100.00	155
金属制品、机械和设备修理业	42.44	1.57	2.17	100.00	1773
电力、热力生产和供应业	91.17	1.21	1.44	100.03	9773
燃气生产和供应业	74.87	2.43	8.87	100.00	4677
水的生产和供应业	43.51	0.72	-16.18	100.00	3064

单位：万元

从业人员期末人数（人）	平均用工人数（人）	期末用工人数（人）	主营业务收入利润率（%）	人均主营业务收入（万元/人）	每百元资产实现的主营业务收入（元）	产成品存货周转天数（天）	应收账款平均回收期（天）
188427	**186809**	**186667**	**-7.13**	**83.78**	**49.64**	**25.63**	**56.71**
196122	193465	193782	-3.50	91.37	51.17	24.28	56.67
128	128	128	-3.25	47.91	125.20	58.69	6.66
18949	18881	17696	6.21	79.96	70.11	25.49	40.04
284738	286325	281654	-1.92	87.77	56.84	24.38	69.38
228440	228587	223105	-2.43	92.81	61.88	22.06	56.65
43425	43062	41337	3.57	66.59	41.29	39.35	98.57
31822	33557	34908	0.99	76.18	49.79	30.62	124.92
30461	30694	33297	1.38	80.00	54.53	29.64	117.95
1361	2863	1611	-8.49	35.19	15.96	53.36	294.73
96725	97091	97000	-8.83	39.91	40.98	15.05	57.58
202	202	202	0.89	45.08	6.96		566.67
396	554	539	-1.59	57.41	33.65	3.73	193.02
2316	2207	2313	5.65	163.62	111.39	10.82	23.38
3732	3829	3633	6.35	55.29	61.28	27.90	48.94
1841	1885	1853	2.15	53.98	110.82	36.65	12.05
955	960	955	15.40	495.09	122.24	22.81	19.67
455	457	455	-22.61	27.15	12.76	178.04	261.32
356	355	356	0.25	8.11	30.73	267.14	203.43
	65		9.52	23.58	11.49		35.95
233	234	232	4.40	31.25	56.19		61.01
303	414	381	0.86	41.10	73.22	22.29	140.20
2956	2888	1932	-2.13	20.63	43.94	38.36	84.49
32	100		18.41	169.54	139.19		122.84
8579	8451	8256	-12.86	83.37	35.74	45.17	93.45
8661	8937	8535	-2.19	79.03	47.32	13.10	108.97
1326	1303	1349	1.24	44.95	50.74	96.65	31.13
2663	2849	2466	5.11	117.88	84.01	69.32	50.19
6643	6554	6465	-5.00	47.49	41.72	29.75	202.54
36184	34782	34894	-5.53	253.41	69.91	21.77	10.93
1658	1961	1565	-0.08	182.20	113.24	15.62	26.86
7398	8329	11290	2.61	27.43	69.34	59.18	88.64
6131	6176	5323	3.03	40.97	47.41	109.56	135.47
19874	19090	18986	0.84	58.77	29.98	106.55	373.20
1970	1909	1975	-28.45	15.40	17.16	210.57	109.96
6618	6572	6595	8.85	108.90	56.78	18.29	189.01
1768	1776	1765	-0.99	60.73	40.60	49.40	236.76
60067	62954	56460	4.76	87.14	102.34	18.54	80.22
2690	2975	2896	8.04	77.30	53.07	38.39	179.67
157	155	157	20.47	111.48	36.92	53.99	38.34
1758	1773	1758	2.07	22.74	140.60		136.22
11168	10161	11456	1.52	86.78	29.39		59.19
4753	4491	4481	8.37	215.58	50.60	0.99	15.29
3119	2767	2827	-20.85	31.89	17.86		44.82

10-6 国有控股工业企业

Main economic indicators of state

指标	企业单位数（个）	亏损企业	工业总产值（当年价格）	工业销售产值（当年价格）	出口交货值	年初存货
总计	**91**	**41**	**12597721.9**	**12393291.2**	**1325686.5**	**3039526.8**
煤炭开采和洗选业	7	5	2068035.6	2018239.1		574792.7
石油和天然气开采业	1		9489.7	9489.7		175.5
黑色金属矿采选业	1	1				162.6
农副食品加工业	2		17584.5	17047.4	4948.5	4256.5
食品制造业	1		3687.9	3503.5		1273.5
酒、饮料和精制茶制造业	2	1	31656.6	30561.1		10348.2
烟草制品业	1		461742.8	476067.9		31784.6
印刷和记录媒介复制业	5	5	18468.1	19894.6		5092.5
化学原料和化学制品制造业	5	2	129862.7	130583.5	3352.0	104953.4
医药制造业	1	1	2078.4	2008.3		474.2
橡胶和塑料制品业	2		266027.8	206208.2	52684.3	76713.1
非金属矿物制品业	6	5	47647.7	46800.6		21757.4
黑色金属冶炼和压延加工业	3	3	5760537.8	5716630.9	1090510.9	988791.6
有色金属冶炼和压延加工业	4	2	130072.1	117487.7	1066.1	22122.1
金属制品业	2	1	106928.3	103889.2	13639.2	28242.7
通用设备制造业	7	3	165882.3	155432.6	1623.5	145118.5
专用设备制造业	10	3	822024.0	799704.1	29902.8	838508.0
汽车制造业	1	1	12328.6	11479.8		6111.4
铁路、船舶、航空航天和其他运输设备制造业	4	1	460666.6	449338.7	123448.2	89075.0
电气机械和器材制造业	2		62690.8	59200.4	294.9	17836.3
计算机、通信和其他电子设备制造业	2	1	74611.4	74377.2		23097.9
仪器仪表制造业	5	1	23108.6	22521.4	4216.1	12665.1
金属制品、机械和设备修理业	1		35602.5	35602.5		1405.3
电力、热力生产和供应业	9	2	854302.0	854537.7		28008.1
燃气生产和供应业	5	1	949990.2	949990.2		6237.0
水的生产和供应业	2	2	82694.9	82694.9		523.6

主要经济指标(一)
holding Industrial Enterprises(1)

单位：万元

产成品	资产总计	流动资产合计	应收账款	存货	产成品	固定资产合计	固定资产原价
1062818.4	**34544103.0**	**11615637.7**	**2782694.4**	**3228145.1**	**947428.9**	**14710437.7**	**23129019.5**
131419.8	9006137.5	2803543.1	574476.4	783159.2	215981.8	3938528.3	5653761.0
	130782.9	18266.1	14332.9	175.5		66658.0	83205.7
162.6	32668.2	1105.9		438.1	438.1	10793.8	14845.1
2131.8	43011.6	22799.5	4133.9	1726.5	1051.5	8536.6	16814.1
581.8	3793.2	3138.7	1406.4	1434.2	712.1	446.3	1318.1
4298.4	40710.0	21251.4	272.8	8937.5	3578.8	15368.6	23817.1
10183.2	388800.5	270378.3	25968.6	42588.3	10183.2	115207.6	144579.3
1882.6	73692.0	25896.0	5497.3	4218.2	1785.9	25664.2	52500.7
17087.4	1362716.1	761833.2	184983.7	216001.0	13336.7	313618.6	392168.3
254.2	9526.6	1337.4	145.4	392.6	218.5	6208.0	6208.0
52973.5	323251.5	145933.2	27733.6	54624.1	46994.0	172338.4	208372.0
6591.6	227386.8	66896.1	18595.1	21001.5	4081.3	137768.1	192794.9
455706.9	12017813.2	2270306.4	220077.8	767057.5	327875.0	5722588.6	10646785.2
6746.7	122591.2	62236.7	14025.2	32535.9	6408.9	57932.1	77838.6
13280.1	164345.0	103638.0	11607.3	27618.3	11710.2	60707.0	76085.9
54205.0	408771.6	286160.3	66896.9	140140.1	49812.3	73443.2	98327.0
257131.3	3332060.7	2576680.7	1035166.9	906094.3	180648.2	506141.8	513206.1
3322.8	44014.0	23397.5	6124.7	6319.2	3474.0	8794.8	14941.0
26325.5	1007866.1	606875.6	304697.6	94939.4	43002.2	398353.5	252295.0
11820.2	175257.9	78561.5	31503.3	27595.1	18160.2	76698.4	39002.3
1440.6	290748.9	171010.0	16919.7	37279.6	1626.0	66922.8	92637.7
3057.9	52373.7	37350.1	10038.2	13940.2	3957.3	12023.0	13535.8
	26874.2	24254.5	14443.9	1354.2		2576.1	9082.2
	2881875.3	700126.8	142359.0	29737.0		2045811.9	3531733.0
2214.5	1913241.9	410920.4	41129.7	8584.1	2392.7	630322.0	729202.2
	463792.4	121740.3	10158.1	253.5		236986.0	243963.2

10-6 国有控股工业企业

Main economic indicators of state

指 标	累计折旧	本年折旧	负债合计	流动负债合计	应付账款
总 计	**10187664.5**	**1063943.7**	**25677570.5**	**15854918.8**	**2947377.8**
煤炭开采和洗选业	2801808.8	298739.1	7737232.0	4197400.2	637477.0
石油和天然气开采业	16547.7	71.3	114671.7	114671.7	85565.3
黑色金属矿采选业	4051.3	1019.7	31092.5	31092.5	3577.4
农副食品加工业	8277.5	935.9	24637.0	20567.4	1333.7
食品制造业	871.8	67.0	2218.8	2112.6	541.2
酒、饮料和精制茶制造业	8575.4	1733.5	14884.9	14789.7	5320.0
烟草制品业	64305.3	6894.7	61895.9	61895.9	38445.5
印刷和记录媒介复制业	26836.5	2441.1	40801.5	38010.3	7388.2
化学原料和化学制品制造业	87859.3	6784.6	1098788.5	858417.9	185636.5
医药制造业	1031.9	335.8	4250.3	3200.3	19.4
橡胶和塑料制品业	36033.6	5330.6	244578.9	130688.9	15542.8
非金属矿物制品业	53115.0	4590.7	86812.4	71704.7	36368.8
黑色金属冶炼和压延加工业	4924196.6	467131.2	7770380.7	5229960.4	302050.2
有色金属冶炼和压延加工业	24295.5	4190.4	107406.7	46689.0	4439.4
金属制品业	26231.2	1731.2	97275.8	91524.0	26802.9
通用设备制造业	25301.6	8998.1	330628.5	269659.9	69007.8
专用设备制造业	257070.2	20037.4	2492336.8	2128872.9	782518.4
汽车制造业	6146.2	232.1	28654.4	27669.7	7500.6
铁路、船舶、航空航天和其他运输设备制造业	42929.7	18316.4	763320.4	513832.6	169902.3
电气机械和器材制造业	13308.5	3936.1	94433.9	47111.6	29373.4
计算机、通信和其他电子设备制造业	34204.0	2594.0	235120.6	230117.1	66787.5
仪器仪表制造业	7643.0	932.2	35042.1	33717.7	8131.1
金属制品、机械和设备修理业	6506.1	672.1	10958.7	10958.7	5837.5
电力、热力生产和供应业	1529037.5	165446.9	2621989.1	1019161.1	319763.3
燃气生产和供应业	116248.4	28631.2	1432458.4	535822.3	55854.0
水的生产和供应业	65231.9	12150.4	195700.0	125269.7	82193.6

主要经济指标(二)
holding Industrial Enterprises(2)

单位：万元

非流动负债合计	所有者权益合计	实收资本	国家资本	集体资本	法人资本	个人资本	港澳台资本	外商资本	营业收入
9797040.3	**8866531.6**	**3896532.0**	**3255037.9**	**18319.2**	**546596.7**	**71362.1**	**1100.0**	**4116.0**	**18121311.7**
3537598.5	1268905.3	1461679.2	1436579.9		2234.0	22865.3			3887706.2
	16111.1	20000.0			20000.0				9489.7
	1575.7	7000.0			7000.0				301.1
4069.6	18374.5	14064.0	14064.0						22401.0
106.2	1574.4	500.0				500.0			9012.6
95.2	25824.9	22539.9	2539.9			20000.0			34397.3
	326904.6	61319.6			61319.6				477421.0
1904.6	32890.4	16133.8	7894.3		7744.0	495.5			21739.4
238393.2	263927.6	156945.7	132470.0	14968.2	5000.0	4507.5			662481.1
1050.0	5276.3	8000.0	6400.0		1600.0				2008.3
113890.0	78672.6	63682.1			63682.1				279607.7
12827.9	140574.4	52860.4	21850.6		31009.8				52361.6
2540420.3	4247432.5	753929.9	687886.9		50000.0	16043.0			8692947.5
60717.7	15184.5	39185.2	1624.0		37161.2	400.0			120647.6
5750.6	67069.2	13017.3	13017.3						102512.1
60968.6	78143.2	38635.9	34066.9	163.0	4406.0				151991.6
363463.7	839724.1	292116.4	168495.4		117764.2	1740.8		4116.0	954227.9
984.7	15359.6	9593.0	9593.0						15971.2
249487.6	244545.6	147680.0	111792.0	3188.0	32700.0				479824.0
47322.3	80824.0	44070.0	43320.0			750.0			58555.2
5003.5	55628.3	19580.6	4931.8		14648.8				76263.3
1274.4	17331.5	15308.6	3021.6		11187.0		1100.0		24133.2
	15915.5	13000.0			13000.0				35602.5
1584645.3	259886.2	243288.5	243288.4						867108.4
896636.1	480783.3	275200.0	205000.0		66140.0	4060.0			998943.5
70430.3	268092.3	107201.9	107201.9						83656.7

10-6 国有控股工业企业

Main economic indicators of state

指 标		营业成本		营业税金及附加	
	主营业务收入		主营业务成本		主营业务税金及附加
总 计	**17676583.9**	**16099487.1**	**15761417.8**	**354565.8**	**345913.3**
煤炭开采和洗选业	3710677.0	3458714.0	3312801.7	92106.4	85482.4
石油和天然气开采业	9105.5	9207.3	7501.2	113.4	113.4
黑色金属矿采选业	301.1	324.5	324.5	8.3	8.3
农副食品加工业	22256.7	17835.8	17835.8	36.7	36.7
食品制造业	8905.3	6422.9	6422.9	67.7	67.7
酒、饮料和精制茶制造业	34347.3	25287.8	25196.8	3695.6	3695.6
烟草制品业	475287.0	162755.4	160695.4	213061.8	213061.8
印刷和记录媒介复制业	20416.8	18931.7	18111.9	135.8	135.8
化学原料和化学制品制造业	593401.1	608542.0	568870.9	5601.4	5601.4
医药制造业	2008.3	1281.2	1281.2	14.1	14.1
橡胶和塑料制品业	278340.4	243970.1	243433.8	187.8	187.8
非金属矿物制品业	46356.8	44374.9	38731.3	401.4	401.4
黑色金属冶炼和压延加工业	8607144.3	8181372.8	8096311.7	25791.4	25791.4
有色金属冶炼和压延加工业	105752.5	106365.6	92923.4	119.7	119.7
金属制品业	102060.4	71695.6	71379.7	535.0	535.0
通用设备制造业	150495.2	119361.0	118504.8	646.8	637.8
专用设备制造业	945310.1	775856.0	771409.8	3321.8	3321.8
汽车制造业	15303.5	11403.1	11241.5	239.0	
铁路、船舶、航空航天和其他运输设备制造业	459293.4	398118.6	381634.0	761.6	761.6
电气机械和器材制造业	58279.8	50804.6	50684.1	10.1	
计算机、通信和其他电子设备制造业	76133.5	59558.4	59509.0	137.7	119.4
仪器仪表制造业	23568.8	17520.7	17161.9	209.4	209.4
金属制品、机械和设备修理业	35602.5	32637.0	32637.0	727.4	727.4
电力、热力生产和供应业	845272.4	769992.3	766466.4	3437.0	3327.2
燃气生产和供应业	968184.7	820849.7	804043.0	2947.2	1304.9
水的生产和供应业	82779.5	86304.1	86304.1	251.3	251.3

主要经济指标(三)

holding Industrial Enterprises(3)

单位：万元

其他业务收入	其他业务利润	销售费用	管理费用	税金	财务费用	利息收入	利息支出	营业利润
444727.8	**63412.0**	**378063.4**	**1170912.8**	**49352.7**	**766926.9**	**54286.7**	**770113.1**	**-724983.6**
177029.2	26597.1	59756.1	394112.1	17341.8	241510.4	9280.5	256411.0	-374934.1
384.2			1700.8		-6.5			-1525.3
		-0.3	1582.0		26.0	-2.4	27.9	-1846.4
144.3		941.3	3338.8	56.7	-267.4	356.7	127.2	515.8
107.3	0.7	1678.3	329.7	9.5	51.7	1.6	48.8	462.4
50.0		143.5	2290.5	191.0	-91.9	-93.9		3055.1
2134.0	74.0	3848.8	28314.6	941.3	-4520.4	4525.2		73960.8
1322.6	980.2	127.9	4825.5	293.8	61.9	81.6	143.2	-2410.8
69080.0	28771.4	8344.4	50186.2	1295.0	17349.4	821.5	17897.2	-9616.3
		973.9	860.9	66.6	163.6	2.9	165.9	-1276.4
1267.3	730.9	5612.9	3511.8	354.2	14583.6	-1350.6	12831.0	11741.6
6004.8	357.0	3683.1	13312.2	198.9	494.1	38.7	271.7	-10996.7
85803.2	91.9	170120.6	416632.8	22473.0	299959.1	36820.7	271432.5	-464970.7
14895.1	447.3	1205.4	9460.9	136.8	2946.2	61.8	2751.4	266.7
451.7	135.8	4705.5	17508.8	244.2	-54.5	297.0	590.9	5986.8
1496.4	405.6	6439.6	21742.0	278.9	5251.0	645.9	5505.0	-3137.7
8917.8	453.0	38375.5	87920.4	740.7	53516.5	-443.3	59016.3	-10033.6
667.7		685.4	3708.1	424.5	32.9	-3.0	26.0	-441.8
20530.6		18671.3	36449.8	1348.1	1597.3	153.8	5105.2	21637.3
275.4	154.9	1226.8	6301.2	233.7	304.2	210.7	425.4	196.2
129.8	80.4	679.6	9051.0	501.9	-822.3	881.3	48.1	7586.9
564.4		1282.6	4624.3	51.5	184.0	18.6	157.1	-126.3
			1114.3	1.9	-18.4	-32.7	0.1	1106.2
21836.0	3254.6		19419.3	481.6	102283.9	1560.3	103173.6	-30297.8
30758.8		44349.8	18573.7	1247.9	29397.0	152.3	31281.6	80878.9
877.2	877.2	4711.4	14041.1	439.2	2995.5	301.5	2676.0	-20764.4

10-6　国有控股工业企业

Main economic indicators of state

指　标	资产减值损失	公允价值变动收益	投资收益	营业外收入	政府补助
总　计	**237089.1**	**2240.7**	**158509.2**	**172579.4**	**87741.4**
煤炭开采和洗选业	32623.4	62.9	16119.2	38354.1	14185.7
石油和天然气开采业	0.8			1605.9	
黑色金属矿采选业	207.0			5.0	
农副食品加工业				257.9	
食品制造业				35.1	
酒、饮料和精制茶制造业	17.3			125.3	15.0
烟草制品业				206.7	
印刷和记录媒介复制业	12.0		-55.3	702.8	692.9
化学原料和化学制品制造业	4511.5		22937.5	13465.9	17732.7
医药制造业	-9.0			33.5	
橡胶和塑料制品业				456.7	19.6
非金属矿物制品业	1104.3		11.8	6546.1	793.1
黑色金属冶炼和压延加工业	181473.5	2177.8	115254.2	37620.6	20768.0
有色金属冶炼和压延加工业	283.1			2094.7	1183.2
金属制品业	2186.1		51.1	741.9	135.2
通用设备制造业	1295.3		-393.6	1286.0	262.6
专用设备制造业	6111.2		841.0	14854.5	1314.0
汽车制造业	399.6		55.1	219.7	
铁路、船舶、航空航天和其他运输设备制造业	2650.2		62.1	2008.5	1094.0
电气机械和器材制造业	57.6		345.5	147.9	136.0
计算机、通信和其他电子设备制造业	71.0		-0.8	308.2	131.3
仪器仪表制造业	435.8		-2.7	319.3	49.0
金属制品、机械和设备修理业	36.0			2.6	
电力、热力生产和供应业	2134.0		-139.6	46737.1	26285.5
燃气生产和供应业	1488.4		-458.5	1981.0	1443.6
水的生产和供应业			3882.2	2462.4	1500.0

主要经济指标(四)

holding Industrial Enterprises(4)

单位：万元

营业外支出	利润总额	所得税费用	亏损企业亏损总额	利税总额	应交税金及附加	本年应付职工薪酬	本年应交增值税	总资产贡献率（%）
67021.3	**-619424.7**	**63223.2**	**911518.5**	**67601.4**	**799602.0**	**1597996.8**	**332460.3**	**2.27**
21114.3	-357694.2	7047.9	362102.4	-137160.2	244923.7	676066.7	128427.6	1.22
	80.6			284.5	203.9	1125.8	90.5	0.22
58.3	-1899.7	-32.0	1899.7	-1800.7	67.0	424.3	90.7	-5.42
96.2	677.5			896.4	275.6	1747.0	182.2	1.55
4.4	493.1	123.3		1065.3	705.0	1294.6	504.5	29.33
105.9	3074.5	313.4	146.8	9407.8	7337.7	3964.8	2637.7	23.34
956.1	73211.4	18973.8		340261.9	286965.6	23320.5	53988.7	86.35
679.7	-2387.6	21.1	2387.6	-1820.1	882.4	4654.0	431.7	-2.39
19766.0	-15916.3	15.8	17292.6	-6124.2	11102.9	44251.8	4190.7	0.80
	-1243.0		1243.0	-1091.0	218.6	650.6	137.9	-9.74
102.9	12095.3			14665.6	2924.5	8181.9	2382.5	8.92
542.1	-4992.7	-32.9	4995.9	-1237.9	3920.8	9150.8	3353.4	-0.44
15122.0	-442471.9	7302.3	442471.9	-342428.0	129819.2	439484.4	74252.5	-0.90
17.0	2344.4	228.5	627.9	-4604.1	-6583.2	4553.7	-7068.2	-1.56
1346.4	5382.3	1078.3	153.4	9883.7	5823.9	13093.5	3966.4	6.19
185.8	-2037.6	-2570.7	3411.1	2760.1	2505.9	23676.9	4150.9	1.86
487.7	4333.2	2097.6	17666.3	33276.2	31781.3	93565.0	25621.2	2.78
413.5	-635.6	15.9	635.6	62.4	1138.4	4179.4	459.0	0.21
216.2	23429.6	2990.1	16225.3	30160.8	11069.4	50423.7	5969.6	3.48
4.4	339.7	6.3		51.4	-48.3	2312.1	-298.4	0.15
105.9	7789.2	1.8	565.7	8191.2	905.7	19951.9	264.3	2.53
58.6	134.4	123.2	1090.6	1120.4	1160.7	5605.8	776.6	2.40
5.8	1103.0	377.6		6327.2	5603.7	13032.6	4496.8	23.67
3654.0	12786.2	3588.7	18884.8	31196.6	22480.7	97396.5	14973.4	4.61
1825.7	81034.1	21053.2	1263.3	90676.3	31943.3	36923.9	6695.0	6.37
152.4	-18454.6		18454.6	-16420.2	2473.6	18964.6	1783.1	-3.03

10-6 国有控股工业企业

Main economic indicators of state

指 标	资产负债率(%)	流动资产周转率(次/年)	成本费用利润率(%)	产品销售率(%)	从业人员平均人数(人)
总 计	**74.33**	**1.56**	**-3.36**	**98.38**	**197300**
煤炭开采和洗选业	85.91	1.39	-8.61	97.59	96954
石油和天然气开采业	87.68	0.52	0.74	100.00	199
黑色金属矿采选业	95.18	0.27	-98.32		27
农副食品加工业	57.28	0.98	3.10	96.95	404
食品制造业	58.49	2.87	5.81	95.00	130
酒、饮料和精制茶制造业	36.56	1.62	11.13	96.54	675
烟草制品业	15.92	1.77	38.45	103.10	960
印刷和记录媒介复制业	55.37	0.84	-9.97	107.72	1258
化学原料和化学制品制造业	80.63	0.87	-2.32	100.56	7641
医药制造业	44.62	1.50	-37.90	96.63	87
橡胶和塑料制品业	75.66	1.92	4.52	77.51	1888
非金属矿物制品业	38.18	0.78	-8.07	98.22	1936
黑色金属冶炼和压延加工业	64.66	3.83	-4.88	99.24	32367
有色金属冶炼和压延加工业	87.61	1.94	1.95	90.33	840
金属制品业	59.19	0.99	5.73	97.16	3045
通用设备制造业	80.88	0.53	-1.33	93.70	4381
专用设备制造业	74.80	0.37	0.45	97.28	15692
汽车制造业	65.10	0.68	-4.02	93.12	621
铁路、船舶、航空航天和其他运输设备制造业	75.74	0.79	5.15	97.54	5160
电气机械和器材制造业	53.88	0.75	0.58	94.43	1089
计算机、通信和其他电子设备制造业	80.87	0.45	11.38	99.69	2536
仪器仪表制造业	66.91	0.65	0.57	97.46	1315
金属制品、机械和设备修理业	40.78	1.47	3.27	100.00	971
电力、热力生产和供应业	90.98	1.24	1.43	100.03	9465
燃气生产和供应业	74.87	2.43	8.87	100.00	4677
水的生产和供应业	42.20	0.69	-17.08	100.00	2982

主要经济指标(五)
holding Industrial Enterprises(5)

单位：万元

从业人员期末人数（人）	平均用工人数（人）	期末用工人数（人）	主营业务收入利润率（%）	人均主营业务收入（万元/人）	每百元资产实现的主营业务收入（元）	产成品存货周转天数（天）	应收账款平均回收期（天）
196122	**193465**	**193782**	**-3.50**	**91.37**	**51.17**	**24.28**	**56.67**
95238	95627	95550	-9.64	38.80	41.20	14.28	55.73
202	202	202	0.89	45.08	6.96		566.67
27	27	27	-630.92	11.15	0.92	180.39	
416	404	416	3.04	55.09	51.75	43.03	66.87
131	131	131	5.54	67.98	234.77	32.61	56.85
671	672	676	8.95	51.11	84.37	61.41	2.86
955	960	955	15.40	495.09	122.24	22.81	19.67
1247	1249	1218	-11.69	16.35	27.71	37.42	96.93
7407	7511	7276	-2.68	79.00	43.55	10.81	112.22
84	87	84	-61.89	23.08	21.08	71.43	26.06
1957	2164	1681	4.35	128.62	86.11	78.34	35.87
1907	1860	1907	-10.77	24.92	20.39	61.27	144.41
32274	30957	31304	-5.14	278.04	71.62	20.26	9.20
825	838	730	2.22	126.20	86.26	26.14	47.74
2933	3044	2933	5.27	33.53	62.10	66.98	40.94
4283	4325	4248	-1.35	34.80	36.82	164.67	160.02
15497	14755	14677	0.46	64.07	28.37	120.00	394.22
622	621	622	-4.15	24.64	34.77	106.41	144.08
5094	5082	5084	5.10	90.38	45.57	24.83	238.83
1071	1094	1082	0.58	53.27	33.25	83.96	194.60
2555	2536	2529	10.23	30.02	26.19	8.71	80.01
1287	1319	1287	0.57	17.87	45.00	64.14	153.33
954	971	954	3.10	36.67	132.48		146.05
10695	9853	10983	1.51	85.79	29.33		60.63
4753	4491	4481	8.37	215.58	50.60	0.99	15.29
3037	2685	2745	-22.29	30.83	17.85		44.18

10-7 集体工业企业

Main economic indicators of

指 标	企业单位数(个)	亏损企业	工业总产值(当年价格)	工业销售产值(当年价格)	出口交货值年初存货	产成品
总 计	**16**	**2**	**60132.0**	**59428.0**	**6618.6**	**3237.3**
纺织服装、服饰业	1		2335.6	2646.3	2213.1	1878.9
印刷和记录媒介复制业	1		432.6	3969.0	576.1	468.9
黑色金属冶炼和压延加工业	1		4959.5	4957.2	691.5	9.4
有色金属冶炼和压延加工业	1		2680.0	2480.0	32.3	
金属制品业	8		33686.6	29142.2	1832.5	880.1
通用设备制造业	1		8537.5	8502.5	22.2	
铁路、船舶、航空航天和其他运输设备制造业	3	2	7500.2	7730.8	1250.9	

10-7 集体工业企业

Main economic indicators of

指 标	负债合计	流动负债合计	应付账款	所有者权益合计	实收资本	集体资本
总 计	**38886.0**	**38678.3**	**22311.7**	**18909.2**	**11997.8**	**11399.8**
纺织服装、服饰业	3911.2	3911.2	2000.0	5460.6	2089.3	2089.3
印刷和记录媒介复制业	1865.3	1865.3	1775.6	1885.2	1827.0	1827.0
黑色金属冶炼和压延加工业	4072.6	4072.6	3891.5	443.9	200.0	102.0
有色金属冶炼和压延加工业	3233.3	3025.6	2622.0	1729.9	130.0	130.0
金属制品业	9985.3	9985.3	3430.6	7076.1	5682.5	5182.5
通用设备制造业	2618.5	2618.5	1311.3	1165.9	982.0	982.0
铁路、船舶、航空航天和其他运输设备制造业	13199.8	13199.8	7280.7	1147.6	1087.0	1087.0

主要经济指标(一)
collective industrial enterprises(1)

单位：万元

资产总计	流动资产合计	应收账款	存货	产成品	固定资产合计	固定资产原价	累计折旧	本年折旧
57795.3	**50002.3**	**21086.0**	**7147.3**	**2611.8**	**5650.6**	**12588.4**	**8690.5**	**691.9**
9371.8	5950.6	1627.4	2270.2	1918.5	2450.5	2450.5	1752.5	96.9
3750.5	3292.0	469.8	285.1	222.2	88.5	1145.7	1057.2	
4516.5	4334.2	3665.6	549.0	2.3	177.1	546.4	369.3	22.9
4963.2	4173.2	2432.2	26.0		504.2	900.2	396.0	24.0
17061.5	15363.5	2871.1	2255.0	468.8	1507.7	4387.6	2880.1	420.0
3784.4	3567.2	1899.2	32.4		217.2	1071.9	854.7	87.0
14347.4	13321.6	8120.7	1729.6		705.4	2086.1	1380.7	41.1

主要经济指标(二)
collective industrial enterprises(2)

单位：万元

法人资本	个人资本	营业收入	主营业务收入	营业成本	主营业务成本	营业税金及附加	主营业务税金及附加	其他业务收入
500.0	**98.0**	**69297.1**	**66159.4**	**61747.5**	**59143.3**	**663.0**	**610.2**	**3137.7**
		2880.0	2880.0	2532.0	2532.0	29.7	29.7	
		4414.8	3028.4	3968.7	2579.2	29.8	29.8	1386.4
	98.0	5027.7	5027.7	4966.7	4966.7	44.4	44.4	
		2680.0	2680.0	2555.3	2555.3	12.6	12.6	
500.0		36835.3	35591.2	32445.2	31298.3	341.2	298.2	1244.1
		9271.0	8844.7	8141.8	8141.8	103.2	93.4	426.3
		8188.3	8107.4	7137.8	7070.0	102.1	102.1	80.9

10-7 集体工业企业

Main economic indicators of

指 标	其他业务利润	销售费用	管理费用		财务费用		
				税金		利息收入	利息支出
总 计	**-3.2**	**59.0**	**7967.8**	**40.5**	**-112.2**	**-8.7**	**-25.0**
纺织服装、服饰业		11.8	873.1		-0.2	0.6	
印刷和记录媒介复制业	-3.2		402.1	0.1	-8.8	-9.2	0.4
黑色金属冶炼和压延加工业		33.2	211.3	2.1			
有色金属冶炼和压延加工业			92.6		-7.1	7.1	
金属制品业			3891.0	27.1	-31.9	19.2	
通用设备制造业			991.7	11.2	-4.9	5.6	
铁路、船舶、航空航天和其他运输设备制造业		14.0	1506.0		-59.3	-32.0	-25.4

10-7 集体工业企业

Main economic indicators of

指 标	本年应付职工薪酬	本年应交增值税	总资产贡献率(%)	资产负债率(%)	流动资产周转率(次/年)	成本费用利润率(%)	产品销售率(%)
总 计	**15332.5**	**4415.8**	**9.06**	**67.28**	**1.39**	**0.25**	**98.83**
纺织服装、服饰业	1091.8	227.6	2.81	41.73	0.48	0.21	113.30
印刷和记录媒介复制业	1231.3	250.2	8.21	49.73	1.34	0.42	917.48
黑色金属冶炼和压延加工业	318.5	334.8	11.05	90.17	1.16	2.30	99.95
有色金属冶炼和压延加工业	66.6	59.6	1.85	65.15	0.64	1.01	92.54
金属制品业	7062.5	2192.4	15.85	58.53	2.40	0.52	86.51
通用设备制造业	3448.7	703.2	22.89	69.19	2.60	0.72	99.59
铁路、船舶、航空航天和其他运输设备制造业	2113.1	648.0	3.51	92.00	0.61	-2.95	103.07

主要经济指标(三)
collective industrial enterprises(3)

单位：万元

营业利润	营业外收入	政府补助	营业外支出	利润总额	所得税费用	亏损企业亏损总额	利税总额	应交税金及附加
-1028.3	**1253.9**	**803.3**	**51.6**	**174.0**	**75.4**	**272.5**	**5252.8**	**5194.7**
-566.4	586.5	198.6	12.8	7.1			264.4	257.3
22.9			4.6	18.3	3.6		298.3	283.7
-227.9	347.9	347.9		120.0	2.4		499.2	383.7
26.6				26.6	2.6		98.8	74.8
189.5	30.6	12.9	30.0	190.3	41.8		2723.9	2602.5
39.2	28.4	28.4	2.3	65.3	16.3		871.7	833.9
-512.2	260.5	215.5	1.9	-253.6	8.7	272.5	496.5	758.8

主要经济指标(四)
collective industrial enterprises(4)

单位：万元

从业人员平均人数(人)	从业人员期末人数(人)	平均用工人数(人)	期末用工人数(人)	主营业务收入利润率(%)	人均主营业务收入(万元/人)	每百元资产实现的主营业务收入(元)	产成品存货周转天数(天)	应收账款平均回收期(天)
4325	**4309**	**4207**	**7228**	**0.26**	**15.73**	**114.47**	**19.71**	**114.74**
355	356	355	356	0.25	8.11	30.73	267.14	203.43
281	272	281	272	0.60	10.78	80.75	65.45	55.85
136	136	136	136	2.39	36.97	111.32	0.68	262.47
25	25	25	25	0.99	107.20	54.00		326.71
2343	2349	2225	5900	0.53	16.00	208.61	10.12	29.04
646	632	646		0.74	13.69	233.71		77.30
539	539	539	539	-3.13	15.04	56.51		360.59

10-8 私营工业企业
Major economic indicators of

指 标	企业单位数（个）	亏损企业	工业总产值（当年价格）	工业销售产值（当年价格）	出口交货值
总 计	**230**	**87**	**2054967.2**	**1951376.5**	**10577.9**
煤炭开采和洗选业	22	18	100605.7	98368.7	
黑色金属矿采选业	4	2	82180.0	56785.0	
农副食品加工业	12	1	321287.2	305591.0	
食品制造业	9	1	82206.7	74549.9	
酒、饮料和精制茶制造业	2		5084.9	5332.0	
纺织业	1		2108.2	2278.6	
木材加工和木、竹、藤、棕、草制品业	1		62.0	67.1	
家具制造业	2		7291.5	7291.5	
造纸和纸制品业	4	1	17628.9	16800.8	
印刷和记录媒介复制业	5	1	23062.6	23238.7	
文教、工美、体育和娱乐用品制造业	1		23044.6	23044.6	
石油加工、炼焦和核燃料加工业	9	8	302570.5	307054.2	
化学原料和化学制品制造业	7	1	106041.5	99848.1	723.9
医药制造业	4	1	17879.4	15705.8	2568.1
橡胶和塑料制品业	4		38790.0	37356.6	
非金属矿物制品业	34	15	206696.0	190612.2	
黑色金属冶炼和压延加工业	16	8	190179.4	196300.3	818.0
有色金属冶炼和压延加工业	6	5	34779.7	34630.8	3166.5
金属制品业	15	5	102547.2	71876.6	1939.0
通用设备制造业	12	2	69840.1	69505.1	
专用设备制造业	24	7	105705.3	104027.1	1362.4
汽车制造业	1	1	7003.9	6553.8	
铁路、船舶、航空航天和其他运输设备制造业	1		2356.4	2356.4	
电气机械和器材制造业	14	6	34126.4	34345.4	
计算机、通信和其他电子设备制造业	11	2	54870.0	54204.7	
仪器仪表制造业	7		88767.3	85399.7	
金属制品、机械和设备修理业	1	1	4388.7	4388.7	
电力、热力生产和供应业	1	1	23863.1	23863.1	

主要经济指标(一)
private industrial enterprises(1)

单位：万元

年初存货		资产总计	流动资产合计				固定资产合计
	产成品			应收账款	存货		
						产成品	
391327.4	**126603.0**	**4208778.8**	**2623503.8**	**646289.0**	**412910.1**	**160366.7**	**923155.5**
27965.3	11726.1	450125.5	278802.0	45324.0	41885.0	22940.3	133213.1
3788.5	57.7	61867.0	35034.4	17054.3	16153.1	13548.6	16900.7
25006.9	5171.3	272601.7	126868.0	18583.4	31957.4	12222.9	88607.9
15383.8	2075.5	187971.2	77489.2	12113.9	20484.5	2996.1	94578.2
2813.3		13162.9	7920.3	1114.0	3667.8	1632.7	3973.4
1098.0	720.5	4610.7	2830.7	235.3	747.1	515.3	296.0
		13345.0	6507.3	153.1	225.6	121.1	
1555.1		13012.4	6973.4	1239.2	1556.0		5801.5
3065.1	979.3	23237.7	12213.0	6626.7	3440.8	936.4	6857.7
6591.9	2832.0	39056.9	25030.3	6234.9	6911.5		12291.9
		12181.1	11778.7	5785.2	3.3		402.3
70843.3	31168.1	1057981.7	713787.1	56293.0	44791.7	15868.2	113344.8
12134.0	5539.1	108616.8	72062.5	20464.2	7023.7	3086.4	16093.5
9077.6	1068.8	46119.6	27837.2	1725.0	10096.2	2963.6	10409.8
6578.9	2775.0	39645.8	29371.2	17299.0	10175.5	3387.6	3096.8
20307.7	5786.2	325800.6	198386.8	135414.0	20999.3	5444.6	105946.4
72854.7	21657.7	500307.6	273285.8	28121.8	72846.9	37417.4	157076.4
10890.9	3758.3	119162.2	47920.3	10114.6	7063.6	4671.5	14857.1
22674.6	10778.6	97432.8	76926.1	29123.6	21435.4	9643.0	16528.4
9226.6	4423.9	104895.3	68937.4	25514.6	11015.7	4370.4	15107.4
25794.9	3713.0	237704.7	171625.0	76842.2	28522.9	3917.2	37396.3
9441.3	8702.3	20151.6	15165.7	1109.1	9067.1	7738.8	4856.1
3371.4		8135.9	7200.9	2535.4	2405.9	1135.8	924.0
7601.2	1326.4	69461.3	61769.6	32765.9	5971.5	1289.1	5797.0
4205.8	598.7	101061.3	74730.7	28060.8	8265.0	2214.5	20528.2
19056.0	1741.9	181190.5	145635.3	63279.3	26076.9	2184.5	13433.6
		1801.9	1443.6	812.2			158.3
2.6	2.6	98137.1	45971.3	2350.3	120.7	120.7	24678.7

10-8 私营工业企业

Major economic indicators of

指 标	固定资产原价	累计折旧	本年折旧	负债合计	流动负债合计
总 计	**1364959.3**	**514283.7**	**77411.5**	**3460506.1**	**2572913.0**
煤炭开采和洗选业	148723.2	20051.0	5418.7	418548.4	223922.5
黑色金属矿采选业	30930.9	14030.2	1071.3	60635.9	55914.6
农副食品加工业	103266.0	22778.2	7597.1	132324.3	99114.3
食品制造业	86941.4	15291.0	4072.6	117936.3	88260.1
酒、饮料和精制茶制造业	2428.2	816.7	207.6	2534.0	1838.2
纺织业	166.7	122.4	10.1	2232.3	2030.5
木材加工和木、竹、藤、棕、草制品业				9560.0	
家具制造业	8047.6	2246.1	464.6	2559.8	2439.8
造纸和纸制品业	11094.3	4494.4	2116.2	15253.5	13541.4
印刷和记录媒介复制业	20475.2	12058.7	925.1	25886.8	23427.9
文教、工美、体育和娱乐用品制造业	1067.3	665.0	152.0	10464.4	10464.4
石油加工、炼焦和核燃料加工业	263559.5	153711.0	12866.0	922628.5	753648.3
化学原料和化学制品制造业	25999.7	10446.1	2146.7	79321.5	32764.0
医药制造业	15397.7	4992.8	745.3	32340.0	30131.6
橡胶和塑料制品业	5385.6	2288.9	291.6	31072.1	29478.8
非金属矿物制品业	166123.5	63477.5	9949.7	253177.4	228040.0
黑色金属冶炼和压延加工业	258174.0	104997.2	14226.8	635478.6	391122.2
有色金属冶炼和压延加工业	21785.4	9770.5	912.1	121020.3	23011.2
金属制品业	31664.1	15154.7	2406.7	54445.1	53545.0
通用设备制造业	26276.4	11272.2	2361.7	83603.1	80584.0
专用设备制造业	57669.0	22142.7	4864.5	165611.4	159193.8
汽车制造业	6948.3	2092.2	519.1	17588.1	17588.1
铁路、船舶、航空航天和其他运输设备制造业	3077.1	2153.1	617.8	3123.9	3123.9
电气机械和器材制造业	7948.4	3226.6	325.2	27867.2	27526.6
计算机、通信和其他电子设备制造业	13837.9	6303.2	1063.9	60356.1	56843.3
仪器仪表制造业	19090.8	5657.2	1004.7	76121.7	75602.7
金属制品、机械和设备修理业	274.8	116.5		1212.0	1212.0
电力、热力生产和供应业	28606.3	3927.6	1074.4	97603.4	88543.8

主要经济指标(二)
private industrial enterprises(2)

单位：万元

应付账款	非流动负债合计	所有者权益合计	实收资本	国家资本	集体资本	法人资本	个人资本	港澳台资本
582973.4	**488873.4**	**753401.4**	**589378.7**	**232.0**	**7762.1**	**269571.2**	**311699.8**	**45.0**
39358.0	14562.8	31115.8	41135.0			31295.0	9840.0	
30577.9		-3326.7	11310.0			10810.0	500.0	
16464.6	28805.4	140277.2	26006.1	30.0	3667.0	2572.0	19737.1	
8516.1	14522.8	65311.7	25967.6			3910.4	22057.2	
372.5	695.8	10628.9	6100.0				6100.0	
242.5	201.8	2378.4	500.0				500.0	
554.1	120.0	10452.6	2700.0				2700.0	
668.1	1712.1	7984.1	8318.4			1162.0	7156.4	
6215.2	1804.9	13170.1	5500.0				5500.0	
10434.7		1716.7	500.0				500.0	
76916.5	168979.9	135353.2	80936.0			41635.0	39301.0	
13021.4	60.0	23584.9	8356.6		37.6	319.0	8000.0	
4674.8	2103.3	13779.6	10236.1			1160.0	9076.1	
9331.5	380.0	8573.7	8745.8			3608.8	5137.0	
121540.9	21302.2	72622.7	60499.1			13860.0	46639.1	
73648.3	211177.9	-127106.5	78618.1			63688.0	14930.0	
920.1	1000.0	14446.6	16200.0	100.0		10600.0	5500.0	
7673.9	563.5	42987.5	17697.3			1660.0	16037.3	
17638.1	2999.1	21292.0	27768.0		4000.0	18360.0	5408.0	
53313.6	6417.5	72092.7	55622.0			12110.0	43512.0	
1469.3		2563.5	2000.0			1900.0	100.0	
903.3		5012.0	500.0				500.0	
17355.9	-1590.8	41593.6	43746.0	102.0	57.5	24562.0	18911.0	45.0
27295.2	3512.6	40704.9	16749.0			1030.0	15719.0	
40159.4	483.0	105068.7	32567.6			25311.0	7256.6	
528.1		589.8	100.0			18.0	82.0	
3179.4	9059.6	533.7	1000.0				1000.0	

10-8　私营工业企业

Major economic indicators of

指　标	外商资本	营业收入	主营业务收入	营业成本	主营业务成本
总　计	**68.5**	**2048051.2**	**2007266.1**	**1777467.7**	**1735731.9**
煤炭开采和洗选业		163154.9	162108.9	133354.1	125341.4
黑色金属矿采选业		31506.8	31506.8	20940.8	20940.8
农副食品加工业		318213.5	317563.5	279363.9	279363.9
食品制造业		72256.0	72145.9	46196.7	46196.1
酒、饮料和精制茶制造业		5302.2	5302.2	3793.9	3793.9
纺织业		2331.7	2331.7	1274.2	1274.2
木材加工和木、竹、藤、棕、草制品业		1533.0	1533.0	1228.0	1228.0
家具制造业		7311.9	7311.9	4717.4	4717.4
造纸和纸制品业		17095.0	17015.8	15821.7	15814.8
印刷和记录媒介复制业		24549.5	24423.1	20564.6	20540.4
文教、工美、体育和娱乐用品制造业		16954.4	16954.4	13065.1	13065.1
石油加工、炼焦和核燃料加工业		298399.4	289843.3	260960.9	254134.5
化学原料和化学制品制造业		94424.5	94200.8	83432.4	83200.1
医药制造业		15939.9	15150.3	10408.7	10406.9
橡胶和塑料制品业		34787.3	34787.3	27416.1	27416.1
非金属矿物制品业		202797.3	202531.6	183116.9	183116.9
黑色金属冶炼和压延加工业		198858.8	179657.4	224774.5	202921.4
有色金属冶炼和压延加工业		30976.8	30542.2	29495.6	29269.8
金属制品业		77765.2	76842.3	69205.0	69205.0
通用设备制造业		77251.0	77155.3	57520.8	57480.8
专用设备制造业		114606.1	114188.6	95582.3	95540.8
汽车制造业		9200.1	6553.8	8473.3	5917.9
铁路、船舶、航空航天和其他运输设备制造业		2336.5	2336.5	1982.2	1982.2
电气机械和器材制造业	68.5	44687.7	44359.3	40860.6	40644.2
计算机、通信和其他电子设备制造业		70144.7	66776.6	53864.8	52703.4
仪器仪表制造业		87089.2	85565.8	66634.1	66096.8
金属制品、机械和设备修理业		4714.7	4714.7	4722.9	4722.9
电力、热力生产和供应业		23863.1	23863.1	18696.2	18696.2

主要经济指标(三)
private industrial enterprises(3)

单位：万元

营业税金及附加		其他业务收入	其他业务利润	销售费用	管理费用		财务费用	
	主营业务税金及附加					税金		利息收入
20830.6	**20758.6**	**40785.1**	**3142.8**	**82590.7**	**110346.0**	**4130.5**	**64634.0**	**1061.5**
4033.0	4030.5	1046.0		4800.2	2815.1	148.8	3059.7	7.4
2801.3	2801.3			1598.8	3471.6	13.2	1609.1	-67.4
542.4	542.4	650.0		9776.0	4780.1	153.4	4353.5	-49.3
275.3	275.3	110.1	34.3	6931.1	6377.0	213.2	3502.5	224.8
58.5	58.5			388.7	530.8	3.1	66.1	
26.5	26.5			370.0	554.4	2.8	80.5	-1.7
3.0	3.0			22.6	85.6	4.3	47.8	0.1
18.2	18.2			1283.9	1014.4	7.2	-12.4	12.8
38.1	38.1	79.2	79.2	248.2	562.3	36.1	318.2	3.6
85.4	85.4	126.4	102.2	143.4	1918.4	25.4	865.9	4.7
8.8	8.8			472.4	194.9		99.0	
8320.6	8307.8	8556.1	257.9	23169.0	12812.6	1084.4	24058.0	512.3
503.2	503.2	223.7	-8.6	4077.2	3952.1	42.8	2086.2	0.2
121.7	121.7	789.6	787.8	1240.2	2225.9	85.7	443.5	31.1
39.9	39.9			442.2	1738.6	30.0	702.1	2.7
812.0	806.9	265.7	827.2	5663.1	11539.4	582.5	6859.6	50.3
198.9	198.9	19201.4		3149.2	7324.5	616.8	5294.9	-189.5
39.3	19.9	434.6		216.5	1869.7	38.0	2535.3	92.7
329.7	329.7	922.9		1679.1	4169.7	339.0	583.2	7.0
287.6	285.4	95.7	77.2	2480.9	5423.9	67.2	2939.3	81.8
631.3	631.3	417.5	179.6	3513.2	11824.3	400.7	2113.4	287.1
5.0	5.0	2646.3		515.5	271.1	9.9	32.0	0.4
39.3	39.3				189.2		87.9	
260.0	260.0	328.4	112.1	1015.5	3420.6	48.8	450.1	0.8
274.0	252.9	3368.1	569.3	2439.5	8035.8	29.0	1099.8	15.0
322.9	314.0	1523.4	124.6	2896.5	9450.3	148.2	591.8	24.1
92.8	92.8			1.1	166.2		-1.7	
661.9	661.9			4056.7	3627.5		768.7	10.5

10-8 私营工业企业

Major economic indicators of

指　　标	利息支出	营业利润	资产减值损失	投资收益	营业外收入
总　计	**52288.9**	**-4360.0**	**938.3**	**4300.5**	**15396.8**
煤炭开采和洗选业	1078.2	15001.8	91.2		716.9
黑色金属矿采选业	19.7	1485.4	-400.2		
农副食品加工业	4029.0	19397.3			540.9
食品制造业	3604.6	9010.9	-36.9	0.9	1086.8
酒、饮料和精制茶制造业	66.1	464.1			
纺织业	72.3	34.3	-8.3		137.3
木材加工和木、竹、藤、棕、草制品业		146.0			0.0
家具制造业		292.9		2.5	29.0
造纸和纸制品业	338.7	106.5			40.0
印刷和记录媒介复制业	770.1	971.8			64.9
文教、工美、体育和娱乐用品制造业		3114.0			6.9
石油加工、炼焦和核燃料加工业	20460.3	-31190.6		-269.1	835.0
化学原料和化学制品制造业	1647.4	373.3			22.5
医药制造业	449.1	1474.2	25.5		382.7
橡胶和塑料制品业	702.7	4448.4			1.4
非金属矿物制品业	5881.6	-5136.4	48.6	6.8	1321.5
黑色金属冶炼和压延加工业	5472.9	-41881.1		2.5	436.1
有色金属冶炼和压延加工业	2196.8	-3179.4			228.3
金属制品业	586.5	1793.1	5.4		879.1
通用设备制造业	827.1	8598.1			495.7
专用设备制造业	1405.0	950.8	244.4	255.0	2480.8
汽车制造业	22.8	-97.3			
铁路、船舶、航空航天和其他运输设备制造业	87.9	37.7			0.4
电气机械和器材制造业	72.9	-1319.6			40.2
计算机、通信和其他电子设备制造业	1103.2	8732.9		4301.9	201.0
仪器仪表制造业	614.8	6225.6	968.6		1712.7
金属制品、机械和设备修理业		-266.7			
电力、热力生产和供应业	779.2	-3948.0			3736.7

主要经济指标(四)
private industrial enterprises(4)

单位：万元

政府补助	营业外支出	利润总额	所得税费用	亏损企业亏损总额	利税总额	应交税金及附加	本年应付职工薪酬	本年应交增值税
3323.7	**3985.3**	**6951.1**	**11375.9**	**103330.9**	**74725.5**	**83280.8**	**111216.1**	**46943.8**
	33.6	15685.0	5708.2	7126.8	25278.6	15450.6	10056.5	5560.6
	91.9	1393.5		139.8	6080.5	4700.2	1494.1	1885.7
191.0	630.4	19307.7	448.6	75.2	21212.6	2506.9	5729.9	1362.5
385.0	677.3	9420.4	1485.6	1262.6	12402.9	4681.3	5623.5	2707.2
		464.1	92.1		624.2	255.3	246.6	101.6
	1.4	170.2	25.5		394.3	252.4	482.6	197.6
		146.0			149.0	7.3		
	0.2	321.6	2.9		489.5	178.0	1093.1	149.7
		146.5	18.7	6.9	335.6	243.9	991.7	151.0
	252.1	784.5	9.3	190.6	1431.2	681.4	1897.2	561.3
		3120.9	30.2		3310.2	219.5	650.0	180.5
155.5	186.4	-30541.9	185.5	30577.4	-12942.7	18869.1	12445.6	9278.6
5.1	20.4	375.3	246.3	1052.4	3283.1	3196.9	3665.4	2404.6
374.8	0.2	1856.6	365.1	628.2	2977.9	1572.1	1845.7	999.6
	7.4	4442.4	67.5		4922.0	577.2	1154.1	439.7
83.6	456.9	-4371.3	609.3	7385.9	1075.8	6639.4	10872.9	4635.1
	1051.4	-42496.3	35.2	44597.6	-40917.5	2230.8	11785.7	1379.9
	8.8	-2960.0		3141.0	-2704.5	293.5	2177.5	216.2
548.9	34.7	2637.1	336.4	234.9	4933.2	2971.5	8006.3	1966.4
397.1	126.5	8967.3	337.4	2347.1	11210.2	2647.5	3079.6	1955.3
582.0	199.2	3232.2	806.5	2101.8	8173.8	6148.8	9957.8	4310.3
		-97.9		97.9	0.3	108.1	864.4	93.2
		38.0			377.0	339.0	429.5	299.7
	15.6	-1294.6	30.0	1435.3	-688.1	685.3	2435.8	346.5
11.6	5.8	8928.2	235.5	442.4	11787.0	3123.3	5323.8	2584.8
589.1	175.4	7762.7	299.5		10587.5	3272.5	4531.3	2501.9
		-266.7		266.7	520.5	787.2	3121.0	694.4
	9.1	-220.4		220.4	421.4	641.8	1254.5	-20.1

10-8 私营工业企业

Major economic indicators of

指 标	总资产贡献率（%）	资产负债率（%）	流动资产周转率(次/年)	成本费用利润率(%)	产品销售率（%）
总 计	**2.99**	**82.22**	**0.78**	**0.34**	**94.96**
煤炭开采和洗选业	5.85	92.98	0.59	10.89	97.78
黑色金属矿采选业	9.97	98.01	0.90	5.05	69.10
农副食品加工业	9.28	48.54	2.51	6.47	95.11
食品制造业	8.40	62.74	0.93	14.95	90.69
酒、饮料和精制茶制造业	5.24	19.25	0.67	9.71	104.86
纺织业	10.16	48.42	0.82	7.47	108.08
木材加工和木、竹、藤、棕、草制品业	1.12	71.64	0.24	10.55	108.23
家具制造业	3.66	19.67	1.05	4.59	100.00
造纸和纸制品业	2.89	65.64	1.40	0.86	95.30
印刷和记录媒介复制业	5.62	66.28	0.98	3.34	100.76
文教、工美、体育和娱乐用品制造业	27.17	85.91	1.44	22.56	100.00
石油加工、炼焦和核燃料加工业	0.66	87.21	0.42	-9.51	101.48
化学原料和化学制品制造业	4.54	73.03	1.31	0.40	94.16
医药制造业	7.36	70.12	0.57	12.97	87.84
橡胶和塑料制品业	14.18	78.37	1.18	14.66	96.30
非金属矿物制品业	2.12	77.71	1.02	-2.11	92.22
黑色金属冶炼和压延加工业	-7.05	127.02	0.73	-17.67	103.22
有色金属冶炼和压延加工业	-0.50	101.56	0.65	-8.68	99.57
金属制品业	5.66	55.88	1.01	3.49	70.09
通用设备制造业	11.40	79.70	1.12	13.12	99.52
专用设备制造业	3.91	69.67	0.67	2.86	98.41
汽车制造业	0.11	87.28	0.61	-1.05	93.57
铁路、船舶、航空航天和其他运输设备制造业	5.71	38.40	0.32	1.68	100.00
电气机械和器材制造业	-0.89	40.12	0.72	-2.83	100.64
计算机、通信和其他电子设备制造业	12.74	59.72	0.94	13.64	98.79
仪器仪表制造业	6.17	42.01	0.60	9.76	96.21
金属制品、机械和设备修理业	28.89	67.26	3.27	-5.46	100.00
电力、热力生产和供应业	1.21	99.46	0.52	-0.81	100.00

主要经济指标(五)
private industrial enterprises(5)

单位：万元

从业人员平均人数(人)	从业人员期末人数(人)	平均用工人数(人)	期末用工人数(人)	主营业务收入利润率(%)	人均主营业务收入(万元/人)	每百元资产实现的主营业务收入(元)	产成品存货周转天数(天)	应收账款平均回收期(天)
29015	**28658**	**29589**	**28353**	**0.35**	**67.84**	**47.69**	**26.26**	**115.91**
1465	1467	1444	1430	9.68	112.26	36.01	33.68	100.65
412	369	527	512	4.42	59.79	50.93	0.99	194.86
1721	1746	1663	1757	6.08	190.96	116.49	6.66	21.07
1530	1562	1594	1562	13.06	45.26	38.38	16.17	60.45
96	102	102	109	8.75	51.98	40.28		75.64
112	108	112	108	7.30	20.82	50.57	203.56	36.33
		65		9.52	23.58	11.49		35.95
234	233	234	232	4.40	31.25	56.19		61.01
327	303	414	381	0.86	41.10	73.22	22.29	140.20
567	542	472	442	3.21	51.74	62.53	49.63	91.90
42	32	100		18.41	169.54	139.19		122.84
4421	4579	4274	4253	-10.54	67.82	27.40	44.15	69.92
979	944	1116	949	0.40	84.41	86.73	23.97	78.21
540	559	553	567	12.25	27.40	32.85	36.97	40.99
439	439	339	439	12.77	102.62	87.75	36.44	179.02
3348	3427	3210	3320	-2.16	63.09	62.16	11.38	240.70
2940	2954	2809	2621	-23.65	63.96	35.91	38.42	56.35
639	637	937	639	-9.69	32.60	25.63	46.22	119.22
2274	1586	2495	1927	3.43	30.80	78.87	56.07	136.44
1099	1093	1082	952	11.62	71.31	73.55	27.71	119.05
2243	2278	2211	2213	2.83	51.65	48.04	13.99	242.26
355	350	355	355	-1.49	18.46	32.52	529.38	60.92
103	115	103	115	1.63	22.68	28.72		390.65
600	592	583	578	-2.92	75.44	63.86	11.75	265.91
923	885	978	929	13.37	68.28	66.08	4.09	151.28
594	572	800	779	9.07	106.96	47.22	9.49	266.23
802	804	802	804	-5.66	5.88	261.65		62.02
210	380	210	380	-0.92	113.63	24.32	0.05	35.46

10-9 外商投资和港澳台商

The main economic indicators of Industrial Enterprises with

指标	企业单位数(个)	亏损企业	工业总产值(当年价格)	工业销售产值(当年价格)	出口交货值	年初存货	产成品	资产总计
总计	**24**	**13**	**5921638.3**	**5753665.0**	**3766443.4**	**491585.6**	**285400.0**	**5632320.5**
食品制造业	1	1	51313.5	53486.6		3595.4	1017.4	18499.7
酒、饮料和精制茶制造业	2	2	43809.2	41244.7		4691.7	3675.8	37950.9
纺织业	1	1	5995.3	6410.5	2406.2	1880.6	916.6	24827.3
石油加工、炼焦和核燃料加工业	2	2	147150.5	119767.9		41023.4	23983.8	178302.6
化学原料和化学制品制造业	1		19053.9	18680.5		3631.1	1664.7	21164.6
橡胶和塑料制品业	1		19130.5	14622.3		3920.0	112.0	36883.6
非金属矿物制品业	2	2	17344.7	15622.8		3533.6	1184.5	36784.5
黑色金属冶炼和压延加工业	2	2	2405.8	2405.8		5110.6	2912.4	12814.0
通用设备制造业	2	1	5567.7	16541.1	3491.4	3225.8	1606.0	16294.8
专用设备制造业	3	1	15335.5	14400.3	3938.4	7007.1	1169.1	27500.8
汽车制造业	1		4233.1			2193.9	856.0	7939.3
铁路、船舶、航空航天和其他运输设备制造业	1		240824.5	236896.8		48331.1	2789.0	220322.2
计算机、通信和其他电子设备制造业	2		5214964.9	5079076.5	3756607.4	346424.5	242437.8	4805943.2
仪器仪表制造业	1		82265.9	82265.9		15155.9		102519.5
废弃资源综合利用业	1		19213.0	19213.0		1477.1	1064.1	46798.8
燃气生产和供应业	1	1	33030.3	33030.3		383.8	10.8	37774.7

10-9 外商投资和港澳台商

The main economic indicators of Industrial Enterprises with

指标	流动负债合计	应付账款	非流动负债合计	所有者权益合计	实收资本	国家资本	法人资本
总计	**4133017.3**	**1995969.5**	**51340.1**	**1447962.9**	**824315.5**	**2511.6**	**100742.6**
食品制造业	5140.7	4203.6	144.0	13214.9	11667.0		11667.0
酒、饮料和精制茶制造业	28765.3	4948.5	51.0	9134.6	8312.9		2076.8
纺织业	16543.5	7793.1		8283.8	12520.0		
石油加工、炼焦和核燃料加工业	190665.6	21105.7	3765.1	-16128.0	43585.0		43585.0
化学原料和化学制品制造业	5287.9	3631.2	27.2	15849.4	4340.1	2126.6	
橡胶和塑料制品业	12749.7	624.4		24133.9	23143.8		
非金属矿物制品业	18556.3	12070.6	22085.6	-3857.4	16009.8		10909.8
黑色金属冶炼和压延加工业	10395.9	2007.6		2418.0	3903.1		
通用设备制造业	9516.4	7878.3		6778.4	7016.1		
专用设备制造业	15618.9	7443.7	972.1	10909.8	24340.8	385.0	8700.0
汽车制造业	1753.4	130.9	30.0	6155.9	3004.0		3004.0
铁路、船舶、航空航天和其他运输设备制造业	129408.7	44497.7	5012.0	85901.5	16071.4		11250.0
计算机、通信和其他电子设备制造业	3615338.3	1843651.8		1190604.9	610401.5		
仪器仪表制造业	41257.5	8974.1	6253.1	55008.9	5000.0		3050.0
废弃资源综合利用业	4694.4	855.7	13000.0	29104.4	25000.0		
燃气生产和供应业	27324.8	26152.6		10449.9	10000.0		6500.0

投资工业企业主要经济指标(一)

Hong Kong, Macao and Taiwan and foreign fonds(1)

单位：万元

流动资产合计	应收账款	存货	产成品	固定资产合计	固定资产原价	累计折旧	本年折旧	负债合计
4406806.7	**1284310.4**	**761420.7**	**447769.5**	**977780.4**	**2691796.1**	**1919638.7**	**294158.7**	**4184357.5**
10431.8	7955.9	1017.4	154.6	5257.1	21329.1	16072.0	2550.0	5284.7
10709.7	2018.6	5104.0	3658.5	26936.8	55184.8	28248.0	2548.4	28816.3
16036.4	7898.4	1727.6	1003.9	5217.6	9060.4	3842.8	847.4	16543.5
77048.9	8911.4	40108.5	21107.1	63273.1	123946.1	60673.0	9312.5	194430.7
17589.6	8333.8	2794.7	1330.5	3396.2	12092.7	8696.5	314.6	5315.2
10790.8	1788.0	2621.9	45.3	26089.5	48750.4	23108.5	4729.3	12749.7
9682.0	2460.1	5541.2	2495.9	14901.7	22392.1	7490.5	393.3	40641.9
11946.2	4240.7	5230.4	2351.2	867.7	2765.9	1919.9	247.0	10395.9
8432.3	907.5	5240.6	3829.2	6574.4	7448.6	1823.4	408.8	9516.4
16803.7	5295.6	5953.7	1476.9	10658.0	26365.6	15707.6	1582.1	16591.0
4056.9	1746.8	1752.9	856.0	2571.9	5603.8	3031.9	310.3	1783.4
185914.4	57668.7	51920.2	3359.2	31277.2	70136.2	38859.1	10942.6	134420.7
3953362.5	1160100.0	609222.7	397772.2	720175.8	2211530.5	1695559.0	256053.4	3615338.3
62941.5	11851.5	20845.1	6795.8	4655.8	9633.9	4978.1	611.1	47510.6
6425.7	1840.3	1909.8	1528.6	38349.0	43334.1	4985.1	2042.7	17694.4
4634.3	1293.1	430.0	4.6	17578.6	22221.9	4643.3	1265.2	27324.8

投资工业企业主要经济指标(二)

Hong Kong, Macao and Taiwan and foreign fonds(2)

单位：万元

个人资本	港澳台资本	外商资本	营业收入	主营业务收入	营业成本	主营业务成本	营业税金及附加	主营业务税金及附加	其他业务收入
16930.0	**28853.1**	**675277.5**	**6076186.6**	**6041417.3**	**5289814.2**	**5232835.2**	**19413.6**	**19292.0**	**34769.3**
			57375.3	53486.6	52613.5	49099.8	59.8	59.8	3888.7
		6236.1	62712.7	62111.0	49636.0	49345.8	327.2	327.2	601.7
11930.0		590.0	4785.1	4785.1	3933.3	3933.3	3.2	3.2	
			139905.2	138075.3	132798.2	131547.8	114.3	114.3	1829.9
		2213.5	18681.5	18680.5	15531.7	15529.0	126.2	126.2	1.0
		23143.8	23621.5	22716.4	20052.8	19269.6	150.3	150.3	905.1
		5100.0	15684.9	15604.6	15480.8	15384.8	9.0	9.0	80.3
1500.0	1903.1	500.0	2422.3	2421.6	2464.3	2464.3	2.5	2.5	0.7
		7016.1	16587.1	16535.1	13796.2	13796.2	9.6	9.6	52.0
		15255.1	19340.7	19305.7	15797.6	15792.6	146.5	56.2	35.0
			5490.2	5439.5	3926.0	3906.2	57.6	29.0	50.7
		4821.4	237396.4	236896.8	175177.0	175177.0	1263.0	1263.0	499.6
		610401.5	5341038.2	5314785.4	4688975.7	4638245.1	16436.0	16436.0	26252.8
	1950.0		80821.2	80821.2	60900.9	60900.9	446.7	446.7	
	25000.0		17294.0	17279.6	7095.5	7095.5	259.0	259.0	14.4
3500.0			33030.3	32472.9	31634.7	31347.3	2.7		557.4

10-9 外商投资和港澳台商

The main economic indicators of Industrial Enterprises with

指 标	其他业务利润	销售费用	管理费用		财务费用		
				税金		利息收入	利息支出
总 计	**8471.2**	**45037.6**	**123850.5**	**9669.1**	**40060.7**	**-15615.4**	**29577.3**
食品制造业	375.0	3452.1	1399.5	72.4	-31.8	35.8	
酒、饮料和精制茶制造业		11281.2	2339.7	288.6	329.9	5.2	335.0
纺织业		56.5	511.6	47.3	1314.4	-0.8	1335.5
石油加工、炼焦和核燃料加工业	579.5	13198.7	3891.9	332.9	6843.9	-425.9	4606.1
化学原料和化学制品制造业		1781.3	1297.4	54.4	-33.8	-37.6	
橡胶和塑料制品业	90.6	733.2	1257.5	95.1	948.1	124.8	199.7
非金属矿物制品业	-15.7	504.2	2693.7	13.3	1021.3	18.2	181.5
黑色金属冶炼和压延加工业		36.2	394.4	1.3	311.8	1.7	313.3
通用设备制造业	52.0	1155.4	1035.1	65.4	-93.5	-44.1	10.9
专用设备制造业	30.0	812.8	2788.1	62.4	343.2	1.6	488.6
汽车制造业		119.1	970.2	625.5	113.9	0.7	65.6
铁路、船舶、航空航天和其他运输设备制造业		4845.1	11804.8	393.9	4125.2	167.5	3920.5
计算机、通信和其他电子设备制造业	7345.5	2266.9	80425.0	7430.9	23406.5	-15417.0	17321.3
仪器仪表制造业		4443.9	6570.6	123.5	495.5	-12.0	501.1
废弃资源综合利用业	14.3	291.2	5582.2	44.8	909.8	-17.3	298.2
燃气生产和供应业		59.8	888.8	17.4	56.3	-16.2	

10-9 外商投资和港澳台商

The main economic indicators of Industrial Enterprises with

指 标	应交税金及附加	本年应付职工薪酬	本年应交增值税	总资产贡献率(%)	资产负债率(%)	流动资产周转率(次/年)	成本费用利润率(%)
总 计	**274464.0**	**444706.6**	**198556.5**	**9.73**	**74.29**	**1.38**	**5.18**
食品制造业	786.9	2326.7	477.0	2.19	28.57	5.50	-0.17
酒、饮料和精制茶制造业	3249.8	5489.3	2634.0	5.11	75.93	5.86	-2.12
纺织业	75.3	248.5	24.8	1.32	66.63	0.30	-17.83
石油加工、炼焦和核燃料加工业	2083.8	2949.3	1636.6	-5.93	109.05	1.82	-11.07
化学原料和化学制品制造业	1333.6	2139.6	1043.1	6.16	25.11	1.06	0.52
橡胶和塑料制品业	664.0	1264.2	267.9	2.99	34.57	2.19	2.66
非金属矿物制品业	38.5	3332.6	16.2	0.27	110.49	1.62	-0.46
黑色金属冶炼和压延加工业	25.7	195.0	21.9	-3.43	81.13	0.20	-24.18
通用设备制造业	26.3	1340.8	-160.8	3.53	58.40	1.97	4.22
专用设备制造业	1191.4	3305.4	951.3	3.51	60.33	1.15	-3.13
汽车制造业	1182.8	1094.7	438.1	9.58	22.46	1.35	3.89
铁路、船舶、航空航天和其他运输设备制造业	20992.7	8927.8	13268.6	26.54	61.01	1.28	20.51
计算机、通信和其他电子设备制造业	238035.2	405473.2	176003.6	9.97	75.23	1.35	5.29
仪器仪表制造业	3551.3	2293.6	1761.3	10.59	46.34	1.28	11.23
废弃资源综合利用业	1434.3	2214.1	167.1	9.14	37.81	2.69	25.49
燃气生产和供应业	-207.6	2111.8	5.8	-3.28	72.34	7.13	-3.87

投资工业企业主要经济指标(三)
Hong Kong, Macao and Taiwan and foreign fonds(3)

单位：万元

营业利润	资产减值损失	公允价值变动收益	投资收益	营业外收入	政府补助	营业外支出	利润总额	所得税费用	亏损企业亏损总额	利税总额
253742.7	**226.4**	**265.6**	**-304306.6**	**39650.7**	**945.5**	**8692.1**	**284701.1**	**46824.8**	**22828.2**	**502671.2**
-117.8				64.7		43.6	-96.7	177.7	96.7	440.1
-1201.3				86.1		236.0	-1351.2		1351.2	1610.0
-1033.8				0.3		3.4	-1036.9		1036.9	-1008.9
-16941.8				27.6		437.5	-17351.7		17351.7	-15600.8
114.1	-60.0		75.5	10.5		27.7	97.0	109.9		1266.3
584.8			105.2	35.5		9.2	611.1	150.7		1029.3
-4024.0				5721.5	46.7	1787.7	-90.3		90.3	-65.1
-787.3				12.0	12.0	0.1	-775.4		775.4	-751.0
684.9				23.6		37.6	670.9	112.1	166.2	519.7
-664.3	117.0			62.0	20.0	15.9	-618.3	31.2	696.5	479.5
301.7	1.5					102.0	199.6	61.6		695.3
40181.9				61.4	50.0	56.8	40186.5	6067.2		54718.1
225306.4		265.6	-304487.3	32688.6		4144.3	253850.7	38164.7		446290.3
7470.7	492.6			856.5	816.8	195.2	8132.0	1219.8		10340.0
3549.8	-393.9			0.4		13.1	3537.1	963.4		3963.2
318.7	69.2					1582.0	-1263.3	-233.5	1263.3	-1254.8

投资工业企业主要经济指标(四)
Hong Kong, Macao and Taiwan and foreign fonds(4)

单位：万元

产品销售率(%)	从业人员平均人数(人)	从业人员期末人数(人)	平均用工人数(人)	期末用工人数(人)	主营业务收入利润率(%)	人均主营业务收入(万元/人)	每百元资产实现的主营业务收入(元)	产成品存货周转天数(天)	应收账款平均回收期(天)
97.16	**62404**	**62069**	**64984**	**58396**	**4.71**	**92.97**	**107.26**	**19.63**	**76.53**
104.23	270	262	270	262	-0.18	198.10	289.12	7.46	53.55
94.15	1112	1068	1111	1068	-2.18	55.91	163.66	26.82	11.70
106.93	115	114	114	114	-21.67	41.97	19.27	83.89	594.22
81.39	1753	1741	1805	1744	-12.57	76.50	77.44	65.64	23.23
98.04	312	310	310	310	0.52	60.26	88.26	38.59	160.60
76.43	323	267	346	346	2.69	65.65	61.59	2.09	28.34
90.07	344	340	341	340	-0.58	45.76	42.42	27.72	56.75
100.00	58	50	59	50	-32.02	41.04	18.90	425.46	630.43
297.09	120	123	123	123	4.06	134.43	101.47	41.91	19.76
93.90	278	281	276	278	-3.20	69.95	70.20	26.65	98.75
	220	220	220	220	3.67	24.73	68.51	78.89	115.61
98.37	493	526	510	512	16.96	464.50	107.52	5.73	87.64
97.39	56283	56060	58871	52435	4.78	90.28	110.59	18.82	78.58
100.00	368	332	368	332	10.06	219.62	78.83		52.79
100.00	155	157	155	157	20.47	111.48	36.92	53.99	38.34
100.00	200	218	105	105	-3.89	309.27	85.96	0.12	14.34

10-10 大中型工业企业

Major economic indicators of large

指 标	企业单位数（个）	亏损企业	工业总产值（当年价格）	工业销售产值（当年价格）	出口交货值
总 计	**93**	**40**	**19058377.8**	**18578307.1**	**5078031.4**
煤炭开采和洗选业	8	5	2068035.6	2018239.1	
黑色金属矿采选业	1		28500.0	28500.0	
农副食品加工业	2		45784.7	51595.3	2298.1
食品制造业	3		117789.2	111118.3	129.9
酒、饮料和精制茶制造业	3	2	71088.9	67308.8	
烟草制品业	1		461742.8	476067.9	
纺织服装、服饰业	1		2335.6	2646.3	
印刷和记录媒介复制业	2	1	14044.0	15330.9	
石油加工、炼焦和核燃料加工业	8	8	829363.7	697218.3	
化学原料和化学制品制造业	6	2	173844.5	174191.9	3352.0
医药制造业	1		16758.1	19636.8	
橡胶和塑料制品业	1		256655.2	192425.7	51988.5
非金属矿物制品业	5	3	95703.0	93683.1	
黑色金属冶炼和压延加工业	2	2	5797582.3	5751672.8	1090510.9
有色金属冶炼和压延加工业	2		103897.3	91650.8	
金属制品业	6	1	132500.4	130790.9	13639.2
通用设备制造业	5	2	163901.7	153194.7	1623.5
专用设备制造业	8	2	819819.4	799482.1	29922.7
汽车制造业	3	3	21459.3	20139.0	
铁路、船舶、航空航天和其他运输设备制造业	4	1	695765.9	679292.3	123448.2
电气机械和器材制造业	1		20344.7	18296.9	294.9
计算机、通信和其他电子设备制造业	5	2	5299977.2	5164735.0	3756607.4
仪器仪表制造业	3	1	119541.8	119147.7	4216.1
金属制品、机械和设备修理业	2	1	39991.2	39991.2	
电力、热力生产和供应业	6	2	667311.6	667311.6	
燃气生产和供应业	2		911944.8	911944.8	
水的生产和供应业	2	2	82694.9	82694.9	

主要经济指标(一)
and medium sized industrial enterprises(1)

单位：万元

年初存货	产成品	资产总计	流动资产合计	应收账款	存货	产成品	固定资产合计	固定资产原价
3613790.3	**1406455.5**	**41231439.5**	**16784921.7**	**4123838.1**	**4056095.8**	**1444743.0**	**15403770.2**	**25777434.2**
574792.7	131419.8	9209983.5	2862295.2	583534.0	792216.8	225039.4	4049192.4	5764425.1
247.7	52.7	18889.3	12839.6	12414.6	275.7	165.0	5122.5	11798.6
3540.4	212.9	108569.1	33353.0	5885.2	3272.0	53.8	13205.0	25297.0
16209.7	8476.3	189277.0	73182.6	6628.9	16984.8	8952.6	102306.6	92887.5
14938.2	7921.2	72186.0	30337.3	1020.2	13961.9	7201.6	37454.3	70549.5
31784.6	10183.2	388800.5	270378.3	25968.6	42588.3	10183.2	115207.6	144579.3
2213.1	1878.9	9371.8	5950.6	1627.4	2270.2	1918.5	2450.5	2450.5
4504.6	488.9	52743.2	15147.2	4011.5	3279.9	488.9	15980.0	27976.7
156416.5	81824.1	1664655.9	907044.1	147872.8	135854.2	50255.0	338718.1	680146.2
111204.0	19930.8	1398120.9	791878.7	199316.0	219325.9	14958.8	318154.3	405981.8
21184.0	10753.4	39202.6	30445.1	1521.9	14511.4	7318.2	6710.2	12795.4
49140.6	34817.7	272857.2	105342.7	26305.7	35039.8	30681.1	165781.8	198351.4
14955.9	10907.2	236545.1	89418.6	46371.0	13157.8	5935.4	126959.0	179865.0
1005781.0	453786.7	12247204.9	2419138.1	228329.6	788833.7	337760.6	5757838.6	10746641.9
10981.3	6972.2	94427.8	34562.6	7345.8	17205.4	6974.7	57774.3	79351.4
31621.6	14152.2	181633.7	118145.8	12448.9	29423.4	12812.2	63487.7	81609.9
126264.8	43761.2	372506.9	261493.0	64339.3	121480.7	41920.0	64906.1	84135.6
829631.9	255557.6	3327931.7	2559747.7	1012627.3	902472.3	182150.5	509313.8	536542.0
20051.8	12697.8	163414.1	44100.9	7233.8	17374.1	11307.9	36267.9	62180.5
132918.1	27966.3	1212747.7	782887.1	358977.4	141201.7	42539.1	424098.2	314315.8
12733.7	9316.9	117555.0	53746.8	23354.3	16031.7	12708.2	55451.0	8941.1
374795.7	245526.4	5238189.7	4144590.1	1187795.3	649576.6	401314.3	800946.0	2322225.7
32139.2	15675.7	193171.6	115305.1	28301.3	45488.0	29618.7	19946.4	22054.7
1405.3	0.0	28676.1	25698.1	15256.1	1354.2		2734.4	9357.0
27988.0	2.6	2111950.8	481483.9	67011.7	24546.7	120.7	1505038.4	2975296.3
5822.3	2172.8	1817035.0	394669.2	38181.4	8115.1	2364.6	571739.1	673715.1
523.6		463792.4	121740.3	10158.1	253.5		236986.0	243963.2

10-10 大中型工业企业
Major economic indicators of large

指 标			负债合计		
	累计折旧	本年折旧		流动负债合计	
					应付账款
总 计	**12345024.9**	**1383747.8**	**30948717.0**	**20905670.1**	**5090569.5**
煤炭开采和洗选业	2805410.6	302254.3	7900944.0	4197400.2	637477.0
黑色金属矿采选业	6676.1	851.2	22357.9	22357.9	16148.6
农副食品加工业	12092.0	1622.4	62487.1	43862.4	3496.5
食品制造业	18987.5	3920.2	112055.9	77008.7	9453.6
酒、饮料和精制茶制造业	33222.1	3803.9	37142.8	36996.6	8012.0
烟草制品业	64305.3	6894.7	61895.9	61895.9	38445.5
纺织服装、服饰业	1752.5	96.9	3911.2	3911.2	2000.0
印刷和记录媒介复制业	17181.1	1869.5	25974.1	25027.4	1252.6
石油加工、炼焦和核燃料加工业	343620.8	45783.2	1340898.1	1136490.6	306555.4
化学原料和化学制品制造业	97341.6	7305.1	1121447.5	875687.9	195078.6
医药制造业	6085.2	630.3	38396.7	38396.7	9001.9
橡胶和塑料制品业	32569.6	5330.6	218393.8	104503.8	12524.6
非金属矿物制品业	50698.6	6360.9	110338.4	94000.6	49418.0
黑色金属冶炼和压延加工业	4988803.3	475963.6	8256528.9	5523583.1	345323.8
有色金属冶炼和压延加工业	26642.3	2353.8	96890.2	42124.2	4761.5
金属制品业	28982.2	2240.9	104966.2	99214.4	27738.7
通用设备制造业	19229.5	2608.9	305300.1	245967.5	61006.5
专用设备制造业	275936.9	20258.1	2471395.1	2094986.4	771421.4
汽车制造业	25912.6	2801.1	159295.7	158182.6	9216.5
铁路、船舶、航空航天和其他运输设备制造业	79205.9	28751.9	890617.7	636118.0	208782.6
电气机械和器材制造业	4494.7	362.0	75841.5	29816.2	13998.5
计算机、通信和其他电子设备制造业	1733973.1	259454.3	3882315.7	3877312.2	1916660.1
仪器仪表制造业	8538.5	1879.4	105726.7	81624.9	40053.1
金属制品、机械和设备修理业	6622.6	672.1	12170.7	12170.7	6365.6
电力、热力生产和供应业	1489532.4	160488.7	1970501.4	782122.7	287786.6
燃气生产和供应业	101976.0	27039.4	1365223.7	479637.6	26396.7
水的生产和供应业	65231.9	12150.4	195700.0	125269.7	82193.6

主要经济指标(二)
and medium sized industrial enterprises(2)

单位：万元

非流动负债合计	所有者权益合计	实收资本	国家资本	集体资本	法人资本	个人资本	港澳台资本	外商资本
9853585.9	**10282721.9**	**4610316.7**	**3077901.7**	**32590.2**	**736952.5**	**136149.8**	**3050.0**	**623672.4**
3537598.5	1309039.3	1481679.2	1436579.9		22234.0	22865.3		
	-3468.6	800.0			800.0			
18624.7	46081.9	14227.0	10560.0	3667.0				
35047.2	77221.1	21807.6		5166.7	10764.7	5876.2		
146.2	35043.0	30852.7	2539.9		2076.8	20000.0		6236.0
	326904.6	61319.6			61319.6			
	5460.6	2089.3		2089.3				
946.7	26769.1	13780.5	12036.5		1344.0	400.0		
204407.5	323757.9	217685.0			165205.0	52480.0		
240427.8	276673.4	157285.8	134596.6	14968.2	0.0	5507.5		2213.5
	805.9	4500.0			4500.0			
113890.0	54463.4	30000.0			30000.0			
16337.8	126206.7	29242.4	19020.0			10222.4		
2732945.8	3990676.1	726355.9	667467.9		58888.0			
54766.0	-2462.4	26640.0			26640.0			
5750.6	76667.5	16046.3	13017.3	2529.0		500.0		
59332.6	67206.9	36825.5	31455.5	982.0	4388.0			
376408.6	856536.8	305408.4	156931.4		132310.6	16166.4		
1113.1	4118.4	39772.3	9593.0		30079.3	100.0		
254499.6	322129.9	156959.4	105000.0	3188.0	43950.0			4821.4
46025.3	41713.5	5030.0	4280.0			750.0		
5003.5	1355874.0	685630.8	4931.8		70297.5			610401.5
24101.8	87444.8	18088.6	5701.6		9137.0	200.0	3050.0	
	16505.3	13100.0			13018.0	82.0		
1170196.2	141449.3	155988.5	154988.4			1000.0		
885586.1	451811.2	252000.0	202000.0		50000.0			
70430.3	268092.3	107201.9	107201.9					

10-10　大中型工业企业

Major economic indicators of large

指　标	营业收入	主营业务收入	营业成本	主营业务成本	营业税金及附加
总　计	**24585733.2**	**24083137.4**	**21710545.9**	**21302403.7**	**381625.5**
煤炭开采和洗选业	3932197.7	3755168.5	3476343.2	3330430.9	95891.7
黑色金属矿采选业	14758.5	14758.5	10375.3	10375.3	1701.8
农副食品加工业	56804.7	56804.7	46966.6	46966.6	169.8
食品制造业	104069.3	104035.0	70145.2	70145.2	310.4
酒、饮料和精制茶制造业	92250.3	91834.6	70085.5	69947.1	4022.8
烟草制品业	477421.0	475287.0	162755.4	160695.4	213061.8
纺织服装、服饰业	2880.0	2880.0	2532.0	2532.0	29.7
印刷和记录媒介复制业	20602.8	20262.3	14935.3	14683.8	239.4
石油加工、炼焦和核燃料加工业	707372.6	679104.0	645605.8	637170.7	1212.4
化学原料和化学制品制造业	702359.3	633278.3	641307.2	601633.4	6014.9
医药制造业	19272.4	19200.4	15831.5	15759.0	203.6
橡胶和塑料制品业	256494.0	255344.8	225092.3	224619.0	175.2
非金属矿物制品业	93869.4	87657.6	79518.4	73848.1	504.5
黑色金属冶炼和压延加工业	8747237.4	8642324.7	8261246.3	8154332.1	25793.8
有色金属冶炼和压延加工业	93076.1	91650.8	80931.9	79368.3	11.9
金属制品业	131370.0	130918.3	97837.4	97521.5	789.0
通用设备制造业	150087.9	148296.7	117257.5	116491.3	684.2
专用设备制造业	953332.8	944476.9	767560.5	763114.3	3511.3
汽车制造业	34976.9	23962.0	29682.3	19266.2	244.0
铁路、船舶、航空航天和其他运输设备制造业	708210.9	687180.7	565685.3	549200.7	1948.2
电气机械和器材制造业	17026.5	16751.1	12896.2	12775.7	10.1
计算机、通信和其他电子设备制造业	5434579.6	5408197.0	4768898.7	4718118.7	16629.6
仪器仪表制造业	118427.6	116429.1	93364.7	92998.4	880.3
金属制品、机械和设备修理业	40317.2	40317.2	37359.9	37359.9	820.2
电力、热力生产和供应业	678780.3	659181.8	581837.8	578320.3	4022.0
燃气生产和供应业	914301.3	895055.9	748189.6	738425.7	2491.6
水的生产和供应业	83656.7	82779.5	86304.1	86304.1	251.3

主要经济指标（三）
and medium sized industrial enterprises(3)

单位：万元

主营业务税金及附加	其他业务收入	其他业务利润	销售费用	管理费用		财务费用		
					税金		利息收入	利息支出
373467.4	**502595.8**	**90103.0**	**494579.1**	**1325077.8**	**60748.5**	**836987.4**	**41999.6**	**828629.6**
89267.7	177029.2	26597.1	59778.4	394896.9	17392.6	241533.8	9280.7	256434.2
1701.8			1598.8	1463.7	13.2	-67.6	-67.4	0.2
169.8			1418.6	5098.7	146.7	1452.7	309.6	1657.4
310.4	34.3	34.3	10837.9	9684.2	355.8	2891.7	169.4	2996.1
4022.8	415.7		11424.7	4630.2	479.6	123.6	-88.7	220.6
213061.8	2134.0	74.0	3843.8	28314.6	941.3	-4520.4	4525.2	
29.7			11.8	873.1		-0.2		
239.4	340.5	21.2	3313.8	2348.0	151.2	852.1	41.9	1580.4
1199.6	28268.6	18965.5	69661.8	25105.6	1848.1	45571.1	1686.2	37165.7
6014.9	69081.0	28771.4	12847.8	52514.3	1358.8	17648.7	787.6	17932.3
203.6	72.0	-0.5	954.4	1159.6	19.2	1109.4	48.4	1107.5
175.2	1149.2	675.9	5306.4	2370.5	354.2	12294.0	365.2	12493.2
504.5	6211.8	357.0	5286.2	13485.7	258.8	1399.2	12.4	881.9
25793.8	104912.7		171483.6	418789.4	22964.9	304005.4	36539.3	275611.0
11.9	1425.3		659.4	7005.9	103.2	3801.1	111.6	3677.7
789.0	451.7	135.8	4710.1	19693.4	266.3	111.4	308.6	773.2
666.2	1791.2	364.1	6202.0	22036.0	223.0	5247.6	649.1	5505.0
3511.3	8855.9	396.1	38546.9	91833.3	823.0	53152.2	-245.3	59535.0
5.0	11014.9		1907.4	18068.3	863.3	3079.9	19.0	2999.8
1948.2	21030.2		23375.7	47239.1	1650.8	5724.8	321.2	9025.7
	275.4	154.9	1021.3	3090.4	107.5	317.5	196.2	424.2
16611.3	26382.6	7425.9	3361.0	93191.0	8033.6	23139.4	-14676.1	18059.2
880.3	1998.5	1998.5	7014.6	10723.6	307.2	576.4	-4.7	631.3
820.2			1.1	1280.5	1.9	-20.1	-32.7	0.1
3987.1	19598.5	3254.6	4056.7	20568.7	443.8	86220.3	1223.6	86998.4
1290.6	19245.4		41238.5	15572.0	1201.3	28347.9	217.2	30243.5
251.3	877.2	877.2	4711.4	14041.1	439.2	2995.5	301.5	2676.0

10-10 大中型工业企业

Major economic indicators of large

指 标	营业利润	资产减值损失	公允价值变动收益	投资收益	营业外收入
总 计	**-550877.6**	**239289.5**	**-2093.7**	**-146411.2**	**208452.8**
煤炭开采和洗选业	-352778.8	32714.6	62.9	16119.2	39003.6
黑色金属矿采选业	86.7	-400.2			
农副食品加工业	1698.3				419.2
食品制造业	10237.8	-36.9		0.9	415.4
酒、饮料和精制茶制造业	1946.8	17.3			201.0
烟草制品业	73960.8				206.7
纺织服装、服饰业	-566.4				586.5
印刷和记录媒介复制业	-1142.7	1.7		-55.3	1093.1
石油加工、炼焦和核燃料加工业	-84518.6	-134.8	-4600.0	-269.1	1854.8
化学原料和化学制品制造业	-9412.2	4451.5		23013.0	13481.4
医药制造业	13.9				
橡胶和塑料制品业	11255.7				446.5
非金属矿物制品业	-7607.7	1295.0		12.0	5642.3
黑色金属冶炼和压延加工业	-497072.4	180423.2	2177.8	115254.2	37671.3
有色金属冶炼和压延加工业	651.8	14.1			1493.0
金属制品业	6094.0	2186.1		51.1	1101.0
通用设备制造业	-2974.1	1241.0		-393.6	1051.0
专用设备制造业	-7767.2	7123.4		628.4	14736.9
汽车制造业	-20390.2	2411.6		27.1	12244.4
铁路、船舶、航空航天和其他运输设备制造业	61795.6	2505.0		62.1	2057.1
电气机械和器材制造业	36.5			345.5	0.4
计算机、通信和其他电子设备制造业	223751.7	1385.4	265.6	-304488.1	34676.6
仪器仪表制造业	5366.5	498.5		-2.7	4814.6
金属制品、机械和设备修理业	839.5	36.0			2.6
电力、热力生产和供应业	-20108.6	2043.9		-139.6	30843.9
燃气生产和供应业	76490.1	1513.1		-458.5	1947.1
水的生产和供应业	-20764.4			3882.2	2462.4

主要经济指标(四)
and medium sized industrial enterprises(4)

单位：万元

政府补助	营业外支出	利润总额	所得税费用	亏损企业亏损总额	利税总额	应交税金及附加	本年应付职工薪酬	本年应交增值税
97897.3	**71090.8**	**-413515.6**	**110499.0**	**1025937.6**	**536510.7**	**1121273.8**	**2078018.1**	**568400.8**
14185.7	21114.3	-334389.4	12754.4	362102.4	-108310.5	256725.9	684465.4	130687.2
	2.6	84.1			1841.9	1771.0	1252.9	56.0
	36.9	2080.6	364.4		3542.8	1973.3	3652.7	1292.4
	38.9	10614.3	1491.2		15068.6	6301.3	7008.6	4143.9
15.0	341.0	1806.8	813.4	1414.5	10858.9	10345.1	9272.3	5029.3
	956.1	73211.4	18973.8		340261.9	286965.6	23320.5	53988.7
198.6	12.8	7.1			264.4	257.3	1091.8	227.6
1091.4	161.4	-211.0	79.0	526.0	234.0	675.2	4951.1	205.6
150.5	966.4	-83630.2	-1960.6	83630.2	-68428.3	15089.4	21352.2	13989.5
17737.7	19794.1	-15724.7	145.6	17292.6	-3541.5	13687.6	47417.6	6168.3
	6.6	7.3	1.8		1941.3	1955.0	1519.6	1730.4
19.6	66.0	11636.1			13990.8	2708.9	6106.9	2179.5
80.0	3170.6	-5136.0	205.3	6092.1	-153.6	5446.5	10674.3	4477.9
20768.0	10498.4	-469899.3	7297.2	469899.3	-370916.9	129244.5	445875.3	73188.6
1122.1	5.9	2138.9	-2.1		-5413.0	-7450.8	3588.2	-7563.8
148.0	1385.1	5810.0	1157.4	153.4	12011.0	7624.7	20002.6	5412.0
28.4	172.2	-2095.4	-2617.9	3284.7	3035.2	2735.7	25155.0	4446.4
1385.5	429.9	6539.9	2213.4	16079.9	36728.3	33224.8	99273.7	26677.1
12000.0	418.4	-3564.2	15.9	8564.2	-7736.1	1707.3	11306.2	584.1
1144.0	237.8	63614.8	8971.1	16225.3	84291.8	31298.9	55411.0	18728.8
	4.2	32.7	6.3		-255.6	-174.5	1165.0	-298.4
131.3	7015.4	251412.9	38166.5	10792.7	443690.5	238477.7	426065.3	175648.0
816.8	236.2	9944.9	1622.7	1090.6	12091.4	4076.4	6133.8	1266.2
	5.8	836.3	377.6	266.7	6847.7	6390.9	16153.6	5191.2
23931.1	3620.8	7114.5	8.1	10068.4	43728.4	37065.8	92589.0	32591.9
1443.6	240.6	78196.6	20414.5		87257.5	30676.7	34248.9	6569.3
1500.0	152.4	-18454.6		18454.6	-16420.2	2473.6	18964.6	1783.1

10-10 大中型工业企业

Major economic indicators of large

指标	总资产贡献率（%）	资产负债率（%）	流动资产周转率（次/年）	成本费用利润率（%）	产品销售率（%）	从业人员平均人数（人）
总计	**3.21**	**75.06**	**1.46**	**-1.70**	**97.48**	**272808**
煤炭开采和洗选业	1.51	85.79	1.37	-8.03	97.59	97745
黑色金属矿采选业	10.11	118.36	1.15	0.63	100.00	302
农副食品加工业	4.50	57.56	1.70	3.79	112.69	899
食品制造业	9.45	59.20	1.42	11.35	94.34	1903
酒、饮料和精制茶制造业	15.47	51.45	3.04	2.09	94.68	1752
烟草制品业	86.35	15.92	1.77	38.45	103.10	960
纺织服装、服饰业	2.81	41.73	0.48	0.21	113.30	355
印刷和记录媒介复制业	3.36	49.25	1.36	-0.98	109.16	1467
石油加工、炼焦和核燃料加工业	-1.98	80.55	0.78	-10.64	84.07	7267
化学原料和化学制品制造业	0.97	80.21	0.89	-2.17	100.20	8317
医药制造业	7.65	97.94	0.63	0.04	117.18	347
橡胶和塑料制品业	9.57	80.04	2.43	4.75	74.97	1535
非金属矿物制品业	0.30	46.65	1.05	-5.15	97.89	2515
黑色金属冶炼和压延加工业	-1.08	67.42	3.62	-5.13	99.21	34099
有色金属冶炼和压延加工业	-1.96	102.61	2.69	2.31	88.21	831
金属制品业	6.87	57.79	1.11	4.75	98.71	5108
通用设备制造业	2.12	81.96	0.57	-1.39	93.47	4192
专用设备制造业	2.90	74.26	0.37	0.69	97.52	16515
汽车制造业	-2.91	97.48	0.79	-16.24	93.85	1689
铁路、船舶、航空航天和其他运输设备制造业	7.67	73.44	0.90	9.91	97.63	5408
电气机械和器材制造业	-0.02	64.52	0.32	0.19	89.93	907
计算机、通信和其他电子设备制造业	9.10	74.12	1.31	5.14	97.45	59272
仪器仪表制造业	6.59	54.73	1.03	8.90	99.67	1234
金属制品、机械和设备修理业	23.99	42.44	1.57	2.17	100.00	1773
电力、热力生产和供应业	6.13	93.30	1.41	1.03	100.00	9178
燃气生产和供应业	6.45	75.13	2.32	9.38	100.00	4256
水的生产和供应业	-3.03	42.20	0.69	-17.08	100.00	2982

主要经济指标(五)
and medium sized industrial enterprises(5)

单位：万元

从业人员期末人数(人)	平均用工人数(人)	期末月工人数(人)	主营业务收入利润率(%)	人均主营业务收入(万元/人)	每百元资产实现的主营业务收入(元)	产成品存货周转天数(天)	应收账款平均回收期(天)
271865	**271649**	**264442**	**-1.72**	**88.66**	**58.41**	**23.77**	**61.64**
96048	96418	96360	-8.92	38.95	40.77	14.21	55.94
304	290	292	0.57	50.89	78.13	1.83	302.83
948	899	948	3.66	63.19	52.32	1.63	37.30
2033	1923	2054	10.20	54.10	54.96	43.50	22.94
1705	1749	1710	1.97	52.51	127.22	40.77	4.00
955	960	955	15.40	495.09	122.24	22.81	19.67
356	355	356	0.25	8.11	30.73	267.14	203.43
1458	1472	563	-1.04	13.77	38.42	11.99	71.27
7162	7166	7035	-12.31	94.77	40.80	46.23	78.39
8077	8175	7940	-2.48	77.47	45.29	11.93	113.31
367	347	367	0.04	55.33	48.98	245.65	28.54
1811	1811	1535	4.56	141.00	93.58	55.80	37.09
2481	2507	2481	-5.86	34.97	37.06	53.17	190.44
33906	32442	32716	-5.44	266.39	70.57	20.03	9.51
833	831	833	2.33	110.29	97.06	31.62	28.85
5015	5019	4920	4.44	26.08	72.08	52.24	34.23
4103	4192	3471	-1.41	35.38	39.81	135.24	156.19
16336	15603	15518	0.69	60.53	28.38	120.56	385.98
1750	1689	1755	-35.74	14.19	14.66	237.27	108.68
5375	5347	5351	9.26	128.52	56.66	18.33	188.06
890	907	890	0.20	18.47	14.25	262.54	501.91
59062	61854	55411	4.65	87.43	103.25	18.73	79.07
1205	1234	1205	8.54	94.35	60.27	60.68	87.51
1758	1773	1758	2.07	22.74	140.60		136.22
10565	9676	10958	1.08	68.13	31.21		36.60
4325	4325	4315	8.74	206.95	49.26	1.06	15.36
3037	2685	2745	-22.29	30.83	17.85		44.18

10-11　民用汽车拥有量

Namber of civil Motor vehicles

单位：辆

指　标	2015	2014	比2014年增长（%）
总　计	**1142147**	**1033702**	**10.5**
一、汽车	1122913	1015786	10.5
#载客汽车	1027588	913027	12.5
载货汽车	89392	96481	-7.3
其他汽车	5933	6278	-5.5
个人汽车	992443	878199	13.0
二、电车	156	111	40.5
三、摩托车	616	249	147.4
四、拖拉机	10192	9856	3.4
五、挂车	8083	7558	6.9
六、其他类型	187	142	31.7

10-12　公路运输线路长度

Length of Highway transportation route

单位：公里

指　标	2015	2014
公路线路里程	**7359.55**	**7347.85**
#等级公路	7239.73	6933.65
晴雨通车里程	7291.69	7274.19
高速公路	286.89	287.43
小 店 区	956.03	956.03
迎 泽 区	163.74	163.74
杏花岭区	274.42	274.42
尖草坪区	642.96	639.78
万柏林区	516.57	510.74
晋 源 区	550.69	550.69
清 徐 县	1324.72	1321.49
阳 曲 县	1208.87	1210.31
娄 烦 县	726.93	726.93
古 交 市	994.61	993.73
每百平方公里平均里程	**105.32**	**105.15**

10-13　旅客运输量及周转量

Passenger transport and turnover volume

指　标	2015	比2014年增长（%）
旅客发送量总计（万人）	**4566.90**	**2.9**
铁　路	2597.60	-0.8
公　路	1085.00	5.6
民　航	884.30	11.5
旅客周转量总计（百万人公里）	**8383.60**	**-0.5**
铁　路	5598.60	2.9
公　路	2785	-6.7

10-14 货物运输量及周转量
Freight traffic and turnover volume

指　标	2015	比 2014 年增长（%）
货物运输量总计（万吨）	**18704.65**	**0.9**
铁 路	4414.00	2.0
公 路	14286.10	0.6
民 航	4.55	1.3
货物周转量总计（百万吨公里）	**31807.15**	**-13.4**
铁 路	17829.75	-10.8
公 路	13977.40	-16.5

10-15 公路通车里程
Lenth of highway

指　标	单 位	2015	比 2014 年增长（%、百分点）
公路通车里程	**公里**	**7359.55**	**0.2**
按隶属关系分			
国道	公里	383.97	-0.1
省道	公里	467.02	持平
县公路	公里	1012.60	持平
乡公路	公里	1716.87	0.4
村道	公里	3676.67	0.1
专用公路	公里	102.42	持平
按等级分			
等级里程	公里	7239.73	4.4
高速	公里	286.89	-0.2
一级	公里	206.37	持平
二级	公里	948.93	0.2
三级	公里	1254.73	1.0
四级	公里	4542.81	0.1
等外里程	公里	119.82	-5.5
等级公路占总里程比重	%	98.37	4.2
按铺装质量分			
有铺装路面里程	公里	5778.68	1.5
占总里程比重	%	78.52	1.4
简易铺装路面里程	公里	735.10	-3.3
占总里程比重	%	9.99	-4.0
未铺装路面里程	公里	845.77	-5.7
占总里程比重	%	11.49	-5.8
百平方公里公路网密度	**公里**	**105.32**	**0.2**

10-16 公路绿化里程
Lengh of afforest highways

指 标	单 位	2015	比2014年增长（%、百分点）
公路绿化里程	**公里**	**2237.43**	**-0.7**
国道	公里	272.93	-7.1
省道	公里	341.34	1.2
县公路	公里	676.17	持平
乡公路	公里	616.45	0.2
村道	公里	244.18	持平
专用公路	公里	86.36	持平
公路绿化率	**%**	**64.50**	**-0.9**
国道	%	78.96	-8.7
省道	%	80.54	0.7
县公路	%	73.88	持平
乡公路	%	49.84	-0.1
村道	%	53.71	-1.1
专用公路	%	93.27	持平

10-17 乡镇、村通公路、通油路情况
Traffic connection of towns, townships and villages

指 标	单 位	数 量
乡镇总数	个	52
通油路乡镇数	个	52
乡镇通油路率	%	100.0
行政村总数	个	951
通公路行政村数	个	951
行政村通公路率	%	100.0
通油路行政村数	个	949
行政村通油路率	%	99.8

10-18 铁路线路长度

Length of railway line

线路名称	起始地点	营业里程（公里）	延展里程（公里）
太原铁路局		**2791.71**	**7312.49**
京包线	郭磊庄	155.50	435.13
太焦线	修文	190.80	248.44
南同蒲线	榆次	478.48	1279.71
侯西线	侯马	76.60	216.95
侯月线	侯马北	150.29	431.78
北同蒲线	大同	335.48	1136.36
京原线	灵丘	174.74	256.53
石太线	赛鱼	123.68	524.53
口泉线	平旺	9.73	100.93
宁岢线	宁武	95.37	167.69
忻河线	忻州	39.94	57.99
兰村线	汾河	12.66	16.72
太岚线	太北一场	7.19	17.57
西山线	太北四场	23.60	92.60
介西线	介休	46.91	116.87
二峰山线	翼城东	4.32	7.49
礼垣线	礼元	44.28	52.53
大秦线	韩家岭	652.00	1821.61
太兴线	西张	164.31	322.42
榆次联络线	榆北	1.80	0.85
侯西联络线	侯马北	4.03	7.81

10-19 邮政线路及通信工具拥有量

The amount of the post office (the) post and telecommunications lines and communication tools

指 标	单 位	2015	2014	比2014年增长%
邮路总条数	条	98	90	8.9
邮路总长度	公里	55409	60437	-8.3
汽车邮路	公里	10953	15524	-29.4
铁路邮路	公里	4196	4653	-9.8
航空邮路	公里	40260	40260	持平
函 件	万件	13752.28	14089.16	-2.4
包 件	万件	583.77	167.88	247.7
快递包裹	万件	2631.13	2174.55	21.0
汇票	万笔	49.79	77.98	-36.2
订销报纸	万份	8274.05	8929.38	-7.3
订销杂志	万份	717.10	587.49	22.1
已通电话的行政村	个	933	933	持平
长途电话通话时长	万分钟	30529	181830	-83.2
局用电话交换机容量	门	937966	959437	-2.2
接入网交换机容量	门	127734	132576	-3.7
软交换接入设备容量	门	739440	696154	6.2

10-20 邮电业务量

Volume of Postal and Telecommunication Services

指 标	单 位	2015	2014	比2014年增长%
邮电业务总量	**万元**	**1072137**	**905857**	**18.4**
邮政业务总量	万元	58566	56423	3.8
电信业务总量	万元	1013572	849444	19.3
全市电话用户	户	8435278	8636908	-2.3
固定电话用户	户	1022286	1201876	-14.9
#住宅电话	户	504463	553110	-8.8
无线市话	户	6064	8412	-27.9
公用电话	部	165421	166574	-0.7
#IC电话	部	13200	13215	-0.1
移动电话用户	户	7412992	7426620	-0.2
#3G用户	户	1546403	2291868	-32.5
4G用户	户	2785132	430837	546.4
互联网用户	户	1289106	1507943	-14.5
#无线上网用户	户	28010	38538	-27.3
宽带用户	户	1235948	1444521	-14.4

第11篇

国内外贸易和旅游

Domestic and Foreign trade , Tourism

资料整理、审核

师　超　　李红令　　郑慧华　　马　娜　　陶姝钰

11-1 社会消费品零售总额
Total retail sales of social consumer goods

单位：万元

指　标	2015	2014	比 2014 年增长%
社会消费品零售总额	**15407962**	**14501658**	**6.2**
一、按销售地区分			
城镇	14336098	13477069	6.4
# 城区	12556325	11543317	8.8
乡村	1071864	1024589	4.6
二、按行业分			
批发和零售业	14640294	13755518	6.6
住宿和餐饮业	767668	746140	2.9

11-2 限额以上连锁零售餐饮业经营情况
Management of chain enterprises above designated size and catering service

指　标	单位	总计	直营店	加盟店
门店总数	个	2687	1274	1413
营业面积	平方米	1268331	1191827	76504
从业人员	人	32809	26929	5880
销售额	万元	2355423	2152076	203347
# 零售额	万元	2232329	2028983	203346
比 2014 年增长速度				
门店总数	%	6.5	10.4	3.1
营业面积	%	-7.9	-8.4	-0.5
从业人员	%	-3.9	-4.3	-1.9
销售额	%	-6.7	-8.4	16.7
# 零售额	%	-4.7	-6.4	16.7

11-3 限额以上批发和零售业法人商品购进、销售、库存总额

The purchase, sale and inventory of legal persons in the wholesale and retail trade of the above Designated Size

单位：万元

指 标	法人企业数（个）	从业人员期末人数（人）	商品购进额	#进口	商品销售额	批发额	#出口	零售额	期末商品库存额
总 计	**646**	**76581**	**39654401.7**	**449144.7**	**42688708.5**	**35401237.8**	**121983.7**	**7287470.7**	**1689916.5**
一、批发业	**282**	**30625**	**33752755.5**	**273042.4**	**35176476.5**	**34756724.6**	**121983.6**	**419751.9**	**999682.4**
1.按批发行业小类分									
农、林、牧产品批发	6	315	29409.9		27022.0	26166.8		855.2	10469.4
谷物、豆及薯类批发	6	315	29409.9		27022.0	26166.8		855.2	10469.4
食品、饮料及烟草制品批发	26	3821	977499.2		1204444.0	1185617.0		18827.5	83296.8
米、面制品及食用油批发	3	143	66149.1		68333.7	62831.8		5501.9	5179.6
糕点、糖果及糖批发	1	5	3994.1		4152.1	4152.1			324.2
果品、蔬菜批发	1	657	205661.4		212015.7	212015.7			8018.2
肉、禽、蛋、奶及水产品批发	3	650	26846.7		29896.2	23438.9		6457.3	831.1
盐及调味品批发	4	748	63371.0		87782.7	86704.1		1078.6	3370.5
营养和保健品批发	1	25	7930.3		8330.1	8330.1			322.9
酒、饮料及茶叶批发	9	539	36311.6		46104.0	43713.7		2390.3	17623.1
烟草制品批发	1	775	476535.1		649735.8	649735.8			43716.1
其他食品批发	3	279	90699.9		98093.8	94694.4		3399.4	3911.1
纺织、服装及家庭用品批发	19	4087	564955.6		592908.6	374089.6	906.5	218819.0	109418.0
服装批发	6	2937	256280.1		301979.7	102080.7		199899.0	32982.6
鞋帽批发	2	107	23464.4		24122.7	23670.4		452.3	2353.6
厨房、卫生间用具及日用杂货批发	1	16	659.6		906.5	906.5	906.5		7.9
家用电器批发	8	956	268920.5		248880.6	230412.9		18467.7	73756.9
其他家庭用品批发	2	71	15631		17019.1	17019.1			317.0
文化、体育用品及器材批发	6	560	292024.7		486949.6	485607.2	22354.1	1342.4	70381.3
文具用品批发	1	77	10800.8		109339.9	109339.9			10808.3
体育用品及器材批发	1	47	21886.7		22354.1	22354.1	22354.1		5.5
图书批发	2	399	194348.9		290256.3	288913.9		1342.4	56526.1
首饰、工艺品及收藏品批发	2	37	64988.3		64999.3	64999.3			3041.4
医药及医疗器材批发	38	4544	1349624.0	41658.2	1440190.0	1422083.0		18106.9	127520.9
西药批发	16	3132	955940.9		1003862.0	997448.5		6413.7	97133.3
中药批发	12	810	227855.3	41084.0	247093.6	245722.3		1371.3	19940.0
医疗用品及器材批发	10	602	165827.3	574.2	189233.7	178911.8		10321.9	10447.6
矿产品、建材及化工产品批发	135	15634	25112374.0	178796.0	25941048	25793599.0	92334.8	147448.4	512572.3
煤炭及制品批发	51	12866	14607269.0	77920.0	15207990.0	15174448.0	3459.2	33542.8	192801.8
石油及制品批发	11	631	287737.6		321153.0	316720.0		4433.0	100323.4
非金属矿及制品批发	2	36	16397.7	45.3	16390.6	16390.6	14574.2		5907.3
金属及金属矿批发	50	1283	7234922.0	100668.4	7415284.0	7305811.0	9358.6	109472.6	173551.9

11-3 续表 1

单位：万元

指标	法人企业数(个)	从业人员期末人数(人)	商品购进额	#进口	商品销售额	批发额	#出口	零售额	期末商品库存额
建材批发	13	275	252313.4		251317.5	251317.5			15389.5
化肥批发	3	217	2634807.0		2638049.0	2638049.0	61843.7		20700.4
其他化工产品批发	5	326	78927.5	162.3	90864.1	90864.1	3099.1		3898.0
机械设备、五金产品及电子产品批发	39	1249	5274347.0	1250.3	5319817.0	5305465.0		14352.5	31304.4
农业机械批发	2	117	11976.4		8974.1	8974.1			3394.4
汽车批发	4	75	11053.1		11077.7	11005.7		72.0	1852.3
汽车零配件批发	1	52	5380.5		6142.2			6142.2	338.7
五金产品批发	3	85	6673.3		7006.7	6916.5		90.2	2160.4
电气设备批发	4	164	16329.2		19397.9	14667.3		4730.6	3119.1
计算机、软件及辅助设备批发	4	42	21966.4		23043.9	21217.2		1826.7	730.9
其他机械设备及电子产品批发	21	714	5200968.0	1250.3	5244175.0	5242684.0		1490.8	19708.6
贸易经纪与代理	1	94	64051.7	38806.9	81504.5	81504.5	6388.2		17404.4
贸易代理	1	94	64051.7	38806.9	81504.5	81504.5	6388.2		17404.4
其他批发业	12	321	88469.5	12531.0	82593.3	82593.3			37314.9
再生物资回收与批发	3	106	5124.2		6034.4	6034.4			1698.1
其他未列明批发业	9	215	83345.3	12531.0	76558.9	76558.9			35616.8
2.按登记注册类型分									
内资企业	277	28926	30943053.0	189308.2	32381288.0	31962358.0	121852.3	418930.2	942566.4
国有企业	17	2176	1324438.0		1605276.0	1525400.0		79875.7	107410.0
集体企业	4	234	33459.9		44491.0	44491.0			1304.7
有限责任公司	84	17701	23903110.0	100152.5	24456847.0	24354074.0	61843.7	102773.4	392913.6
国有独资公司	20	10847	8774422.0	59068.5	9189554.0	9124233.0		65320.5	126112.2
其他有限责任公司	64	6854	15128689.0	41084.0	15267294.0	15229841.0	61843.7	37452.9	266801.4
股份有限公司	5	551	2801752.0		3183573.0	3183573.0			149116.9
私营企业	167	8264	2880294.0	89155.7	3091101.0	2854820.0	60008.6	236281.1	291821.2
私营有限责任公司	163	6613	2518146.0	70304.2	2681205.0	2645763.0	56549.4	35441.3	272929.3
私营股份有限公司	4	1651	362147.4	18851.5	409896.8	209057.0	3459.2	200839.8	18891.9
港、澳、台商投资企业	4	1464	2796784.0	83734.2	2782404.0	2781583.0	131.3	821.7	56972.2
与港澳台商合资经营企业	2	285	2763734.0	83734.2	2729417.0	2729417.0	131.3		45124.9
港澳台商独资企业	2	1179	33050.5		52987.3	52165.6		821.7	11847.3
外商投资企业	1	235	12918.2		12784.3	12784.3			143.8
中外合资经营企业	1	235	12918.2		12784.3	12784.3			143.8
3.按控股情况分									
国有控股	81	17079	29660481.0	183886.7	30821920	30669881.0	61975.0	152038.2	566040.5
集体控股	6	303	87189.8		98171	98171.0			11013.1
私人控股	176	9509	3306985.0	89155.7	3509621	3259981.0	60008.6	249639.7	376299.2
港澳台商控股	2	1179	33050.5		52987.3	52165.6		821.7	11847.3
其他	17	2555	665048.8		693777.7	676525.4		17252.3	34482.3

11-3　续表 2

单位：万元

指　　标	法人企业数（个）	从业人员期末人数（人）	商品购进额	#进口	商品销售额	批发额	#出口	零售额	期末商品库存额
4.按经营形式分									
独立门店	167	20718	14193555.0	162973.9	14998392.0	14620228.0	91793.9	378163.5	543587.2
其他	115	9907	19559200.0	110068.5	20178085.0	20136496.0	30189.7	41588.4	456095.2
5.按单位规模分									
大型	16	17189	9257453.0		9864291.0	9617177.0		247114.5	325954.6
中型	121	10560	14619274.0	171499.3	15414737.0	15257304.0	94045.2	157433.3	504811.3
小型	102	2383	1641318.0	17808.9	1687511.0	1674743.0	26900.6	12768.5	113618.2
微型	43	493	8234711.0	83734.2	8209938.0	8207502.0	1037.8	2435.6	55298.3
二、零售业	**364**	**45956**	**5901646.0**	**176102.3**	**7512232.0**	**644513.2**	**0.1**	**6867719.0**	**690234.1**
1.按零售行业小类分									
综合零售	29	15773	938357.5	816.4	1577707.0	85265.8		1492441.0	66545.1
百货零售	16	2618	424098.3	816.4	532204.3	85265.8		446938.5	12654.5
超级市场零售	10	12280	290329.5		815768.6			815768.6	49556.3
其他综合零售	3	875	223929.7		229734.1			229734.1	4334.3
食品、饮料及烟草制品专门零售	47	3540	234091.2	3221.9	320119.7	70897.9		249221.8	26646.4
粮油零售	8	447	7575.3		11081.8	1270.7		9811.1	2004.1
糕点、面包零售	1	591	24420.0		35688.8			35688.8	373.6
果品、蔬菜零售	9	504	92480.2		147638.1	42759.7		104878.4	599.1
肉、禽、蛋、奶及水产品零售	2	719	21397.6		25801.8			25801.8	422.5
酒、饮料及茶叶零售	17	776	60167.8	241.9	66566.9	21843.9		44723.0	17181.7
烟草制品零售	2	99	8098.0		8685.1			8685.1	2219.2
其他食品零售	8	404	19952.3	2980.0	24657.2	5023.6		19633.6	3846.2
纺织、服装及日用品专门零售	41	3953	280296.1		474557.9	54598.7		419959.2	67308.6
纺织品及针织品零售	1	45	12602.6		13091.8	5786.4		7305.4	489.2
服装零售	33	3115	250721.5		437737.4	44967.2		392770.2	64232.3
鞋帽零售	1	370			4.0	4.0			48.0
化妆品及卫生用品零售	2	249	10864.7		16526.0	2621.5		13904.5	1590.4
钟表、眼镜零售	3	159	4723.3		5674.2			5674.2	749.1
钟表、眼镜零售	1	15	1384.0		1524.5	1219.6		304.9	199.6
文化、体育用品及器材专门零售	21	994	128920.1		105893.0	36584.4		69308.6	40632.4
文具用品零售	3	39	3386.9		3669.3	1950.6		1718.7	9945.6
体育用品及器材零售	1	15	5268.0		5300.0	3500.0		1800.0	100.0
图书、报刊零售	5	102	6359.1		6012.4	165.4		5847.0	1374.8
珠宝首饰零售	6	744	105813.3		81071.0	29582.4		51488.6	25055.8
工艺美术品及收藏品零售	2	21	4250.2		5721.3	464.0		5257.3	1849.9
乐器零售	1	38	1486.1		1769.0			1769.0	1390.9
照相器材零售	2	28	1494.0		1428.0			1428.0	534.9
其他文化用品零售	1	7	862.5		922.0	922.0			380.5

11-3 续表 3

单位：万元

指　　标	法人企业数（个）	从业人员期末人数（人）	商品购进额	#进口	商品销售额	批发额	#出口	零售额	期末商品库存额
医药及医疗器材专门零售	20	7433	717645.9	1000.4	814479.2	166390.3		648088.9	83429.0
药品零售	19	7412	716884.9	1000.4	813432.6	165343.7		648088.9	82828.7
医疗用品及器材零售	1	21	761.0		1046.6	1046.6			600.3
汽车、摩托车、燃料及零配件专门零售	154	11537	3190744.0	171063.6	3711560.0	168721.5	0.1	3542838.0	366467.1
汽车零售	114	8571	2561481.0	169256.9	2860263.0	77384.0		2782879.0	333915.7
汽车零配件零售	6	61	11919.7	1806.7	13377.9	8024.5		5353.4	2646.1
机动车燃料零售	34	2905	617343.2		837918.9	83313.0	0.1	754605.9	29905.3
家用电器及电子产品专门零售	33	2064	330830.8		395038.8	52327.8		342711.0	30747.3
家用视听设备零售	1	21	1112.4		1366.5			1366.5	256.4
日用家电设备零售	10	1211	222597.9		274739.8	7031.7		267708.1	26113.2
计算机、软件及辅助设备零售	14	483	69462.7		80868.6	41970.9		38897.7	2553.2
通信设备零售	6	336	36607.4		36807.1	3325.2		33481.9	1572.2
其他电子产品零售	2	13	1050.4		1256.8			1256.8	252.3
五金、家具及室内装饰材料专门零售	13	277	29039.0		35314.9	9720.0		25594.9	7472.2
五金零售	4	58	3616.3		3681.5	3381.5		300.0	803.9
家具零售	3	90	17573.7		18536.6	1130.0		17406.6	3938.4
陶瓷、石材装饰材料零售	3	63	4047.2		7984.9	4648.3		3336.6	1494.2
其他室内装饰材料零售	3	66	3801.8		5111.9	560.2		4551.7	1235.7
货摊、无店铺及其他零售业	6	385	51721.5		77561.6	6.8		77554.8	986.0
互联网零售	2	206	46540.8		72042.6			72042.6	337.3
其他未列明零售业	4	179	5180.7		5519.0	6.8		5512.2	648.7
2.按登记注册类型分									
内资企业	353	43943	5637254.0	117634.6	7210783.0	631907.5	0.1	6578875.0	644326.8
国有企业	12	657	17549.6		22534.6	133.4		22401.2	2551.8
集体企业	10	642	57296.2		60673.4	1584.5		59088.9	12068.6
股份合作企业	1	33	6913.5		8220.9			8220.9	56.7
有限责任公司	43	8861	1352581.0	31803.1	1637040.0	210297.6	0.1	1426743.0	121206.4
国有独资公司	2	87	11323.9		12150.7			12150.7	193.1
其他有限责任公司	41	8774	1341257.0	31803.1	1624890.0	210297.6	0.1	1414592.0	121013.3
股份有限公司	3	1758	497009.1		689122.6	73791.5		615331.1	24485.5
私营企业	281	31919	3704915.0	85831.5	4791856.0	346071.0		4445785.0	483910.0
私营独资企业	8	195	16387.3		16770.6			16770.6	1288.6
私营有限责任公司	268	20385	3352058.0	85831.5	3942756.0	330486.9		3612269.0	436973.4
私营股份有限公司	5	11339	336469.8		832329.7	15584.1		816745.6	45648.0
其他企业	3	73	989.6		1334.7	29.5		1305.2	47.8

11-3　续表 4

指　　标	法人企业数(个)	从业人员期末人数(人)	商品购进额	#进口	商品销售额	批发额	#出口	零售额	期末商品库存额
港、澳、台商投资企业	8	1279	222732.6	58467.7	254605.3	12605.7		241999.6	41245.7
与港澳台商合资经营企业	3	490	97005.4		110430.4	10938.3		99492.1	35237.3
港澳台商独资企业	5	789	125727.2	58467.7	144174.9	1667.4		142507.5	6008.4
港澳台商投资股份有限公司	3	734	41659.6		46844.2			46844.2	4661.6
外商投资企业	1	237	15464.4		17884.6			17884.6	1301.6
中外合资经营企业	1	380	16318.6		16773.6			16773.6	2464.0
外资企业	1	117	9876.6		12186.0			12186.0	896.0
3.按控股情况分									
国有控股	29	8033	1378215.0	816.4	1689456.0	257668.4	0.1	1431788.0	101910.2
集体控股	17	1825	119302.0	418.3	219499.9	1670.1		217829.8	37829.2
私人控股	290	33243	3830362.0	86827.8	4950249.0	352684.4		4597565.0	486035.8
港澳台商控股	7	1174	214210.7	58467.7	245026.2	12605.7		232420.5	30575.9
外商控股	2	617	31783.0		34658.2			34658.2	3765.6
其他	19	1064	327773.7	29572.1	373342.4	19884.6		353457.8	30117.4
4.按经营形式分									
独立门店	304	24746	4267793.0	175106	5014614.0	516406.6	0.1	4498207.0	560179.0
连锁总店	22	8103	1150569.0		1451894.0	78784.1		1373109.0	74761.7
连锁门店	8	11652	239264.0		763861.5			763861.5	40364.6
其他	30	1455	244020.3	996.3	281863.2	49322.5		232540.7	14928.8
5.按单位规模分									
大型	22	24065	2772497.0	816.4	3823134.0	321076.7		3502057.0	229193.4
中型	122	17364	2411444.0	155588.9	2846389.0	117473.3	0.1	2728915.0	342045.7
小型	170	4218	654555.8	19157.3	768929.3.0	178376.7		590552.6	98836.8
微型	50	309	63149.3	539.7	73780.3	27586.5		46193.8	20158.2
6.按零售业态分									
有店铺零售	348	44718	5830761.0	174295.6	7410940.0	639328.9	0.1	6771611.0	686035.2
便利店	3	875	223929.7.0		229734.1			229734.1	4334.3
超市	12	613	36733.8	2980.0	38099.6	100.0		37999.6	2745.7
大型超市	9	12356	294720.6		822113.0	2621.5		819491.5	50586.7
百货店	23	2921	435289.9	816.4	548042.2	85531.5		462510.7	16535.9
专业店	157	17371	2812777.0	16489.9	3367632.0	371791.6	0.1	2995840.0	300958.6
专卖店	118	9090	1895791.0	154009.3	2125979.0	161826.0		1964153.0	283956.9
家居建材商店	4	70	4534.4		8545.1	5208.5		3336.6	2142.3
购物中心	8	1012	85206.4		221558.1	3953.3		217604.8	19748.1
厂家直销中心	14	410	41778.0		49237.2	8296.5		40940.7	5026.7
无店铺零售	16	1238	70885.6	1806.7	101292.0	5184.3		96107.7	4198.9
网上商店	9	679	55872.5	1806.7	82608.0			82608.0	2742.9

11-4 限额以上住宿业和餐饮业经营情况

Management of chain enterprises above designated size in hotel and catering service

单位：万元

指 标	法人企业数（个）	从业人员期末人数（人）	营业额	客房收入	餐费收入	商品销售收入	其他收入	客房数（间）	床位数（个）
总 计	**192**	**26665**	**347035.2**	**91500.9**	**235278.6**	**2096.9**	**18158.8**	**16349**	**27385**
一、住宿业	**81**	**10309**	**119705.3**	**62281.7**	**41401.2**	**682.7**	**15339.7**	**11335**	**18941**
1.按住宿业行业小类分									
旅游饭店	46	8411	100058.0	47658.5	37595.9	621.0	14182.6	7686	12481
一般旅馆	34	1769	18931.7	14395.1	3805.3	61.7	669.6	3579	6310
其他住宿业	1	129	715.6	228.1			487.5	70	150
2.按登记注册类型分									
内资企业	81	10309	119705.3	62281.7	41401.2	682.7	15339.7	11335	18941
国有企业	22	4796	54863.6	23412.9	23939.1	32.5	7479.1	3695	6251
集体企业	3	186	1309.4	995.4	314.0			255	510
有限责任公司	11	1379	20498.0	10718.9	6286.2	261.3	3231.6	1635	2737
国有独资公司	1	70	1615.8	840.9	435.9		339.0	191	360
其他有限责任公司	10	1309	18882.2	9878.0	5850.3	261.3	2892.6	1444	2377
私营企业	44	3659	39608.5	25533.3	9152.3	388.9	4534	5549	9123
私营独资企业	2	308	3213.4	2789.4	344.3	74.3	5.4	392	754
私营有限责任公司	41	3171	34352.9	22027.3	7545.0	292.6	4488.0	4997	8069
私营股份有限公司	1	180	2042.2	716.6	1263.0	22.0	40.6	160	300
其他企业	1	289	3425.8	1621.2	1709.6		95.0	201	320
3.按控股情况分									
国有控股	29	5728	69430.0	30543.1	28387.9	43.1	10455.9	4899	8262
集体控股	3	186	1309.4	995.4	314.0			255	510
私人控股	47	4090	44697.5	28383.6	11296.0	388.9	4629.0	5895	9658

11-4　续表 1

单位：万元

指　　标	法人企业数(个)	从业人员期末人数(人)	营业额					客房数(间)	床位数(个)
				客房收入	餐费收入	商品销售收入	其他收入		
其他	2	305	4268.4	2359.6	1403.3	250.7	254.8	286	511
4.按经营形式分									
独立门店	80	10229	118258.5	61269.0	40967.1	682.7	15339.7	11225	18776
连锁门店	1	80	1446.8	1012.7	434.1			110	165
5.按单位规模分									
大型	2	1424	22958.2	8238.4	9213.0		5506.8	676	978
中型	12	3755	42713.7	19582.5	18952.2	188.7	3990.3	2799	4580
小型	64	5082	53767.1	34287.3	13147.5	489.7	5842.6	7668	12972
微型	3	48	266.3	173.5	88.5	4.3		192	411
6.按星级分									
五星	3	1481	19448.6	9268.4	9323.9		856.3	950	1434
四星	11	1641	19276.9	9483.7	7309.3	204.3	2279.6	1819	2861
三星	20	3176	37259.3	17123.3	15943.5	288.2	3904.3	2919	5227
二星	4	140	1609.8	1411.8	193.7	4.3		508	984
其他	43	3871	42110.7	24994.5	8630.8	185.9	8299.5	5139	8435
二、餐饮业	**111**	**16356**	**227329.9**	**29219.2**	**193877.4**	**1414.2**	**2819.1**	**5014**	**8444**
1.按餐饮业行业小类分									
正餐服务	108	11487	158546.3	29219.2	125093.8	1414.2	2819.1	5014	8444
快餐服务	3	4869	68783.6		68783.6				
2.按登记注册类型分									
内资企业	109	11800	167561.8	29107.5	134221.0	1414.2	2819.1	4924	8283
国有企业	6	511	5558.3	1695.3	3602.9	62.6	197.5	433	820
股份合作企业	1	45	351.1	179.2	171.9			24	50
有限责任公司	15	2175	35183.9	5737.0	27509.6	395.3	1542.0	736	1132
其他有限责任公司	15	2175	35183.9	5737.0	27509.6	395.3	1542.0	736	1132

11-4 续表 2

单位：万元

指 标	法人企业数（个）	从业人员期末人数（人）	营业额	客房收入	餐费收入	商品销售收入	其他收入	客房数（间）	床位数（个）
私营企业	86	9061	126341.8	21394.3	102911.6	956.3	1079.6	3715	6250
私营独资企业	8	297	3292.9	136.3	3155.4		1.2	45	90
私营有限责任公司	77	8689	122258	20574.1	99649.2	956.3	1078.4	3506	5864
私营股份有限公司	1	75	790.9	683.9	107.0			164	296
其他企业	1	8	126.7	101.7	25.0			16	31
港、澳、台商投资企业	1	67	550.8	111.7	439.1			90	161
港澳台商独资企业	1	67	550.8	111.7	439.1			90	161
外商投资企业	1	4489	59217.3		59217.3				
外资企业	1	4489	59217.3		59217.3				
3.按控股情况分									
国有控股	9	1156	11935.6	3787.8	6975.7	62.6	1109.5	754	1336
私人控股	95	10272	148738.3	24701.0	121076.4	1351.6	1609.3	4072	6759
港澳台商控股	1	67	550.8	111.7	439.1			90	161
外商控段	1	4489	59217.3		59217.3				
其他	5	372	6887.9	618.7	6168.9		100.3	98	188
4.按经营形式分	101	9055	143012.4	25629.2	113214.1	1350.0	2819.1	4629	7914
独立门店									
连锁总店	4	6553	77077.3	2584.8	74428.3	64.2		260	300
连锁门店	2	520	5263.9		5263.9				
其他	4	228	1976.3	1005.2	971.1			125	230
5.按单位规模分									
大型	1	4489	59217.3		59217.3				
中型	22	6976	112970.1	16802.7	93689.0	865.6	1612.8	1990	2979
小型	80	4766	54653.8	12314.8	40588.6	548.6	1201.8	3008	5434
微型	8	125	488.7	101.7	382.5		4.5	16	31

11-5 限额以上批发和

The financial condition of the legal person enterprises in

指 标	法人企业数(个)	执行《2006年企业会计准则》企业数(个)	年初存货	流动资产合计	应收帐款
总 计	**646**	**563**	**1583179.6**	**15191881.7**	**2603686.3**
一、批发业	**282**	**241**	**959312.5**	**12221609.8**	**2276950.8**
1.按批发行业小类分					
农、林、牧产品批发	6	6	12117.2	26435.0	1557.3
谷物、豆及薯类批发	6	6	12117.2	26435.0	1557.3
食品、饮料及烟草制品批发	26	21	81790.6	425056.2	60595.8
米、面制品及食用油批发	3	1	7435.1	13240.4	708.4
糕点、糖果及糖批发	1	1	318.7	1149.7	
果品、蔬菜批发	1	1	13173.2	96680.6	44377.4
肉、禽、蛋、奶及水产品批发	3	2	1477.8	1744.7	228.7
盐及调味品批发	4	3	8723.4	69451.3	5879.3
营养和保健品批发	1	1	197.6	2158.4	1456.7
酒、饮料及茶叶批发	9	9	19117.0	32186.2	5261.0
烟草制品批发	1	1	26828.7	170571.8	
其他食品批发	3	2	4519.1	37873.1	2684.3
纺织、服装及家庭用品批发	19	16	97376.4	1322016.9	39647.6
服装批发	6	5	55676.8	1147506.7	22516.8
鞋帽批发	2	2	2802.4	26827.3	9471.8
厨房、卫生间用具及日用杂货批发	1	1	7.9	971.9	229.6
家用电器批发	8	6	38283.7	142511.8	3599.2
其他家庭用品批发	2	2	605.6	4199.2	3830.2
文化、体育用品及器材批发	6	5	40399.7	206837.0	58800.2
文具用品批发	1	1	7621.3	56777.3	28157.7
体育用品及器材批发	1	1	5.6	21401.1	15438.3
图书批发	2	2	30300.6	119899.5	14004.1
首饰、工艺品及收藏品批发	2	1	2472.2	8759.1	1200.1
医药及医疗器材批发	38	30	99874.1	810066.7	464921.6
西药批发	16	11	69636.7	502510.7	278009.3
中药批发	12	10	18415.4	175858.5	86186.9
医疗用品及器材批发	10	9	11822.0	131697.5	100725.4
矿产品、建材及化工产品批发	135	120	528485.0	8806916.0	1392549.0
煤炭及制品批发	51	47	227692.0	6714581.0	913304.6
石油及制品批发	11	11	100273.6	247654.2	117682.8
非金属矿及制品批发	2	2	5448.6	14706.3	604.6
金属及金属矿批发	50	41	140265.0	1397621.0	274552.2
建材批发	13	11	22596.7	183008.5	67883.5
化肥批发	3	3	26709.3	219138.9	16815.3
其他化工产品批发	5	5	5499.8	30206.4	1706.0
机械设备、五金产品及电子产品批发	39	33	39600.6	430018.7	248494.3
农业机械批发	2	2	552.9	5825.1	2816.1
汽车批发	4	3	1582.4	9150.0	5352.8
汽车零配件批发	1		542.9	1396.2	1005.6
五金产品批发	3	3	1855.3	11040.8	5158.4
电气设备批发	4	3	6104.6	13435.6	6112.4
计算机、软件及辅助设备批发	4	4	1034.5	8343.3	5696.7

零售业法人企业财务状况(一)
the wholesale and retail trade of the above designated size(1)

单位：万元

存货	固定资产合计	固定资产原价	累计折旧	#本年折旧	在建工程	资产总计
1750688.0	**1885654.6**	**2565210.1**	**680792.3**	**68916.8**	**1190217.8**	**22680622.2**
961355.8	**1388810.2**	**1823531.9**	**435492.9**	**36872.8**	**110694.1**	**18865274.4**
17551.8	9935.1	15923.3	5988.2	208.9	110.1	40920.4
17551.8	9935.1	15923.3	5988.2	208.9	110.1	40920.4
82233.7	80667.0	126608.4	45941.5	6546.4	6351.7	561631.9
6784.2	3194.7	6811.9	3617.2	201.3	6010.5	27057.1
324.2	0.6	6.9	6.3	0.3		1150.3
10166.1	27456.2	34098.0	6641.8	1854.7	262.3	130209.4
793.3	351.4	743.4	392.1	118.1		5646.4
6851.9	5852.5	13138.6	7286.1	701.7		86157.1
273.4	36.1	222.6	186.5	11.5		2194.6
17925.5	4708.6	10234.0	5525.4	470.2		37895.6
37382.3	27888.8	46842.2	18953.4	2463.4	5.6	204341.9
1732.8	11178.1	14510.8	3332.7	725.2	73.3	66979.5
129642.2	6705.1	12773.0	6067.9	1765.2		3170340.8
58373.3	5591.8	10229.3	4637.5	1294.6		2993940.3
2369.3	232.2	559.3	327.1	66.0		27210.8
7.9	174.8	305.1	130.3	8.4		1245.9
68574.7	580.9	1165.2	584.3	356.4		143619.2
317.0	125.4	514.1	388.7	39.8		4324.6
37130.2	17429.8	24733.9	7304.1	905.8	714.3	303706.6
9033.4	743.8	1431.6	687.8	28.4		59453.2
5.6	727.4	1024.8	297.4	41.9		25555.7
25221.9	15903.6	22150.6	6247.0	812.0	714.3	209883.6
2869.3	55.0	126.9	71.9	23.5		8814.1
114066.0	38763.9	50858.5	12402.4	6099.2	9643.2	892631.1
85303.5	27284.8	34713.5	7428.7	5022.9	2209.7	552034.8
18230.4	9602.3	13094.7	3492.4	686.9	7433.5	206692.1
10532.1	1876.8	3050.3	1481.3	389.4		133904.2
489283.6	1190790.2	1523425.7	332948.7	16812.1	1089869.7	13202998.1
185643.8	1040806.5	1268833.2	228339.8	4435.0	1010262.6	10276708.0
101653.2	101624.5	178974.0	77349.5	9306.0	73540.1	576600.6
6176.7	107.9	356.5	248.6	9.6		15034.1
165405.3	12179.8	25842.9	13663.2	1467.7	5045.0	1831104.0
15370.6	20203.8	27278.0	7074.2	798.2		208715.6
9620.9	8841.3	11540.9	2699.6	419.6	133.6	233860.9
5413.1	7026.4	10600.2	3573.8	376.0	888.4	60974.9
35929.7	26179.9	39363.2	13183.3	3543.8	110.1	466409.4
1363.4	4366.7	6151.2	1784.5	16.5		10291.8
1761.7	187.8	264.4	76.6	54.8		9337.9
338.7	116.6	237.0	120.4	27.8		1554.7
2246.1	41.7	387.9	346.2	15.6		11082.6
4139.3	136.2	277.0	140.8	51.7		13757.2
1072.7	13.7	71.0	57.3	12.7		8368.3

11-5 续表 1-1

指 标	法人企业数(个)	执行《2006年企业会计准则》企业数(个)	年初存货	流动资产合计	应收帐款
其他机械设备及电子产品批发	21	18	27928.0	380827.7	222352.3
贸易经纪与代理	1	1	23225.4	124675.0	
贸易代理	1	1	23225.4	124675.0	
其他批发业	12	9	36443.5	69587.9	10385.0
再生物资回收与批发	3	3	1424.3	6286.6	2657.9
其他未列明批发业	9	6	35019.2	63301.3	7727.1
2.按登记注册类型分					
内资企业	277	236	934055.3	11938929.1	2254790.6
国有企业	17	16	91460.0	425403.5	64706.3
集体企业	4	3	6465.8	51780.5	4680.4
有限责任公司	84	79	365895.2	5285185.3	1520014.7
国有独资公司	20	19	128834.4	2346760.6	651358.1
其他有限责任公司	64	60	237060.8	2938424.7	868656.6
股份有限公司	5	5	153821.8	3405599.8	133802.9
私营企业	167	133	316412.5	2770959.9	531586.3
私营有限责任公司	163	130	272072.7	1582284.7	497984.8
私营股份有限公司	4	3	44339.8	1188675.4	33601.5
港、澳、台商投资企业	4	4	25012.2	282316.3	22144.8
合资经营企业(港或澳、台资)	2	2	14467.7	242580.4	18594.6
港、澳、台商独资经营企业	2	2	10544.5	39735.9	3550.2
外商投资企业	1	1	245.0	364.4	15.4
中外合资经营企业	1	1	245.0	364.4	15.4
3.按控股情况分					
国有控股	81	79	532566.5	8614879.0	1576599.0
集体控股	6	5	8875.9	326268.8	28487.5
私人控股	176	140	372337.3	3031285.0	605093.5
港澳台商控股	2	2	10544.5	39735.9	3550.2
其他	17	15	34988.3	209441.1	63220.3
4.按经营形式分					
独立门店	167	138	512953.5	5093181.9	910155.8
其他	115	103	446359.0	7128427.9	1366795.0
5.按单位规模分					
大型	16	15	284659.5	3882330.1	746166.5
中型	121	104	526686.0	7070616.9	1074712.0
小型	102	84	107518.4	636095.0	214949.9
微型	43	38	40448.6	632567.8	241122.9
二、零售业	**364**	**322**	**623867.1**	**2970272.0**	**326735.5**
1.按零售行业小类分					
综合零售	29	27	72076.7	701640.2	9271.8
百货零售	16	14	8181.0	356133.1	2050.7
超级市场零售	10	10	58827.3	296050.4	6478.2
其他综合零售	3	3	5068.4	49456.7	742.9
食品、饮料及烟草制品专门零售	47	41	29723.8	93103.6	13107.0
粮油零售	8	6	6427.3	15149.2	2077.8
糕点、面包零售	1	1	696.4	9688.6	2805.0

单位：万元

存货	固定资产合计	固定资产原价	累计折旧	#本年折旧	在建工程	资产总计
25007.8	21317.2	31974.7	10657.5	3364.7	110.1	412016.9
18338.9	10782.5	16245.0	5462.5	254.4		146827.3
18338.9	10782.5	16245.0	5462.5	254.4		146827.3
37179.7	7556.7	13600.9	6194.3	737.0	150.0	79808.8
1657.8	1158.0	1853.1	695.1	145.8		8867.3
35521.9	6398.7	11747.8	5499.2	591.2	150.0	70941.5
904729.4	1373106.0	1803760.8	431426.3	34757.2	1106912.0	18537861.2
106492.5	48156.9	83832.1	35675.3	3255.4	11155.2	599193.4
3990.6	6578.3	14092.4	7514.1	675.4		77331.9
348475.0	1088162.0	1344125.7	256113.7	12527.3	1011639.8	8325936.7
108863.1	1000786.0	1207968.1	207331.8	2049.1	1009651.6	4862046.9
239611.9	87375.7	136157.6	48781.9	10478.2	1988.2	3463889.8
143189.4	104681.2	177680.6	72999.4	8590.8	72752.5	4610632.1
302581.9	125527.2	184030.0	59123.8	9708.3	11364.5	4924767.1
260921.9	117803.1	169854.2	52672.1	8934.2	11364.5	1867818.8
41660.0	7724.1	14175.8	6451.7	774.1		3056948.3
56499.5	15415.5	19153.7	3738.2	2016.4	37.1	326759.7
45124.9	36.7	185.3	148.6	0.9		270506.5
11374.6	15378.8	18968.4	3589.6	2015.5	37.1	56253.2
126.9	289.0	617.4	328.4	99.2		653.5
126.9	289.0	617.4	328.4	99.2		653.5
517941.1	1194878.0	1538744.8	344017.5	19584.7	1095199.8	12742452.7
13699.0	8812.7	16884.0	8071.3	852.0		575592.6
383003.0	153749.4	219689.3	66560.9	11763.9	11626.8	5219726.6
11374.6	15378.8	18968.4	3589.6	2015.5	37.1	56253.2
35338.1	15991.8	29245.4	13253.6	2656.7	85.4	271249.3
525274.4	1147006.0	1426837.9	280295.6	13924.4	998175.0	9909879.3
436081.4	241804.5	396694.0	155197.3	22948.4	108774.1	8955395.1
317423.8	1083616.0	1319405.1	235789.4	11740.5	1015704.4	8399950.1
469564.1	231998.2	386837.8	155265.1	20578.3	83675.8	9008889.2
111401.2	64678.9	100928.5	36249.6	3567.9	7190.9	770062.7
62966.7	8517.4	16360.5	8188.8	986.1	378.0	686372.4
789332.2	**496844.4**	**741678.2**	**245299.4**	**32044.0**	**83268.7**	**3815348.0**
60478.6	99351.4	165415.0	66063.6	3041.9	5935.4	877706.5
7568.7	30138.9	46099.6	15960.7	1008.9	3278.4	433921.9
50753.9	52447.1	97745.6	45298.5	845.6	1416.4	355128.3
2156.0	16765.4	21569.8	4804.4	1187.4	1240.6	88656.3
32585.3	133426.9	153198.1	19771.2	1944.2	43877.9	280296.8
8628.1	5427.7	7994.6	2566.9	77.0		22606.2
194.9	1379.7	2842.6	1462.9	99.8	32429.7	45958.8

11-5 续表 1-2

指 标	法人企业数(个)	执行《2006年企业会计准则》企业数(个)	年初存货	流动资产合计	应收帐款
果品、蔬菜零售	9	8	1519.7	8320.7	2107.4
肉、禽、蛋、奶及水产品零售	2	2	239.5	4825.6	346.9
酒、饮料及茶叶零售	17	15	14448.6	37464.8	5176.0
烟草制品零售	2	2	1312.3	5883.6	35.2
其他食品零售	8	7	5080.0	11771.1	558.7
纺织、服装及日用品专门零售	41	35	33183.8	237065.1	29464.2
纺织品及针织品零售	1	1		2458.5	2288.4
服装零售	33	28	29076.2	224082.8	25180.4
鞋帽零售	1	1	7.6	1502.4	
化妆品及卫生用品零售	2	2	1100.6	4011.8	792.4
钟表、眼镜零售	3	2	2832.2	4320.3	1027.1
其他日用品零售	1	1	167.2	689.3	175.9
文化、体育用品及器材专门零售	21	16	27752.1	42013.4	2223.4
文具用品零售	3	2	801.8	2482.0	1018.5
体育用品及器材零售	1		100.0	153.6	0.6
图书、报刊零售	5	4	660.0	1729.7	382.0
珠宝首饰零售	6	5	21169.1	31800.8	109.7
工艺美术品及收藏品零售	2	1	2852.5	2529.0	15.7
乐器零售	1	1	1302.8	1808.0	209.8
照相器材零售	2	2	469.4	1096.1	453.4
其他文化用品零售	1	1	396.5	414.2	33.7
医药及医疗器材专门零售	20	18	59998.6	417060.4	176458.8
药品零售	19	18	59340.8	415977.2	176266.6
医疗用品及器材零售	1		657.8	1083.2	192.2
汽车、摩托车、燃料及零配件专门零售	154	141	381141.3	1308613.1	60903.9
汽车零售	114	107	340691.7	815780.2	50652.0
汽车零配件零售	6	4	2411.8	5502.5	1808.6
机动车燃料零售	34	30	38037.8	487330.4	8443.3
家用电器及电子产品专门零售	33	29	16164.1	146186.1	26472.5
家用视听设备零售	1		210.6	313.8	
日用家电设备零售	10	9	12276.3	105978.0	5670.6
计算机、软件及辅助设备零售	14	12	2650.8	26584.5	13419.6
通信设备零售	6	6	749.1	11818.2	6810.2
其他电子产品零售	2	2	277.3	1491.6	572.1
五金、家具及室内装饰材料专门零售	13	10	2925.2	17192.7	5417.1
五金零售	4	1	697.5	4893.3	3634.1
家具零售	3	3	775.5	5639.5	293.4
陶瓷、石材装饰材料零售	3	3	492.8	2723.9	463.5
其他室内装饰材料零售	3	3	959.4	3936.0	1026.1
货摊、无店铺及其他零售业	6	5	901.5	7397.3	3416.8
互联网零售	2	2	595.7	5740.2	3328.0
其他未列明零售业	4	3	305.8	1657.1	88.8
2.按登记注册类型分					
内资企业	353	311	578656.7	2882316.0	320698.8
国有企业	12	10	6202.6	17397.0	2117.5
集体企业	10	9	14302.6	25847.6	2347.3
股份合作企业	1	1	62.8	539.2	103.2
有限责任公司	43	40	101987.3	564457.8	176553.8

单位：万元

存货	固定资产合计	固定资产原价	累计折旧	# 本年折旧	在建工程	资产总计
1090.0	113765.3	117190.9	3425.6	862.4	8128.4	131639.8
394.0	222.0	260.6	38.6	8.7	2221.7	8940.8
14944.7	11070.3	20827.6	9757.3	651.5	1098.1	51699.1
2219.3	194.9	695.5	500.6	66.6		6078.5
5114.3	1367.0	3386.3	2019.3	178.2		13373.6
52406.9	62262.1	96816.4	34554.3	5246.2	20786.3	339379.0
170.1	6987.4	8655.7	1668.3	557.8		10195.2
49924	48588.7	80595.3	32006.6	4440.4	18749.9	305279.1
7.6	5655.4	6141.8	486.4	43.3	1724.0	11646.9
1367.4	589.9	770.9	181.0	176.9	312.4	6333.8
738.2	439.8	643.6	203.8	20.0		5233.7
199.6	0.9	9.1	8.2	7.8		690.3
28233.7	13834.3	23360.7	9526.4	1682.4		66920.0
927.4	36.4	126.3	89.9	5.6		2518.5
100.0	73.0	85.0	12.0	3.0		226.6
1053.2	324.5	865.1	540.6	38.2		2196.6
22251.1	13330.4	21885.6	8555.2	1567.1		55968.6
1595.7	58.3	144.3	86.0	65.8		2609.0
1390.9	9.6	27.1	17.5	1.9		1888.3
534.9	2.1	176.1	174.0	0.3		1098.2
380.5		51.2	51.2	0.5		414.2
80001.8	10788.0	19350.2	8562.2	2344.2	1956.8	459917.5
79401.5	10713.7	19257.3	8543.6	2335.4	1956.8	458748.0
600.3	74.3	92.9	18.6	8.8		1169.5
510114.2	167259.6	271098.0	104275.5	16678.2	9019.1	1592083.0
312577.9	119417.3	187443.1	68452.4	12243.2	5641.0	1009412.0
2547.0	131.5	277.4	145.9	66.5		5831.3
194989.3	47710.8	83377.5	35677.2	4368.5	3378.1	576840.0
17747.1	1880.5	2984.7	1104.2	395.9	405.5	158870.3
219.1	0.5	0.8	0.3			314.3
10978.7	919.1	1196.7	277.6	222.7	405.5	116067.2
2394.1	595.1	995.2	400.1	80.9		28415.4
3939.6	361.6	748.5	386.9	88.3		12577.6
215.6	4.2	43.5	39.3	4.0		1495.8
6957.1	5597.9	6587.0	1017.6	651.9		22969.6
794.8	2.7	42.3	39.6	2.8		4896.0
3859.1	5471.6	6225.1	753.5	610.4		11146.3
473.1	73.0	148.6	75.6	16.6		2801.5
1830.1	50.6	171.0	148.9	22.1		4125.8
807.5	2443.7	2868.1	424.4	59.1	1287.7	17205.1
190.6	471.5	603.1	131.6	34.0	1000.7	10212.5
616.9	1972.2	2265.0	292.8	25.1	287.0	6992.6
743107.7	460299.9	682283.1	222448.8	27682.2	82521.8	3678609.0
3860.1	6401.0	9772.7	3371.7	94.5		26024.0
15386.7	2812.0	12481.6	9669.6	323.4		30767.6
56.7	81.0	211.3	130.3	33.4		660.2
107215.7	36984.8	65764.8	28808.5	5370.6	39176.1	705664.6

11-5 续表 1-3

指　标	法人企业数(个)	执行《2006年企业会计准则》企业数(个)	年初存货	流动资产合计	应收帐款
国有独资公司	2	2	505.8	4488.9	814.6
其他有限责任公司	41	38	101481.5	559968.9	175739.2
股份有限公司	3	3	30182.5	455549.6	1034.9
私营企业	281	245	425713.5	1817369.0	138451.9
私营独资企业	8	8	1471.2	3865.4	1144.8
私营有限责任公司	268	233	372739.6	1511318.0	131766.6
私营股份有限公司	5	4	51502.7	302185.5	5540.5
其他企业	3	3	205.4	1156.0	90.2
港、澳、台商投资企业	8	8	41287.4	80278.9	6026.7
合资经营企业(港或澳、台资)	3	3	31849.9	38755.7	3609.1
港、澳、台商独资经营企业	5	5	9437.5	41523.2	2417.6
外商投资企业	3	3	3923.0	7677.0	10.0
中外合资经营企业	1	1	1740.7	3094.9	
外资企业	1	1	2171.9	2868.5	6.7
其他外商投资企业	1	1	10.4	1713.6	3.3
3.按控股情况分					
国有控股	29	27	88326.3	888188.5	168294.5
集体控股	17	14	38415.2	66136.7	6908.5
私人控股	290	254	427340.2	1837080.0	144571.2
港澳台商控股	7	7	30453.5	67730.8	4640.4
外商控股	2	2	3912.6	5963.4	6.7
其他	19	18	35419.3	105172.5	2314.2
4.按经营形式分					
独立门店	304	268	496578.2	1820377.7	290137.2
连锁总店	22	22	66731.9	814744.9	18228.1
连锁门店	8	8	47736.8	277565.6	6831.1
其他	30	24	12820.2	57583.7	11539.1
5.按单位规模分					
大型	22	22	229109.7	1604621.0	188961.0
中型	122	113	292227.4	966586.4	68812.8
小型	170	144	92299.9	365042.1	57677.7
微型	50	43	10230.1	34022.2	11284.0
6.按零售业态分					
有店铺零售	348	310	619725.2	2944856.4	319558.3
便利店	3	3	5068.4	49456.7	742.9
超市	12	12	1184.8	11113.6	1711.8
大型超市	9	9	60729.0	293758.5	6491.9
百货店	23	19	9875.8	395483.3	2468.8
专业店	157	136	252681.9	1375260.3	253637.0
专卖店	118	107	275237.4	711014.7	46216.6
家居建材商店	4	4	1109.2	4148.8	1305.1
购物中心	8	8	2943.7	79845.0	264.7
厂家直销中心	14	12	10895.0	24775.5	6719.5
无店铺零售	16	12	4141.9	25415.5	7177.2
网上商店	9	6	2458.6	14620.6	4782.5

单位：万元

存货	固定资产合计	固定资产原价	累计折旧	# 本年折旧	在建工程	资产总计
192.5	3150.4	5788.1	2637.7	246.1		7669.6
107023.2	33834.4	59976.7	26170.8	5124.5	39176.1	697995.0
188855.6	37115.3	60743.2	23627.9	3040.9	1910.9	504875.2
427513.4	376116.4	532409.8	156730.5	18810.3	36263.8	2403302
1280.1	506.7	594.3	87.6	33.0		4373.6
384178.4	317142.9	443107.7	126401.9	17681.5	35189.8	2016357.2
42054.9	58466.8	88707.8	30241.0	1095.8	1074.0	382571.5
219.5	789.4	899.7	110.3	9.1	5171.0	7314.9
37960.5	15334.3	25646.1	10311.8	2067.0	312.4	106070.3
32479.5	10586.1	17391.2	6805.1	1520.6		57701.9
5481.0	4748.2	8254.9	3506.7	546.4	312.4	48368.4
3264.0	21210.2	33749.0	12538.8	2294.8	434.5	30668.7
1093.1	1963.5	7954.5	5991.0	499.8	434.5	5633.7
2161.4	1558.8	2754.6	1195.8	379.7		5631.8
9.5	17687.9	23039.9	5352.0	1415.3		19403.2
266274.2	70638.0	116747.9	46109.9	6248.2	5513.4	1031936.6
39060.2	5870.4	19325.3	13454.9	638.7	32429.7	110394.6
429618.4	376911.9	533607.9	157133.1	18864.5	38485.5	2428190.5
27290.7	15334.3	25646.1	10311.8	2067.0	312.4	93522.2
3254.5	3522.3	10709.1	7186.8	879.5	434.5	11265.5
23834.2	24567.5	35641.9	11102.9	3346.1	6093.2	140038.4
513465.2	394271.9	566817.9	173011.6	25228.7	42648.8	2469715.0
222912.8	51902.0	91774.3	39872.3	5747.0	36763.9	943710.1
40331.8	43005.5	70190.3	27184.8	295.2	491.6	321474.6
12622.4	7665.0	12895.7	5230.7	773.1	3364.4	80448.1
391182.4	167539.3	265035.3	97496.0	9926.2	5121.4	1910267.2
282882.8	275118.3	390504.5	115812.8	15819.6	62398.2	1418425.1
106080.2	49515.8	79957.4	30480.6	6061.7	14236.7	444076.2
9186.8	4671.0	6181.0	1510.0	236.5	1512.4	42579.3
784862.3	492376.2	734283	242372.4	31535.7	79310.6	3775544.3
2156.0	16765.4	21569.8	4804.4	1187.4	1240.6	88656.3
2688.1	4031.8	6864.7	2861.4	291.9	897.1	16518.6
51917.1	50313.5	94193.7	43880.2	961.2	519.3	350989.7
10603.1	55532.0	88425.5	32893.5	2510.8	3278.4	500563.6
421424.6	278983.0	368965.4	90409.0	15459.9	35929.4	1829592.5
256798.2	81675.5	143438.6	61773.6	10413.6	37445.8	869175.5
1027.1	87.0	205.4	118.4	27.0		4240.4
25550.3	955.6	3554.7	2599.1	396.0		84143.9
12697.8	4032.4	7065.2	3032.8	287.9		31663.8
4469.9	4468.2	7395.2	2927.0	508.3	3958.1	39803.5
2594.9	772.9	1034.4	261.5	154.9	1000.7	20033.6

11-5 限额以上批发和

The financial condition of the legal person enterprises in

指 标	流动负债合计	#应付帐款	非流动负债合计	负债合计	所有者权益合计
总 计	**13842630.3**	**2596105.1**	**2635667.3**	**16470540.6**	**6210081.6**
一、批发业	**10875361.5**	**1923226.1**	**2420434.8**	**13288832.8**	**5576441.6**
1.按批发行业小类分					
农、林、牧产品批发	24134.9	1342.3	5801.0	29935.9	10984.5
谷物、豆及薯类批发	24134.9	1342.3	5801.0	29935.9	10984.5
食品、饮料及烟草制品批发	285754.7	101628.1	46979.8	332734.5	228897.4
米、面制品及食用油批发	12477.4	5394.5	7638.5	20115.9	6941.2
糕点、糖果及糖批发	800.8			800.8	349.5
果品、蔬菜批发	101409.2	34624.9	25000.0	126409.2	3800.2
肉、禽、蛋、奶及水产品批发	6560.0	763.2		6560.0	-913.6
盐及调味品批发	50619.5	28918.9	873.8	51493.3	34663.8
营养和保健品批发	1752.0	761.0	146.0	1898.0	296.6
酒、饮料及茶叶批发	38997.4	13570.0	537.4	39534.8	-1639.2
烟草制品批发	33952.6	17618.3	3.1	33955.7	170386.2
其他食品批发	39185.8	-22.7	12781.0	51966.8	15012.7
纺织、服装及家庭用品批发	715528.9	37811.5	10652.1	726181.0	2444159.8
服装批发	542455.1	17676.3	8911.3	551366.4	2442573.9
鞋帽批发	22594.3	4631.1		22594.3	4616.5
厨房、卫生间用具及日用杂货批发	977.3	787.3		977.3	268.6
家用电器批发	147248.5	13163.7		147248.5	-3629.3
其他家庭用品批发	2253.7	1553.1	1740.8	3994.5	330.1
文化、体育用品及器材批发	193105.9	87734.8	20.0	193125.9	110580.7
文具用品批发	53667.5	14200.7		53667.5	5785.7
体育用品及器材批发	22394.7	17993.7		22394.7	3161.0
图书批发	109481.4	55538.6	20.0	109501.4	100382.2
首饰、工艺品及收藏品批发	7562.3	1.8		7562.3	1251.8
医药及医疗器材批发	752288.6	273831.9	18268.7	759654.2	132976.9
西药批发	465605.3	172520.4	12760.9	467463.1	84571.7
中药批发	164447.1	58158.8	5507.8	169954.9	36737.2
医疗用品及器材批发	122236.2	43152.7		122236.2	11668.0
矿产品、建材及化工产品批发	8370242.0	1113853.8	2312698.7	10686880.3	2516117.8
煤炭及制品批发	6521092.5	629916.7	1961225.3	8487973.3	1788734.7
石油及制品批发	220955.2	128083.3	337755.1	558710.3	17890.3
非金属矿及制品批发	11316.4	2841.2		11316.4	3717.7
金属及金属矿批发	1143154.4	245425.0	4853.5	1148008.0	683096.0
建材批发	228848.4	53479.8		227132.4	-18416.8
化肥批发	196155.5	49919.7	2289.7	198445.2	35415.7
其他化工产品批发	48719.6	4188.1	6575.1	55294.7	5680.2
机械设备、五金产品及电子产品批发	378826.7	266388.6	726.7	379553.4	86856.0
农业机械批发	7917.1	3450.8	248.0	8165.1	2126.7
汽车批发	7241.3	4418.7		7241.3	2096.6
汽车零配件批发	1135.9	1048.2		1135.9	418.8
五金产品批发	6971.1	5095.7		6971.1	4111.5
电气设备批发	12715.5	11423.7		12715.5	1041.7
计算机、软件及辅助设备批发	6131.8	1054.8		6131.8	2236.5

零售业法人企业财务状况(二)
the wholesale and retail trade of the above designated size(2)

单位：万元

实收资本	国家资本	集体资本	法人资本	个人资本	港澳台资本	外商资本
2259415.4	**807718.5**	**98041.6**	**842301.2**	**469633.4**	**33572.7**	**8148.0**
1579886.1	**690730.5**	**90818.9**	**524898.3**	**248794.6**	**24643.8**	
8340.3	8340.3					
8340.3	8340.3					
38945.9	10274.5	5213.8	11444.2	12013.4		
1990.7	1599.3		301.4	90.0		
50.0	50.0					
3800.2				3800.2		
1150.0			1150.0			
8650.9		5000.9	3000.0	650.0		
200.0			200.0			
10520.3	6941.4	212.9	406.0	2960.0		
1683.8	1683.8					
10900.0			6386.8	4513.2		
77937.1			4310.0	69915.4	3711.7	
69802.1			150.0	65940.4	3711.7	
2500.0			500.0	2000..0		
305.0				305.0		
4780.0			3160.0	1620.0		
550.0			500.0	50.0		
20920.4	13920.4		2000.0	5000.0		
660.0	660.0					
3000.0				3000.0		
15260.4	13260.4		2000.0			
2000.0				20000.0		
85939.7	2915.0	1231.0	36376.0	45417.7		
40874.2		31.0	23526.0	17317.2		
30129.5		1200.0	7665.0	21264.5		
14936.0	2915.0		5185.0	6836.0		
1250564.0	615447.6	82957.5	461945.5	90213.1		
656921.8	270283.4	8031.0	356966.0	21641.4		
29026.4	9628.0		12740.5	6657.9		
5000.0			4500.0	500.0		
501687.6	323936.2	70727.3	65038.0	41986.1		
24278.0	5000.0		2950.0	16328.0		
25629.9	2800.0	429.2	19751.0	2649.7		
8020.0	3800.0	3770.0		450.0		
79741.0	38439.5	138.8	7722.6	12508.0	20932.1	
1329.5	1190.7	138.8				
3010.0			600.0	2410.0		
300.0			105.0	195.0		
3015.0			500.0	2515.0		
1810.0			1810.0			
2100.0				2100.0		

11–5　续表 2–1

指　　标	流动负债合计	#应付帐款	非流动负债合计	负债合计	所有者权益合计
其他机械设备及电子产品批发	336714.0	239896.7	478.7	337192.7	74824.2
贸易经纪与代理	87290.5	28264.8	24617.0	111907.5	34919.8
贸易代理	87290.5	28264.8	24617.0	111907.5	34919.8
其他批发业	68189.3	12370.3	670.8	68860.1	10948.7
再生物资回收与批发	5426.3	2674.4	447.4	5873.7	2993.6
其他未列明批发业	62763.0	9695.9	223.4	62986.4	7955.1
2.按登记注册类型分					
内资企业	10704589.4	1885489.9	2420434.7	13118060.6	5419800.6
国有企业	263799.6	54668.8	17573.2	281372.8	317820.6
集体企业	41128.4	31161.5	1321.2	42449.6	34882.3
有限责任公司	5004955.9	1181908.9	1659459.3	6670070.7	1655866.0
国有独资公司	2236268.2	495230.2	1609622.5	3851546.2	1010500.7
其他有限责任公司	2768687.7	686678.7	49836.8	2818524.5	645365.3
股份有限公司	3237082.2	133123.2	669131.5	3906213.7	704418.4
私营企业	2157623.3	484627.5	72949.5	2217953.8	2706813.3
私营有限责任公司	1538258.2	464154.0	70972.5	1596611.7	271207.1
私营股份有限公司	619365.1	20473.5	1977.0	621342.1	2435606.2
港、澳、台商投资企业	169617.0	37431.5	0.1	169617.1	157142.6
合资经营企业(港或澳、台资)	144683.4	34743.7		144683.4	125823.1
港、澳、台商独资经营企业	24933.6	2687.8	0.1	24933.7	31319.5
外商投资企业	1155.1	304.7		1155.1	–501.6
中外合资经营企业	1155.1	304.7		1155.1	–501.6
3.按控股情况分					
国有控股	7986898.7	1256664.6	2319465.5	10312019.7	2430433.0
集体控股	233475.4	45943.9	1646.4	235121.8	340470.8
私人控股	2416722.5	538005.5	97949.5	2502053.0	2717673.6
港澳台商控股	24933.6	2687.8	0.1	24933.7	31319.5
其他	213331.3	79924.3	1373.3	214704.6	56544.7
4.按经营形式分					
独立门店	4167225.5	885555.6	1635005.0	5802230.6	4107648.7
其他	6708136.0	1037670.5	785429.8	7486602.2	1468792.9
5.按单位规模分					
大型	2995091.1	499669.3	1649146.8	4644237.9	3755712.2
中型	6755646.6	990224.3	742448.1	7487191.6	1521697.6
小型	615890.6	216272.5	27089.8	641264.5	128798.2
微型	508733.2	217060.0	1750.1	516138.8	170233.6
二、零售业	**2967268.8**	**672879.0**	**215232.5**	**3181707.8**	**633640.0**
1.按零售行业小类分					
综合零售	685042.5	157174.3	121067.0	806109.5	71597.0
百货零售	274068.6	83448.7	84384.9	358453.5	75468.4
超级市场零售	353144.6	56198.0	25610.4	378755.0	–23626.7
其他综合零售	57829.3	17527.6	11071.7	68901.0	19755.3
食品、饮料及烟草制品专门零售	204615.5	123763.4	35787.6	240403.0	39893.8
粮油零售	15333.2	2508.3	2776.7	18109.8	4496.4
糕点、面包零售	37506.0	5549.0	19453.0	56959.0	–11000.2

单位：万元

实收资本	国家资本	集体资本	法人资本	个人资本	港澳台资本	外商资本
68176.5	37248.8		4707.6	5288.0	20932.1	
5000.0				5000.0		
5000.0				5000.0		
12498.0	1393.2	1277.8	1100.0	8727.0		
2377.8		1277.8	1100.0			
10120.2	1393.2			8727.0		
1405192.3	540730.5	90818.9	524848.3	248794.6		
118373.7	116234.9	138.8	2000.0			
9388.7		9388.7				
706011.5	409489.3	81260.4	196406.0	18855.8		
283358.2	260509.7		22848.5			
422653.3	148979.6	81260.4	173557.5	18855.8		
219051.9	14506.3		201745.6	2800.0		
352366.5	500.0	31.0	124696.7	227138.8		
278400.5	500.0	31.0	119007.1	158862.4		
73966.0			5689.6	68276.4		
174643.8	150000.0				24643.8	
150000.0	150000.0					
24643.8					24643.8	
50.0			50.0			
50.0			50.0			
1074724.6	690030.5	5701.9	366076.6	12915.6		
82116.0		80116.0	2000.0			
363291.7	500.0	31.0	132171.7	235589.0		
24643.8					24643.8	
30110.0	200.0	4970.0	24650.0	290.0		
721561.8	348435.8	82609.1	117537.4	172979.5		
858324.3	342294.7	8209.3	407360.9	75815.1	24643.8	
397952.3	234251.5	4921.0	78098.5	76969.6	3711.7	
807124.2	251470.2	78488.4	360542.4	95691.1	20932.1	
151001.2	21468.6	4121.7	71677.4	53733.5		
223808.4	183540.2	3287.3	14580.0	22400.4		
679529.3	**116988.0**	**7222.7**	**317402.9**	**220838.8**	**8928.9**	**8148.0**
72952.2	2812.0	883.2	29022.8	37575.2	11.0	2648.0
35282.9	1075.7	883.2	18736.0	11929.0	11.0	2648.0
26169.3	1736.3		4000.0	20433.0		
11500.0			6286.8	5213.2		
41821.2	9508.4	744.9	12331.8	18566.0	670.1	
5083.2	4193.0		710.2	180.0		
1926.6			1926.6			

11-5 续表 2-2

指 标	流动负债合计	#应付帐款	非流动负债合计	负债合计	所有者权益合计
果品、蔬菜零售	98869.2	92712.1	3682.0	102551.2	29088.6
肉、禽、蛋、奶及水产品零售	6454.9	2496.8		6454.9	2485.9
酒、饮料及茶叶零售	40417.0	16290.9	9551.0	49968.0	1731.1
烟草制品零售	111.6	102.9		111.6	5966.9
其他食品零售	5923.6	4103.4	324.9	6248.5	7125.1
纺织、服装及日用品专门零售	315977.6	75016.0	40659.2	356636.8	-17257.8
纺织品及针织品零售	8577.1	5786.2	1200.1	9777.2	418.0
服装零售	299605.6	66548.5	39281.3	338886.9	-33607.8
鞋帽零售	2319.7			2319.7	9327.2
化妆品及卫生用品零售	3613.9	1750.8		3613.9	2719.9
钟表、眼镜零售	1696.4	773.2	177.8	1874.2	3359.5
其他日用品零售	164.9	157.3		164.9	525.4
文化、体育用品及器材专门零售	35289.0	13969.4	678.1	35967.1	30952.9
文具用品零售	1508.4	700.5		1508.4	1010.1
体育用品及器材零售	29.5	15.0		29.5	197.1
图书、报刊零售	1962.0	1659.4	6.3	1968.3	228.3
珠宝首饰零售	30009.5	10572.4	671.8	30681.3	25287.3
工艺美术品及收藏品零售	264.3	41.2		264.3	2344.7
乐器零售	918.0	678.3		918.0	970.3
照相器材零售	256.8	216.6		256.8	841.4
其他文化用品零售	340.5	86.0		340.5	73.7
医药及医疗器材专门零售	311321.0	142210.7	4078.2	315399.1	144518.4
药品零售	310335.5	141757.2	3894.2	314229.6	144518.4
医疗用品及器材零售	985.5	453.5	184.0	1169.5	
汽车、摩托车、燃料及零配件专门零售	1258594.0	126004.0	11980.5	1270564.1	321518.9
汽车零售	812845.5	115393.9	9116.9	821938.8	187472.9
汽车零配件零售	2704.2	1583.4		2704.2	3127.1
机动车燃料零售	443044.5	9026.7	2863.6	445921.1	130918.9
家用电器及电子产品专门零售	129566.6	21675.6	981.9	129765.7	29104.6
家用视听设备零售	75.6	74.4	150.0	225.6	88.7
日用家电设备零售	106247.2	8504.8	791.8	106256.2	9811.0
计算机、软件及辅助设备零售	12454.7	5916.9	0.1	12454.8	15960.6
通信设备零售	9851.8	6315.7	40.0	9891.8	2685.8
其他电子产品零售	937.3	863.8		937.3	558.5
五金、家具及室内装饰材料专门零售	13133.6	8992.7		13133.7	9835.9
五金零售	4284.7	3804.9		4284.8	611.2
家具零售	3214.8	2981.1		3214.8	7931.5
陶瓷、石材装饰材料零售	2231.0	11.6		2231.0	570.5
其他室内装饰材料零售	3403.1	2195.1		3403.1	722.7
货摊、无店铺及其他零售业	13728.8	4072.9		13728.8	3476.3
互联网零售	8131.9	3710.5		8131.9	2080.6
其他未列明零售业	5596.9	362.4		5596.9	1395.7
2.按登记注册类型分					
内资企业	2862724.0	639194.9	216139.1	3078069.0	600539.5
国有企业	19023.9	3581.9	2971.7	21995.5	4028.5
集体企业	19930.3	16384.9	2019.8	21950.1	8817.5
股份合作企业	419.1			419.1	241.1
有限责任公司	465107.2	185799.2	51889.2	517009.3	188655.3

单位：万元

实收资本	国家资本	集体资本	法人资本	个人资本	港澳台资本	外商资本
13925.0	30.0	50.0	25.0	13820.0		
3010.0				3010.0		
15274.5	5275.4	100.0	7973.0	1256.0	670.1	
400.5		220.5		180.0		
2201.4	10.0	374.4	1697.0	120.0		
51872.4		1373.4	27304.3	17094.7	1100.0	5000.0
410.0		312.0		98.0		
43439.0		1061.4	25988.0	16289.6	100.0	5000.0
200.0			160.0	40.0		
1006.3			6.3		1000.0	
1317.1			1100.0	217.1		
500.0			50.0	450.0		
17020.7	80.3	1298.1	4168.6	10325.9	1147.8	
1016.0			806.0	210.0		
100.0				100.0		
90.3	80.3		10.0			
13114.4		499.6	3252.6	8214.4	1147.8	
1050.0		798.5		251.5		
1000.0				1000.0		
600.0			100.0	500.0		
50.0				50.0		
117192.8	101753.3		8285.0	7154.5		
116992.8	101753.3		8255.0	6984.5		
200.0			30.0	170.0		
236189.5	1551.0	2923.1	115816.4	109399.0	6000.0	500.0
177692.2	1300.0	1287.0	62705.7	105899.5	6000.0	500.0
1480.0			770.0	710.0		
57017.3	251.0	1636.1	52340.7	2789.5		
24663.3			8265.9	16397.4		
100.0			100.0			
6417.4			2172.0	4245.4		
13891.8			1861.8	12030.0		
4154.1			4092.1	62.0		
100.0			40.0	60.0		
112196.2			110958.1	1238.1		
110128.0			110128.0			
1060.0			110.0	950.0		
400.2			220.1	180.1		
608.0			500.0	108.0		
5621.0	1283.0		1250.0	3088.0		
2615.0				2615.0		
3006.0	1283.0		1250.0	473.0		
647676.6	116988.0	7222.7	308412.4	214542.5	11.0	500.0
5175.2	5005.3	69.9	100.0			
1826.8	10.0	1684.3	53.5	79.0		
200.0		200.0				
194966.5	111802.7	3195.1	65698.8	13769.9		500.0

11-5 续表 2-3

指　标	流动负债合计	#应付帐款	非流动负债合计	负债合计	所有者权益合计
国有独资公司	4896.8	1326.2	834.7	5731.5	1938.1
其他有限责任公司	460210.4	184473.0	51054.5	511277.8	186717.2
股份有限公司	413701.3	2059.0		413701.3	91173.9
私营企业	1944327.6	432373.5	159252.5	2102774.0	300528.5
私营独资企业	2869.6	2311.1	782.8	2869.6	1504.0
私营有限责任公司	1611721.1	396771.1	128692.8	1740390.4	275966.8
私营股份有限公司	329736.9	33291.3	29776.9	359513.8	23057.7
其他企业	214.3	-1003.6	5.9	220.2	7094.7
港、澳、台商投资企业	57343.8	29185.5	-1588.2	55755.6	50314.7
合资经营企业(港或澳、台资)	33208.7	20896.2		33208.7	24493.2
港、澳、台商独资经营企业	24135.1	8289.3	-1588.2	22546.9	25821.5
外商投资企业	47201.3	4498.6	681.6	47882.9	-17214.2
中外合资经营企业	16362.6	1234.9		16362.6	-10728.9
外资企业	6972.0	1832.3	681.6	7653.6	-2021.8
其他外商投资企业	23866.7	1431.4		23866.7	-4463.5
3.按控股情况分					
国有控股	730370.3	149007.2	14876.5	745246.7	286689.9
集体控股	81871.8	43441.6	21757.1	103628.9	6765.7
私人控股	1961902.7	440505.0	159287.5	2120383.8	307806.7
港澳台商控股	45521.0	17900.7	-1588.2	43932.8	49589.4
外商控股	23334.6	3067.2	681.6	24016.2	-12750.7
其他	124268.4	18957.3	20218.0	144499.4	-4461.0
4.按经营形式分					
独立门店	1833443.7	530868.6	157139.9	1989790.2	479924.8
连锁总店	781704.0	91296.5	36458.1	818162.1	125548.0
连锁门店	293854.4	34901.4	19939.8	313794.2	7680.4
其他	58266.7	15812.5	1694.7	59961.3	20486.8
5.按单位规模分					
大型	1401783.0	305861.9	92114.7	1493897.7	416369.5
中型	1238520.6	285637.0	80827.1	1319347.7	99077.4
小型	305954.5	70834.2	38195.4	344163.0	99913.2
微型	21010.7	10545.9	4095.3	24299.4	18279.9
6.按零售业态分					
有店铺零售	2943828.8	666506.3	211071.1	3154106.4	621437.9
便利店	57829.3	17527.6	11071.7	68901.0	19755.3
超市	11907.9	5408.1	834.7	12742.6	3776.0
大型超市	353760.2	56172.7	25457.3	379217.5	-28227.8
百货店	336423.4	93497.7	103948.9	440372.3	60191.3
专业店	1343678.7	331903.0	34689.8	1378357.8	451234.7
专卖店	704495.4	126439.3	28736.3	732448.9	136726.6
家居建材商店	3409.4	1059.8		3409.4	831.0
购物中心	106542.7	26699.0	5949.5	112492.2	-28348.3
厂家直销中心	25781.8	7799.1	382.9	26164.7	5499.1
无店铺零售	23440.0	6372.7	4161.4	27601.4	12202.1
网上商店	12783.7	4736.5	0.1	12783.8	7249.8

单位：万元

实收资本	国家资本	集体资本	法人资本	个人资本	港澳台资本	外商资本
1836.3	1836.3					
193130.2	109966.4	3195.1	65698.8	13769.9		500.0
439393.1	140.0	2023.4	242535.1	194683.6	11.0	
553.4	40.0	50.0	30.0	422.4	11.0	
422610.7	100.0	1973.4	235610.4	184926.9		
15229.0			6894.7	9334.3		
6115.0	30.0	50.0	25.0	6010.0		
25704.7			5490.5	6296.3	8917.9	5000.0
17614.1			4170.0	6296.3	7147.8	
8090.6			1320.5		1770.1	5000.0
6148.0			3500.0			2648.0
3000.0			3000.0			
2648.0						2648.0
500.0			500.0			
174149.9	115928.0	118.9	55226.0	2877.0		
7946.3	10.0	3862.4	3305.4	768.5		
446472.7	220.0	2023.4	242665.3	201553.0	11.0	
24979.4			4765.2	6296.3	8917.9	5000.0
5648.0			3000.0			2648.0
20333.0	830.0	1218.0	8441.0	9344.0		500.0
614630.7	113371.7	7222.7	300446.2	185931.3	7158.8	500.0
39062.2	1020.0		7646.6	21077.5	1670.1	7648.0
9172.3	1736.3		2000.0	5336.0	100.0	
16664.1	860.0		7310.1	8494.0		
269062.0	102020.0	787.0	70602.9	90652.1		5000.0
183714.6	11319.5	2175.3	88456.9	70367.1	8247.8	3148.0
208322.7	2967.3	4127.1	150298.7	50248.5	681.1	
18430.0	681.2	133.3	8044.4	9571.1		
666808.7	113301.2	7222.7	314724.1	214483.8	8928.9	8148.0
11500.0			6286.8	5213.2		
3834.9	2336.3	50.0	1170.0	267.6	11.0	
26056.7			3006.3	20402.4		2648.0
45699.1	1035.7	1053.7	25179.7	18430.0		
406988.9	103143.8	4006.4	197832.0	100236.6	1770.1	
150260.9	6475.4	1658.2	69829.0	64650.5	7147.8	500.0
900.2			720.1	180.1		
16600.0			8500.0	3100.0		5000.0
4968.0	310.0	454.4	2200.2	2003.4		
12720.6	3686.8		2678.8	6355.0		
5246.8			2051.8	3195.0		

11-5 限额以上批发和

The financial condition of the legal person enterprises in

指 标	营业收入	#主营业务收入	营业成本	#主营业务成本	营业税金及附加
总 计	**38615745.7**	**38392840.2**	**37075403.8**	**36816973.4**	**97898.7**
一、批发业	**31908707.6**	**31764434.0**	**31066570.3**	**30944093.7**	**74555.3**
1.按批发行业小类分					
农、林、牧产品批发	27211.6	27108.1	26574.9	26574.7	4.8
谷物、豆及薯类批发	27211.6	27108.1	26574.9	26574.7	4.8
食品、饮料及烟草制品批发	1060439.0	1055007.0	855094.4	854025.0	59575.9
米、面制品及食用油批发	61208.3	61208.3	60354.8	60354.8	46.4
糕点、糖果及糖批发	4152.1	4152.1	3945.7	3945.7	4.8
果品、蔬菜批发	212216.9	212015.7	205695.8	205661.4	73.6
肉、禽、蛋、奶及水产品批发	26059.2	25909.2	22786.5	22786.5	59.9
盐及调味品批发	81639.3	80672.5	61522.8	61470.3	289.7
营养和保健品批发	7506.6	7506.6	7086.2	7086.2	8.9
酒、饮料及茶叶批发	45722.3	45256.9	36755.0	36741.2	202.1
烟草制品批发	555490.3	555329.7	396749.8	396749.8	58671.1
其他食品批发	66443.6	62956.0	60197.8	59229.1	219.4
纺织、服装及家庭用品批发	568090.8	567165.1	422529.2	422019.5	595.5
服装批发	302536.9	302348.3	171996.9	171996.5	304.0
鞋帽批发	24122.7	24122.7	22390.8	22390.8	32.3
厨房、卫生间用具及日用杂货批发	906.5	906.5	659.6	659.6	0.8
家用电器批发	223926.0	223188.9	211984.4	211475.1	197.4
其他家庭用品批发	16598.7	16598.7	15497.5	15497.5	61.0
文化、体育用品及器材批发	450282.3	450167.8	426990.8	426980.9	119.2
文具用品批发	93452.9	93338.4	90906.2	90896.3	48.2
体育用品及器材批发	22354.1	22354.1	21886.7	21886.7	
图书批发	269591.3	269591.3	249778.9	249778.9	42.3
首饰、工艺品及收藏品批发	64884.0	64884.0	64419.0	64419.0	28.7
医药及医疗器材批发	1275272.1	1261837.3	1179506.8	1170962.6	2106.0
西药批发	887980.9	882461.0	826678.4	823851.2	1348.5
中药批发	219507.6	219168.9	199204.3	199203.7	395.3
医疗用品及器材批发	167783.6	160207.4	153624.1	147907.7	362.2
矿产品、建材及化工产品批发	23801573.4	23678966.1	23460589.4	23349069.6	11221.2
煤炭及制品批发	13945167.2	13900003.3	13640189.4	13599165.0	6290.9
石油及制品批发	281972.8	280502.3	308341.0	306681.4	924.7
非金属矿及制品批发	16098.1	16098.1	15263.7	15263.7	62.0
金属及金属矿批发	6577594.4	6505208.9	6531697.7	6463772.7	3122.1
建材批发	229762.9	228205.7	226754.6	226528.0	227.9
化肥批发	2667557.1	2666540.6	2657813.2	2657518.7	437.7
其他化工产品批发	83420.9	82407.2	80539.5	80140.1	155.9
机械设备、五金产品及电子产品批发	4561061.1	4559526.4	4539843.3	4539019.9	577.2
农业机械批发	8399.8	8127.8	7194.5	7194.5	4.2
汽车批发	9553.7	9553.7	9276.1	9276.1	2.1
汽车零配件批发	6142.2	6142.2	5597.1	5597.1	13.9
五金产品批发	6140.6	6140.6	5698.8	5698.8	9.1
电气设备批发	15453.0	15453.0	14113.5	14113.5	55.0
计算机、软件及辅助设备批发	19716.0	19713.0	19116.6	19116.6	13.1

零售业法人企业财务状况(三)

the wholesale and retail trade of the above designated size(3)

单位：万元

主营业务税金及附加	其他业务利润	销售费用	管理费用		财务费用	
				税金		利息收入
94162.6	**93468.5**	**747460.7**	**436898.4**	**17503.7**	**230407.0**	**39727.3**
72598.4	**43101.8**	**348554.2**	**231621.3**	**12558.5**	**164702.6**	**37089.5**
4.8		1218.0	1754.3	0.9	199.6	119.9
4.8		1218.0	1754.3	0.9	199.6	119.9
59527.4	3659.2	43570.6	35639.5	1320.6	3930.5	5282.0
46.4	22.6	807.9	747.6		72.8	7.2
4.8		83.9			−0.3	0.5
73.6	166.8	8372.7	2064.8	404.7	5840.3	
59.9	51.6	5039.6	612.4	16.2	4.8	0.1
289.7	606.7	11714.4	4585.0	101.3	51.9	103.3
8.9		335.6	47.3		0.1	
202.1	303.5	7431.8	3488.5	37.9	1297.6	24.6
58671.1		6562.4	21905.2	730.4	−5092.9	5093.9
170.9	2508.0	3222.3	2188.7	30.1	1756.2	52.4
595.4	761.1	71566.1	11150.6	248.0	880.4	146.2
304.0	188.0	59061.1	6918.3	185.7	1046.2	331.2
32.3		1131.4	135.0	17.0	81.7	53.9
0.8		202.8	41.4		−0.8	0.8
197.3	573.1	10384.1	3594.4	38.2	−342.4	−243.9
61.0		786.7	461.5	7.1	95.7	4.2
119.2	184.8	3934.9	8877.3	41.6	−828.3	1690.5
48.2	104.6	837.7	1104.0	21.5	−29.3	489.6
		87.2	378.1	17.0	−134.8	360.7
42.3	80.2	2801.5	7282.9		−802.2	834.4
28.7		208.5	112.3	3.1	138.0	5.8
1962.7	1839.9	40393.1	29310.5	472.4	14088.6	2219.7
1269.7	1292.3	26762.2	18253.5	318.1	8686.3	1951.7
388.6		6926.5	6189.1	116.6	3626.5	77.2
304.4	547.6	6704.4	4867.9	37.7	1775.8	190.8
9456.9	35889.6	169979.4	126966.4	7949.9	142710.4	27208.9
4610.1	26595.1	122539.8	104341.6	5119.0	112658.4	23882.3
924.7	40.8	18311.1	−1095.5	338.3	2642.1	1077.4
62.0	14.4	2653.9	494.1	6.1	612.8	6.6
3086.2	7794.7	17994.9	15167.1	2259.6	22326.9	1355.3
180.3	546.4	1397.8	4168.0	94.6	2060.3	−119.4
437.7	510.2	5581.6	2223.2	8.9	1759.2	552.5
155.9	388.0	1500.3	1667.9	123.4	650.7	454.2
576.5	394.6	11174.5	14435.8	2368.1	3025.1	357.2
3.7	267.4	837.2	612.4	2.1	10.9	0.4
2.1		176.1	239.7	3.1	98.7	
13.9		406.0	78.0	3.4	0.7	
9.1		118.9	362.0	6.6	3.2	
55.0		2593.1	1368.9		−0.8	1.2
13.1	91.6	209.0	240.4	2.6	94.3	1.8

11-5　续表 3-1

指　　标	营业收入	#主营业务收入	营业成本	#主营业务成本	营业税金及附加
其他机械设备及电子产品批发	4495655.8	4494396.1	4478846.7	4478023.0	479.8
贸易经纪与代理	84141.7	84020.2	81134.8	81134.8	268.4
贸易代理	84141.7	84020.2	81134.8	81134.8	268.4
其他批发业	80636.0	80636.0	74306.7	74306.7	87.1
再生物资回收与批发	5470.0	5470.0	4565.9	4565.9	20.3
其他未列明批发业	75166.0	75166.0	69740.8	69740.8	66.8
2.按登记注册类型分					
内资企业	29495979.3	29353232.2	28674728.0	28552264.2	74172.3
国有企业	1396862.4	1395098.6	1221798.6	1221773.7	59021.8
集体企业	45125.6	44368.0	37085.1	36935.6	181.5
有限责任公司	22406143.7	22290783.9	21993284.7	21882126.9	9639.7
国有独资公司	8626441.1	8521036.8	8362318.9	8254134.2	4985.4
其他有限责任公司	13779702.6	13769747.1	13630965.8	13627992.7	4654.3
股份有限公司	2834275.1	2829634.2	2849418.6	2849279.9	1173.1
私营企业	2813572.5	2793347.5	2573141.0	2562148.1	4156.2
私营有限责任公司	2408727.4	2388708.0	2288395.5	2277423.8	4059.4
私营股份有限公司	404845.1	404639.5	284745.5	284724.3	96.8
港、澳、台商投资企业	2401651.5	2400275.0	2382478.1	2382465.3	353.7
合资经营企业(港或澳、台资)	2349888.4	2348699.9	2344624.4	2344611.6	119.3
港、澳、台商独资经营企业	51763.1	51575.1	37853.7	37853.7	234.4
外商投资企业	11076.8	10926.8	9364.2	9364.2	29.3
中外合资经营企业	11076.8	10926.8	9364.2	9364.2	29.3
3.按控股情况分					
国有控股	27940590.9	27820999.4	27404780.7	27294449.5	69137.9
集体控股	100096.3	98048.0	90633.9	90322.5	221.2
私人控股	3203461.3	3182504.9	2946807.5	2935309.8	4451.9
港澳台商控股	51763.1	51575.1	37853.7	37853.7	234.4
其他	612796.0	611306.6	586494.5	586158.2	509.9
4.按经营形式分					
独立门店	14134352.6	14090785.4	13451065.1	13406715.4	66587.9
其他	17774355.0	17673648.6	17615505.2	17537378.3	7967.4
5.按单位规模分					
大型	9148234.9	9108174.1	8547107.1	8503213.7	64169.2
中型	14187471.6	14159677.8	14002270.7	13993470.8	8959.9
小型	1538309.8	1531366.8	1497727.7	1495614.6	1102.2
微型	7034691.3	6965215.3	7019464.8	6951794.6	324.0
二、零售业	**6707038.1**	**6628406.2**	**6008833.5**	**5872879.7**	**23343.4**
1.按零售行业小类分					
综合零售	1439133.0	1403291.4	1215987.5	1090624.0	8924.6
百货零售	453642.3	435873.5	366243.7	365710.8	4615.9
超级市场零售	784890.5	769163.4	664427.0	540365.1	3533.3
其他综合零售	200600.2	198254.5	185316.8	184548.1	775.4
食品、饮料及烟草制品专门零售	246419.4	244418.7	211099.7	209739.4	1200.3
粮油零售	11118.2	11116.0	10642.2	10642.2	6.8
糕点、面包零售	19465.2	17845.0	14168.1	12924.1	109.4

单位：万元

主营业务税金及附加	其他业务利润	销售费用	管理费用		财务费用	
				税金		利息收入
479.6	35.6	6834.2	11534.4	2350.3	2818.1	353.8
268.4	121.5	2118.1	1397.1	123.2	296.1	
268.4	121.5	2118.1	1397.1	123.2	296.1	
87.1	251.1	4599.5	2089.8	33.8	400.2	65.1
20.3	239.9		498.1		21.4	1.3
66.8	11.2	4599.5	1591.7	33.8	378.8	63.8
72215.4	41316.3	336439.1	226760.9	11614.8	163195.7	36798.2
59021.8	1226.7	17120.9	30656.4	1006.4	-3603.9	6106.9
181.3	846.6	723.1	4220.1	112.3	-5.6	101.1
7876.3	24020.6	156314.2	131394.8	7995.6	135718.6	18608.9
3320.9	20174.2	81456.8	78392.2	3135.0	61852.3	14769.8
4555.4	3846.4	74857.4	53002.6	4860.6	73866.3	3839.1
1173.1	4553.5	36047.6	9984.9	1375.7	10444.4	2992.7
3962.9	10668.9	126233.3	50504.7	1124.8	20642.2	8988.6
3867.4	10605.9	73293.5	43866.5	897.3	18434.4	8309.7
95.5	63.0	52939.8	6638.2	227.5	2207.8	678.9
353.7	1785.5	9749.0	4581.3	940.7	1503.3	291.3
119.3	1597.5	4117.2	2453.7	904.4	982.9	291.3
234.4	188.0	5631.8	2127.6	36.3	520.4	
29.3		2366.1	279.1	3.0	3.6	
29.3		2366.1	279.1	3.0	3.6	
67410.0	29611.5	176754.3	159252.4	10541.5	131288.3	27709.0
186.1	1975.4	750.3	5747.9	169.5	3626.9	242.0
4258.6	10896.5	143000.1	56857.2	1587.7	26951.7	8733.1
234.4	188.0	5631.8	2127.6	36.3	520.4	
509.3	430.4	22417.7	7636.2	223.5	2315.3	405.4
65033.6	28875.1	232318.8	150224.5	6027.2	80903.2	22734.3
7564.8	14226.7	116235.4	81396.8	6531.3	83799.4	14355.2
62599.2	18864.6	181586.6	118831.8	4818.5	61440.9	21111.9
8587.4	14912.5	139993.4	84850.0	3752.2	85618.4	15102.5
1089.0	7781.3	21012.0	18398.8	701.2	14352.8	528.4
322.8	1543.4	5962.2	9540.7	3286.6	3290.5	346.7
21564.2	**50366.7**	**398906.5**	**205277.1**	**4945.2**	**65704.4**	**2637.8**
8460.7	18623.9	142950.8	39973.4	587.4	22183.2	623.8
4342.5	8472.8	31686.9	19244.3	482.9	13320.5	168.4
3342.8	8574.1	105028.4	14708.6	45.4	7406.5	441.3
775.4	1577.0	6235.5	6020.5	59.1	1456.2	14.1
1200.3	1233.8	24197.5	12336.2	327.7	4011.2	121.2
6.8		3622.4	579.1	5.0	123.0	8.1
109.4		2699.1	804.6	12.3	3337.5	39.0

11–5　续表 3–2

指　　标	营业收入	#主营业务收入	营业成本	#主营业务成本	营业税金及附加
果品、蔬菜零售	98170.2	98170.2	90830.1	90830.1	456.8
肉、禽、蛋、奶及水产品零售	25057.1	25057.1	20629.3	20629.3	74.8
酒、饮料及茶叶零售	61876.3	61876.3	51677.4	51632.4	394.1
烟草制品零售	8685.1	8685.1	7191.0	7191.0	54.0
其他食品零售	22047.3	21669.0	15961.6	15890.3	104.4
纺织、服装及日用品专门零售	443063.4	429025.9	362120.0	362120.0	3006.0
纺织品及针织品零售	13091.8	13091.8	12594.4	12594.4	10.3
服装零售	404670.7	390969.4	331870.0	331870.0	2700.4
鞋帽零售	979.0	979.0	82.2	82.2	6.1
化妆品及卫生用品零售	14505.7	14505.7	9607.7	9607.7	197.1
钟表、眼镜零售	8291.7	7955.5	6623.9	6623.9	88.4
其他日用品零售	1524.5	1524.5	1341.8	1341.8	3.7
文化、体育用品及器材专门零售	100228.1	100073.9	89802.5	89795.0	2612.8
文具用品零售	3534.3	3534.3	3223.6	3223.6	4.8
体育用品及器材零售	5300.0	5300.0	5020.0	5020.0	8.7
图书、报刊零售	6028.3	5923.2	4953.6	4946.1	9.6
珠宝首饰零售	76110.9	76061.8	68926.8	68926.8	2535.4
工艺美术品及收藏品零售	4977.9	4977.9	3930.1	3930.1	48.4
乐器零售	1769.0	1769.0	1486.1	1486.1	2.9
照相器材零售	1585.7	1585.7	1415.8	1415.8	2.3
其他文化用品零售	922.0	922.0	846.5	846.5	0.7
医药及医疗器材专门零售	746783.6	743133.1	656083.1	656052.5	1562.3
药品零售	745737.0	742086.5	655247.1	655216.5	1557.0
医疗用品及器材零售	1046.6	1046.6	836.0	836.0	5.3
汽车、摩托车、燃料及零配件专门零售	3262423.3	3243774.9	3066839.2	3059385.3	4498.3
汽车零售	2574558.9	2561727.9	2441150.8	2436754.1	3519.9
汽车零配件零售	12632.2	12632.2	11558.0	11558.0	14.8
机动车燃料零售	675232.2	669414.8	614130.4	611073.2	963.6
家用电器及电子产品专门零售	357910.8	353917.9	309442.8	307715.3	1377.2
家用视听设备零售	1239.4	1168.0	1102.0	1102.0	13.1
日用家电设备零售	248504.8	245027.6	209334.2	208958.6	729.2
计算机、软件及辅助设备零售	72396.8	72380.4	66750.8	66750.8	92.7
通信设备零售	34684.1	34267.7	31296.2	29944.3	540.9
其他电子产品零售	1085.7	1074.2	959.6	959.6	1.3
五金、家具及室内装饰材料专门零售	32759.2	32469.2	28812.9	28802.4	125.7
五金零售	3747.7	3747.7	3499.5	3499.5	5.1
家具零售	18090.7	18061.5	15967.7	15957.2	71.6
陶瓷、石材装饰材料零售	6418.6	6418.6	5528.7	5528.7	41.2
其他室内装饰材料零售	4502.2	4241.4	3817.0	3817.0	7.8
货摊、无店铺及其他零售业	78317.3	78301.2	68645.8	68645.8	36.2
互联网零售	71459.5	71459.5	63347.6	63347.6	18.3
其他未列明零售业	6857.8	6841.7	5298.2	5298.2	17.9
2.按登记注册类型分					
内资企业	6440406.2	6368109.4	5777284.0	5642326.6	22266.1
国有企业	22320.9	22197.5	20272.7	20265.2	36.0
集体企业	62908.3	62908.1	55879.5	55879.5	226.4
股份合作企业	7026.4	7026.4	5921.3	5921.3	22.5
有限责任公司	1453592.8	1433738.3	1279594.6	1276521.9	4347.4

单位：万元

主营业务税金及附加	其他业务利润	销售费用	管理费用		财务费用	
				税金		利息收入
456.8		3745.5	1831.1	6.3	472.6	0.5
74.8		4182.5	512.6	22.3	8.8	1.5
394.1	661.7	6380.4	4628.5	173.8	117.7	18.5
54.0	260.6	231.4	1421.1	9.5	-11.9	12.3
104.4	311.5	3336.2	2559.2	98.5	-36.5	41.3
2789.2	13924.2	40834.4	41527.5	1005.2	5532.1	120.8
10.3			316.3	8.2	42.2	0.2
2483.6	13386.4	36915.4	39913.0	556.1	5383.8	98.7
6.1			295.9		79.8	
197.1	201.6	2524.0	551.6	434.0	-10.6	21.1
88.4	336.2	1280.7	400.4	5.8	36.7	0.7
3.7		114.3	50.3	1.1	0.2	0.1
1631.8	105.1	7693.8	3102.5	31.7	1818.3	70.4
4.8		94.4	176.9	0.2	1.2	0.2
8.7		155.8	88.0		11.0	0.1
9.6	58.3	622.2	349.9	7.9	1.6	1.3
1554.4	46.8	6078.4	2263.4	2.6	1796.2	67.1
48.4		306.2	122.6	0.1	3.6	1.2
2.9		239.1	32.0	20.4	2.2	0.1
2.3		134.9	60.0		2.2	
0.7		62.8	9.7	0.5	0.3	0.4
1531.5	2376.5	50602.6	21562.0	993.5	2456.9	397.3
1526.2	2376.5	50556.2	21405.7	993.5	2456.9	397.3
5.3		46.4	156.3			
4489.1	13683.8	103593.4	63726.7	1757.9	27376.4	1219.2
3517.3	12498.8	69636.4	50655.9	1445.1	25668.9	1173.6
14.2	692.6	206.0	295.7	10.6	38.9	31.2
957.6	492.4	33751	12775.1	302.2	1668.6	14.4
1299.7	419.4	26995.4	13977.0	164.0	1176.8	74.2
1.3	124.3	101.0	22.3	3.2		
672.3		22063.4	11233.1	36.9	908.6	52.8
92.3	201.1	1925.1	1784.2	49.3	121.9	5.9
532.5	82.4	2869.3	855.5	74.4	146.4	15.4
1.3	11.6	36.6	81.9	0.2	-0.1	0.1
125.7		1617.7	946.5	61.5	77.5	10.2
5.1		90.4	180.5	0.3	0.2	0.2
71.6		333.3	304.6	57.4	9.0	4.0
41.2		495.6	222.1	3.3	65.0	1.4
7.8		698.4	239.3	0.5	3.3	4.6
36.2		420.9	8125.3	16.3	1072.0	0.7
18.3		108.5	7004.2	16.3	1046.7	0.1
17.9		312.4	1121.1		25.3	0.6
20533.2	45020.4	371958.5	197091.4	4616.2	63137.4	2489.1
36.0	59.0	4408.4	1467.4	43.2	123.5	9.2
226.4	902.9	3251.6	4072.7	108.1	98.5	44.7
22.5			979.7		38.9	3.7
4034.5	8265.1	93715.1	39649.2	1285.7	11576.8	523.9

11-5　续表 3-3

指　　标	营业收入	#主营业务收入	营业成本	#主营业务成本	营业税金及附加
国有独资公司	11666.1	11666.1	10732.7	10732.7	33.1
其他有限责任公司	1441926.7	1422072.2	1268861.9	1265789.2	4314.3
股份有限公司	534549.0	528734.7	498480.6	495425.4	470.4
私营企业	4358635.1	4312130.7	3915939.3	3787117.3	17162.9
私营独资企业	13001.6	13001.6	11330.9	11330.9	12.6
私营有限责任公司	3572355.3	3536003.2	3244048.0	3240035.0	11780.0
私营股份有限公司	773278.2	763125.9	660560.4	535751.6	5370.3
其他企业	1373.7	1373.7	1196.0	1196.0	0.5
港、澳、台商投资企业	224784.0	220478.8	197685.4	196689.0	799.2
合资经营企业(港或澳、台资)	97445.6	94916.9	90980.6	89984.2	131.1
港、澳、台商独资经营企业	127338.4	125561.9	106704.8	106704.8	668.1
外商投资企业	41847.9	39818.0	33864.1	33864.1	278.1
中外合资经营企业	15180.7	14688.7	12617.3	12617.3	120.6
外资企业	14907.7	14713.7	11953.3	11953.3	46.2
其他外商投资企业	11759.5	10415.6	9293.5	9293.5	111.3
3.按控股情况分					
国有控股	1450039.1	1438238.8	1295070.0	1291960.3	3027.6
集体控股	186588.3	183120.8	166218.9	164236.7	635.8
私人控股	4501175.0	4453432.5	4040347.6	3911152.0	17530.3
港澳台商控股	216596.8	212291.6	190401.8	189405.4	799.2
外商控股	30088.4	29402.4	24570.6	24570.6	166.8
其他	322550.5	311920.1	292224.6	291554.7	1183.7
4.按经营形式分					
独立门店	4480886.9	4425558.6	4063543.5	4057725.9	15909.4
连锁总店	1224605.9	1210660.3	1083624.2	1077603.0	3512.2
连锁门店	739688.3	731360.0	628258.4	504214.7	3501.4
其他	261857.0	260827.3	233407.4	233336.1	420.4
5.按单位规模分					
大型	3391581.4	3357210.4	3008510.0	2880500.9	12677.8
中型	2509322.8	2468732.0	2264006.9	2258014.1	8245.9
小型	737028.7	735189.6	672660.2	672526.6	1743.0
微型	69105.2	67274.2	63656.4	61838.1	676.7
6.按零售业态分					
有店铺零售	6605448.7	6527197.3	5924558.8	5788676.3	23213.3
便利店	200600.2	198254.5	185316.8	184548.1	775.4
超市	33429.0	32894.0	29346.3	29326.8	77.0
大型超市	789071.8	773424.9	666540.6	542498.2	3639.7
百货店	473716.1	453447.3	381815.1	381282.2	4936.0
专业店	2939806.6	2923599.4	2658834.8	2653496.0	6335.4
专卖店	1922030.5	1909869.2	1801888.4	1796708.2	5611.6
家居建材商店	6897.4	6897.4	6043.0	6043.0	41.8
购物中心	194911.0	183832.3	155287.0	155287.0	1678.9
厂家直销中心	44986.1	44978.3	39486.8	39486.8	117.5
无店铺零售	101589.4	101208.9	84274.7	84203.4	130.1
网上商店	84239.6	84085.8	71112.5	71041.2	108.7

单位：万元

主营业务税金及附加	其他业务利润	销售费用	管理费用	税金	财务费用	利息收入
33.1		304.3	1029.8	26.5	123.0	1.4
4001.4	8265.1	93410.8	38619.4	1259.2	11453.8	522.5
468.7	182.9	19802.6	5344.3	232.2	898.5	1.0
15744.6	35610.5	250699.4	145531.4	2946.9	50312.1	1906.4
12.6		942.5	544.0	1.6	24.0	
11347.0	33079.9	156847.5	131864.9	2921.2	41391.3	1418.2
4385.0	2530.6	92909.4	13122.5	24.1	8896.8	488.2
0.5		81.4	46.7	0.1	89.1	0.2
799.2	3510.4	18051.2	5660.0	159.3	1896.1	119.5
131.1	1532.3	6464.3	1290.6	89.1	1333.5	9.1
568.1	1978.1	11586.9	4369.4	70.3	562.6	110.4
231.8	1835.9	8896.8	2525.7	169.7	670.9	29.2
120.6	492.0	2857.1	1672.7	5.5	502.0	13.8
46.2		3448.5	146.2	0.2	106.0	4.5
65.0	1343.9	2591.2	706.8	164.0	62.9	10.9
2856.3	5733.0	86530.9	27387.9	1308.1	4814.3	418.5
550.9	2011.7	8641.8	7994.0	177.5	3758.9	87.4
16055.1	35610.5	265226.6	148362.7	3000.0	50539.6	1965.6
799.2	3510.4	18051.2	5660.0	159.3	1896.1	119.5
166.8	492.0	6305.6	1818.9	5.7	608.0	18.3
1135.9	3009.1	14150.4	14053.6	294.6	4087.5	28.5
14280.5	44996.6	208657.4	145314.2	3754.0	47037.1	1824.5
3422.8	2713.0	84752.4	31535.0	428.0	9504.1	306.7
3452.7	1445.0	95259.1	12561.6	37.1	6996.2	448.7
408.2	1212.1	10237.6	15866.3	726.1	2167.0	57.9
11468.6	20345.1	226185.0	79511.2	1683.5	27827.5	1080.6
7699.6	26624.8	139336.7	86378.2	2254.6	34547.2	1305.2
1721.3	3207.8	30811.4	36662.7	563.6	3203.8	250.6
674.7	189.0	2573.4	2725.0	443.5	125.9	1.4
21434.1	49449.5	395055.5	194922.6	4848.1	64310.3	2603.7
775.4	1577.0	6235.5	6020.5	59.1	1456.2	14.1
72.8	0.7	2690.9	1761.8	38.9	146.3	4.6
3453.4	8574.1	107808.5	14325.5	453.7	7389.6	447.9
4473.9	11337.1	33187.5	22900.7	888.6	15853.2	191.0
6231.5	5126.7	146924.7	88846.6	2085.5	16442.5	983.4
4629.7	11871.4	70728.2	38582.8	1208.5	21581.7	879.5
41.8		495.6	253.7	3.8	65.0	1.4
1638.6	10875.6	25032.6	18523.1	10.3	1318.9	72.1
117.0	86.9	1952.0	3707.9	99.7	56.9	9.7
130.1	917.2	3851.0	10354.5	97.1	1394.1	34.1
108.7	692.6	1070.6	8976.5	27.4	1150.1	33.3

11-5 限额以上批发和

The financial condition of the legal person enterprises in

指 标		资产减值损失	公允价值变动收益	投资收益	营业利润
	利息支出				
总 计	**192988.1**	**34665.6**	**92.7**	**49338.9**	**53546.1**
一、批发业	**159397.1**	**34390.9**		**44480.6**	**34639.4**
1.按批发行业小类分					
农、林、牧产品批发	20.5				-2540.0
谷物、豆及薯类批发	20.5				-2540.0
食品、饮料及烟草制品批发	1837.4	2555.1		7.9	60154.6
米、面制品及食用油批发	78.8				-798.6
糕点、糖果及糖批发		-1.5			119.5
果品、蔬菜批发				-0.1	-9830.4
肉、禽、蛋、奶及水产品批发	3.7				-2392.4
盐及调味品批发	151.6	847.8		8.0	2635.7
营养和保健品批发					28.5
酒、饮料及茶叶批发	11.4	91.3			-3544.0
烟草制品批发		1505.4			75189.3
其他食品批发	1591.9	112.1			-1253.0
纺织、服装及家庭用品批发	2033.5	-824.9		-254.5	62359.4
服装批发	1365.6	-800.1		-257.9	63752.6
鞋帽批发	123.6				351.5
厨房、卫生间用具及日用杂货批发					2.7
家用电器批发	444.5	-24.8		3.4	-1442.4
其他家庭用品批发	99.8				-305.0
文化、体育用品及器材批发	821.6			100.6	11369.2
文具用品批发	424.1			100.6	686.7
体育用品及器材批发	225.9				136.9
图书批发	58.3				10568.1
首饰、工艺品及收藏品批发	113.3				-22.5
医药及医疗器材批发	13195.3	2638.9			8095.5
西药批发	9771.1	1784.8			5374.4
中药批发	1620.4	172.9			2953.1
医疗用品及器材批发	1803.8	681.2			-232.0
矿产品、建材及化工产品批发	138454.0	29772.7		44475.8	-95018.1
煤炭及制品批发	110123.5	26699.7		26867.6	-40575.1
石油及制品批发	3657.0	9.7		127.4	-47032.9
非金属矿及制品批发	619.5				-2974.8
金属及金属矿批发	20465.9	3647.9		12877.7	-3800.7
建材批发	1904.8	11.3		4147.1	-335.3
化肥批发	1113.7				-257.8
其他化工产品批发	569.6	-595.9		456.0	-41.5
机械设备、五金产品及电子产品批发	2439.9	249.1		20.4	-8002.7
农业机械批发	10.5				-259.4
汽车批发	0.2				-238.9
汽车零配件批发	0.7	43.1			-39.6
五金产品批发					-51.4
电气设备批发		4.9			-2681.6
计算机、软件及辅助设备批发	59.6				42.3

零售业法人企业财务状况(四)

the wholesale and retail trade of the above designated size(4)

单位：万元

营业外收入		利润总额	应交所得税	应付职工薪酬（本年贷方累计发生额）	应交增值税
	补贴收入				
57016.8	**22705.8**	**105693.0**	**68664.0**	**296484**	**204787**
48181.6	**20128.2**	**79233.2**	**56112.6**	**134934**	**150406**
2642.9	2070.2	78.4	2.7	801	
2642.9	2070.2	78.4	2.7	801	
4558.6	811.8	64551.2	19921.1	30204	35374
823.6	811.8	25.0	3.7	595	147
		119.5	30.5	19	-49
3538.3		-6330.1		3531	1142
8.4		-2396.0	-238.5	2462	1950
26.5		2653.1	628.6	5342	3110
		28.5	7.1	120	67
119.7		-3425.6	33.8	2719	1458
34.6		75153.2	19444.3	13390	26895
7.5		-1276.4	11.6	2028	654
298.1	2.6	62636.4	2005.2	15466	11063
40.6		63779.2	1428.5	9192	2088
		350.3	78.9	329	204
2.6	2.6	5.3		61	
49.0		-1399.1	496.7	5546	8630
205.9		-99.3	1.1	338	140
35.1		11312.8	3347.0	3675	432
4.3		686.1	168.0	1007	357
6.4		143.3	35.8	10	
1.2		10482.8	3142.1	2527	
23.2		0.6	1.1	132	75
1355.1	112.8	9841.2	3038.8	23610	11480
201.0	112.8	5432.3	2103.3	15899	6623
1087.1		3853.7	528.0	4429	3079
67.0		555.2	407.5	3282	1778
33219.5	16535.9	-64969.1	26432.8	51270	88225
25112.8	14061.5	-19123.2	23881.1	26198	37041
582.9	175.1	-47704.9	728.2	8586	1742
57.5	57.5	-2916.5	0.6	207	473
5027.5	123.4	3440.8	975.2	11826	4413
30.5		-700.9	639.4	1718	623
2381.0	2095.2	2054.3	204.3	1508	43710
27.3	23.2	-18.7	4.0	1228	224
5087.8	112.2	-3005.6	1354.6	7791	4573
		-259.4	2.1	373	4
15.4	15.0	-223.6	1.1	175	137
		-40.8	-8.9	363	116
6.6		-45.8	4.2	225	62
0.6		-2681.1	13.5	321	187
		42.0	9.1	165	99

11-5 续表 4-1

指 标	利息支出	资产减值损失	公允价值变动收益	投资收益	营业利润
其他机械设备及电子产品批发	2368.9	201.1		20.4	-4774.1
贸易经纪与代理	235.4			130.4	-942.4
贸易代理	235.4			130.4	-942.4
其他批发业	359.5				-836.1
再生物资回收与批发					364.3
其他未列明批发业	359.5				-1200.4
2.按登记注册类型分					
内资企业	158902.9	33447.2		44465.1	33125.4
国有企业	2112.0	1605.6		798.8	71129.8
集体企业	95.5	847.8		8.3	2081.9
有限责任公司	137712.9	30154.9		20610.7	-29713.6
国有独资公司	70692.4	11938.9		8318.2	33895.1
其他有限责任公司	67020.5	18216.0		12292.5	-63608.7
股份有限公司	-2272.3	-80.0		18554.0	-54159.7
私营企业	21254.8	918.9		4493.3	43787.0
私营有限责任公司	18866.8	1719.0		4797.5	-14988.9
私营股份有限公司	2388.0	-800.1		-304.2	58775.9
港、澳、台商投资企业	490.6	943.7		15.5	2479.5
合资经营企业(港或澳、台资)	-30.7	943.7		15.5	-2915.7
港、澳、台商独资经营企业	521.3				5395.2
外商投资企业	3.6				-965.5
中外合资经营企业	3.6				-965.5
3.按控股情况分					
国有控股	130252.2	32085.3		28149.0	-4410.1
集体控股	3703.9	847.8		11835.0	10103.3
私人控股	22514.8	1206.2		4496.6	29958.8
港澳台商控股	521.3				5395.2
其他	2404.9	251.6			-6407.8
4.按经营形式分					
独立门店	78547.9	13094.9		20363.2	160320.7
其他	80849.2	21296.0		24117.4	-125681.0
5.按单位规模分					
大型	73403.3	8599.0		8093.9	176014.6
中型	72148.6	22373.6		36336.9	-120256.0
小型	11622.1	275.4		2.2	-14223.8
微型	2223.1	3142.9		47.6	-6895.9
二、零售业	**33591.0**	**274.7**	**92.7**	**4858.3**	**18906.7**
1.按零售行业小类分					
综合零售	5623.7	104.2			9012.8
百货零售	1569.8	-7.9			18542.4
超级市场零售	2594.5				-10213.3
其他综合零售	1459.4	112.1			683.7
食品、饮料及烟草制品专门零售	3308.7	-24.2	2.6	6.6	-263.6
粮油零售	130.2				-510.3
糕点、面包零售	3032.2				-1653.5

单位：万元

营业外收入	补贴收入	利润总额	应交所得税	应付职工薪酬（本年贷方累计发生额）	应交增值税
5065.2	97.2	203.1	1333.5	6169	3968
976.4	482.7	14.4		773	-1234
976.4	482.7	14.4		773	-1234
8.1		-1226.5	10.4	1344	495
		-26.6		198	-13
8.1		-1199.9	10.4	1146	508
48073.9	20126.2	77614.8	54970.7	127027	139223
3644.2	3025.0	74649.2	19865.7	24689	30001
0.8		1690.8	434.8	2007	1121
39138.0	16046.9	8993.5	27597.1	58330	88974
14502.4	12455.2	51622.3	20012.2	12816	20064
24635.6	3591.7	-42628.8	7584.9	45514	68909
864.2		-55296.9	37.4	8372	2421
4426.7	1054.3	47578.2	7035.7	33630	16707
3793.7	1054.3	-11828.3	1640.5	28492	16268
633.0		59406.5	5395.2	5138	439
106.9	2.0	2583.7	1380.4	7007	9443
106.9	2.0	-2810.5		2425	7663
		5394.2	1380.4	4581	1780
0.8		-965.3	-238.5	900	1740
0.8		-965.3	-238.5	900	1740
39232.5	19001.5	32364.3	46375.7	73723	115662
721.7		10345.9	438.0	2723	1158
8090.4	1054.3	37334.1	7593.5	40694	19422
		5394.2	1380.4	4581	1780
137.0	72.4	-6205.3	325.0	13213	12384
23760.1	16714.0	182037.7	49616.6	73650	111539
24421.5	3414.2	-102804.5	6496.0	61283	38867
18281.7	12550.2	191080.8	41860.2	52456	59494
20528.7	4604.6	-105373.2	11733.2	66549	82987
4032.4	2481.1	-4363.7	1000.6	10830	4890
5338.8	492.3	-2110.7	1518.6	5098	3034
8835.2	**2577.6**	**26459.8**	**12551.4**	**161550**	**54381**
3786.2	2091.8	12313.1	3941.4	48399	8745
80.1	1.5	18444.8	3484.2	9242	5862
3137.9	2090.3	-7346.6	4.1	33717	1246
568.2		1214.9	453.1	5440	1637
1576.8	70.0	924.1	358.3	13530	3945
625.5		104.4	1.7	468	41
108.8		-1540.0		1952	779

11-5　续表 4-2

指　　标	利息支出	资产减值损失	公允价值变动收益	投资收益	营业利润
果品、蔬菜零售	88.9	2.8	2.6	6.6	840.5
肉、禽、蛋、奶及水产品零售					-350.9
酒、饮料及茶叶零售	55.1	-27.0			1228.1
烟草制品零售					60.1
其他食品零售	2.3				122.4
纺织、服装及日用品专门零售	1253.8	13.9		2862.7	-6906.2
纺织品及针织品零售	42.0				128.6
服装零售	1091.1	13.9		2862.7	-9263.1
鞋帽零售	79.8				515.0
化妆品及卫生用品零售	5.4				1837.5
钟表、眼镜零售	35.5				-138.4
其他日用品零售					14.2
文化、体育用品及器材专门零售	6.0			96.6	-3728.1
文具用品零售	0.6				33.4
体育用品及器材零售					16.5
图书、报刊零售	2.4				91.4
珠宝首饰零售				96.6	-4415.6
工艺美术品及收藏品零售	2.3				567.0
乐器零售					6.7
照相器材零售					-29.5
其他文化用品零售	0.7				2.0
医药及医疗器材专门零售	3051.9	-617.9		1403.5	16538.0
药品零售	3051.9	-617.9		1403.5	16535.4
医疗用品及器材零售					2.6
汽车、摩托车、燃料及零配件专门零售	19115.0	795.0	90.1	802.7	-1827.3
汽车零售	18209.5	-32.7		-16.8	-14846.1
汽车零配件零售	8.0	799.6	90.1	819.5	566.9
机动车燃料零售	897.5	28.1			12451.9
家用电器及电子产品专门零售	91.0			-313.8	4623.4
家用视听设备零售					1.0
日用家电设备零售	10.0			139.3	4375.6
计算机、软件及辅助设备零售	81.0				1717.7
通信设备零售				-453.1	-1477.3
其他电子产品零售					6.4
五金、家具及室内装饰材料专门零售	76.3				1179.7
五金零售					-27.1
家具零售	14.7				1404.4
陶瓷、石材装饰材料零售	61.6				66.0
其他室内装饰材料零售					-263.6
货摊、无店铺及其他零售业	1064.6	3.7			278.0
互联网零售	1046.3				-65.8
其他未列明零售业	18.3	3.7			343.8
2.按登记注册类型分					
内资企业	32373.8	267.2	92.7	4875.4	22425.3
国有企业	127.6				-640.7
集体企业	112.3				231.2
股份合作企业	40.5				64.0
有限责任公司	9535.1	-863.3		1639.1	27129.7

单位：万元

营业外收入	补贴收入	利润总额	应交所得税	应付职工薪酬（本年贷方累计发生额）	应交增值税
707.1	29.7	1530.9	72.0	1035	750
0.1		−361.7		2256	168
123.4	40.3	1174.6	35.9	6277	390
6.8		64.9	22.7	586	79
5.1		−49.0	226.0	957	1739
113.6	5.0	−6762.7	1097.7	9477	3325
				174	5
84.8	5.0	−8933.1	532.5	8079	2262
24.6		525.5		103	
0.5		1768.2	546.9	621	838
3.7		−137.5	16.9	419	194
		14.2	1.4	80	26
67.4	8.2	−3841.9	232.0	4242	1620
		27.3	6.9	120	36
		16.5	1.7	39	55
15.1	8.2	124.5	34.6	470	32
5.0		−4603.7	4.6	3257	1102
10.5		577.5	177.9	142	358
		6.7	1.6	119	20
36.8		7.3	4.2	63	16
		2.0	0.5	31	
367.3		16688.6	4312.8	21241	10913
367.3		16686.0	4312.2	21156	10873
		2.6	0.6	85	40
2831.5	399.7	1231.1	2059.5	52507	22500
1638.4	1.9	−13083.1	1722.5	36793	16207
		565.9	79.6	103	7
1193.1	397.8	13748.3	257.4	15610	6286
87.7	0.1	4689.2	101.7	10530	2605
1.6		2.6	0.5	54	10
83.7	0.1	4419.3	2.3	7588	1842
0.1		1722.2	55.7	1575	425
2.3		−1461.3	42.5	1249	317
		6.4	0.7	64	12
1.9	1.0	1175.1	386.0	820	577
		−27.9	1.6	171	29
1.0	1.0	1405.4	378.6	300	410
		60.4	5.8	164	129
0.9		−262.8		185	9
2.8	1.8	43.2	62.0	806	150
		−65.8	1.2	224	103
2.8	1.8	109.0	60.8	581	48
8591.5	2517.4	30292.1	11032.1	152402	49902
636.1	0.2	−24.8	33.4	988	192
21.1	5.4	869.7	182.6	2236	1175
12.8	12.8	76.8	19.2	105	172
1122.2	25.0	27480.0	6828.0	34611	20922

11-5　续表 4-3

指　　标	利息支出	资产减值损失	公允价值变动收益	投资收益	营业利润
国有独资公司	3.1				-556.8
其他有限责任公司	9532.0	-863.3		1639.1	27686.5
股份有限公司	763.9				9552.6
私营企业	21705.5	1127.7	90.1	3229.7	-13877.9
私营独资企业	23.8				147.6
私营有限责任公司	18148.5	1015.6	90.1	3229.7	-7309.3
私营股份有限公司	3533.2	112.1			-6716.2
其他企业	88.9	2.8	2.6	6.6	-33.6
港、澳、台商投资企业	628.3			-17.1	876.6
合资经营企业(港或澳、台资)	129.6				-2754.5
港、澳、台商独资经营企业	498.7			-17.1	3631.1
外商投资企业	588.9	7.5			-4395.2
中外合资经营企业	510.4				-2589.0
外资企业	78.5	-8.0			-784.5
其他外商投资企业		15.5			-1021.7
3.按控股情况分					
国有控股	3700.9	-829.6		1403.5	38787.9
集体控股	3302.8			96.3	286.8
私人控股	21709.8	1127.7	90.1	3369.0	-13560.5
港澳台商控股	628.3			-17.1	-27.0
外商控股	588.9	-8.0			-3373.5
其他	3660.3	-15.4	2.6	6.6	-3207.0
4.按经营形式分					
独立门店	24933.4	278.9	92.7	3344.5	12000.7
连锁总店	4607.5	-8.0		1513.8	13401.4
连锁门店	2135.0	0.1			-6877.1
其他	1915.1	3.7			381.7
5.按单位规模分					
大型	11963.9	-926.3		1517.8	40846.5
中型	19203.8	393.5		2417.5	-20315.8
小型	2360.6	5.1		96.9	-1301.3
微型	62.7	802.4	92.7	826.1	-322.7
6.按零售业态分					
有店铺零售	32505.5	274.7	92.7	4858.3	17321.7
便利店	1459.4	112.1			683.7
超市	17.1			25.0	-567.6
大型超市	2672.6	-8.0			-10624.1
百货店	1516.4	15.6		19.0	15290.4
专业店	14248.0	-583.3	2.6	1071.3	30802.4
专卖店	12470.1	-62.3		78.3	-14153.4
家居建材商店	61.6				-1.7
购物中心	6.7			2843.7	-4085.8
厂家直销中心	53.6	800.6	90.1	821.0	-22.2
无店铺零售	1085.5				1585.0
网上商店	1084.8				1821.2

单位：万元

营业外收入	补贴收入	利润总额	应交所得税	应付职工薪酬（本年贷方累计发生额）	应交增值税
639.0		25.8	5.1	692	498
483.2	25.0	27454.2	6822.9	33919	20424
1037.3	370.0	10350.7	28.5	11161	1635
5528.6	2074.3	-8652.0	3932.8	103211	25807
		117.5	3.0	622	65
3463.6	39.2	-4006.9	3928.6	69687	24394
2065.0	2035.1	-4762.6	1.2	32902	1348
233.4	29.7	191.7	7.6	91	1
139.4		445.2	1519.3	4934	3586
9.7		-3038.5	103.0	3006	798
129.7		3483.7	1416.3	1928	2788
104.3	60.2	-4277.5		4214	893
82.3	60.2	-2487.6		2040	282
13.5		-772.3		1547	402
8.5		-1017.6		627	209
2488.9	394.1	40999.6	6623.1	31839	16293
159.3	18.2	1067.8	416.6	6794	2684
5555.3	2074.4	-8542.2	3941.7	110074	27667
139.4		-458.4	1519.3	4701	3449
95.8	60.2	-3259.9		3587	684
396.5	30.7	-3347.1	50.7	4556	3603
3161.0	101.9	14839.1	10776.0	83090	43356
2338.4	430.3	15386.0	1592.4	37601	9218
2694.3	2030.3	-4345.9	57.1	33685	580
641.5	15.1	580.6	125.9	7175	1228
4230.9	2402.1	45057.3	8379.0	80463	22267
3040.6	97.7	-18195.8	2620.3	65874	24115
1555.5	71.6	-34.7	1473.4	14356	7182
8.2	6.2	-367.0	78.7	857	816
8352.7	2571.2	24401.4	12463.8	159109	54107
568.2		1214.9	453.1	5440	1637
669.6		-209.7	8.2	1535	142
2483.6	2090.3	-8356.0	3.5	34598	1948
87.2	1.5	15128.4	3535.0	9775	5889
2237.8	455.5	33889.5	5849.4	62732	23253
1612.5	23.9	-13603.6	1992.3	40464	19503
0.6		-6.7	5.8	184	129
58.1		-4040.9	452.5	3076	669
635.1		385.5	164.0	1304	938
482.5	6.4	2058.4	87.6	2442	274
7.3	6.4	1826.1	81.3	1946	214

11-6 限额以上住宿和

The financial condition hotels and catering

指 标	法人企业数(个)	执行《2006年企业会计准则》企业数(个)	年初存货	流动资产合计	应收帐款	存货
总 计	**192**	**179**	**18794.6**	**259139.8**	**31697.0**	**17542.7**
一、住宿业	**81**	**74**	**6285.9**	**141081.2**	**14279.7**	**6318.8**
1.按住宿业行业小类分						
旅游饭店	46	43	5354.6	123177.9	11985.6	5503.9
一般旅馆	34	29	899.2	16686.1	2294.7	791.3
其他住宿业	1	2	32.1	1217.2	-0.6	23.6
2.按登记注册类型分						
内资企业	81	74	6285.9	141081.2	14279.7	6318.8
国有企业	22	17	2704.0	78931.2	6140.3	2784.1
集体企业	3	3	29.5	560.9	28.5	28.7
有限责任公司	11	9	883.6	11754.1	4097.6	955.7
国有独资公司	1	1		264.9	113.6	67.6
其他有限责任公司	10	8	883.6	11489.2	3984.0	888.1
股份有限公司		1				
私营企业	44	43	2430.6	46849.0	3914.7	2347.7
私营独资企业	2	2	3.8	5049.2	94.5	152.8
私营有限责任公司	41	40	2372.8	36148.2	2748.4	2145.7
私营股份有限公司	1	1	54.0	5651.6	1071.8	49.2
其他企业	1	1	238.2	2986.0	98.6	202.6
3.按控股情况分						
国有控股	29	22	3351.8	88437.1	9989.4	3495.6
集体控股	3	3	29.5	560.9	28.5	28.7
私人控股	47	46	2739.2	51373.0	4261.8	2645.5
其他	2	3	165.4	710.2		149.0
4.按经营形式分						
独立门店	80	73	6234.9	139805.0	14031.2	6246.2
连锁门店	1	1	51.0	1276.2	248.5	72.6
5.按单位规模分						
大型	2	2	901.3	22268.6	576.3	855.5
中型	12	13	2053.1	76178.7	6655.6	2176.4
小型	64	55	3255.9	41210.7	5825.5	3157.0
微型	3	4	75.6	1423.2	1222.3	129.9
6.按星级分						
五星	3	3	1621.1	20752.8	838.7	1596.2
四星	11	11	1612.9	26167.3	8563.2	1486.3
三星	20	17	1130.0	52911.8	2668.3	1288.9
二星	4	4	78.3	991.6	144.8	146.8
其他	43	39	1843.6	40257.7	2064.7	1800.6

餐饮业法人企业财务状况(一)

corporation on enterprise above designated size(1)

单位：万元

固定资产合计	固定资产原价	累计折旧	#本年折旧	在建工程	资产总计	流动负债合计	#应付帐款	非流动负债合计
244165.4	**482364.0**	**238698.8**	**25656.9**	**61958.5**	**671822.5**	**458583.7**	**97296.8**	**134490.4**
168036.9	**324204.0**	**156631.1**	**17132.7**	**47487.0**	**394599.2**	**227614.0**	**36766.1**	**106261.3**
154446.7	297125.8	143143.1	16189.1	46901.4	355500.8	199985.2	31521.8	103648.0
13573.7	27022.6	13448.9	937.3	510.9	37790.0	27459.8	5183.7	2613.3
16.5	55.6	39.1	6.3	74.7	1308.4	169.0	60.6	
168036.9	324204.0	156631.1	17132.7	47487.0	394599.2	227614.0	36766.1	106261.3
110492.5	202159.9	91667.4	10034.8	41653.8	236680.7	108493.1	8971.9	88992.4
631.2	1910.4	1279.2	124.8		1317.6	1471.5	111.6	
36782.5	69355.9	32573.4	1769.3	5.4	53288.4	16843.4	2252.8	10924.0
2984.9	6724.4	3739.5	225.1		3336.1	1114.9	50.1	
33797.6	62631.5	23833.9	1544.2	5.4	49952.3	15728.5	2202.7	10924.0
16475.3	44079.3	23068.0	4904.5	5816.5	96600.8	94151.2	24532.9	6344.9
552.7	1144.0	591.3	182.9		8436.0	8271.2	1227.1	
15520.7	40042.9	24986.2	2231.2	5816.5	82079.1	83167.2	22043.9	5092.9
401.9	2892.4	2490.5	2490.4		6085.7	2712.8	1261.9	1252.0
3655.4	6698.5	3043.1	299.3	11.3	6711.7	6654.8	896.9	
140413.7	258919.7	113506.0	11607.4	41659.2	278805.8	116790.0	10219.7	96565.9
631.2	1910.4	1279.2	124.8		1317.6	1471.5	111.6	
21535.7	53140.3	32068.6	5251.6	5827.8	107271.5	103743.7	25759.8	7395.4
5456.3	10233.6	4777.3	148.9		7204.3	5608.8	675.0	2300.0
167619.3	323414.2	156258.9	17090.7	47487.0	392453.8	224800.0	36475.7	106261.3
417.6	789.8	372.2	42.0		2145.4	2814.0	290.4	
51668.2	90531.7	38863.5	6802.5		73979.3	19703.9	2499.8	47663.1
74624.9	123954.3	49793.4	5768.9	41327.9	204106.1	113943.1	11201.0	44921.7
40546.0	108520.2	67974.2	4561.3	6159.1	113892.8	93030.2	23060.3	13616.2
1197.8	1197.8				2621.0	936.8	5.0	60.3
78977.1	106830.8	27853.7	7930.9	247.0	101185.5	18059.6	2670.6	45405.1
24394.1	63127.2	38733.1	4449.5	169.2	56850.0	28484.9	5132.4	11928.4
38864.9	89235.9	50371.0	3198.1	41901.8	142820.3	97483.2	7831.2	41124.7
898.2	1864.7	966.5	115.6	22.0	1911.9	2290.5	155.9	60.3
24902.6	63145.4	38706.8	1438.6	5147.0	91831.5	81295.8	20976.0	7742.8

11-6　续表 1-1

指　　标	法人企业数(个)	执行《2006 年企业会计准则》企业数(个)	年初存货	流动资产合计	应收帐款	存货
二、餐饮业	**111**	**105**	**12508.7**	**118058.6**	**17417.3**	**11223.9**
1.按餐饮业行业小类分						
正餐服务	108	102	10065.9	110652.0	17193.5	9433.8
快餐服务	3	3	2442.8	7406.6	223.8	1790.1
2.按登记注册类型分						
内资企业	109	103	10122.8	114151.6	17267.9	9523.3
国有企业	6	6	422.2	2155.1	490.3	381.4
股份合作企业	1	1	15.7	101.1	9.6	12.8
有限责任公司	15	14	1528.6	27097.8	3870.6	1770.7
其他有限责任公司	15	14	1528.6	27097.8	3870.6	1770.7
私营企业	86	81	8139.1	84644.7	12863.9	7344.0
私营独资企业	8	7	210.9	710.1	212.1	168.3
私营有限责任公司	77	73	7869.1	79373.7	8262.8	7118.6
私营股份有限公司	1	1	59.1	4560.9	4389.0	57.1
其他企业	1	1	17.2	152.9	33.5	14.4
港、澳、台商投资企业	1	1	20.8	61.9	22.0	15.0
港澳台商独资企业	1	1	20.8	61.9	22.0	15.0
外商投资企业	1	1	2365.1	3845.1	127.4	1685.6
外资企业	1	1	2365.1	3845.1	127.4	1685.6
3.按控股情况分						
国有控股	9	9	812.8	10197.3	988.5	919.6
私人控股	95	89	9086.7	97965.2	16120.5	8463.8
港澳台商控股	1	1	20.8	61.9	22.0	15.0
外商控股	1	1	2365.1	3845.1	127.4	1685.6
其他	5	5	223.3	5989.1	158.9	139.9
4.按经营形式分						
独立门店	101	95	9299.2	104118.2	16212.5	8576.0
连锁总店（总部）	4	4	2837.0	9614.6	243.3	1900.3
连锁门店	2	2	351.0	2175.2	210.7	473.0
其他	4	4	21.5	2150.6	750.8	274.6
5.按单位规模分						
大型	1	1	2365.1	3845.1	127.4	1685.6
中型	22	22	5140.7	59631.6	6745.5	4039.2
小型	80	73	4706.3	50334.7	9951.8	5186.8
微型	8	9	296.6	4247.2	592.6	312.3

单位：万元

固定资产合计	固定资产原价	累计折旧	# 本年折旧	在建工程	资产总计	流动负债合计	# 应付帐款	非流动负债合计
76128.5	**158160.0**	**82067.7**	**8524.2**	**14471.5**	**277223.3**	**230969.7**	**60530.7**	**28229.1**
71984.0	147151.8	75204.0	7837.9	12141.4	250934.4	213894.7	56815.2	27416.1
4144.5	11008.2	6863.7	686.3	2330.1	26288.9	17075.0	3715.5	813.0
72062.0	147284.6	75258.8	7911.9	14073.4	257003.4	218472.8	58403.0	27281.7
3009.3	9216.6	6207.3	667.0	193.2	7222.4	6541.4	4513.9	2338.5
48.8	105.2	56.4	5.7		149.9	30.7	5.8	
11441.7	34541.8	23100.1	2315.4	9261.2	61103.3	67624.2	19656.4	14187.1
11441.7	34541.8	23100.1	2315.4	9261.2	61103.3	67624.2	19656.4	14187.1
57532.6	103167.6	45671.2	4921.1	4619.0	188339.1	144143.8	34198.4	10756.1
496.8	786.1	289.3	56.5	30.5	2235.9	2055.1	274.5	
51613.9	95232.3	43654.6	4864.6	4588.5	176120.3	132782.0	25722.3	10756.1
5421.9	7149.2	1727.3			9982.9	9306.7	8201.6	
29.6	253.4	223.8	2.7		188.7	132.7	28.5	
162.4	605.9	443.5	63.5		412.7	120.4	91.0	234.4
162.4	605.9	443.5	63.5		412.7	120.4	91.0	234.4
3904.1	10269.5	6365.4	548.8	398.1	19807.2	12376.5	2036.7	713.0
3904.1	10269.5	6365.4	548.8	398.1	19807.2	12376.5	2036.7	713.0
3611.7	14869.2	11257.5	697.5	193.2	18258.0	16106.2	5258.3	2338.5
66761.6	128550.7	61825.3	5929.1	13853.9	228857.7	199682.3	52306.0	24943.1
162.4	605.9	443.5	63.5		412.7	120.4	91.0	234.4
3904.1	10269.5	6365.4	548.8	398.1	19807.2	12376.5	2036.7	713.0
1688.7	3864.7	2176.0	1285.3	26.3	9887.7	2684.3	838.7	0.1
55135.6	117266.5	62167.1	6427.3	14073.4	221801.3	185350.9	52796.9	27413.3
18341.0	37855.5	19514.5	2088.4	398.1	45371.8	34699.9	5765.5	813.9
1045.9	1215.5	169.6	3.1		3887.2	2031.2	1087.6	1.9
1606.0	1822.5	216.5	5.4		6163.0	8887.7	880.7	
3904.1	10269.5	6365.4	548.8	398.1	19807.2	12376.5	2036.7	713.0
44688.3	92880.9	43192.6	4481.9	11227.6	146502.6	143756.6	35863.3	14658.6
26956.2	53386.3	25466.3	3443.6	2845.8	105999.3	72255.7	21934.2	12857.5
579.9	1623.3	1043.4	49.9		4914.2	2580.9	696.5	

11-6 限额以上住宿和

The financial condition hotels and catering

指 标	负债合计	所有者权益合计	实收资本	国家资本	集体资本	法人资本
总 计	**593170.8**	**78651.7**	**210033.8**	**90189.8**	**928.5**	**50509.6**
一、住宿业	**333784.3**	**60814.9**	**149020.2**	**82509.0**	**387.8**	**23473.4**
1.按住宿业行业小类分						
旅游饭店	303633.2	51867.6	124129.6	75783.4		22955.9
一般旅馆	29982.1	7807.9	23890.6	6725.6	387.8	517.5
其他住宿业	169.0	1139.4	1000.0			
2.按登记注册类型分						
内资企业	333784.3	60814.9	149020.2	82509.0	387.8	23473.4
国有企业	197485.5	39195.2	68408.2	63387.2		5021.0
集体企业	1471.5	–153.9	535.0	10.0	387.8	137.2
有限责任公司	27767.4	25521.0	28900.1	19111.8		7018.7
国有独资公司	1114.9	2221.2	4273.0	4273.0		
其他有限责任公司	26652.5	23299.8	24627.1	14838.8		7018.7
股份有限公司						
私营企业	100405.1	–3804.3	43176.9			11296.5
私营独资企业	8271.2	164.8	2110.0			2000.0
私营有限责任公司	88169.1	–6090.0	38946.0			9296.5
私营股份有限公司	3964.8	2120.9	2120.9			
其他企业	6654.8	56.9	8000.0			
3.按控股情况分						
国有控股	213355.9	65449.9	93951.6	82499.0		10521.0
集体控股	1471.5	–153.9	535.0	10.0	387.8	137.2
私人控股	111048.1	–3776.6	51886.9			11406.5
其他	7908.8	–704.5	2646.7			1408.7
4.按经营形式分						
独立门店	330970.3	61483.5	148910.2	82509.0	387.8	23363.4
连锁门店	2814.0	–668.6	110.0			110.0
5.按单位规模分						
大型	67367.0	6612.3	7880.5	7880.5		
中型	158864.8	45241.3	67846.0	46963.7		7562.0
小型	106555.4	7337.4	71746.3	27327.4	387.8	15811.4
微型	997.1	1623.9	1547.4	337.4		100.0
6.按星级分						
五星	63464.7	37720.8	45826.9	37826.9		
四星	40413.3	16436.7	27930.9	6000.0		12810.0
三星	138607.9	4212.4	38503.7	29125.4		5908.7
二星	2350.8	–438.9	643.4	439.0	174.4	
其他	88947.6	2883.9	36115.3	9117.7	213.4	4754.7

餐饮业法人企业财务状况(二)

corporation on enterprise above designated size(2)

单位：万元

个人资本	港澳台资本	外商资本	营业收入	#主营业务收入	营业成本	#主营业务成本	营业税金及附加	主营业务税金及附加
66609.5	**57.9**	**1738.5**	**347470.3**	**344991.9**	**148079.8**	**147663.3**	**19851.9**	**19782.5**
42650.0			**118203.9**	**117307.6**	**34140.6**	**34139.3**	**7986.3**	**7984.8**
25390.3			98448.1	98282.3	27279.1	27279.0	6850.4	6848.9
16259.7			19040.2	18797.2	6861.5	6860.3	1095.9	1095.9
1000.0			715.6	228.1			40.0	40.0
42650.0			118203.9	117307.6	34140.6	34139.3	7986.3	7984.8
			54683.3	54437.1	14260.6	14259.4	4367.8	4367.1
			1309.7	1309.4	188.3	188.3	73.9	73.9
2769.6			20721.9	20721.1	5473.5	5473.4	1150.1	1150.1
			1615.8	1615.8	184.6	184.6	91.1	91.1
2769.6			19106.1	19105.3	5288.9	5288.8	1059.0	1059.0
31880.4			38063.2	37414.2	12296.4	12296.4	2200.6	2199.8
110.0			3213.3	3213.3	720.3	720.3	188.0	188.0
29649.5			32807.6	32158.6	10967.1	10967.1	1896.9	1896.1
2120.9			2042.3	2042.3	609.0	609.0	115.7	115.7
8000.0			3425.8	3425.8	1921.8	1921.8	193.9	193.9
931.6			69473.7	69226.7	18450.5	18449.2	5188.1	5187.4
			1309.7	1309.4	188.3	188.3	73.9	73.9
40480.4			43152.2	42503.2	14589.5	14589.5	2487.4	2486.6
1238.0			4268.3	4268.3	912.3	912.3	236.9	236.9
42650.0			116757.1	115860.8	33893.2	33891.9	7905.5	7904.0
			1446.8	1446.8	247.4	247.4	80.8	80.8
			22958.2	22958.2	3758.5	3758.5	2571.1	2571.1
13320.3			42896.2	42895.4	14940.7	14940.6	2422.3	2422.2
28219.7			52199.5	51304.0	15351.5	15350.3	2985.2	2984.4
1110.0			150.0	150.0	89.9	89.9	7.7	7.1
8000.0			19386.1	19386.1	5172.3	5172.3	2118.8	2118.8
9120.9			17574.0	17573.1	4318.5	4318.4	998.0	998.0
3469.6			37478.1	37231.9	12127.5	12126.3	2121.5	2121.4
30.0			1493.5	1493.5	746.7	746.7	92.9	92.3
22029.5			42272.2	41623.0	11775.6	11775.6	2655.1	2654.3

11-6　续表 2-1

指　　标	负债合计	所有者权益合计	实收资本			
				国家资本	集体资本	法人资本
二、餐饮业	**259386.5**	**17836.8**	**61013.6**	**7680.8**	**540.7**	**27036.2**
1.按餐饮业行业小类分						
正餐服务	241498.5	9435.9	58215.1	7680.8	540.7	26976.2
快餐服务	17888.0	8400.9	2798.5			60.0
2.按登记注册类型分						
内资企业	245942.2	11061.2	59217.2	7680.8	540.7	27036.2
国有企业	8879.9	−1657.5	2080.8	2080.8		
股份合作企业	30.7	119.2	100.0			
有限责任公司	81811.3	−20708.0	15588.9	5100.0		9358.9
其他有限责任公司	81811.3	−20708.0	15588.9	5100.0		9358.9
私营企业	155087.6	33251.5	41247.5	500.0	540.7	17677.3
私营独资企业	2055.2	180.7	1561.5			530.0
私营有限责任公司	143725.7	32394.6	39086.0	500.0	540.7	16697.3
私营股份有限公司	9306.7	676.2	600.0			450.0
其他企业	132.7	56.0	200.0			
港、澳、台商投资企业	354.8	57.9	57.9			
港澳台商独资企业	354.8	57.9	57.9			
外商投资企业	13089.5	6717.7	1738.5			
外资企业	13089.5	6717.7	1738.5			
3.按控股情况分						
国有控股	18444.7	−186.7	7259.3	7180.8		78.5
私人控股	224813.1	4044.6	45407.5	500.0	540.7	20507.3
港澳台商控股	354.8	57.9	57.9			
外商控股	13089.5	6717.7	1738.5			
其他	2684.4	7203.3	6550.4			6450.4
4.按经营形式分						
独立门店	212951.9	8849.4	56118.1	7580.8	540.7	25904.2
连锁总店（总部）	35513.8	9858.0	3548.5			1000.0
连锁门店	2033.1	1854.1	1055.0			50.0
其他	8887.7	−2724.7	292.0	100.0		82.0
5.按单位规模分						
大型	13089.5	6717.7	1738.5			
中型	158415.2	−11912.6	22997.0	5500.0		12136.0
小型	85300.9	20698.4	30698.0	2180.8		11239.8
微型	2580.9	2333.3	5580.1		540.7	3660.4

单位：万元

个人资本	港澳台资本	外商资本	营业收入	#主营业务收入	营业成本	#主营业务成本	营业税金及附加	主营业务税金及附加
23959.5	**57.9**	**1738.5**	**229266.4**	**227684.3**	**113939.2**	**113524.0**	**11865.6**	**11797.7**
22959.5	57.9		160482.8	158900.7	79208.2	78793.0	8129.1	8061.2
1000.0		1738.5	68783.6	68783.6	34731.0	34731.0	3736.5	3736.5
23959.5			169498.3	167916.2	85666.5	85251.3	8616.4	8548.5
			5726.9	5726.9	2482.2	2482.2	326.5	326.5
100.0			351.2	351.2	146.6	146.6	24.7	19.7
1130.0			35166.6	34667.5	17001.6	16973.4	1891.9	1891.9
1130.0			35166.6	34667.5	17001.6	16973.4	1891.9	1891.9
22529.5			128126.9	127043.9	66013.6	65626.6	6366.8	6303.9
1031.5			3301.5	3301.5	1574.7	1572.7	170.1	167.1
21348.0			124034.5	122951.5	64295.2	63910.2	6151.6	6091.7
150.0			790.9	790.9	143.7	143.7	45.1	45.1
200.0			126.7	126.7	22.5	22.5	6.5	6.5
	57.9		550.8	550.8	142.3	142.3	31.2	31.2
	57.9		550.8	550.8	142.3	142.3	31.2	31.2
		1738.5	59217.3	59217.3	28130.4	28130.4	3218.0	3218.0
		1738.5	59217.3	59217.3	28130.4	28130.4	3218.0	3218.0
			12104.2	12104.2	4135.0	4135.0	687.4	687.4
23859.5			150520.8	148938.7	79081.9	78666.7	7583.3	7520.4
	57.9		550.8	550.8	142.3	142.3	31.2	31.2
		1738.5	59217.3	59217.3	28130.4	28130.4	3218.0	3218.0
100.0			6873.3	6873.3	2449.6	2449.6	345.7	340.7
22034.5	57.9		144901.8	143647.5	74556.2	74201.0	7186.8	7118.9
810.0		1738.5	77206.0	76878.2	36624.7	36624.7	4265.9	4265.9
1005.0			5263.9	5263.9	1737.3	1677.3	308.7	308.7
110.0			1894.7	1894.7	1021.0	1021.0	104.2	104.2
		1738.5	59217.3	59217.3	28130.4	28130.4	3218.0	3218.0
5361.0			113164.0	112103.2	59144.8	59045.2	5490.9	5490.9
17219.5	57.9		56374.7	55853.4	26416.9	26101.3	3128.5	3060.6
1379.0			510.4	510.4	247.1	247.1	28.2	28.2

11-6 限额以上住宿和

The financial condition hotels and catering

指　标	其他业务利润	销售费用	管理费用	税金	财务费用	利息收入
总　计	**4441.6**	**132421.6**	**69529.1**	**1440.7**	**5368.8**	**669.8**
一、住宿业	**919.0**	**57522.2**	**36710.1**	**845.6**	**2086.1**	**445.9**
1.按住宿业行业小类分						
旅游饭店	276.3	49369.7	30891.4	742.2	1939.8	443.2
一般旅馆	155.2	7810.6	5554.5	101.7	145.9	2.7
其他住宿业	487.5	341.9	264.2	1.7	0.4	
2.按登记注册类型分						
内资企业	919.0	57522.2	36710.1	845.6	2086.1	445.9
国有企业		25820.7	17608.2	312.8	1345.4	428.2
集体企业		268.4	943.4	16.9	1.1	0.1
有限责任公司	9.5	8165.7	7039.0	435.0	212.2	6.1
国有独资公司		860.2	570.5		7.1	
其他有限责任公司	9.5	7305.5	6468.5	435.0	205.1	6.1
股份有限公司						
私营企业	909.5	22472.7	9277.8	80.9	501.8	10.9
私营独资企业		2177.5	333.5		21.0	7.2
私营有限责任公司	909.5	19245.8	8513.8	80.9	470.0	3.7
私营股份有限公司		1049.4	430.5		10.8	
其他企业		794.7	1841.7		25.6	0.6
3.按控股情况分						
国有控股	9.5	30370.7	23893.1	643.2	1393.9	434.2
集体控股		268.4	943.4	16.9	1.1	0.1
私人控股	909.5	24366.9	11465.1	80.9	539.4	11.5
其他		2516.2	408.5	104.6	151.7	0.1
4.按经营形式分						
独立门店	919.0	56442.7	36421.2	845.6	2076.1	445.9
连锁门店		1079.5	288.9		10.0	
5.按单位规模分						
大型		9192.1	7354.9	0.6	391.6	248.3
中型	0.6	21308.8	11942.5	434.7	764.9	184.3
小型	918.4	26992.9	17339.9	410.3	929.5	13.3
微型		28.4	72.8		0.1	
6.按星级分						
五星		4283.0	11131.2		346.7	279.8
四星	1.1	9273.8	8272.1	224.2	-52.0	143.5
三星	116.6	18204.0	9265.7	496.6	1537.6	12.7
二星		224.6	417.0		1.5	0.1
其他	801.3	25536.8	7624.1	124.8	252.3	9.8

餐饮业法人企业财务状况(三)

corporation on enterprise above designated size(3)

单位：万元

利息支出	资产减值损失	投资收益	营业利润	营业外收入	补贴收入	利润总额	应交所得税	应付职工薪酬（本年贷方累计发生额）
3945.4	**886.9**	**66.0**	**-28932.0**	**4164.8**	**1014.2**	**-24324.0**	**1685.3**	**89461.8**
1864.9	**-48.1**	**66.0**	**-19999.0**	**2808.6**	**436.6**	**-16930.1**	**204.8**	**43542.6**
1835.4	-48.1	54.2	-17753.5	2630.7	431.7	-14909.2	132.5	37458.0
29.1		11.3	-2314.6	177.9	4.9	-2090.0	54.7	5815.1
0.4			69.1			69.1	17.6	269.5
1864.9	-48.1	66.0	-19999.0	2808.6	436.6	-16930.1	204.8	43542.6
1662.3	-2.3	69.5	-8524.0	2602.8	432.7	-6313.7	3.4	25897.2
0.9			-165.4			-165.4	0.3	613.8
165.0	-45.8	-8.1	-1277.5	129.0	3.9	-1173.8	111.2	5379.4
			-97.7	13.2		-85.4		229.0
165.0	-45.8	-8.1	-1179.8	115.8	3.9	-1088.4	111.2	5150.4
36.7		4.5	-8680.2	69.2		-7932.4	89.9	10116.1
			-227.0	17.1		-222.4	3.7	919.2
36.7		4.5	-8280.1	49.5		-7539.2	86.2	8508.5
			-173.1	2.6		-170.8		688.4
			-1351.9	7.6		-1344.8		1536.1
1683.3	-48.1	61.5	-9586.1	2729.7	436.6	-7272.4	65.1	29875.8
0.9			-165.4			-165.4	0.3	613.8
38.7		4.5	-10290.2	76.8		-9536.9	89.9	12135.7
142.0			42.7	2.1		44.6	49.5	917.3
1864.9	-48.1	66.0	-19739.2	2808.6	436.6	-16670.3	204.8	43254.6
			-259.8			-259.8		288.0
600.3			-310.0	165.8		-156.0		7986.0
815.4	-47.4	54.2	-8381.5	1291.5		-7186.8	116.1	18966.7
449.2	-0.7	11.8	-11271.2	1348.0	436.6	-9554.3	84.1	16527.7
			-36.3	3.3		-33.0	4.6	62.2
600.3			-3665.9	920.3		-2780.2		9832.2
15.4	-11.9	62.3	-5162.2	21.4		-4834.4	5.5	6550.2
1218.7	-36.2	-8.1	-5730.8	1572.0	431.7	-4274.9	112.1	15549.4
0.6			23.4			23.4		430.5
29.9		11.8	-5463.5	294.9	4.9	-5064.0	87.2	11180.3

11-6　续表 3-1

指　　标	其他业务利润	销售费用	管理费用	税金	财务费用	利息收入
二、餐饮业	**3522.6**	**74899.4**	**32819.0**	**595.1**	**3282.7**	**223.9**
1.按餐饮业行业小类分						
正餐服务	3522.6	53926.0	27973.0	595.1	3196.8	223.9
快餐服务		20973.4	4846.0		85.9	
2.按登记注册类型分						
内资企业	3522.6	55848.5	27908.0	595.1	3218.7	223.9
国有企业	41.0	1603.0	2792.7	61.8	8.3	0.6
股份合作企业		141.2	22.2		1.6	
有限责任公司	0.1	10586.8	6378.0		1067.9	179.9
其他有限责任公司	0.1	10586.8	6378.0		1067.9	179.9
私营企业	3481.5	43416.7	18714.1	533.3	2140.6	43.4
私营独资企业		645.3	1014.7	44.9	9.0	
私营有限责任公司	3481.5	41956.4	17401.3	488.4	2120.7	43.4
私营股份有限公司		815.0	298.1		10.9	
其他企业		100.8	1.0		0.3	
港、澳、台商投资企业		423.3	75.8		4.6	
港澳台商独资企业		423.3	75.8		4.6	
外商投资企业		18627.6	4835.2		59.4	
外资企业		18627.6	4835.2		59.4	
3.按控股情况分						
国有控股	41.0	4043.0	5292.4	61.8	-168.4	176.5
私人控股	3481.5	49124.0	21753.3	533.3	3367.1	47.3
港澳台商控股		423.3	75.8		4.6	
外商控股		18627.6	4835.2		59.4	
其他	0.1	2681.5	862.3		20.0	0.1
4.按经营形式分						
独立门店	643.1	46410.5	24018.6	506.1	2712.9	223.7
连锁总店（总部）	2621.6	25949.8	7486.5	88.0	537.4	0.1
连锁门店	257.9	1997.5	320.5		23.9	
其他		541.6	993.4	1.0	8.5	0.1
5.按单位规模分						
大型		18627.6	4835.2		59.4	
中型	2969.8	35743.3	14617.5	325.4	2225.0	217.1
小型	552.8	20139.6	13052.0	259.3	995.0	6.7
微型		388.9	314.3	10.4	3.3	0.1

单位：万元

利息支出	资产减值损失	投资收益	营业利润	营业外收入	补贴收入	利润总额	应交所得税	应付职工薪酬（本年贷方累计发生额）
2080.5	**935.0**		**–8933.0**	**1356.2**	**577.6**	**–7393.9**	**1480.5**	**45919.2**
2057.5	0.5		–12409.3	1148.7	577.6	–10503.3	667.1	36868.3
23.0	934.5		3476.3	207.5		3109.4	813.4	9050.9
2057.5	0.5		–12218.8	1148.7	577.6	–10331.7	704.0	37754.0
2.1			–1484.3	612.3	577.6	–875.5		2000.7
			14.9			14.8	10.5	117.3
1120.7			–1772.9	40.0		–1745.6	112.0	5269.6
1120.7			–1772.9	40.0		–1745.6	112.0	5269.6
934.7	0.5		–8972.1	492.5		–7724.9	581.5	30351.7
			–154.4	1.5		–40.9	25.9	667.9
934.7	0.5		–8295.8	467.3		–7185.8	555.6	29398.6
			–521.9	23.7		–498.2		285.2
			–4.4	3.9		–0.5		14.7
			–126.4			–126.4		198.4
			–126.4			–126.4		198.4
23.0	934.5		3412.2	207.5		3064.2	776.5	7966.8
23.0	934.5		3412.2	207.5		3064.2	776.5	7966.8
1.3			–1883.7	613.8	577.6	–1273.8		2437.9
2058.0	0.5		–10836.0	530.0		–9576.1	672.5	34082.6
			–126.4			–126.4		198.4
23.0	934.5		3412.2	207.5		3064.2	776.5	7966.8
–1.8			500.9	4.9		518.2	31.5	1233.5
2049.5	0.5		–10442.2	1085.3	577.6	–8511.6	426.2	30522.1
28.4	934.5		1407.2	223.2		908.1	1021.8	13861.3
3.4			876.0	47.7		983.6	27.6	1218.9
–0.8			–774.0			–774.0	4.9	316.9
23.0	934.5		3412.2	207.5		3064.2	776.5	7966.8
1542.8	0.5		–4057.1	144.8		–3968.1	442.2	21048.2
512.4			–7816.7	1000.0	577.6	–6022.5	260.0	16719.5
2.3			–471.4	3.9		–467.5	1.8	184.7

11-7　对外贸易进出口情况(海关数)

Import and export of foreign trade (customs number)

单位：万美元

指　标	2015	2014	比 2014 年增长%
地区进出口总额	**1067737**	**1067105**	**0.1**
出口总额	659225	656967	0.3
进口总额	408513	410138	-0.4

11-8　三资企业情况

The situation of foreign-funded enterprises, sino-foreign joint ventures and sino-foreign cooperative enterprises

指　标	单位	2015	2014	比 2014 年增长%
年内新批三资企业	个	13	20	-35.0
总投资额	万美元	92742	54617	69.8
合同外资额	万美元	15358	24855	-38.2
直接到位外资额	万美元	85049	107673	-21.0

11-9　旅游人数及收入

Number of tourists and income

指　标	2015	2014
一、海外旅游人数（人次）	**210065**	**200679**
外国人	147961	141356
香港同胞	34804	33214
澳门同胞	4042	3878
台湾同胞	23258	22231
二、国内旅游人数（万人次）	**4891.47**	**4176.44**
三、旅游外汇收入（万美元）	**8059.54**	**7665.96**
四、国内旅游收入（亿元）	**583.34**	**495.33**

11-10　出境旅游人数

Number of outbound tourism

单位：人次

指　标	2015	2014
出境旅游人数	**483119**	**541264**
# 出国游	259372	266081
香港游	95993	99453
澳门游	55861	92740
台湾游	71893	82990
首站前往国家		
日本	24342	17961
泰国	58936	47453
韩国	43267	84338
德国	8167	6886
澳大利亚	7629	6534
新加坡	13503	13942
马来西亚	5496	6595
印度尼西亚	19186	13642
法国	7498	7319
其他	71348	61411

第12篇

财政、金融、税务和保险

Finance, Banking, Taxation and Insurance

资料整理、审核

师　超　　郑慧华　　李红令　　马　娜　　陶姝钰

12-1 公共财政预算收入
Financial general budget revenue

单位：万元

指　　标	2015	2014
一般公共预算收入	**2742403**	**2588527**
一、税收收入	**2213479**	**2225450**
增值税	291745	327030
其中:改征增值税	96526	108543
营业税	676008	684585
企业所得税	294608	281816
个人所得税	84853	92640
资源税	29982	23274
城市维护建设税	178448	180737
房产税	134578	123300
印花税	67648	70298
城镇土地使用税	58863	73417
土地增值税	195790	185624
车船税	42282	36502
耕地占用税	14699	15113
契税	143975	131114
二、非税收入	**528924**	**363077**
专项收入	240565	127423
行政事业性收费收入	122269	96920
罚没收入	49688	46018
国有资本经营收入	572	2444
国有资源(资产)有偿使用收入	46451	43033
其他收入	69379	47239

12-2 公共财政预算支出
General budget expenditure

单位：万元

指　　标	2015	2014
一般公共预算支出	**4199913**	**3226934**
一般公共服务支出	243036	206292
公共安全支出	262727	221750
教育支出	620878	527157
科学技术支出	128030	141469
文化体育与传媒支出	67028	58865
社会保障和就业支出	509441	410154
医疗卫生与计划生育支出	270398	224800
节能环保支出	140039	127804
城乡社区支出	1055036	786444
农林水支出	155176	119362
交通运输支出	109046	128858
资源勘探信息等支出	148825	62361
商业服务业等支出	12694	15222
金融支出	19900	97
援助其他地区支出	3877	3669
国土海洋气象等支出	222244	74811
住房保障支出	170591	85615
粮油物资储备支出	5845	6161
其他支出	40065	16658
债务付息支出	15037	9385

12-3 财政收入分级情况
Classification of financial income

单位：万元

指　　标	全市	市级	县区
收入合计	**2742403**	**1385149**	**1357254**
税收收入	2213479	1071729	1141750
增值税	291745	115390	176355
其中:改征增值税	96526	30194	66332
营业税	676008	264988	411020
企业所得税	294608	240527	54081
企业所得税退税			
个人所得税	84853	55402	29451
资源税	29982	20898	9074
城市维护建设税	178448	100634	77814
房产税	134578	63036	71542
印花税	67648	31598	36050
城镇土地使用税	58863	21915	36948
土地增值税	195790	32916	162874
车船税	42282	187	42095
耕地占用税	14699	105	14594
契税	143975	124133	19842
非税收入	528924	313420	215504
专项收入	240565	136297	104268
行政事业性收费收入	122269	86051	36218
罚没收入	49688	29497	20191
国有资本经营收入	572	–4800	5372
国有资源(资产)有偿使用收入	46451	16467	29984
其他收入	69379	49908	19471

12-4 财政支出分级情况
Classification of financial expenditure

单位：万元

指　　标	全市	市级	县级	乡镇级
支出合计	**4199913**	**2079075**	**2046957**	**73881**
一般公共服务支出	243036	85198	139954	17884
公共安全支出	262727	192086	70605	36
教育支出	620878	231123	374775	14980
科学技术支出	128030	13703	113757	570
文化体育与传媒支出	67028	53421	13246	361
社会保障和就业支出	509441	202217	300204	7020
医疗卫生与计划生育支出	270398	108479	159376	2543
节能环保支出	140039	94255	44316	1468
城乡社区支出	1055036	610800	438115	6121
农林水支出	155176	15415	119778	19983
交通运输支出	109046	83981	24659	406
资源勘探信息等支出	148825	26260	122344	221
商业服务业等支出	12694	9281	3413	
金融支出	19900	45	19855	
援助其他地区支出	3877	2172	1705	
国土海洋气象等支出	222244	144998	76168	1078
住房保障支出	170591	160226	10003	362
粮油物资储备支出	5845	4453	1392	
其他支出	40065	25925	13292	848
债务付息支出	15037	15037		

12-5 金融机构(含外资)本外币信贷收支
Financial institutions (including foreign capital) in this foreign currency credit

单位：万元

指　标	年末余额
资金来源	
一、各项存款	108300549
(一)境内存款	108268791
1.住户存款	37059444
(1)活期存款	11390117
(2)定期及其他存款	25669327
2.非金融企业存款	38575871
(1)活期存款	15859659
(2)定期及其他存款	22716213
3.广义政府存款	27819859
(1)财政性存款	4541492
(2)机关团体存款	23278367
4.非银行金融机构存款	4813616
(二)境外存款	31758
二、金融债券	200030
其中:境外发行	
三、卖出回购资产	96747
四、借款街非银行业金融机构拆入	351773
五、联行往来(净)	
六、应付及暂收款	2916264
七、各项准备	3726681
八、所有者权益	2470541
其中:实收资本	967020
九、其他	-7583234
资金运用	
一、各项贷款	91213479
(一)境内贷款	91210568
1.住户贷款	9799488
(1)短期贷款	3297483
消费贷款	1475762
经营贷款	1821721
(2)中长期贷款	6502006
消费贷款	5868172
经营贷款	633833
2.非金融企业及机关团体贷款	81411079
(1)短期贷款	25944691
(2)中长期贷款	48839295
(3)票据融资	5732370
(4)融资租赁	245668
(5)各项垫款	649055
3.非银行金融机构贷款	
(二)境外贷款	2911
二、债券投资	7463880
其中:境外债券	
三、股权及其他资产	7322903
四、买入返售资产	156730
五、存放非银行业金融机构款项	156490
六、联行往来(净)	2147308
其中:境内存放二级准备金	6658388
七、金银占款	
八、外汇占款	
九、应收及预付款	956566
十、投资性房地产	156
十一、固定资产	1061839

12-6 金融机构(含外资)人民币信贷收支

Financial institutions (including foreign capital) of the RMB credit

单位：万元

指 标	年末余额
资金来源	
一、各项存款	105939149
(一)境内存款	105910055
1.住户存款	36606344
(1)活期存款	11185717
(2)定期及其他存款	25420627
2.非金融企业存款	36700808
(1)活期存款	15619263
(2)定期及其他存款	21081545
3.广义政府存款	27800655
(1)财政性存款	4541492
(2)机关团体存款	23259163
4.非银行业金融机构存款	4802248
(二)境外存款	29094
二、金融债券	200030
其中:境外发行	
三、卖出回购资产	96747
四、借款及非银行业金融机构拆入	26890
五、联行往来(净)	
六、应付及暂收款	2903052
七、各项准备	3677859
八、所有者权益	2485540
其中:实收资本	962150
九、其他	-7633565
资金运用	
一、各项贷款	90275923
(一)境内贷款	90274995
1.住户贷款	9798176
(1)短期贷款	3296171
消费贷款	1474450
经营贷款	1821721
(2)中长期贷款	6502006
消费贷款	5868172
经营贷款	633833
2.非金融企业及机关团体贷款	80476819
(1)短期贷款	25118658
(2)中长期贷款	48742664
(3)票据融资	5732370
(4)融资租赁	245668
(5)各项垫款	637459
3.非银行金融机构贷款	
(二)境外贷款	928
二、债券投资	7463880
其中:境外债券	
三、股权及其他资产	7322903
四、买入返售资产	156730
五、存放非银行业金融机构款项	153389
六、联行往来(净)	305757
其中:境内存放二级准备金	6651630
七、金银占款	
八、外汇占款	3638
九、应收及预付款	951511
十、投资性房地产	156
十一、固定资产	1061815

12-7 国税系统税收入库情况
Tax system and the storage of tax

单位：万元

指　　标	2015	2014
合　计	**2391204**	**2484990**
一、按税种分		
国内增值税	1273821	1414634
国内消费税	231021	210502
企业所得税	699179	661712
储蓄利息个人所得税	29	43
车辆购置税	187154	198099
二、按经济类型分		
国有企业	355346	323336
集体企业	52669	26644
股份公司	1125891	1245583
私营企业	262841	307721
外商投资企业	306147	254929
个体	210221	232080

12-8 国税系统县(市、区)税收入库情况
Tax system counties (cities, districts) tax warehousing

单位：万元

指　　标	2015	2014
合　计	**2391204**	**2484990**
市直分局	1178921	1217159
高新区	140899	154006
经济区	263842	208438
民营区	24105	22185
小店区	203596	195162
迎泽区	115351	136351
杏花岭区	116119	139139
尖草坪区	65334	68082
万柏林区	82885	87380
晋源区	42627	53285
古交市	28520	29389
清徐县	65467	83718
阳曲县	15462	14757
娄烦县	22528	40705
不锈钢园区局	25548	35234

12-9 地税系统(分税种)税收

Local tax system (sub categories) tax

单位：万元

指　　标	2015	2014
合　计	**2072027**	**2030068**
营业税	855867	870236
企业所得税	260668	253939
个人所得税	234347	236630
资源税	19583	16354
城市维护建设税	141507	135535
房产税	106574	96992
印花税	50292	54673
城镇土地使用税	49371	61557
土地增值税	171096	147126
车船使用税	39648	35238
耕地占用税	12835	7877
契税	130239	113911

12-10 地税系统(分企业)税收

Local tax system (Branch) tax

单位：万元

指　　标	2014	2013
合　计	**2072027**	**2030068**
国有企业	157837	159975
集体企业	20491	22257
股份合作企业	3782	3667
联营企业	101	182
股份有限公司	1623538	1595355
私营企业	30590	38781
其他企业	99662	76816
个体	103099	90471
港澳台投资企业	6669	6648
外商投资企业	26258	35916

12-11 地税系统县(市、区)税收

County (city, district) tax revenue system

单位：万元

指　　标	2015	2014
合　计	**2072027**	**2030068**
市直分局	853878	843250
不锈钢分局	16535	12278
迎泽区	199891	202970
杏花岭区	186642	186222
万柏林区	217846	167189
小店区	274215	264202
尖草坪区	73235	67396
晋源区	84144	87574
古交市	34903	42839
清徐县	39904	41499
阳曲县	20854	30300
娄烦县	19666	26759
民营区	50314	57590

12-12 保险事业基本情况
Basic situation of insurance

项目		原保险保费收入		赔款与给付支出	
		金额（万元）	增长（%）	金额（万元）	增长（%）
合计		**1606592.40**	**41.0**	**430713.13**	**5.9**
人身险公司	国寿股份	150524.09	23.0	57770.62	28.5
	国寿存续	7851.08	-2.7	11955.04	5.9
	太保人寿	85513.31	17.5	12540.25	6.2
	平安人寿	167401.97	27.4	19770.21	9.8
	新华人寿	55129.29	5.5	22610.71	11.2
	泰康人寿	75486.41	-8.9	31992.17	15.8
	太平人寿	57674.94	34.8	9253.89	4.6
	工银安盛	28782.89		5.65	0.0
	信诚人寿	960.58	335.3	11.90	0.0
	光大永明	10350.64	32.0	439.62	0.2
	民生人寿	27420.69	139.0	636.03	0.3
	生命人寿	73460.85	109.6	2396.99	1.2
	平安养老	8132.93	18.8	2917.81	1.4
	合众人寿	7032.14	149.9	2955.92	1.5
	人保健康	25490.37	85.1	5562.10	2.7
	农银人寿	10708.70	6.5	4265.00	2.1
	人保寿险	37216.41	-31.1	9229.75	4.6
	国华人寿	90750.47	211.3	555.53	0.3
	英大人寿	5899.34	19.7	2523.88	1.3
	泰康养老	7592.70	310.9	303.30	0.2
	幸福人寿	25036.81	142.6	265.86	0.1
	阳光人寿	87691.41	461.6	4666.70	2.3
	百年人寿	4490.47		24.21	
	安邦人寿	111410.95			
财产险公司	人保产险	96239.20	1.6	59164.13	-2.9
	大地产险	12126.45	13.4	6860.30	3.3
	中国信保	5395.36	26.3	987.60	57.1
	中华联合	10482.35	-26.4	8455.05	93.9
	太保产险	35491.43	-9.2	21131.57	-18.3
	平安产险	109718.96	15.9	43764.69	20.0
	华泰产险	9448.00	-0.5	3712.66	-5.1
	天安产险	6497.15	-0.2	3508.25	39.1
	华安产险	11064.57	32.1	3142.84	2.6
	永安产险	5098.93	38.8	2356.64	-28.7
	太平产险	14113.99	10.5	5202.25	13.1
	中银保险	6586.74	7.6	3792.79	74.1
	永诚产险	7059.46	9.5	4243.65	14.0
	安邦产险	688.12	-18.6	370.37	17.7
	信达产险	7213.06	1.5	2012.71	16.3
	安盛天平	13995.95	15.0	6870.74	14.0
	阳光产险	13118.75	29.0	4251.19	33.7
	都邦产险	4285.24	11.4	1425.71	11.3
	渤海产险	411.96	16.7	224.95	9.5
	国寿产险	34967.48	-12.8	23976.37	-0.2
	安诚产险	4652.24	92.2	1440.41	28.1
	中煤产险	12283.25	-19.0	9987.83	32.5
	英大产险	14186.25	7.7	6516.28	23.0
	紫金产险	7275.92	26.5	3365.70	24.6
	众安产险（虚拟）	2165.59	193.7	1295.34	121.7
	中铁自保（虚拟）	15.94			

12-13 上市公司主要经济指标
Listing Corporation main economic indicators

指 标	营业收入(万元)	净利润(万元)	每股收益(元)	总股本(万元)	净资产(万元)	每股净资产(元)	经营活动现金净流量(万元)	每股经营现金净流量(元)	净资产收益率(%)
合计	**17722687**	**-520298**	**-0.19**	**2731784**	**10032467**	**3.67**	**1256089**	**0.46**	**-5.19**
ST 生化	50027	6684	0.28	27258	52549	1.84	7031	0.26	16.80
美锦能源	570168	-40795	-0.19	195920	665839	3.19	98839	0.50	-10.85
漳泽电力	909749	60001	0.18	225373	744613	2.57	277735	1.23	7.51
英洛华	112681	-5933	-0.14	44449	119028	2.66	-19546	-0.44	-5.93
太钢不锈	6791271	-382632	-0.65	569624	2209197	3.74	272867	0.48	-16.05
*ST 煤气	165484	-205340	-3.05	51375	73596	0.42	-6909	-0.13	-152.92
西山煤电	1865827	21062	0.04	315120	1898482	5.09	94440	0.30	0.88
山西证券	383850	148137	0.57	251873	1322126	5.00	362136	1.44	14.44
跨境通	396081	16637	0.27	63540	204311	3.22	-1294	-0.02	8.69
东杰智能	36565	3633	0.30	13886	68706	4.95	-7145	-0.51	6.82
太原重工	686110	2302	0.01	242396	543966	2.24	-60176	-0.25	0.41
*ST 山水	1095	-1687	-0.08	20245	6835	0.23	-40	0.00	-29.36
太化股份	230558	-17730	-0.34	51440	53479	1.01	-4629	-0.09	-29.20
盛和资源	109815	1852	0.02	94104	140630	1.28	-26395	-0.28	1.57
晋西车轴	201026	10071	0.08	120819	310778	2.57	3288	0.03	3.27
狮头股份	9165	241	0.06	23000	70397	2.09	7584	0.33	2.94
*ST 山煤	3959489	-226408	-1.20	198246	679456	1.89	58050	0.29	-47.96
国新能源	676441	53693	0.53	108466	404855	3.24	88263	0.81	19.35
通宝能源	567283	35913	0.32	114650	463623	3.99	111992	0.98	8.29

第13篇

科教、文卫、体育和民政

Science, Education, Culture, Public health, Sports and Civil Affairs

资料整理、审核

王翠莲　　刘红芳　　刘俊欢

13-1 规模以上工业企业 R&D 人员情况(一)
Above scale industrial enterprise R&D personnel situation(1)

指 标	企业数（个）	R&D 人员合计（人）	#1.参加项目人员	2.管理和服务人员	#女性	#研究人员	#1.全时人员	2.非全时人员
总 计	**411**	**11862**	**10659**	**1203**	**2703**	**4643**	**7331**	**4531**
一、按企业规模分组								
大型企业	27	9848	8888	960	2232	3825	5826	4022
中型企业	69	1213	1087	126	298	513	894	319
小型企业	279	801	684	117	173	305	611	190
微型企业	36							
二、按登记注册类型分组								
内资企业	387	11799	10599	1200	2673	4613	7287	4512
港、澳、台商投资企业	3							
外商投资企业	21	63	60	3	30	30	44	19
三、按国民经济行业分组								
采矿业	36	1054	988	66	150	480	394	660
制造业	356	10808	9671	1137	2553	4163	6937	3871
电力、燃气及水的生产和供应业	19							
四、按隶属关系分组								
中央	34	4271	3403	868	1293	1816	3035	1236
地方	377	7591	7256	335	1410	2827	4296	3295

13-1 规模以上工业企业 R&D 人员情况(二)
Above scale industrial enterprise R&D personnel situation(2)

指 标	R&D 人员折合全时当量合计（人年）	#研究人员	#1.基础研究人员	2.应用研究人员	3.试验发展人员
总 计	**8446**	**3232**		**225**	**8221**
一、按企业规模分组					
大型企业	6922	2602		215	6708
中型企业	1106	465			1106
小型企业	418	165		10	408
微型企业					
二、按登记注册类型分组					
内资企业	8383	3202		219	8164
港、澳、台商投资企业					
外商投资企业	63	30		6	57
三、按国民经济行业分组					
采矿业	638	291		111	527
制造业	7808	2941		114	7694
电力、燃气及水的生产和供应业					
四、按隶属关系分组					
中央	3144	1355		7	3137
地方	5302	1877		217	5084

13-2 规模以上工业企业R&D经费支出(一)
Above scale industrial enterprise R&D spending(1)

单位：万元

指标	R&D经费内部支出合计	(一)按活动类型分组			(二)按支出用途分组				
		1.基础研究支出	2.应用研究支出	3.试验发展支出	1.经常费支出	#人员劳务费	2.资产性支出	#①土建工程	②仪器设备
总计	**457135.9**		**22139.5**	**434996.4**	**365792.7**	**60343.9**	**91343.2**	**4821.8**	**86521.4**
一、按企业规模分组									
大型企业	408134.0		22064.5	386069.5	320026.1	50861.6	88107.9	4820.5	83287.4
中型企业	37896.1			37896.1	35444.6	6039.0	2451.5		2451.5
小型企业	11105.8		75.0	11030.8	10322.0	3443.3	783.8	1.3	782.5
微型企业									
二、按登记注册类型分组									
内资企业	454714.4		22098.1	432616.3	363506.6	59419.0	91207.8	4821.8	86386.0
港、澳、台商投资企业									
外商投资企业	2421.5		41.4	2380.1	2286.1	924.9	135.4		135.4
三、按国民经济行业分组									
采矿业	15233.0		4307.7	10925.3	12459.3	7145.1	2773.7	233.7	2540.0
制造业	441902.9		17831.8	424071.1	353333.4	53198.8	88569.5	4588.1	83981.4
四、按隶属关系分组									
中央	66091.6		52.1	66039.5	64396.6	12794.4	1695.0	362.6	1332.4
地方	391044.3		22087.4	368956.9	301396.1	47549.5	89648.2	4459.2	85189.0

13-2 规模以上工业企业R&D经费支出(二)
Above scale industrial enterprise R&D spending(2)

单位：万元

指标	(三)按资金来源分组				R&D经费外部支出	对境内研究机构支出	对境内高等学校支出	对境内企业支出	对境外支出
	1.政府资金	2.企业资金	3.其他境外资金	4.其他资金					
总计	**20734.5**	**427748.3**	**821.2**	**7831.9**	**9229.3**	**5068.3**	**3013.1**	**1019.2**	**128.7**
一、按企业规模分组									
大型企业	18720.2	388576.7	821.2	15.9	8142.7	4363.3	2631.5	1019.2	128.7
中型企业	1121.5	29132.3		7642.3	796.1	594.4	201.7		
小型企业	892.8	10039.3		173.7	290.5	110.6	179.9		
微型企业									
二、按登记注册类型分组									
内资企业	20261.3	425800.0	821.2	7831.9	9229.3	5068.3	3013.1	1019.2	128.7
港、澳、台商投资企业									
外商投资企业	473.2	1948.3							
三、按国民经济行业分组									
采矿业		15233.0			1080.3	531.1	474.2	75.0	
制造业	20734.5	412515.3	821.2	7831.9	8149.0	4537.2	2538.9	944.2	128.7
四、按隶属关系分组									
中央	13553.4	51715.3	821.2	1.7	5623.8	3862.3	1181.6	579.9	
地方	7181.1	376033.0		7830.2	3605.5	1206.0	1831.5	439.3	128.7

13-3 各类学校及各级教育基本情况
Basic situation of various schools and all levels of Education

单位：人

指　标	学校(所)	在校生数	招生数	毕业生数	教职工数	# 专任教师
高等教育	**52**	**546581**	**162255**	**151583**	**35419**	**23771**
研究生教育		23781	8143	7255		
普通高等教育	43	421429	126551	103530	33780	22685
成人高等教育	9	101371	27561	40798	1639	1086
中等职业教育	**58**	**84959**	**23973**	**38674**	**6495**	**4632**
中等技术教育	32	56392	17116	24587	4164	2689
成人中等专业教育	11	10352	3414	10862	1247	1061
职业高中教育	15	18215	3443	3225	1084	882
技工学校	**35**	**42948**	**16169**	**13034**	**2505**	**1772**
普通中学	**224**	**206557**	**62906**	**73908**	**24935**	**18792**
高中	94	84524	27501	29209	15878	7260
初中	130	122033	35405	44699	9057	11532
小学	**416**	**275621**	**50111**	**36073**	**16298**	**16379**
幼儿园	**640**	**114031**	**43721**	**36790**	**13983**	**7728**
特殊教育	**6**	**1202**	**186**	**137**	**245**	**203**
工读学校	**1**	**284**	**76**	**70**	**82**	**67**

13-4 研究生教育基本情况
Basic information on graduate education

单位：人

指　标	在校生数	招生数	毕业生数
合　计	**23781**	**8143**	**7255**
山西大学	5156	1761	1493
太原科技大学	1455	494	510
中北大学	3479	1094	1080
太原理工大学	5684	1818	1622
山西医科大学	3740	1237	1123
山西财经大学	3428	1352	1271
山西中医学院	500	228	99
中国辐射防护研究院	38	11	14
中国日用化学工业研究院	34	10	12
山西省中医药研究院	97	31	31
太原师范学院	170	107	

13－5　普通高等教育基本情况
Basic situation of general higher education

单位：人

指　　标	学校（所）	在校生数	招生数	毕业生数	教职工数	其中：专任教师
合　计	**43**	**421429**	**126551**	**103530**	**33780**	**22685**
山西大学	1	24252	6060	6626	2975	1576
太原科技大学	1	19077	5050	3449	1633	1088
中北大学	1	32971	8803	6623	2643	1807
太原理工大学	1	30239	7978	6512	3829	2193
山西医科大学	1	22350	5955	4220	1969	1258
太原师范学院	1	20614	6292	3579	1729	873
山西财经大学	1	16970	4339	4109	1698	1181
山西中医学院	1	8628	2319	1464	589	454
太原学院	1	11370	4829	3913	1160	725
山西省财政税务专科学校	1	5531	1890	1640	394	281
山西警官高等专科学校	1	5336	1083	2116	542	310
山西艺术职业学院	1	1349	426	406	316	227
山西建筑职业技术学院	1	9880	3312	2952	495	410
山西药科职业学院	1	5475	2047	1445	327	222
山西工程职业技术学院	1	6241	2400	2279	385	287
山西交通职业技术学院	1	7385	2607	1481	345	279
山西应用技术学院	1	8663	3642	1751	521	398
山西戏剧职业学院	1	999	405	261	279	181
山西财贸职业技术学院	1	5015	1981	1517	229	189
山西林业职业技术学院	1	4852	1580	1998	309	220
山西职业技术学院	1	11566	4037	3442	708	574
山西煤炭职业技术学院	1	6974	2284	1903	406	256
山西金融职业学院	1	4083	1649	1203	231	169
太原城市职业技术学院	1	5317	1804	1860	392	266
山西大学商务学院	1	16271	3829	3898	1216	911
太原理工大学现代科技学院	1	14035	3434	3272	1041	771
中北大学信息商务学院	1	14014	3308	2954	716	598
太原科技大学华科学院	1	4453	1065	1966	519	456
山西医科大学晋祠学院	1	2631	1117	506	513	290
山西财经大学华商学院	1	4836	1501	1072	537	423
山西工商学院	1	16693	4440	2813	1084	802
山西体育职业学院	1	930	442	573	196	135
山西警官职业学院	1	2068	741	573	229	123
山西国际商务职业学院	1	2857	1147	820	155	101
太原旅游职业学院	1	4809	1697	1306	354	279
山西旅游职业学院	1	6302	2024	1949	330	253
山西电力职业技术学院	1	4126	709	1398	489	363
太原工业学院	1	14414	3910	3595	800	639
山西老区职业技术学院	1	3049	1121	1007	224	171
山西经贸职业学院	1	7147	2486	2099	436	358
山西轻工职业技术学院	1	4042	1434	1202	172	124
山西青年职业学院	1	5421	2068	1060	239	118
山西传媒学院	1	6774	2570	2083	426	346
山西职工医学院		5024	1822	1289		
山西煤炭管理干部学院		4524	2266	703		
山西省政法管理干部学院		1872	648	643		

13-6 成人高等教育基本情况
The basic situation of Adult higher education

单位：人

指　标	学校(所)	在校生数	招生数	毕业生数	教职工数	#专任教师
总　计	**9**	**101371**	**27561**	**40798**	**1639**	**1086**
太原化学工业集团有限公司职工大学	1	900	311	303	60	42
山西机电职工学院	1	4257	996	2842	249	137
太原钢铁（集团）有限公司职工钢铁学院	1	94	29	159	91	45
山西职工医学院	1	2377	855	1291	305	203
山西兵器工业职工大学	1	1443	209	907	71	56
山西省职工工艺美术学院	1	563	181	750	70	45
山西省广播电视大学	1	2349	1070	1735	220	104
山西煤炭管理干部学院	1	6572	1374	2792	373	300
山西省政法管理干部学院	1	99	5	111	200	154
山西大学		12300	2627	5484		
太原科技大学		9306	1806	4761		
中北大学		6904	3201	1256		
太原理工大学		29021	7602	9275		
山西医科大学		6946	2154	2248		
太原师范学院		2932	934	1572		
山西财经大学		10255	2849	2960		
山西中医学院		2090	652	713		
太原学院		183	58	19		
山西省财政税务专科学校		601	116	232		
山西警官高等专科学校		9		58		
山西艺术职业学院		25	3	12		
山西建筑职业技术学院		52	16	42		
山西工程职业技术学院		321	90	64		
山西交通职业技术学院		21	13	0		
山西应用科技学院		173	29	7		
山西戏剧职业学院		48	14	9		
山西林业职业技术学院		4		8		
山西煤炭职业技术学院		138	47	22		
山西金融职业学院		34		134		
太原城市职业技术学院		82	22	24		
山西工商学院		42		67		
山西旅游职业学院		26	18	67		
山西电力职业技术学院		50	7	112		
太原工业学院		1045	273	709		
山西经贸职业学院		109		43		
山西传媒学院				10		

13-7 中等技术教育基本情况

Basic situation of secondary vocational education

单位：人

指　标	学校(所)	在校生数	招生数	毕业生数	教职工数	# 专任教师
总　计	**32**	**56392**	**17116**	**24587**	**4164**	**2689**
太原市卫生学校	1	2934	1003	1096	140	106
太原市财贸学校	1	1617	590	666	111	90
太原市文化艺术学校	1	923	332	128	112	86
太原市体育运动学校	1	431	145	82	89	45
太原生态工程学校	1	673	282	428	212	150
太原市财政金融学校	1	1311	368	479	204	178
太原市交通学校	1	1817	458	665	161	122
太原幼儿师范学校	1	9041	2798	3524	357	309
太原铁路技术中等专业学校	1				360	116
山西省现代经贸学校	1	809	809	505	33	19
山西省大众传媒学校	1	83	17	162	24	11
山西省四方中等技术学校	1	511		557	44	25
山西省中医学校	1	1327	368	781	62	33
山西广播电影电视学校	1	746	330	244	64	28
山西省经贸学校	1	1891	630	534	98	57

13-7 续表 1

单位：人

指　标	学校(所)	在校生数	招生数	毕业生数	教职工数	# 专任教师
山西省司法学校	1	1312	342	1033	123	71
山西省邮电学校	1				62	27
山西省工贸学校	1	2513	1004	1042	136	117
山西省财政会计学校	1					
山西省贸易学校	1	3362	762	1925	142	100
山西省物流技术学校	1	211	57	154	125	86
太原铁路机械学校	1	4528	1400	1698	302	226
山西省工业管理学校	1	2959	732	886	249	137
山西省城乡建设学校	1	2846	885	1276	118	63
山西省特殊教育中等专业学校	1	306	105	106	76	37
山西税务学校	1				71	44
山西省商务学校	1	447	140	360	188	113
山西省建筑工程技术学校	1	3741	866	1847	142	94
山西省好艺中等专业学校	1	2160	670	755	66	39
山西省应用技术学校	1	538	167	242	102	49
山西省人民武装学校	1				60	30
山西省畜牧兽医学校	1	844	239	213	131	81
太原广播电视中等专业学校		434	168	153		
太原学院		516		477		
太原城市职业技术学院						
太原旅游职业学院		569	140	339		
山西省农业广播电视学校		843	600	181		

13-7　续表2

单位：人

指　　标	学校(所)	在校生数	招生数	毕业生数	教职工数	# 专任教师
山西警官高等专科学校						
山西艺术职业学院		645	120	183		
山西建筑职业技术学院						
山西药科职业学院		263		262		
山西交通职业技术学院		422	75	178		
山西应用科技学院						
山西戏剧职业学院		1124	259	305		
山西财贸职业技术学院						
山西林业职业技术学院						
山西职业技术学院		111		275		
山西煤炭职业技术学院						
山西金融职业学院						
山西工商学院						
山西体育职业学院		1339	181	636		
山西国际商务职业学院		15	15	12		
山西旅游职业学院						
山西老区职业技术学院		42	10	24		
山西轻工职业技术学院						
山西煤炭职工联合大学		109	18	96		
山西兵器工业职工大学						
山西省广播电视大学						
山西省政法管理干部学院		79	31	78		

13-8 成人中等专业教育基本情况
Basic situation of Adult secondary specialized education

单位：人

指　标	学校(所)	在校生数	招生数	毕业生数	教职工数	# 专任教师
总　计	**11**	**10352**	**3414**	**10862**	**1247**	**1061**
太原广播电视中等专业学校	1				69	38
太原市小店区教师进修学校	1				43	33
太原市迎泽区教师进修学校	1				19	14
太原市杏花岭区教师进修学校	1				25	24
太原市尖草坪区教师进修学校	1				20	17
太原市万柏林区教师进修学校	1				15	14
清徐县教师进修学校	1				19	19
阳曲县教师进修学校	1				24	21
娄烦县教师进修学校	1				26	25
古交市教师进修学校	1				25	22
山西省农业广播电视学校	1	9282	3024	8798	962	834
太原铁路技术中等专业学校				654		
山西煤炭职工联合大学		1070	390	1410		

13-9 职业高中教育基本情况
Basic situation of vocational high school education

单位：人

指标	学校(所)	在校生数	招生数	毕业生数	教职工数	
						# 专任教师
总计	**15**	**18215**	**3443**	**3225**	**1084**	**882**
太原市第四职业中学校	1	192	70	120	82	67
太原市第五职业中学校	1	700	242	234	135	107
太原市第七职业中学校	1	271	96	139	96	84
太原市第八职业中学校	1				108	89
太原市综合高级中学校	1	426	84	34	141	117
太原市小店区第一职业中学校	1	513	153	211	50	46
太原市杏花岭区中等职业技术学校	1	333	155	8	28	26
太原市尖草坪区职业中学校	1	513	134	98	84	80
太原市晋源区高级职业中学	1	93	25	28	20	11
清徐县职业教育中心	1	1733	527	537	102	93
阳曲县高级职业中学校	1	690	249	345	75	58
娄烦县职业中学校	1	98	58	22	14	10
古交市职业中学校	1	510	145	155	41	30
山西大昌汽车专业学校	1	1444	426	367	71	40
太原市立达职业中学校	1	356	90	141	37	24
太原市第五十六中学校		199	80	93		
太原市第十六中学校		942	260	277		
太原市财政金融学校		472	154	229		
太原生态工程学校		7937				
太原广播电视中等专业学校		22	22			
太原市第九中学校		33	33	70		
太原市聋人学校		150	52	38		
太原市盲童学校		37	11	17		
太原市长安综合中学校		551	377	62		

13-10 技工学校基本情况
Basic situation of technical school

单位：人

指　　标	在校生数	招生数	毕业生数	教职工数	# 专任教师
总　计	**42948**	**16169**	**13034**	**2505**	**1772**
晋西机器工业集团有限责任公司技工学校	88	24	50	28	28
山西冶金高级技工学校	10458	3104	2936	352	300
山西省水利技工学校	296	48	92	29	22
山西经贸职业学院技工部	31			23	22
山西矿机技工学校	75		157	9	7
山西机械高级技工学校	3328	1066	1570	236	212
山西纺织印染技校				13	10
山西盛世餐饮旅游技校	2911	1315	347	104	57
山西三飞技工学校	881	321	320	38	34
山西省劳动保障技术学校	791	327	453	59	38
太原市高级技工学校	4391	1160	1348	172	122
山西省林业技工学校	430	180	142	52	49
太原市粮食技工学校	758	345	500	54	25
太原塑料工业技工学校	32		19	16	16
山西烹饪技工学校	498	178	171	40	21
西山煤电（集团）有限责任公司技工学校	1052	192	1168	189	130
山西国防军星技工学校	351	88	202	28	26
山西工业造型设计技工学校	1042	608	204	59	47
江阳化工厂技工学校	46			18	18
山西省建筑安装技工学校	806	161	757	150	60
山西晋阳技工学校	3442	1919	191	167	129
太原煤炭气化（集团）有限责任公司技工学校	442	239	248	52	33
燃气工程技术学校	1343	849	175	73	34
山西省劳动技术学校	1361	651	355	54	54
山西现代经贸技工学校	2083	835	497	103	79
山西大众技工学校	2536	571		110	84
山西阳煤化工技校	674	173	722	61	40
山西高新技工学校	1195	863	410	59	24
太原市慈善技工学校	1244	589		70	29
山西省东华技工学校	363	363		87	22

注：资料来自人社局，有5所停办。

13-11　中学基本情况(一)
Basic situation of middle school(1)

单位：人

指　标	学校(所)	班数(个)			在校生数			招生数		
		合计	高中	初中	合计	高中	初中	合计	高中	初中
总　计	**224**	**4544**	**1794**	**2750**	**206557**	**122033**	**84524**	**62906**	**27501**	**35405**
1.教育部门办	172	3180	1214	1966	143687	85692	57995	43955	19492	24463
地方企业办										
民办	50	1346	579	767	62446	35942	26504	18823	8009	10814
其它部门办	2	18	1	17	424	399	25	128		128
2.城区	162	3502	1478	2024	159782	90161	69621	48241	22733	25508
镇区	31	742	256	486	33933	22006	11927	10736	3783	6953
乡村	31	300	60	240	12842	9866	2976	3929	985	2944
3.小店区	41	919	373	546	40984	16388	24596	12979	5470	7509
迎泽区	22	621	263	358	29048	12700	16348	8697	4248	4449
杏花岭区	40	843	357	486	37644	16733	20911	10812	5241	5571
尖草坪区	22	356	152	204	15227	7056	8171	4767	2323	2444
万柏林区	27	572	233	339	26556	11211	15345	7985	3571	4414
晋源区	12	269	104	165	12282	4994	7288	3828	1728	2100
清徐县	20	387	148	239	18455	7385	11070	5620	2229	3391
阳曲县	11	189	62	127	8520	2925	5595	2963	996	1967
娄烦县	8	113	30	83	5745	1557	4188	1681	500	1181
古交市	21	275	72	203	12096	3575	8521	3574	1195	2379

13-11　中学基本情况(二)
Basic situation of middle school(2)

单位：人

指　标	毕业生数			教职工数	专任教师			代课教师	兼任教师
	合计	高中	初中		合计	高中	初中		
总　计	**73908**	**29209**	**44699**	**24935**	**18792**	**7260**	**11532**	**419**	**265**
1.教育部门办	52996	20085	32911	17666	14667	5404	9263	256	2
地方企业办									
民办	20691	9068	11623	7203	4065	1856	2209	163	263
其它部门办	221	56	165	66	60		60		
2.城区	57184	24086	33098	18999	14571	6020	8551	416	265
镇区	11890	4087	7803	4140	2913	1030	1883	3	
乡村	4834	1036	3798	1796	1308	210	1098		
3.小店区	14234	5792	8442	5647	3590	1405	2185	1	196
迎泽区	10613	4240	6373	3063	2529	1126	1403	83	
杏花岭区	13388	5736	7652	4766	3476	1384	2092	89	39
尖草坪区	5665	2673	2992	1809	1581	644	937		15
万柏林区	9653	4010	5643	3031	2471	961	1510	149	15
晋源区	4371	1696	2675	1332	1116	459	657	67	
清徐县	6840	2485	4355	2015	1705	651	1054	3	
阳曲县	2389	702	1687	1116	690	205	485		
娄烦县	2262	665	1597	671	457	136	321		
古交市	4493	1210	3283	1485	1177	289	888	27	

注：按教育局资料分类整理。

13-12 小学基本情况
Basic situation of elementary school

单位：人

指 标	学校(所)	班数(个)	在校生数	招生数	毕业生数	教职工数	专任教师	代课教师	兼任教师
总 计	**416**	**7053**	**275621**	**50111**	**36073**	**16298**	**16379**	**452**	**5**
1.教育部门办	399	6492	254493	46708	33428	15578	15051	449	5
地方企业办									
民办	9	462	16398	2803	2056	448	1104		
其它部门办	8	99	4730	600	589	272	224	3	
2.城区	245	4860	220993	40510	27564	12058	11968	342	3
镇区	52	783	29777	5313	4357	1821	1987	18	2
乡村	119	1410	24851	4288	4152	2419	2424	92	
3.小店区	67	1251	57715	11454	6882	2072	2588	5	
迎泽区	36	751	33623	5671	4242	2118	2005	2	
杏花岭区	52	984	43822	7905	5353	2321	2422	39	
尖草坪区	38	650	23296	4297	3233	1442	1385	3	
万柏林区	57	995	47112	8527	5745	3142	2717	185	3
晋源区	29	410	15517	3151	2016	836	822	146	
清徐县	77	809	21303	3550	3484	1581	1586	14	
阳曲县	16	353	7752	1364	1237	590	656		
娄烦县	14	283	7586	1210	1257	656	682		2
古交市	30	567	17895	2982	2624	1540	1516	58	

注：按教育局资料分类整理。

13-13 幼儿园基本情况
Basic situation of Kindergarten

单位：人

指 标	幼儿园(所)	班数(个)	在园幼儿	教职工数		
				合计	#专任教师	保育员
总 计	**640**	**4494**	**114031**	**13983**	**7728**	**2264**
1.教育部门办	56	963	24798	1794	1186	206
集体办	288	1091	26445	2364	1509	224
地方办	56	484	15573	2153	1188	377
事业单位办	14	139	4620	640	327	118
部队办	3	26	898	119	34	27
民办	214	1698	38319	6479	3251	1246
其它部门办	9	93	3378	434	233	66
2.城区	432	3291	88972	12358	6681	2062
镇区	61	461	11967	997	627	154
乡村	147	742	13092	628	420	48
3.小店区	133	928	22659	3132	1725	523
迎泽区	74	624	15113	2160	1155	367
杏花岭区	89	568	15801	2083	1085	353
尖草坪区	60	468	13309	1699	920	254
万柏林区	75	577	16864	2445	1349	440
晋源区	73	345	8570	994	617	121
清徐县	48	499	10803	616	409	68
阳曲县	56	128	2764	113	57	18
娄烦县	5	121	3142	143	107	22
古交市	27	236	5006	598	304	98

注：按教育局资料分类整理。

13-14 文化事业情况
Situation of culture

指 标	单 位	2015
影剧院数	个	18
影厅数	个	116
专业、民营艺术表演团体	个	18
演职人员	人	1613
博物馆	个	11
图书馆	个	12
图书馆藏书量	万册	670.52
文化宫	个	4
文化馆(包括群众艺术馆)	个	12
少年宫	个	4

13-15 专业表演团体情况
Basic situation of professional performance groups

指 标	演职人数(人)	演出场次(场)	演出收入(万元)	观众人数(万人次)	总支出(万元)	全部职工工资(万元)
总 计	**1310**	**1827**	**4140.60**	**203.46**	**23025.30**	**4994.20**
山西省京剧院	170	71	674.80	3.10	2380.20	690.60
山西省晋剧院	225	459	828.50	68.85	7464.40	1314.70
山西省歌舞剧院	270	197	787.90	18.10	3536.20	594.10
山西省话剧院	155	108	759.70	14.04	3513.60	424.70
山西省曲艺团	22	65	198.90	6.50	545.00	67.00
山西华晋舞剧团	64	37	86.50	3.00	498.20	227.50
山西华夏之根艺术团	32	112	44.80	11.20	151.10	61.00
太原市实验晋剧艺术团有限责任公司	46	148	142.80	44.40	706.30	220.30
太原市实验晋剧艺术院有限责任公司	72	162	171.80	16.10	884.70	317.00
太原市歌舞杂技团	160	400	244.10	8.50	1581.80	571.20
太原市话剧团	34	35	56.10	4.96	644.30	196.70
太原舞蹈团	60	33	144.70	4.71	1119.50	309.40

注：1、专业艺术团体共18个，市5个、省7个，民营6个。演职人员1613人，其中专业1310人，民营303人。
2、6个民营：清徐嫦娥，美锦贯中，山西梅花，山西文华，晋风文化传播有限公司，实验晋剧团演出有限公司。

13-16 影剧院及票房收入情况
The situation of theaters and grossed

指 标	影厅数(个)	座位数(座)	票房收入(万元)
总 计	**116**	**15191**	**24873.11**
太原中影新影都	6	1017	3838.00
太原横店电影城	7	713	2316.62
山西省太原贵都横店电影城	5	524	1406.30
山西省太原同至人横店影视电影城	8	1552	1237.09
太原华邦影城	7	875	1700.01
山西省太原奥斯卡国际影城	10	1453	2700.00
太原市影都	11	1100	880.10
山西剧院	10	1524	2815.20
太原市解放电影院	6	1055	505.84
太原星美影城	4	530	442.00
太原市长风剧场	6	998	1485.00
太原市宽影幕影院	6	831	720.95
山西省太原市尖草坪文化活动中心影城	2	142	19.85
山西省太原市金刚里影城	9	706	1172.13
山西省太原市金逸影城	7	813	2945.68
山西太原金亿国际影城	5	436	170.00
红灯笼汽车影院	1	135	16.13
太原今典 17.5 影院顶好时尚商城店	6	787	502.21

13-17　图书出版情况
Situation of Book publication

指　标	图书种数(种)			总印数(万册)	总印张(千印张)	定价总金额(万元)
	合计	新出	重印			
使用《中国标准编号》分类图书合计	**3823**	**2288**	**1535**	**12439**	**1128964**	**205301**
A、马列主义、毛泽东思想	1	1			68	16
B、哲学	24	17	7	14	1364	373
C、社会科学总论	10	9	1	2	264	63
D、政治、法律	63	58	5	34	4091	1216
E、军事	8	6	2	3	429	147
F、经济	119	112	7	37	5698	1989
G、文化、科学、教育、体育	2481	1068	1413	11839	1057585	175203
H、语言、文字	44	42	2	12	1274	319
I、文学	440	415	25	182	23830	6497
J、艺术	151	127	24	68	7486	2836
K、历史、地理	218	209	9	82	12881	5398
N、自然科学总论	13	10	3	2	189	42
O、数理科学、化学	5	2	3	1	124	21
P、天文学、地球科学	11	10	1	3	275	135
Q、生物科学	6	6		3	356	161
R、医药、卫生	153	125	28	136	9461	9461
S、农业科学	14	13	1	5	629	281
T、工业技术	31	29	2	12	1830	518
U、交通运输	4	4		1	123	45
V、航空、航天	2		2	1	55	9
X、环境科学	1	1		1	32	9
Z、综合性图书	24	24		4	922	563

13-18 报纸出版情况
Situation of newspaper publication

指 标	刊期	实际出版期数(期)	平均期印数(份)	总印数(万份)	总印张(千印张)
总 计		**7993**	**23376148**	**186550**	**1842234**
太原日报	周七刊	350	50500	1768	53025
太原晚报	周七刊	350	100000	3500	140000
山西日报	周七刊	365	189800	6928	207831
山西农民报	周二刊	97	48605	471	9429
山西工人报	周七刊	336	80808	2715	27151
山西妇女报	周二刊	104	25000	260	2600
现代消费导报	周二刊	98	10500	103	2058
山西政协报	周二刊	104	19553	203	2034
山西法制报	周五刊	245	58000	1421	28420
山西经济日报	周七刊	337	44500	1500	29993
山西科技报	周四刊	186	26000	484	9672
山西广播电视报	周一刊	52	100000	520	26000
山西邮电报	周一刊	49	30000	147	735
健康生活报	周五刊	250	24000	600	6000
科学导报	周二刊	95	73000	694	13870
市场信息报	周四刊	191	30000	573	11460
人民摄影	周一刊	52	30000	156	6240
生活晨报	周六刊	286	43890	1255	26674
三晋都市报	周六刊	287	40000	1148	34440
人民代表报	周三刊	156	88000	1373	27456
老友导报	周二刊	95	50000	475	4750
太原广播电视报	周一刊	52	70000	364	18200
山西电力报	周二刊	96	40000	384	3880
铁路工程报	周一刊	48	10000	48	480
太钢日报	周六刊	299	10100	302	1510
瓜果蔬菜报	周一刊	50	21000	105	1050
生活文摘报	周二刊	104	121235	1261	25217
山西晚报	周七刊	337	87200	2939	99179
集邮报	周一刊	52	7700	40	601
山西商报	周七刊	350	55000	1925	38500
德育报	周二刊	100	50000	500	5000
发展导报	周二刊	94	18000	169	5076
山西市场导报	周二刊	96	35000	336	6720
山西青年报	周六刊	312	50000	1560	46800
良友周报	周二刊	104	165000	1716	34320
作文周刊	周六刊	288	42500	1224	24480
学英语报	周三刊	156	1160518	18104	181041
语文报	周七刊	365	183758	6707	67072
小学生拼音报	周一刊	48	480000	2304	11520
英语周报	周一刊	52	13008700	67645	338226
学习方法报	周二刊	52	5789907	30108	150538
数理报	周五刊	260	246000	6396	31980
学习报	周六刊	312	511574	15961	79806
山西大学报	周一刊	40	6300	25	126
太原理工大学校报	周一刊	40	5000	20	100
山西财经大学报	周一刊	40	3000	12	60
山西医科大学报	旬刊	29	6000	17	174
中北大学校报	周一刊	36	10000	36	360
太原科技大学校报	旬刊	24	6500	16	156
太原师范学院报	旬刊	24	5000	12.00	60
山西中医学院报	半月刊	18	5000	9.00	45.00
山西党校报	旬刊	30	4000	12.00	120.00

13-19　杂志出版情况
Situation of periodical publication

指　标	刊期	实际出版期数(期)	平均期印数(册)	总印数(万册)	总印张数(千印张)
总　计		**2428**	**1363701**	**2551.2**	**159644.3**
戏友	季刊	4	2000	0.8	39.6
指挥与控制学报	季刊	4	3000	1.2	113.4
沧桑	双月刊	6	3000	1.8	178.6
循证护理	季刊	4	1000	0.4	14.9
名师在线	月刊	1	1000	0.1	6.2
护理研究（英文）	季刊	4	1000	0.4	14.9
天工	双月刊	6	5000	3.0	378.0
名家名作	双月刊	6	3500	2.1	218.4
经纬天地	双月刊	6	850	0.5	39.5
山西青年职业学院学报	季刊	4	1000	0.4	28.0
神州印象	月刊	12	30000	36.0	2160.0
科技与创新	半月刊	24	2000	4.8	556.8
炎黄地理	月刊	12	5000	6.0	480.0
体育研究与教育	双月刊	6	3000	1.8	187.1
基础医学教育	月刊	12	1000	1.2	108.4
新科幻	月刊				
现代工业经济和信息化	半月刊	24	9680	23.2	1584.4
山西财经大学学报（高等教育版)	季刊	4	1000	0.4	29.9
能源与节能	月刊	12	3000	3.6	432.0
科技创新与生产力	月刊	12	3700	4.4	310.8
测试科学与仪器（英文版）	季刊	4	1000	0.4	32.8
美术与市场	季刊	2	12000	2.4	178.6
村委主任	半月刊	24	20000	48.0	2116.8
科学技术哲学研究	双月刊	6	2180	1.3	115.4
现代职业教育	旬刊	30	8100	24.3	3674.2
铸造设备与工艺	双月刊	6	6000	3.6	283.5
新晋商	月刊	12	2500	3.0	240.0
全科护理	旬刊	36	1200	4.3	367.4
文化产业	月刊	12	6000	7.2	513.0
中共山西省直机关党校学报	双月刊	6	1000	0.6	50.2
农业技术与装备	月刊	12	10000	12.0	600.0
太原大学教育学院学报	季刊	4	800	0.3	31.3
当代农机	月刊	12	12000	14.4	892.8
食品工程	季刊	4	4100	1.6	82.7
映像	月刊	12	5000	6.0	520.8
世界高尔夫	月刊	12	10000	12.0	1606.5
系统科学学报	季刊	4	1000	0.4	33.4
中北大学学报（自然科学版）	双月刊	6	1000	0.6	45.4
教育	旬刊	36	6300	22.7	1315.4
太原科技大学学报	双月刊	6	1100	0.7	41.6
中北大学学报（社会科学版）	双月刊	6	1000	0.6	45.4
校园心理	双月刊	6	5200	3.1	162.9

13-19 续表 1

指 标	刊期	实际出版期数(期)	平均期印数(册)	总印数(万册)	总印张数(千印张)
当代金融家	月刊	12	4000	4.8	420.0
新课程	旬刊	36	18400	66.2	10015.5
太原城市职业技术学院学报	月刊	13	900	1.2	191.7
先锋队	旬刊	36	60000	216.0	9374.4
日用化学工业	月刊	12	6000	7.2	725.8
机械工程与自动化	双月刊	6	4000	2.4	434.7
小品文选刊	半月刊	24	35000	84.0	3360.0
基层医学论坛	旬刊	36	2750	9.9	1135.5
太原市人民政府公报	半月刊	24	2000	4.8	238.1
中西医结合心脑血管病杂志	半月刊	18	1319	2.4	206.1
山西焦煤科技	月刊	12	2000	2.4	97.4
农产品加工	半月刊	24	10654	25.6	1585.3
NBA 特刊	半月刊	24	10000	24.0	1814.4
旅游时代	月刊	9	20000	18.0	1395.0
中学课程辅导	旬刊	36	5000	18.0	1814.4
太原师范学院学报（自然科学版）	季刊	4	1000	0.4	30.9
太原师范学院学报（社会科学版）	双月刊	6	1000	0.6	62.4
测试技术学报	双月刊	6	1000	0.6	45.4
临床医药实践	月刊	12	3000	3.6	223.2
实用医技杂志	月刊	12	4300	5.2	419.0
太原大学学报	季刊	4	800	0.3	36.3
山西电力	双月刊	6	4000	2.4	139.3
建材技术与应用	双月刊	6	8500	5.1	186.7
银行家	月刊	12	16451	19.7	1826.1
品牌	半月刊	24	2000	4.8	1134.0
母婴世界	月刊	12	5000	6.0	756.0
山西警官高等专科学校学报	季刊	4	800	0.3	19.2
文史月刊	月刊	12	14000	16.8	974.4
新美域	季刊	4	5000	2.0	160.0
实用医学影像杂志	双月刊	6	1500	0.9	67.0
山西建筑	旬刊	36	5000	18.0	3628.8
中国中西医结合肾病杂志	月刊	12	2500	3.0	226.8
中外童话故事	旬刊	36	10000	36.0	1339.2
新作文	旬刊	36	41000	147.6	6848.6
护理研究	旬刊	36	1400	5.0	500.0
太原理工大学学报（社会科学版）	双月刊	6	1000	0.6	37.8
山西职工医学院学报	双月刊	6	1000	0.6	37.8
山西中医学院学报	双月刊	6	2000	1.2	74.4
山西政报	半月刊	24	10000	24.0	600.0
文物世界	双月刊	6	1500	0.9	55.8
山西高等学校社会科学学报	月刊	12	1100	1.3	108.1
山西煤炭管理干部学院学报	季刊	4	500	0.2	35.3
山西省政法管理干部学院学报	季刊	4	1500	0.6	52.9
山西经济管理干部学院学报	季刊	4	1000	0.4	37.8
小学教学设计	旬刊	36	23600	85.0	3942.1
山西社会主义学院学报	季刊	4	1000	0.4	23.2

13-19 续表2

指 标	刊期	实际出版期数(期)	平均期印数(册)	总印数(万册)	总印张数(千印张)
中共太原市委党校学报	双月刊	6	700	0.4	26.5
中共山西省委党校学报	双月刊	6	1500	0.9	90.7
山西广播电视大学学报	季刊	4	3500	1.4	121.5
山西财政税务专科学校学报	双月刊	6	1200	0.7	45.4
实用骨科杂志	月刊	12	4000	4.8	357.1
山西财经大学学报	月刊	12	2000	2.4	234.2
太原理工大学学报	双月刊	6	1500	0.9	90.7
中华风湿病学杂志	月刊	12	3000	3.6	187.9
山西医科大学学报	月刊	12	1000	1.2	92.9
山西电子技术	双月刊	6	3000	1.8	136.1
健康向导	双月刊	6	12000	7.2	334.1
日用化学品科学	月刊	12	4500	5.4	442.3
民间传奇故事	旬刊	36	5000	18.0	900.0
山西交通科技	双月刊	6	6000	3.6	249.5
影视圈	双月刊	3	7000	2.1	234.4
中医外治杂志	双月刊	6	5000	3.0	151.2
山西林业	双月刊	6	3000	1.8	68.0
法制博览	旬刊	36	12000	43.2	2160.0
量子光学学报	季刊	4	400	0.2	9.3
电力学报	双月刊	6	4000	2.4	120.0
山西水利科技	季刊	4	3000	1.2	121.0
生活潮	半月刊	24	15300	36.7	2049.0
都市	月刊	12	3000	3.6	180.0
前进	月刊	12	27000	32.4	1607.0
中国保健营养	半月刊	17	3200	5.4	378.6
煤	月刊	12	5000	6.0	378.0
政府法制	旬刊	36	16200	58.3	2892.7
山西科技	双月刊	6	3500	2.1	271.2
山西冶金	双月刊	6	5300	3.2	200.3
煤炭转化	季刊	4	1500	0.6	45.4
山西档案	双月刊	6	3000	1.8	228.8
种子科技	月刊	12	5000	6.0	264.6
科技情报开发与经济	半月刊	24	3500	8.4	1084.9
记者观察	月刊	12	6000	7.2	535.7
生产力研究	月刊	12	2000	2.4	240.0
辐射防护	双月刊	6	1200	0.7	37.2
煤化工	双月刊	6	4500	2.7	119.1
车用发动机	双月刊	6	3800	2.3	172.4
燃料化学学报	月刊	12	1000	1.2	119.0
火力与指挥控制	月刊	12	2000	2.4	313.2
电子工艺技术	双月刊	6	3000	1.8	90.7
机械管理开发	月刊	10	4875	4.9	829.2
山西果树	双月刊	6	5800	3.5	139.2
山西水利	月刊	12	2200	2.6	116.4
新型炭材料	双月刊	6	1000	0.6	44.6
辐射防护通讯	双月刊	6	1000	0.6	18.0

13-19 续表 3

指 标	刊期	实际出版期数(期)	平均期印数(册)	总印数(万册)	总印张数(千印张)
山西农业科学	月刊	12	1500	1.8	136.1
山西中医	月刊	12	2000	2.4	111.4
山西化工	双月刊	6	5700	3.4	172.4
山西医药杂志	半月刊	24	2400	5.8	501.1
山西地震	季刊	4	1000	0.4	15.1
山西大学学报（自然科学版）	季刊	4	1300	0.5	75.4
山西水土保持科技	季刊	4	2100	0.8	31.8
大众标准化	月刊	12	46600	55.9	3355.2
山西林业科技	季刊	4	1300	0.5	25.8
山西煤炭	双月刊	6	4000	2.4	181.4
烹调知识	旬刊	36	15000	54.0	3348.0
童话大王	月刊	12	11000	13.2	654.7
五台山研究	季刊	4	10000	4.0	201.6
理论探索	双月刊	6	2500	1.5	120.0
黄河	双月刊	6	2300	1.4	172.5
山西大学学报（哲学社会科学版）	双月刊	6	1900	1.1	129.3
新闻采编	双月刊	6	2000	1.2	36.0
经济师	月刊	12	7000	8.4	1554.0
编辑之友	月刊	12	5000	6.0	520.8
山西农经	月刊	10	2000	2.0	201.6
会计之友	半月刊	24	6000	14.4	1517.8
语文研究	季刊	4	2600	1.0	51.6
经济问题	月刊	12	1700	2.0	210.5
晋阳学刊	双月刊	6	1500	0.9	102.1
技术经济与管理研究	月刊	12	1800	2.2	214.3
山西画报	旬刊	36	8800	31.7	2357.0
黄河之声	半月刊	24	12000	28.8	2672.6
火花	月刊	12	10000	12.0	744.0
山西文学	月刊	12	9200	11.0	662.4
名作欣赏	旬刊	36	3702	13.3	1847.2
人人健康	半月刊	24	20000	48.0	3720.0
科学之友	半月刊	24	3500	8.4	529.2
教育理论与实践	旬刊	36	5000	18.0	907.2
对联·民间对联故事	半月刊	24	11000	26.4	792.0
青少年日记	半月刊	24	15000	36.0	1113.6
教学与管理	旬刊	36	5000	18.0	990.0
晋图学刊	双月刊	6	1500	0.9	45.0
搏击	旬刊	36	5000	18.0	1339.2
语文教学通讯	周刊	52	23285	121.1	7386.0
小学语文教学	旬刊	36	30000	108.0	5011.2
山西教育	周刊	48	16500	79.2	3168.0
山西财税	月刊	12	23000	27.6	1369.0
山西老年	月刊	12	220158	264.2	14741.8
党史文汇	月刊	12	26000	31.2	1248.0
小学生	旬刊	36	3997	14.4	431.7
山西青年	月刊	3	6000	1.8	133.9

13-20 广播、电视主要指标
Main indicators of radio and TV

指　标	单位	省级	市级	县级
电视台	座		1（教育电视台）	
广播电视台	座	1	1	4
中短波转播发射台	座	10	1	
	千瓦	379	10	
电视转播发射台	座	5	2	3
	千瓦	78.3	4	3.9
有线广播电视传输网络干线总长	公里	7963.53	6860	
有线广播电视用户	户	570053	1070827	
数字电视用户	户	216573	1032948	
广播人口覆盖率	%		99.9	
电视人口覆盖率	%		100.0	
有线电视入户率	%		94.0	

13-21 电视节目主要情况
Major situation of TV program

指　标	单位	省级	市级	县级
节目套数	套	9	6	3
全年播出节目时间	时、分	58331:45	49843:45	5928:03
新闻资讯类节目	时、分	7572:20	7070:50	498:00
专题服务类节目	时、分	5692:23	4002:30	485:03
综艺益智类节目	时、分	5064:04	5438:10	1255:00
影视剧类节目	时、分	25514:10	13634:50	2720:00
广告类节目	时、分	8452:10	6961:20	570:00
其它类节目	时、分	6036:38	12776:05	400:00

13-22 广播节目主要情况
Major situation of broadcast program

指　标	单位	省级	市级	县级
节目套数	套	7	3	1
全年播出节目时间	时、分	57734:00	25908:35	3231:10
新闻资讯类节目	时、分	6684:18	7045:30	170:00
专题服务类节目	时、分	14815:12	3847:35	214:00
综艺益智类节目	时、分	12275:25	7052:30	1819:00
广播剧类节目	时、分	2420:40	4001:00	514:00
广告类节目	时、分	9867:55	3597:00	514:10
其它类节目	时、分	11670:30	365:00	

13-23 卫生机构、床位和人员情况（一）

Situation of health institutions, beds and personnels(1)

指标	机构数（个）	床位数（张）	卫生人员（人）					
			合计	卫生技术人员（人）				
				小计	执业医师	执业助理医师	注册护士	药师（士）
总计(含村卫生室)	**3759**	**36760**	**64503**	**52952**	**18834**	**1211**	**24245**	**2241**
总计(不含村卫生室)	**2791**	**36760**	**62689**	**52662**	**18700**	**1074**	**24226**	**2241**
一、医院	185	34828	47637	39463	12557	415	19513	1882
综合医院	94	20591	30233	25144	7962	231	12413	1202
中医医院	26	3485	3498	3013	1227	66	1237	221
中西医结合医院	7	1701	1964	1710	537	25	830	76
专科医院	58	9051	11942	9596	2831	93	5033	383
口腔医院	8	195	637	484	211	23	188	2
眼科医院	3	410	655	515	178	3	278	19
肿瘤医院	1	2157	2904	2481	562	2	1394	64
心血管病医院	1	702	988	816	241		461	31
妇产(科)医院	4	200	324	225	72	2	114	13
儿童医院	1	863	2171	1858	629	4	969	87
精神病医院	4	1480	761	542	129	11	301	20
传染病医院	1	682	811	659	137		388	44
皮肤病医院	1	24	25	20	7		9	3
结核病医院	1	395	522	428	119	1	236	22
骨科医院	3	226	243	202	66	4	82	8
康复医院	5	877	584	412	157	15	157	21
整形外科医院	2	40	147	77	29	8	33	3
美容医院	2	38	81	63	19	5	33	2
其他专科医院	21	762	1089	814	275	15	390	44
二、疗养院	3	550	240	71	17	5	38	1
三、社区卫生服务中心(站)	297	210	3558	3198	1324	159	1382	136
四、卫生院	62	719	678	587	182	111	168	56
五、门诊部	177	115	2084	1767	849	75	726	36
六、诊所 卫生所.医务室	2008		4961	4885	2795	194	1771	73
七、急救中心(站)	1		227	162	115		38	5
八、采供血机构	1		119	85	20		29	1
九、妇幼保健院(所、站)	12	328	915	755	240	19	383	37
十、专科疾病防治院(所、站)	1	10	104	73	40	1	14	1
十一、疾病预防控制中心	14		846	647	364	82	14	8
十二、卫生监督所(中心)	12		459	378				
十三、医学科学研究机构	1		58	48	12			4
十四、健康教育所(站、中心)	1		21	12				
十五、计划生育技术服务机构	4		45	27	9	2	12	1
十六、其他卫生机构	12		737	504	176	11	138	
村卫生室	**951**		**290**	**290**	**134**	**137**	**19**	

13-23 卫生机构、床位和人员情况（二）

Situation of health institutions, beds and personnels(2)

指 标	卫生人员(人)				其他技术人员(人)	管理人员(人)	工勤技能人员(人)
	卫生技术人员（人）						
	技师(士)	#检验师	其他	#见习医师			
总计(含村卫生室)	**2625**	**1894**	**3796**	**759**	**2361**	**3188**	**4478**
总计(不含村卫生室)	**2625**	**1894**	**3796**	**759**	**2361**	**3188**	**4478**
一、医院	2033	1400	3063	722	2004	2538	3632
综合医院	1278	886	2058	511	972	1559	2558
中医医院	172	106	90	26	171	181	133
中西医结合医院	94	73	148	66	38	65	151
专科医院	489	335	767	119	823	733	790
口腔医院	11	4	49	20	35	57	61
眼科医院	13	11	24	7	68	48	24
肿瘤医院	39	26	420		146	88	189
心血管病医院	41	26	42	21	42	63	67
妇产(科)医院	16	16	8	4	15	49	35
儿童医院	150	104	19	14	251	28	34
精神病医院	27	16	54	10	69	57	93
传染病医院	38	34	52	27	53	68	31
皮肤病医院	1	1				3	2
结核病医院	32	22	18		32	20	42
骨科医院	30	11	12	11	2	27	12
康复医院	20	13	42		31	78	63
整形外科医院	4	3			30	20	20
美容医院	4	2				10	8
其他专科医院	63	46	27	5	49	117	109
二、疗养院	6	4	4		15	55	99
三、社区卫生服务中心(站)	99	69	98	14	86	140	134
四、卫生院	12	7	58	4	12	19	60
五、门诊部	64	44	17	9	29	90	198
六、诊所.卫生所.医务室	25	14	27	7			76
七、急救中心(站)	4	2			24	6	35
八、采供血机构	15	14	20		18	8	8
九、妇幼保健院(所、站)	51	47	25	3	54	67	39
十、专科疾病防治院(所、站)	9	7	8		20	11	
十一、疾病预防控制中心	156	151	23		62	87	50
十二、卫生监督所(中心)			378		5	62	14
十三、医学科学研究机构	4	3	28		10		
十四、健康教育所(站、中心)			12		6	3	
十五、计划生育技术服务机构	3	2			2	12	4
十六、其他卫生机构	144	130	35		14	90	129
村卫生室							

注：资料来自市卫生计生委。卫生人员合计中包括了乡村医生及卫生员1524人。

13-24 律师工作情况
Condition of lawyer working

指 标	单 位	2015	2014
律师事务所	个	184	169
律师工作人员(注册)	人	1595	1335
专职律师	人	1449	1245
兼职律师	人	104	90
聘请常年法律顾问的单位	个	2466	2430
民事、经济诉讼代理	件	8392	6539
刑事辨护及代理	件	4987	4849
非诉讼法律事务	件	3702	1967

13-25 公证和调解工作情况
Condition of notarization and mediation work

指 标	单 位	2015	2014
公证工作			
公证处	个	7	7
公证员(含公证员助理)	人	133	112
国内民事公证	件	46217	36602
国内经济公证	件	11220	9644
涉外公证	件	24485	24872
涉港澳台公证	件	339	261
调解工作			
专职司法助理员	人	105	106
人民调解委员会	个	1958	1976
调解人员	人	8867	8419
调解各类纠纷	件	31076	35374
防止民间纠纷引起自杀	人	41	22
防止民间纠纷转化为刑事案件	件	22	37

13-26　后备运动员及教练员项目分布情况

Distribution of sports athletes and coaches

单位：人

项　目	运动员	教练员
合　计	**1115**	**90**
田径	150	21
自行车	72	6
击剑	26	1
举重	64	6
柔道	59	2
国际摔跤	93	4
跆拳道	55	1
拳击	29	1
武术套路	46	3
武术散打	18	1
射击	48	7
射箭	27	1
游泳	114	9
跳水	26	2
乒乓球	61	5
篮球	70	10
网球	28	2
体操	32	3
蹦床	43	2
皮划艇	22	1
赛艇	18	1
帆船	14	1

13-27 等级裁判员项目分布情况
Distribution of grade judges

单位：人

项 目	一级以上裁判员合计	# 女性	1、国际级裁判员	2、国家级裁判员	3、一级裁判员	二级裁判员
合 计	**1256**	**511**	**28**	**141**	**1087**	**1106**
田径	109	58	1	12	96	219
游泳	70	30		10	60	14
跳水	11	3	1	1	9	
自行车	54	17	1	16	37	6
举重	16	11	3	2	11	
射击	80	36	1	4	75	3
射箭	50	22		3	47	
国际摔跤	21	2	1	2	18	1
柔道	15	5	1	7	7	1
跆拳道	36	10	1	3	32	18
拳击	32	4			32	
体操	43	18	6		37	
蹦床	22	12	5		17	
武术套路	70	28	2	10	58	51
武术散打	15	1	1	1	13	
击剑	12	5		1	11	
足球	46	7		3	43	79
篮球	98	34		8	90	286
排球	29	7	1	6	22	56
沙滩排球	6	2	1	5		
乒乓球	66	54		10	56	162
网球	72	35	1	13	58	59
羽毛球	74	38		5	69	130
门球	24	13		2	22	
台球	3	1			3	
中国象棋	18	2		1	17	2
国际象棋	20	7		1	19	13
围棋	16	6		3	13	6
健美操	30	21		2	28	
体育舞蹈	13	5		2	11	
健美	10	4	1	1	8	
健身气功	8	4		1	7	
跳伞	1	1			1	
拔河	2	1		1	1	
毽球	12	4			12	
健身秧歌	2	2		1	1	
电子竞技	6			1	5	
信鸽	30				30	
航模	9			2	7	
定向	5	1		1	4	

13-28 等级运动员项目分布情况
Distribution of the athletes in class

单位：人

项目	等级运动员合计	# 女性	1、一级运动员	2、二级运动员
合 计	**1254**	**487**	**369**	**885**
田径	206	59	11	195
游泳	34	12	9	25
跳水	1		1	
自行车	20	9	15	5
举重	5	3	2	3
射击	32	15	19	13
射箭	12	4	4	8
国际摔跤	41	16	15	26
柔道	11	4	5	6
跆拳道	44	24	30	14
拳击	22	10	10	12
体操	2	2	2	
蹦床	5	4	5	
武术套路	24	16	5	19
武术散打	24	9	7	17
击剑	5	5	2	3
足球	123	10	17	106
篮球	206	82	55	151
排球	226	107	107	119
沙滩排球				
乒乓球	66	31	23	43
网球	56	31		56
羽毛球	11	8		11
手球	6	4		6
门球				
台球				
中国象棋	16	5	3	13
国际象棋	16	5	5	11
围棋	16	3	2	14
健美操	7	3	4	3
体育舞蹈				
健美				
健身气功				
跳伞				
拔河				
毽球				
健身秧歌				
电子竞技				
信鸽				
航模	3		2	1
定向				
橄榄球				
技巧	2	1		2
中国式摔跤	3	1		3
皮划艇	8	3	8	
赛艇	1	1	1	

13-29 体育彩票发行情况
Issue of sports lottery

年 份	全市体育彩票发行额(万元)	全省体育彩票发行额(万元)	全市体育彩票网点数(个)	全市体育彩票发行额在全省占比(%)
2005	8106	38877	354	20.9
2006	12269	55930	376	21.9
2007	12984	50780	392	25.6
2008	27276	92377	409	29.5
2009	22230	80709	470	27.5
2010	26391	82260	475	32.1
2011	35297	96358	520	36.0
2012	34073	101566	520	33.5
2013	50649	156171	530	32.4
2014	60256	189702	580	31.8
2015	66937	208464	594	32.1

13-30 婚姻登记情况
Situation of marriage registration

指 标	结婚登记数(对)	初婚人数(人)	再婚人数(人)			离婚登记数(对)
				#女	恢复结婚(对)	
总 计	**38018**	**66909**	**9127**	**4523**	**1113**	**8234**
市本级	18	24	12	5		1
小店区	7657	13614	1700	803	314	1414
迎泽区	4960	9054	866	412	133	1151
杏花岭区	6381	10764	1998	962	88	1624
尖草坪区	2766	4592	940	481	163	757
万柏林区	5848	10073	1623	766	233	1368
晋源区	1744	2976	512	265	77	394
清徐县	2801	5092	510	291	61	373
阳曲县	1224	2171	277	160	10	245
娄烦县	1411	2621	201	121	34	440
古交市	3208	5928	488	257		467

13-31 社会救济、收养对象情况
Social relief and adoption object

单位：人、个、张

指 标	城市居民最低生活保障人数	农村居民最低生活保障人数	农村集中五保供养人 数	农村分散五保供养人 数	收养类单位数	收养类单位床位数	收养类单位在院人 数
总 计	**33247**	**39774**	**3177**	**1061**	**50**	**6624**	**5159**
市本级					14	1735	1437
小店区	891	1456	110	139	1	200	110
迎泽区	2170	505	4	21	1	100	8
杏花岭区	7481	2087	33	32	7	643	494
尖草坪区	3900	2734	77	272	1	230	70
万柏林区	4151	2627	37	33	2	90	72
晋源区	1456	5993	80	148	1	108	80
清徐县	1444	4342	437	162	6	620	437
阳曲县	4563	4457	1067	137	11	1269	1067
娄烦县	3244	11266	980		5	1125	1032
古交市	3947	4307	352	117	1	504	352

13-32 优抚对象优待抚恤情况
Special preferential treatment to the situation

单位：人、户

指 标	抚恤、补助优抚对象人数	定期抚恤人 数	定期补助人 数	伤残人数	优待优抚对象户数	优抚对象享受医保人数
总 计	**10291**	**261**	**6803**	**3227**	**5773**	**4898**
市本级	1497	24	822	651	1499	429
小店区	1026	69	148	809	1026	12
迎泽区	937	39	315	583		43
杏花岭区	459	19	207	233	404	187
尖草坪区	667	24	247	396	239	93
万柏林区	1031	6	880	145		243
晋源区	2471	15	2314	142	270	2471
清徐县	1021	21	910	90	1050	1021
阳曲县	632	32	528	72	735	166
娄烦县	550	12	432	106	550	233

第14篇

县(市、区)经济概况

Basic Economic Statistics of at County Levell (districts, counties and cities)

资料整理、审核

张妙莲

14-1 小店区国民经济主要指标
Main indicators of national economy in Xiaodian District

指　标	单 位	2015
一、基本情况		
行政区域面积	平方公里	295
乡个数	个	2
镇个数	个	1
街道办事处个数	个	7
二、人口		
常住户数	户	172102
常住人口	万人	82.92
户籍人口	万人	62.33
其中:农业户籍人口	万人	8.15
三、综合经济		
(一)地区生产总值	万元	6577191
第一产业增加值	万元	79847
农业	万元	59348
林业	万元	4128
牧业	万元	16345
渔业	万元	26
第二产业增加值	万元	3257200
其中:工业	万元	2424639
第三产业增加值	万元	3240144
其中:农林牧渔服务业	万元	2200
(二)财政、金融		
一般公共预算收入	万元	234193
其中:各项税收	万元	201123
一般公共预算支出	万元	367554
其中:农林水事务支出	万元	22063
科学技术支出	万元	3549
医疗卫生支出	万元	24319
教育支出	万元	51128
四、农业		
(一)生产条件		
设施农业占地面积	公顷	280
农业机械总动力	万千瓦特	19.44
化肥使用量(折纯量)	吨	3421
农药使用量	吨	70
地膜使用量	吨	50

14-1　续表1

指　标	单　位	2015
机收面积	公顷	6815
(二)农作物播种面积	公顷	12816.7
粮食作物播种面积	公顷	7799.2
其中:小麦	公顷	71.5
玉米	公顷	7694
大豆	公顷	16.6
蔬菜播种面积	公顷	5006.7
(三)农产品产量		
粮食总产量	吨	66632
其中:小麦	吨	414
玉米	吨	66014
大豆	吨	80
园林水果产量	吨	780
肉类总产量	吨	4506
其中:猪肉产量	吨	2200
年末生猪存栏	头	18650
年末牛存栏	头	7780
年末羊存栏	只	18940
禽蛋产量	吨	4050
奶类产量	吨	42100
蔬菜产量	吨	274817
水产品产量	吨	46
五、工业及建筑业		
规模以上工业企业单位数	个	46
规模以上工业总产值	万元	552684.70
规模以上工业企业从业人员年平均人数	人	7656
规模以上工业企业主营业务收入	万元	550423.50
建筑业企业单位数	个	259
六、交通、通讯与能源		
公路里程	公里	339.88
七、贸易、外经、旅游		
社会消费品零售总额	万元	4293992
出口总额	万美元	11511
当年实际利用外资金额	万美元	782.28
八、固定资产投资		
固定资产投资	万元	2541980

14–1 续表 2

指　标	单 位	2015
新增固定资产	万元	1643420
房地产开发投资	万元	1271592
其中：住宅	万元	1028453
住宅竣工面积	万平方米	19.7
九、教育、科技、文化、卫生		
普通中学	所	41
小学数	所	67
普通中学专任教师数	人	3590
小学专任教师数	人	2588
普通中学在校学生数	人	40984
小学在校学生数	人	57715
全年专利授权数	件	1057
公共图书馆图书总藏量	千册	98.21
剧场、影剧院个数	个	3
体育场馆个数	个	2
医疗卫生机构床位数	床	6104
医疗卫生机构技术人员	人	9284
其中:执业(助理)医师	人	3700
十、居民收入		
居民人均可支配收入	元	27473
城镇居民人均可支配收入	元	28322
农村居民人均可支配收入	元	18543
十一、社会保障		
各种社会福利收养性单位数	个	1
各种社会福利收养性单位床位数	床	200
城镇基本养老保险参保人数	人	80647
城镇基本医疗保险参保人数	人	259707
失业保险参保人数	人	41560
新型农村合作医疗参保人数	人	153345
新型农村社会养老保险参保人数	人	84594
城镇居民最低生活保障人数	人	891
农村居民最低生活保障人数	人	1456
十二、资源与环境		
森林面积	公顷	1247
工业二氧化硫排放量	吨	1752
氮氧化物排放量	吨	1865
烟（粉）尘排放量	吨	1265
污水处理厂数	座	3
垃圾处理站数	个	12
城区空气质量优良以上天数	天	197

14-2　迎泽区国民经济主要指标

Main indicators of national economy in Yingze District

指　标	单　位	2015
一、基本情况		
行政区域面积	平方公里	117
镇个数	个	1
街道办事处个数	个	6
二、人口		
常住户数	户	153588
常住人口	万人	60.64
户籍人口	万人	53.14
其中：农业户籍人口	万人	1.06
三、综合经济		
(一)地区生产总值	万元	5349825
第一产业增加值	万元	3863
农业	万元	161
林业	万元	3307
牧业	万元	367
渔业	万元	28
第二产业增加值	万元	764225
其中：工业	万元	399061
第三产业增加值	万元	4581737
(二)财政、金融		
一般公共预算收入	万元	161343
其中：各项税收	万元	144784
一般公共预算支出	万元	223912
其中：农林水事务支出	万元	6954
科学技术支出	万元	157
医疗卫生支出	万元	14849
教育支出	万元	33572
四、农业		
(一)生产条件		
设施农业占地面积	公顷	2.3
农业机械总动力	万千瓦特	1.02
化肥使用量（折纯量）	吨	2.7
农药使用量	吨	1.1

14-2 续表 1

指 标	单 位	2015
(二)农作物播种面积	公顷	181.5
粮食作物播种面积	公顷	170.0
其中：玉米	公顷	87.8
大豆	公顷	1.1
油料播种面积	公顷	3.3
蔬菜播种面积	公顷	7.7
(三)农产品产量		
粮食总产量	吨	375
其中：玉米	吨	223
大豆	吨	2
油料产量	吨	6
园林水果产量	吨	214
肉类总产量	吨	374
其中：猪肉产量	吨	296
年末生猪存栏	头	2230
年末牛存栏	头	20
年末羊存栏	只	2678
禽蛋产量	吨	111
奶类产量	吨	36
蔬菜产量	吨	284
水产品产量	吨	50
五、工业及建筑业		
规模以上工业企业单位数	个	6
规模以上工业总产值	万元	654674
规模以上工业企业从业人员年平均人数	人	5809
规模以上工业企业主营业务收入	万元	669530
建筑业企业单位数	个	262
六、交通		
公路里程	公里	85.34

14-2　续表 2

指　标	单　位	2015
七、贸易、外经、旅游		
社会消费品零售总额	万元	3971131
出口总额	万美元	18815
当年实际利用外资金额	万美元	8183
八、固定资产投资		
固定资产投资	万元	1909744
新增固定资产	万元	465888
房地产开发投资	万元	955392
其中：住宅	万元	784031
住宅竣工面积	万平方米	69.2
九、教育、科技、文化、卫生		
普通中学	所	22
小学数	所	36
普通中学专任教师数	人	2529
小学专任教师数	人	2005
普通中学在校学生数	人	29048
小学在校学生数	人	33623
全年专利授权数	件	535
公共图书馆图书总藏量	千册	100
剧场、影剧院个数	个	8
体育场馆个数	个	1
医疗卫生机构床位数	床	9143
医疗卫生机构技术人员	人	13159
其中：执业(助理)医师	人	4866
十、居民收入		
居民人均可支配收入	元	28042
城镇居民人均可支配收入	元	28352
农村居民人均可支配收入	元	17970
十一、社会保障		
各种社会福利收养性单位数	个	1
各种社会福利收养性单位床位数	床	100
城镇基本养老保险参保人数	人	48326
城镇基本医疗保险参保人数	人	156927
失业保险参保人数	人	17241
新型农村合作医疗参保人数	人	23923
新型农村社会养老保险参保人数	人	26643
城镇居民最低生活保障人数	人	2,170
农村居民最低生活保障人数	人	505
十二、资源与环境		
森林面积	公顷	1760
工业二氧化硫排放量	吨	598
氮氧化物排放量	吨	1874
烟(粉)尘排放量	吨	96
垃圾处理站数	个	11
城区空气质量优良以上天数	天	197

14-3 杏花岭区国民经济主要指标

Main indicators of national economy in Xinghualing District

指　标	单 位	2015
一、基本情况		
行政区域面积	平方公里	170
乡个数	个	2
街道办事处个数	个	10
二、人口		
常住户数	户	177229
常住人口	万人	65.95
户籍人口	万人	59.59
其中：农业户籍人口	万人	1.65
三、综合经济		
(一)地区生产总值	万元	4532309
第一产业增加值	万元	5753
农业	万元	1470
林业	万元	2689
牧业	万元	1594
第二产业增加值	万元	834488
其中：工业	万元	121440
第三产业增加值	万元	3692068
(二)财政、金融		
一般公共预算收入	万元	160936
其中:各项税收	万元	148001
一般公共预算支出	万元	209931
其中：农林水事务支出	万元	7013
科学技术支出	万元	3387
医疗卫生支出	万元	15029
教育支出	万元	57701
四、农业		
(一)生产条件		
设施农业占地面积	公顷	13
农业机械总动力	万千瓦特	1.54
化肥使用量(折纯量)	吨	34
农药使用量	吨	13
地膜使用量	吨	5

14-3　续表 1

指　标	单 位	2015
(二)农作物播种面积	公顷	664.9
粮食作物播种面积	公顷	596.9
其中：玉米	公顷	277.9
大豆	公顷	129.9
油料播种面积	公顷	4.6
蔬菜播种面积	公顷	63.4
(三)农产品产量		
粮食总产量	吨	895
其中：玉米	吨	472
大豆	吨	116
油料产量	吨	5
园林水果产量	吨	1128
肉类总产量	吨	1660
其中：猪肉产量	吨	1487
年末生猪存栏	头	14929
年末牛存栏	头	46
年末羊存栏	只	8358
禽蛋产量	吨	406
奶类产量	吨	63
蔬菜产量	吨	2737
五、工业及建筑业		
规模以上工业企业单位数	个	26
规模以上工业总产值	万元	258699
规模以上工业企业从业人员年平均人数	人	8946
规模以上工业企业主营业务收入	万元	263469
建筑业企业单位数	个	171
六、交通		
公路里程	公里	134.58
七、贸易、外经、旅游		
社会消费品零售总额	万元	1860177
出口总额	万美元	29939
当年实际利用外资金额	万美元	1350
八、固定资产投资		
固定资产投资	万元	1918814
新增固定资产	万元	199347

14-3 续表 2

指 标	单 位	2015
房地产开发投资	万元	1271510
其中：住宅	万元	825423
住宅竣工面积	万平方米	215.81
九、教育、科技、文化、卫生		
普通中学	所	40
小学数	所	52
普通中学专任教师数	人	3476
小学专任教师数	人	2422
普通中学在校学生数	人	37644
小学在校学生数	人	43822
全年专利授权数	件	337
剧场、影剧院个数	个	2
体育场馆个数	个	1
医疗卫生机构床位数	床	9375
医疗卫生机构技术人员	人	14099
其中：执业(助理)医师	人	4877
十、居民收入		
居民人均可支配收入		27929
城镇居民人均可支配收入	元	28417
农村居民人均可支配收入	元	15782
十一、社会保障		
各种社会福利收养性单位数	个	7
各种社会福利收养性单位床位数	床	643
城镇基本养老保险参保人数	人	56648
城镇基本医疗保险参保人数	人	149869
失业保险参保人数	人	31955
新型农村合作医疗参保人数	人	29791
新型农村社会养老保险参保人数	人	37235
城镇居民最低生活保障人数	人	7481
农村居民最低生活保障人数	人	2087
十二、资源与环境		
森林面积	公顷	1687
工业二氧化硫排放量	吨	1090
氮氧化物排放量	吨	5159
烟(粉)尘排放量	吨	706
垃圾处理站数	个	15
城区空气质量优良以上天数	天	197

14-4 尖草坪区国民经济主要指标

Main indicators of national economy in Jiancaoping District

指 标	单 位	2015
一、基本情况		
行政区域面积	平方公里	285
乡个数	个	3
镇个数	个	2
街道办事处个数	个	9
二、人口		
常住户数	户	108413
常住人口	万人	42.8
户籍人口	万人	33.55
其中：农业户籍人口	万人	3.34
三、综合经济		
(一)地区生产总值	万元	2461700
第一产业增加值	万元	31955
农业	万元	19788
林业	万元	4514
牧业	万元	7562
渔业	万元	91
第二产业增加值	万元	1507382
其中：工业	万元	1256845
第三产业增加值	万元	922363
其中：农林牧渔服务业	万元	349
(二)财政、金融		
一般公共预算收入	万元	66530
其中：各项税收	万元	58145
一般公共预算支出	万元	120928
其中：农林水事务支出	万元	10234
科学技术支出	万元	1557
医疗卫生支出	万元	15300
教育支出	万元	33973
四、农业		
(一)生产条件		
设施农业占地面积	公顷	111.2
农业机械总动力	万千瓦特	4.23
化肥使用量(折纯量)	吨	1001
农药使用量	吨	105

14–4　续表 1

指　　标	单　位	2015
地膜使用量	吨	148
机收面积	公顷	789.2
(二)农作物播种面积	公顷	5589
粮食作物播种面积	公顷	4473.9
其中：玉米	公顷	3246.0
大豆	公顷	271.4
油料播种面积	公顷	42.0
蔬菜播种面积	公顷	1026.7
(三)农产品产量		
粮食总产量	吨	13418
其中：玉米	吨	12333
大豆	吨	290
油料产量	吨	44
园林水果产量	吨	23776
肉类总产量	吨	4417
其中：猪肉产量	吨	3823
年末生猪存栏	头	29908
年末牛存栏	头	8929
年末羊存栏	只	20353
禽蛋产量	吨	1980
奶类产量	吨	16103
蔬菜产量	吨	66900
水产品产量	吨	206
五、工业及建筑业		
规模以上工业企业单位数	个	61
规模以上工业总产值	万元	6896807
规模以上工业企业从业人员年平均人数	人	53508
规模以上工业企业主营业务收入	万元	9722387
建筑业企业单位数	个	73
六、交通		
公路里程	公里	200.40
七、贸易、外经、旅游		
社会消费品零售总额	万元	832580
出口总额	万美元	157561
当年实际利用外资金额	万美元	11253.6
八、固定资产投资		
固定资产投资	万元	1600006

14–4　续表 2

指　标	单　位	2015
新增固定资产	万元	749284
房地产开发投资	万元	356658
其中：住宅	万元	320227
住宅竣工面积	万平方米	2
九、教育、科技、文化、卫生		
普通中学	所	22
小学数	所	38
普通中学专任教师数	人	1581
小学专任教师数	人	1385
普通中学在校学生数	人	15227
小学在校学生数	人	23296
全年专利授权数	件	813
公共图书馆图书总藏量	千册	120
剧场、影剧院个数	个	1
体育场馆个数	个	2
医疗卫生机构床位数	床	2808
医疗卫生机构技术人员	人	3339
其中：执业(助理)医师	人	1482
十、居民收入		
居民人均可支配收入	元	26860
城镇居民人均可支配收入	元	27805
农村居民人均可支配收入	元	12858
十一、社会保障		
各种社会福利收养性单位数	个	1
各种社会福利收养性单位床位数	床	230
城镇基本养老保险参保人数	人	53138
城镇基本医疗保险参保人数	人	107255
失业保险参保人数	人	22325
新型农村合作医疗参保人数	人	112330
新型农村社会养老保险参保人数	人	74409
城镇居民最低生活保障人数	人	3900
农村居民最低生活保障人数	人	2734
十二、资源与环境		
森林面积	公顷	4993
工业二氧化硫排放量	吨	35342
氮氧化物排放量	吨	40746
烟(粉)尘排放量	吨	10799
污水处理厂数	座	2
垃圾处理站数	个	13
城区空气质量优良以上天数	天	197

14-5 万柏林区国民经济主要指标
Main indicators of national economy in Wanbailin District

指　标	单 位	2015
一、基本情况		
行政区域面积	平方公里	305
乡个数	个	1
街道办事处个数	个	14
二、人口		
常住户数	户	160453
常住人口	万人	77.38
户籍人口	万人	56.47
其中：农业户籍人口	万人	3.18
三、综合经济		
(一)地区生产总值	万元	3522115
第一产业增加值	万元	6628
农业	万元	639
林业	万元	4898
牧业	万元	1076
渔业	万元	15
第二产业增加值	万元	1997897
其中：工业	万元	1106564
第三产业增加值	万元	1517590
其中：农林牧渔服务业	万元	610
(二)财政、金融		
一般公共预算收入	万元	153705
其中：各项税收	万元	142317
一般公共预算支出	万元	233127
其中：农林水事务支出	万元	12355
科学技术支出	万元	1743
医疗卫生支出	万元	15215
教育支出	万元	58450
四、农业		
(一)生产条件		
设施农业占地面积	公顷	3
农业机械总动力	万千瓦特	3.51
化肥使用量(折纯量)	吨	51

14–5　续表 1

指　标	单 位	2015
农药使用量	吨	2
地膜使用量	吨	2
机收面积	公顷	260
(二)农作物播种面积	公顷	612.7
粮食作物播种面积	公顷	526.5
其中：玉米	公顷	330.0
蔬菜播种面积	公顷	41.2
(三)农产品产量		
粮食总产量	吨	1179
其中：玉米	吨	782
园林水果产量	吨	496
肉类总产量	吨	870
其中：猪肉产量	吨	794
年末生猪存栏	头	8679
年末牛存栏	头	82
年末羊存栏	只	324
禽蛋产量	吨	500
奶类产量	吨	325
蔬菜产量	吨	1040
水产品产量	吨	20
五、工业及建筑业		
规模以上工业企业单位数	个	26
规模以上工业总产值	万元	2935819
规模以上工业企业从业人员年平均人数	人	112739
规模以上工业企业主营业务收入	万元	4649401
建筑业企业单位数	个	144
六、交通		
公路里程	公里	195
七、贸易、外经、旅游		
社会消费品零售总额	万元	2141408
出口总额	万美元	12071
当年实际利用外资金额	万美元	20210
八、固定资产投资		
固定资产投资	万元	3816427
新增固定资产	万元	1193437
房地产开发投资	万元	1104127

14-5 续表 2

指　标	单 位	2015
其中：住宅	万元	580188
住宅竣工面积	万平方米	64.9
九、教育、科技、文化、卫生		
普通中学	所	27
小学数	所	57
普通中学专任教师数	人	2471
小学专任教师数	人	2717
普通中学在校学生数	人	26556
小学在校学生数	人	47112
全年专利授权数	件	945
公共图书馆图书总藏量	千册	31.7
剧场、影剧院个数	个	5
体育场馆个数	个	4
医疗卫生机构床位数	床	4610
医疗卫生机构技术人员	人	8104
其中：执业(助理)医师	人	3073
十、居民收入		
居民人均可支配收入	元	27444
城镇居民人均可支配收入	元	27673
农村居民人均可支配收入	元	18764
十一、社会保障		
各种社会福利收养性单位数	个	2
各种社会福利收养性单位床位数	床	90
城镇基本养老保险参保人数	人	41247
城镇基本医疗保险参保人数	人	201227
失业保险参保人数	人	24583
新型农村合作医疗参保人数	人	79165
新型农村社会养老保险参保人数	人	58382
城镇居民最低生活保障人数	人	4151
农村居民最低生活保障人数	人	2627
十二、资源与环境		
森林面积	公顷	4620
工业二氧化硫排放量	吨	11118
氮氧化物排放量	吨	4101
烟(粉)尘排放量	吨	1186
污水处理厂数	座	1
垃圾处理站数	个	28
城区空气质量优良以上天数	天	197

14-6　晋源区国民经济主要指标

Main indicators of national economy in Jinyuanqu District

指　标	单 位	2015
一、基本情况		
行政区域面积	平方公里	288
镇个数	个	3
街道办事处个数	个	3
二、人口		
常住户数	户	64309
常住人口	万人	22.85
户籍人口	万人	19.99
其中：农业户籍人口	万人	4.41
三、综合经济		
(一)地区生产总值	万元	523787
第一产业增加值	万元	39960
农业	万元	29885
林业	万元	2643
牧业	万元	7290
渔业	万元	142
第二产业增加值	万元	195288
其中：工业	万元	92701
第三产业增加值	万元	288539
其中：农林牧渔服务业	万元	542
(二)财政、金融		
一般公共预算收入	万元	64556
其中：各项税收	万元	59682
一般公共预算支出	万元	106420
其中：农林水事务支出	万元	7827
科学技术支出	万元	1201
医疗卫生支出	万元	12443
教育支出	万元	21415
四、农业		
(一)生产条件		
设施农业占地面积	公顷	237.4
农业机械总动力	万千瓦特	17.41
化肥使用量（折纯量）	吨	917
农药使用量	吨	68
地膜使用量	吨	67

14-6 续表 1

指　标	单 位	2015
机收面积	公顷	812
(二)农作物播种面积	公顷	4901.2
粮食作物播种面积	公顷	2592.0
其中：稻谷	公顷	140.0
玉米	公顷	2318.0
大豆	公顷	15.5
蔬菜播种面积	公顷	2309.2
(三)农产品产量		
粮食总产量	吨	21464
其中：稻谷	吨	899
玉米	吨	19532
大豆	吨	56
园林水果产量	吨	3692
肉类总产量	吨	4431
其中：猪肉产量	吨	3146
年末生猪存栏	头	27140
年末牛存栏	头	2535
年末羊存栏	只	14424
禽蛋产量	吨	5468
奶类产量	吨	11301
蔬菜产量	吨	161102
水产品产量	吨	260
五、工业及建筑业		
规模以上工业企业单位数	个	21
规模以上工业总产值	万元	220425
规模以上工业企业从业人员年平均人数	人	6447
规模以上工业企业主营业务收入	万元	702012
建筑业企业单位数	个	47
六、交通		
公路里程	公里	202.80
七、贸易、外经、旅游		
社会消费品零售总额	万元	290178
出口总额	万美元	2672
八、固定资产投资		
固定资产投资	万元	1662222

14-6　续表 2

指　　标	单　位	2015
新增固定资产	万元	681868
房地产开发投资	万元	143375
其中：住宅	万元	109909
住宅竣工面积	万平方米	
九、教育、科技、文化、卫生		
普通中学	所	12
小学数	所	29
普通中学专任教师数	人	1116
小学专任教师数	人	822
普通中学在校学生数	人	12282
小学在校学生数	人	15517
全年专利授权数	件	79
公共图书馆图书总藏量	千册	22
剧场、影剧院个数	个	1
体育场馆个数	个	1
医疗卫生机构床位数	床	1209
医疗卫生机构技术人员	人	1388
其中：执业(助理)医师	人	569
十、居民收入		
居民人均可支配收入	元	22320
城镇居民人均可支配收入	元	27767
农村居民人均可支配收入	元	12412
十一、社会保障		
各种社会福利收养性单位数	个	1
各种社会福利收养性单位床位数	床	108
城镇基本养老保险参保人数	人	15762
城镇基本医疗保险参保人数	人	22212
失业保险参保人数	人	7903
新型农村合作医疗参保人数	人	123803
新型农村社会养老保险参保人数	人	82974
城镇居民最低生活保障人数	人	1456
农村居民最低生活保障人数	人	5993
十二、资源与环境		
森林面积	公顷	4840
工业二氧化硫排放量	吨	9270.33
氮氧化物排放量	吨	18407
烟(粉)尘排放量	吨	1107
污水处理厂数	座	1
垃圾处理站数	个	3
城区空气质量优良以上天数	天	197

14-7 清徐县国民经济主要指标

Main indicators of national economy in Qingxu county

指　标	单　位	2015
一、基本情况		
行政区域面积	平方公里	609
乡个数	个	5
镇个数	个	4
二、人口		
常住户数	户	121846
常住人口	万人	35.08
户籍人口	万人	32.85
其中：农业户籍人口	万人	24.30
三、综合经济		
(一)地区生产总值	万元	1159220
第一产业增加值	万元	135406
农业	万元	101701
林业	万元	2389
牧业	万元	30326
渔业	万元	990
第二产业增加值	万元	618392
其中：工业	万元	531692
第三产业增加值	万元	405422
其中：农林牧渔服务业	万元	4010
(二)财政、金融		
一般公共预算收入	万元	61628
其中：各项税收	万元	41682
一般公共预算支出	万元	156068
其中：农林水事务支出	万元	20331
科学技术支出	万元	1309
医疗卫生支出	万元	24219
教育支出	万元	45001
年末金融机构各项存款余额	万元	1876517
其中：居民储蓄存款余额	万元	1300017
年末金融机构各项贷款余额	万元	1403808
四、农业		
(一)生产条件		
设施农业占地面积	公顷	1024.6
农业机械总动力	万千瓦特	38.05
化肥使用量（折纯量）	吨	13145
农药使用量	吨	476
地膜使用量	吨	643
机收面积	公顷	14000

14-7 续表1

指标	单位	2015
(二)农作物播种面积	公顷	30454.9
粮食作物播种面积	公顷	20524.0
其中：小麦	公顷	42.0
玉米	公顷	19827.4
大豆	公顷	24.7
油料播种面积	公顷	25.2
花生	公顷	16.3
棉花播种面积	公顷	7.7
蔬菜播种面积	公顷	9631.5
(三)农产品产量		
粮食总产量	吨	107896
其中：小麦	吨	255
玉米	吨	104031
大豆	吨	43
油料产量	吨	48
花生	吨	28
棉花产量	吨	14
园林水果产量	吨	52117
肉类总产量	吨	23845
其中：猪肉产量	吨	17862
年末生猪存栏	头	115384
年末牛存栏	头	8506
年末羊存栏	只	101441
禽蛋产量	吨	6973
奶类产量	吨	15255
蔬菜产量	吨	640472
水产品产量	吨	1351
五、工业及建筑业		
规模以上工业企业单位数	个	63
规模以上工业总产值	万元	1505767
规模以上工业企业从业人员年平均人数	人	18376
规模以上工业企业主营业务收入	万元	1470940
建筑业企业单位数	个	20
六、交通、通讯与能源		
公路里程	公里	530.14
民用汽车拥有量	辆	42300
年末公交车路数	路	26
年末实有公共汽(电)车营运车辆数	辆	66
年末实有出租汽车数	辆	100
固定电话用户	户	26755
移动电话用户	户	286145
互联网宽带接入用户	户	56263
全社会用电量	万千瓦时	68811.09
其中：居民生活用电量	万千瓦时	14674.43

14-7 续表 2

指　　标	单 位	2015
七、贸易、外经、旅游		
社会消费品零售总额	万元	504248
出口总额	万美元	4120
当年实际利用外资金额	万美元	
八、固定资产投资		
固定资产投资	万元	914867
新增固定资产	万元	222201
房地产开发投资	万元	39565
其中：住宅	万元	33119
住宅竣工面积	万平方米	1.11
九、教育、科技、文化、卫生		
普通中学	所	20
小学数	所	77
普通中学专任教师数	人	1705
小学专任教师数	人	1586
普通中学在校学生数	人	18455
小学在校学生数	人	21303
全年专利授权数	件	111
公共图书馆图书总藏量	千册	105.08
剧场、影剧院个数	个	1
体育场馆个数	个	1
医疗卫生机构床位数	床	711
医疗卫生机构技术人员	人	751
其中：执业(助理)医师	人	387
十、居民收入		
居民人均可支配收入	元	18192
城镇居民人均可支配收入	元	26778
农村居民人均可支配收入	元	15692
十一、社会保障		
各种社会福利收养性单位数	个	6
各种社会福利收养性单位床位数	床	620
城镇基本养老保险参保人数	人	29168
城镇基本医疗保险参保人数	人	39757
失业保险参保人数	人	14568
新型农村合作医疗参保人数	人	247046
新型农村社会养老保险参保人数	人	169240
城镇居民最低生活保障人数	人	1444
农村居民最低生活保障人数	人	4342
十二、资源与环境		
森林面积	公顷	5993
工业二氧化硫排放量	吨	6319
氮氧化物排放量	吨	3869
烟(粉)尘排放量	吨	5495
污水处理厂数	座	1
城区空气质量优良以上天数	天	168

14-8　阳曲县国民经济主要指标

Main indicators of national economy in Yangqu county

指　　标	单　位	2015
一、基本情况		
行政区域面积	平方公里	2059
乡个数	个	6
镇个数	个	4
二、人口与就业		
常住户数	户	64159
常住人口	万人	12.24
户籍人口	万人	15.09
其中：农业户籍人口	万人	11.18
三、综合经济		
(一)地区生产总值	万元	310225
第一产业增加值	万元	49543
农业	万元	29009
林业	万元	4532
牧业	万元	15975
渔业	万元	27
第二产业增加值	万元	165878
其中：工业	万元	155519
第三产业增加值	万元	94804
其中：农林牧渔服务业	万元	1339
(二)财政、金融		
一般公共预算收入	万元	33575
其中：各项税收	万元	19038
一般公共预算支出	万元	108899
其中：农林水事务支出	万元	24824
科学技术支出	万元	611
医疗卫生支出	万元	13117
教育支出	万元	19739
年末金融机构各项存款余额	万元	5626515
其中：居民储蓄存款余额	万元	425356
年末金融机构各项贷款余额	万元	219916
四、农业		
(一)生产条件		
设施农业占地面积	公顷	360
农业机械总动力	万千瓦特	21.51
化肥使用量（折纯量）	吨	8744
农药使用量	吨	98
地膜使用量	吨	1204

14-8 续表 1

指 标	单 位	2015
机收面积	公顷	13550
(二)农作物播种面积	公顷	24395.3
粮食作物播种面积	公顷	21338
其中：玉米	公顷	15019
大豆	公顷	1044
油料播种面积	公顷	314
其中：花生	公顷	2
蔬菜播种面积	公顷	2229.9
(三)农产品产量		
粮食总产量	吨	61658.7
其中：玉米	吨	50867
大豆	吨	1648
油料产量	吨	573
其中：花生	吨	3
园林水果产量	吨	4174
肉类总产量	吨	8986
其中：猪肉产量	吨	5099
年末生猪存栏	头	33623
年末牛存栏	头	6681
年末羊存栏	只	152258
禽蛋产量	吨	6310
奶类产量	吨	16614
蔬菜产量	吨	90650
水产品产量	吨	42
五、工业及建筑业		
规模以上工业企业单位数	个	23
规模以上工业总产值	万元	506634
规模以上工业企业从业人员年平均人数	人	3824
规模以上工业企业主营业务收入	万元	376819
建筑业企业单位数	个	6
六、交通、通讯与能源		
公路里程	公里	740.47
民用汽车拥有量	辆	7536
年末公交车路数	路	33
年末实有公共汽(电)车营运车辆数	辆	120
年末实有出租汽车数	辆	60
固定电话用户	户	13094
移动电话用户	户	124183
互联网宽带接入用户	户	20787
全社会用电量	万千瓦时	47462.94
其中：居民生活用电量	万千瓦时	4132.76
七、贸易、外经、旅游		
社会消费品零售总额	万元	115893

14-8　续表2

指　　标	单　位	2015
出口总额	万美元	9
八、固定资产投资		
固定资产投资	万元	575996
新增固定资产	万元	343610
房地产开发投资	万元	44022
其中：住宅	万元	34993
住宅竣工面积	万平方米	2.45
九、教育、科技、文化、卫生		
普通中学	所	11
小学数	所	16
普通中学专任教师数	人	690
小学专任教师数	人	656
普通中学在校学生数	人	8520
小学在校学生数	人	7752
全年专利授权数	件	7
公共图书馆图书总藏量	千册	55
剧场、影剧院个数	个	2
体育场馆个数	个	1
医疗卫生机构床位数	床	1137
医疗卫生机构技术人员	人	676
其中：执业(助理)医师	人	224
十、居民收入		
居民人均可支配收入	元	10970
城镇居民人均可支配收入	元	20160
农村居民人均可支配收入	元	7078
十一、社会保障		
各种社会福利收养性单位数	个	11
各种社会福利收养性单位床位数	床	1,269
城镇基本养老保险参保人数	人	14127
城镇基本医疗保险参保人数	人	21783
失业保险参保人数	人	6079
新型农村合作医疗参保人数	人	109347
新型农村社会养老保险参保人数	人	78910
城镇居民最低生活保障人数	人	4563
农村居民最低生活保障人数	人	4457
十二、资源与环境		
森林面积	公顷	38820
工业二氧化硫排放量	吨	2734
氮氧化物排放量	吨	4667
烟(粉)尘排放量	吨	2308
污水处理厂数	座	1
城区空气质量优良以上天数	天	219

14-9 娄烦县国民经济主要指标
Main indicators of national economy in Loufan county

指　标	单　位	2015
一、基本情况		
行政区域面积	平方公里	1276
乡个数	个	5
镇个数	个	3
二、人口与就业		
常住户数	户	51224
常住人口	万人	10.83
户籍人口	万人	12.59
其中：农业户籍人口	万人	9.45
三、综合经济		
(一)地区生产总值	万元	139831
第一产业增加值	万元	17162
农业	万元	9798
林业	万元	3452
牧业	万元	3688
渔业	万元	224
第二产业增加值	万元	30579
其中：工业	万元	29260
第三产业增加值	万元	92090
其中：农林牧渔服务业	万元	809
(二)财政、金融		
一般公共预算收入	万元	28472
其中：各项税收	万元	17967
一般公共预算支出	万元	76203
其中：农林水事务支出	万元	13641
科学技术支出	万元	418
医疗卫生支出	万元	10812
教育支出	万元	12483
年末金融机构各项存款余额	万元	387377.3
其中：居民储蓄存款余额	万元	233947
年末金融机构各项贷款余额	万元	129909.8
四、农业		
(一)生产条件		
耕地面积	公顷	
设施农业占地面积	公顷	17.6
农业机械总动力	万千瓦特	11
化肥使用量(折纯量)	吨	901
农药使用量	吨	10

14–9 续表 1

指 标	单 位	2015
地膜使用量	吨	75
机收面积	公顷	2800
(二)农作物播种面积	公顷	11592.8
粮食作物播种面积	公顷	10086.5
其中：玉米	公顷	1650.1
大豆	公顷	1348.5
油料播种面积	公顷	1176.1
蔬菜播种面积	公顷	265.0
(三)农产品产量		
粮食总产量	吨	15212
其中：玉米	吨	3416
大豆	吨	1942
油料产量	吨	1487
园林水果产量	吨	1540
肉类总产量	吨	2441
其中：猪肉产量	吨	1135
年末生猪存栏	头	11240
年末牛存栏	头	2950
年末羊存栏	只	69788
禽蛋产量	吨	801
蔬菜产量	吨	9971
水产品产量	吨	438
五、工业及建筑业		
规模以上工业企业单位数	个	12
规模以上工业总产值	万元	108947
规模以上工业企业从业人员年平均人数	人	1014
规模以上工业企业主营业务收入	万元	54456
建筑业企业单位数	个	1
六、交通、通讯与能源		
公路里程	公里	420.95
民用汽车拥有量	辆	6840
年末公交车路数	路	5
年末实有公共汽(电)车营运车辆数	辆	35
年末实有出租汽车数	辆	30
固定电话用户	户	11542
移动电话用户	户	85713
互联网宽带接入用户	户	14851

14–9　续表 2

指　　标	单 位	2015
全社会用电量	万千瓦时	13909.05
其中：居民生活用电量	万千瓦时	3302.3
七、贸易、外经、旅游		
社会消费品零售总额	万元	43933
当年实际利用外资金额	万美元	49.9
八、固定资产投资		
固定资产投资	万元	271514
新增固定资产	万元	156343
房地产开发投资	万元	40658
其中：住宅	万元	33258
住宅竣工面积	万平方米	29.34
九、教育、科技、文化、卫生		
普通中学	所	8
小学数	所	14
普通中学专任教师数	人	457
小学专任教师数	人	682
普通中学在校学生数	人	5745
小学在校学生数	人	7586
公共图书馆图书总藏量	千册	50.2
医疗卫生机构床位数	床	280
医疗卫生机构技术人员	人	339
其中：执业(助理)医师	人	170
十、居民收入		
居民人均可支配收入	元	9788
城镇居民人均可支配收入	元	17511
农村居民人均可支配收入	元	5535
十一、社会保障		
各种社会福利收养性单位数	个	5
各种社会福利收养性单位床位数	床	1125
城镇基本养老保险参保人数	人	10142
城镇基本医疗保险参保人数	人	14178
失业保险参保人数	人	5303
新型农村合作医疗参保人数	人	106259
新型农村社会养老保险参保人数	人	49611
城镇居民最低生活保障人数	人	3244
农村居民最低生活保障人数	人	11266
十二、资源与环境		
森林面积	公顷	19980
工业二氧化硫排放量	吨	2106.5
氮氧化物排放量	吨	280.5
烟(粉)尘排放量	吨	3830.2
污水处理厂数	座	1
城区空气质量优良以上天数	天	295

14-10　古交市国民经济主要指标
Main indicators of national economy in the city of Gujiao

指　标	单　位	2015
一、基本情况		
行政区域面积	平方公里	1584
乡个数	个	7
镇个数	个	3
街道办事处个数	个	4
二、人口		
常住户数	户	79646
常住人口	万人	21.18
户籍人口	万人	21.80
其中：农业户籍人口	万人	8.75
三、综合经济		
(一)地区生产总值	万元	219944
第一产业增加值	万元	17288
农业	万元	7497
林业	万元	4757
牧业	万元	4958
渔业	万元	76
第二产业增加值	万元	58329
其中：工业	万元	35557
第三产业增加值	万元	144327
其中：农林牧渔服务业	万元	1770
(二)财政、金融		
一般公共预算收入	万元	77693
其中：各项税收	万元	31407
一般公共预算支出	万元	175826
其中：农林水事务支出	万元	12796
科学技术支出	万元	207
医疗卫生支出	万元	15097
教育支出	万元	46437
年末金融机构各项存款余额	万元	1552371
其中：居民储蓄存款余额	万元	1242395
年末金融机构各项贷款余额	万元	533553
四、农业		
(一)生产条件		
设施农业占地面积	公顷	72
农业机械总动力	万千瓦特	22.15
化肥使用量（折纯量）	吨	751
农药使用量	吨	31
地膜使用量	吨	131

14–10 续表 1

指　标	单 位	2015
机收面积	公顷	3266
(二)农作物播种面积	公顷	9115.5
粮食作物播种面积	公顷	7463.5
玉米	公顷	1560.0
大豆	公顷	1301.5
油料播种面积	公顷	747.2
蔬菜播种面积	公顷	543.6
(三)农产品产量		
粮食总产量	吨	10597
玉米	吨	2388
大豆	吨	1100
油料产量	吨	832
园林水果产量	吨	583
肉类总产量	吨	4480
其中：猪肉产量	吨	2665
年末生猪存栏	头	22015
年末牛存栏	头	2212
年末羊存栏	只	68733
禽蛋产量	吨	3321
奶类产量	吨	240
蔬菜产量	吨	40333
水产品产量	吨	140
五、工业及建筑业		
规模以上工业企业单位数	个	11
规模以上工业总产值	万元	225971
规模以上工业企业从业人员年平均人数	人	5225
规模以上工业企业主营业务收入	万元	217504
建筑业企业单位数	个	11
六、交通、通讯与能源		
公路里程	公里	731.04
民用汽车拥有量	辆	9523
年末公交车路数	路	21
年末实有公共汽(电)车营运车辆数	辆	164
年末实有出租汽车数	辆	237
固定电话用户	户	36840
移动电话用户	户	192451
互联网宽带接入用户	户	38511
全社会用电量	万千瓦时	23377.51
其中：居民生活用电量	万千瓦时	5497.86

14-10　续表2

指　　标	单 位	2015
七、贸易、外经、旅游		
社会消费品零售总额	万元	445856
八、固定资产投资		
固定资产投资	万元	642663
新增固定资产	万元	354132
房地产开发投资	万元	67341
其中：住宅	万元	53788
住宅竣工面积	万平方米	15.51
九、教育、科技、文化、卫生		
普通中学	所	21
小学数	所	30
普通中学专任教师数	人	1177
小学专任教师数	人	1516
普通中学在校学生数	人	12096
小学在校学生数	人	17895
全年专利授权数	件	21
公共图书馆图书总藏量	千册	47.77
剧场、影剧院个数	个	1
体育场馆个数	个	1
医疗卫生机构床位数	床	1383
医疗卫生机构技术人员	人	1813
其中：执业(助理)医师	人	697
十、居民收入		
居民人均可支配收入		22347
城镇居民人均可支配收入	元	25788
农村居民人均可支配收入	元	13072
十一、社会保障		
各种社会福利收养性单位数	个	1
各种社会福利收养性单位床位数	床	504
城镇基本养老保险参保人数	人	29183
城镇基本医疗保险参保人数	人	65650
失业保险参保人数	人	36036
新型农村合作医疗参保人数	人	73162
新型农村社会养老保险参保人数	人	56511
城镇居民最低生活保障人数	人	3947
农村居民最低生活保障人数	人	4307
十二、资源与环境		
森林面积	公顷	27167
工业二氧化硫排放量	吨	13320
氮氧化物排放量	吨	12011
烟(粉)尘排放量	吨	13234
污水处理厂数	座	4
城区空气质量优良以上天数	天	285

中国统计出版社最新图书简目

（仅供参考，以最后出书为准）

统计资料

中国统计年鉴　中国统计摘要　中国发展报告
中国经济普查年鉴 2013　国际统计年鉴　金砖国家联合统计手册
中国-东盟国家统计手册　中国农村统计年鉴　中国县域统计年鉴
中国城市统计年鉴　中国对外直接投资统计公报　中国地区经济监测报告
中国贸易外经统计年鉴　中国零售和餐饮连锁企业统计年鉴　中国商品交易市场统计年鉴
大中型批发零售和住宿餐饮企业统计年鉴　中国农产品价格调查年鉴　中国住户调查年鉴
中国价格统计年鉴　中国能源统计年鉴　全国农产品成本收益资料汇编
中国环境统计年鉴　中国建筑业统计年鉴　国外资源、能源和环境统计资料汇编
中国工业统计年鉴　中国城乡建设统计年鉴　中国房地产统计年鉴
中国城市建设统计年鉴　中国科技统计年鉴　中国第三产业统计年鉴
中国证券期货统计年鉴　中国劳动统计年鉴　中国高技术产业统计年鉴
工业企业科技活动资料　中国社会统计年鉴　中国人口和就业统计年鉴
中国人才资源统计报告　中国教育经费统计年鉴　中国文化及相关产业统计年鉴
文化及相关产业统计概览　中国民政统计年鉴　中国民族统计年鉴
中国残疾人事业统计年鉴　中国妇女儿童状况统计资料（英）　中国乡镇街道行政区域简册
中国基本单位统计年鉴

省级综合统计年鉴系列

北京　天津　河北　山西　内蒙古　辽宁　吉林　黑龙江　上海　江苏　浙江　安徽　福建　江西　山东　河南　湖北　湖南
广东　广西　海南　重庆　四川　贵州　云南　西藏　陕西　甘肃　青海　宁夏　新疆　新疆生产建设兵团

市（县）级综合统计年鉴系列

天津滨海新区　石家庄　唐山　邯郸　保定　沧州　邢台　廊坊　承德　衡水　秦皇岛　张家口　太原　大同　阳泉　长治　晋城
朔州　晋中　运城　忻州　临汾　呼和浩特　呼和浩特新城区　鄂尔多斯　包头　沈阳　大连　长春　延吉　四平　通化　哈尔滨
齐齐哈尔　黑龙江垦区　上海浦东新区　南京　无锡　徐州　常州　苏州　南通　连云港　淮安　盐城　扬州　镇江　泰州
宿迁　江阴　丹阳　杭州　宁波　温州　嘉兴　湖州　绍兴　金华　衢州　舟山　台州　丽水　合肥　安庆　马鞍山　福州　厦门
宁德　漳州　南昌　九江　上饶　新余　抚州　萍乡　赣州　吉安　景德镇　济南　青岛　潍坊　枣庄　日照　滕州　郑州　洛阳
平顶山　三门峡　商丘　信阳　济源　武汉　十堰　荆州　宜昌　荆门　咸宁　长沙　广州　深圳　惠州　东莞　南宁　柳州　桂林
来宾　海口　三亚　成都　贵阳　昆明　西安　安康　兰州　庆阳　银川　乌鲁木齐　兵团一师　兵团十师

调查年鉴系列

天津　山西　内蒙古　辽宁　吉林　上海　福建　江西　河南　湖北　湖南　广西　重庆　四川　云南　甘肃　宁夏　新疆

统计方法应用/实用手册

实用 SAS 统计分析教程　马克威统计分析与数据挖掘应用案例
乡镇统计人员岗位知识培训系列教材：辅助调查员岗位基础知识　乡镇统计人员岗位基础知识
县级统计人员岗位知识培训系列教材：Excel 在统计工作中的应用　简明统计分析
EXCEL 在基层统计工作中的应用　统计公文知识问答

统计通俗读物/统计科普图书

漫话诺贝尔经济学大师与数学情缘　魅力统计　漫话信息时代的统计学　统计使人更聪明
漫游数据王国　深访随机世界　新中国统计工作历史流变 1949–1999　无处不在的统计

重点图书

新编英汉汉英统计大词典　中华医学统计百科全书
挑大学选专业 2016—考研择校指南　挑大学选专业 2016—高考志愿填报指南

中国统计出版社发行部电话：(010)63376907,63376908　同榉行书店电话：68783171,68783172
通讯地址：北京市丰台区西三环南路甲 6 号　邮政编码：100073
网址：http://www.zgtjcbs.com